한국 민주주의와 언론자유 그리고 그 위기

(사) 한국정치평론학회 편

한국 민주주의와 언론자유 그리고 그 위기

(사) 한국정치평론학회 편

인간사랑

한국 민주주의와 언론자유 그리고 그 위기

CONTENTS

| 목 차 |

머리말

민주주의 발전에서 언론의 자유가 필수적인 요소라는 데 이론의 여지가 있을 수 없습니다. 그러나 언론의 자유와 그것의 책임을 함께 검토할 경우 논쟁적인 주제가 부각됩니다. 한편에서는 언론에 대한 법의 통제가 여전히 존재하는 데, 이 경우 언론을 정부의 간섭하에 둠으로서 국민의 알 권리와 토론을 제한함으로써 민주주의 발전을 저해한다고 주장합니다. 다른 한편에서는 책임을 수반하지 않은 언론의 자유 때문에 검증되지 않은 정보가 무절제하게 유포됨으로써 여론을 호도하고 개인의 권리를 침해하여 민주주의 발전을 저해한다는 반론을 제기합니다.

언론의 자유와 책임에 관한 논의는 인터넷과 SNS를 통한 정보 교류가 활성화된 현재 상황에서 더욱 논란이 됩니다. 인터넷 및 모바일 통신수단에 의한 정보 교류가 현대 정치 및 정책 결정 과정에 미치는 지대한 영향은 이미 널리 알려진 사실입니다. SNS는 기존 언론매체에 비해 사적 성격이 강하고, 법의 규제에 덜 노출되어 있기 때문에 정치 및 사회 문제에 관심을 가진 개인이 이슈를 제기하고, 공유하고, 토론하는 주요 수단이 되었습니다. 한편으로는 접근 장벽이 낮고 자유로운 의사소통이 가능한 SNS가 법의 규제를 받는 기성 언론매체의 한계를 넘어 언론의 자유를 더욱 향상시키는 긍정적 수단이 될 수 있다고 평가합니다. 그러나 다른 한편으로 느슨한 규제로 인해 검증되지 않은 정보를 확산시키고, 개인의 사생활 정보까지 유포시키는 역기능이 존재한다는 비판도 제기됩니다.

(사) 한국정치평론학회는 위와 같은 시대적 배경에서 제기되는 문제를 심층적으로 이해하고자 한국을 포함하여 영국, 독일, 프랑스, 미국 등 다양한 현대 민주주의 국가의 경험을 토대로 언론의 자유와 책임의 문제를 성찰해 보고자 했습니다. 아울러 현재 한국 언론사회에서 주목하는 SNS가 언론의 자유 및 민주주의에 미치는 순기능과 역기능까지도 함께 고찰해 보고자 했습니다. 독자 여러분의 많은 관심을 바랍니다.

2013년 4월

(사)한국정치평론학회

회장 문 창 극

제1부
언론의 자유와 위기

언론의 위기에 대한 고찰

김홍우*

1.

그동안 우리 사회에서는 '소통의 위기'에 대해서는 많은 논의가 있었음에도 불구하고, '언론의 위기'에 대해서는 별로 언급된 바가 없었다는 것이 필자가 갖고 있는 느낌이다. 그런 점에서 이 글은 '소통의 위기'가 아닌 '언론의 위기'에 대해서 말하려는 글임을 먼저 밝혀둔다.

2.

'언론의 위기'를 논하기 위해서는 무엇보다도 언론현상을 질적으로 서로 다른 두 가지 형태로 구분할 필요가 있다. 하나는 조직형태로서의

* 경희대

언론현상이고 다른 하나는 삶의 형태(form of life)로서의 언론 현상이다. 삶의 형태로서의 언론 현상은 근원적이고 1차적인 반면, 조직 형태로서의 언론 현상은 부수적이고 2차적 현상이다. 그러나 힘의 관계에서는 1차적인 것이 언제나 2차적인 것에 밀리고 종속된다. 다시 말하면, 삶의 형태로서의 언론은 힘의 아레나(arena)에서는 항상 조직으로서의 언론에 예속된다. 필자가 말하는 '언론의 위기'란 바로 이러한 '예속성'의 심화과정에서 나타나는 자발적 예속의 단계를 뜻한다. 언론의 위기 과정은 처음에는 조직 형태로서의 언론이 삶의 형태로서의 언론의 맞수로서 서로 경합하다가, 점차로 후자를 제압하고, 왜소화하고, 급기야는 대체하는 과정에서 삶의 현상으로서의 언론 그 자체를 망각하거나 무화시킴으로서 완결된다. 이와 관련하여 한두 가지 지적할 점은, 첫째 대부분의 조직 언론들은 스스로를 '조직 언론'으로 표현하기를 꺼린다는 것이고, 그 대신 '대중 매체'라는 용어를 선호한다는 점이다. 그 이유는 '매체'라는 간접적이고 중성적인 용어가 풍기는 독특한 '최면 효과' 때문이다. 교과서적 정의에 따르면, 미디어란 소통자 A도 B도 아닌, 그 중간에 과도적으로 잠시 나타났다가 사라지는 소통의 매개자에 불과하다. 그것은 소통의 실체(Sein)이기 보다는 그 그림자(Schein)에 가깝다. 이와 같은 '매체'에 함축된 '겸손한' 의미는 거대 조직으로서 리바이어던(Leviathan)화 된, 오만한 언론의 이미지-오늘날 '멀덕 청문회'는 이와 같은 리바이아탄의 실상을 보여주는 단적인 예이다-를 희석화 시키거나 위장하는 데 아주 효과적이다.

둘째 언론의 위기과정은 일종의 인식론적 위기과정과 동시적으로 진행된다. 즉 조직형태로서의 언론이 삶의 형태로서의 언론보다 더 과학적이고, 더 생산적이고, 더 강력하며, 따라서 전자의 압도적 우월성을 정당화하는 '언론학의 위기'와 동시적으로 진행된다. 필자가 보기에 오늘날의 언론 기관만큼 비 소통적인 집단도 없다고 본다. 이른바 언론 전문가들은 정형화된 '여론 조사'나 '*T.V. Talk Show*' 또는 컬럼 등에는 탁월한 능력과 식견, 그리고 헌신적 열성을 보여주면서도, 일상적인 면대면 대화나 스토리 텔링에 있어서는 자리를 피하거나, 무성의하며, 심지어는 무기력함을 나타낸다. 사족으로 '토론'에 관한 신문 기사를 읽을 때마다, 우리나라 언론이 얼마나 토론 취재에 무능한지를 피부로 느끼게 된다. 대부분의 열띤 토론은 요약할 수 없는 내용들이 많다. 그것은 토론의 '열띤' 부분이 'langue'보다는 'parole'에 가깝기 때문이다. 그리고 parole 속에는 '초월적'(transcendental) 요소가 작동하기 때문에, 기사 작성의 틀에 맞추기 어렵고, 따라서 기사화할 수 없게 된다. 이런 경우에는 발언자의 말을 글을 읽는 방식이 아닌 말하는 방식으로, 달리 말하면 개념적-논리적이 아닌 감각적이고 그림 그리는 방식으로 경험에 충실하게 기술하는 것이 필수적이다. 그러나 이것은 많은 지면을 요구하고, 그 때문에 편집실의 체크 대상이 되어 데스크에서 버려지게 된다.

3.

필자는 언론의 위기를 보여주는 대표적인 사례로서 두 가지를 들고자 한다. 하나는 윈스톤 처칠이 『세계의 위기』(*The World Crisis*)[1]에서 피력한 다음과 같은 그의 견해이다.

1) vol. Ⅰ, 1911-1914, vol. Ⅱ, 1915, vol. Ⅲ, 1916-1918 part Ⅰ, vol. Ⅳ, 1916-1918 part Ⅱ, vol. Ⅴ, The After math.

처칠에 의하면, 전쟁 초부터 일반 국민들의 마음은 '이상한'(monstrous) 선입관에 의해 지배되었다고 말한다. 그것은 장군과 제독이 어느 누구보다도 전쟁의 전반적인 문제를 다루는 데 능력 있는 인물이라는 믿음이다. 물론 처칠은 이러한 견해를 일단은 긍정적으로 수용한다. 의심의 여지없이 장군과 제독은 군대 이동과 함대 배치의 전문가이다. 그러나 처칠은 이러한 문제에 있어서 조차 그들의 과학적 지식은 예상할 수 없는 상황이나 생각조차 못했던 규모의 전쟁에 당면하게 될 경우, 곧 한계를 드러낸다고 말한다. 따라서 문제 해결을 위해서는 장군과 제독 이외에도 정치가(statesman), 재정 전문가, 제조업자, 발명가 그리고 심리학자들의 도움이 꼭 같이 필요하게 된다. 이와 같은 엄연한 현실에도 불구하고, 장군들과 제독들의 생각은 전쟁에 관한 문제에 있어서는 전적으로 옳은 것이고, 모든 민간인들의 생각은 그릇된 것이라는 '어리석은 교리'(the foolish doctrine)가 많은 언론 기관들을 통해 일반 국민들에게 전파되었다고 처칠은 개탄한다. 그는 되풀이해서 이렇게 말한다 : "이와 같은 잘못된 생각들이 조잡한 형태의 신문들에 의해 주입되어, 수십억배로 늘어났다."(These erroneous conceptions were inculcated billion-fold by the newspaper under the crudest forms.)[2]

뿐만 아니라 이 신문들은 허약하고 뻔뻔스런 정치꾼(politician)이 사무실에 웅크리고 앉아서 세계가 붕괴되어가는 상황에서도 당리당략을 획책하거나, 아니면 개인의 영광이나 꿈꾸고, 책임을 기피하고, 얕은 말장난 말고는 아무런 능력도 없는 위인으로 그리고 있다. 반면, 이와는 대조적으로 조용하고, 고결하며, 단호하고 결의에 찬 모습으로 육상 또

2) *The World Crisis,* vol.Ⅲ, 244

는 해상의 위대한 군사 지휘관이 휘황찬란한 제복을 입고, 훈장을 번뜩이며, 영웅적 광채를 발하면서 과학과 전투복을 갖춘 모습으로 등장한다. 이 당당한 인물은 개인의 사심이라고는 조금도 찾아 볼 수 없고, 장기적 관점에서 명확한 지침과 상황에 따라 때로는 적극적 행동을, 또는 책략을, 또는 슬기로운 지연작전을 충고한다. 그러나 수다스럽고 무능한 정치꾼들은 그의 충고를 거부하거나, 제껴놓거나, 그의 대담한 제안을 좌절시킨다. 그래서 이 신문은 마지막으로 정치에 대한 대수술을 제안한다. 즉 심각한 사례들에 대한 평생의 연구를 통하여 확실한 과학으로 무장된 외과의사가 집도한다. 그러나 이것 역시 좌절되고 만다. 왜냐하면, 환자의 친척들이 수술실에 몰려와서 의사의 팔을 잡아당기고, 손을 붙잡고, 칼을 빼앗기 때문이다. 끝으로 처칠은 이렇게 말한다.

> 이것이 일반인들이 갖고 있는 이미지이고, 그들을 지배하는 분위기이다. 그러나 이것은 사실과는 전혀 일치하지 않는다. 사실들은, 특히 전쟁의 경우, 녹녹지 않은 사물들이다.
> (Such was the picture presented to the public, and such was the mood which ruled. It was not however entirely in accordance with facts; and facts, especially in war, are stublorn facts.)[3]

여기서 우리는 케인즈(M. Keynes)가 처칠의 저서에 대한 서평에서, 그 후의 그의 주장을 다음과 같이 다시 부연한 점에 주목할 필요가 있다.

---

3) *Ibid*, vol.Ⅲ

> 처칠 경의 기본적 주장은 넓게 말하면 각 나라에서 중요한 군사 정책에 있어서 직업적인 군인, 즉 '철모를 쓴 고급 장교'들의 생각은 일반적으로 잘못된 반면에 직업적인 정치가, 즉 '연미복의 민간인'들이 일반적으로 옳다는 주장으로 집약된다.
>
> 군사 참모들의 대체적인 성향은 의견에 복종하는 데 길들여져 있다. 이것은 주위에서 솔직하게 말하는 친구들과 날카롭게 지켜보는 반대자에 의해 둘러싸인 정치가의 경박한 마음이 올바른 결론에 이르는데 더 필수 불가결함을 의미한다. 독일의 최종적인 패배는 사실 독일 제국의 위대한 장군들이 너무나 강력한 힘을 행사한데 기인한다. 만약 독일의 정치가들이 영국 혹은 프랑스나 미국의 정치가들과 같은 영향력을 행사했었다면 독일은 그와 같은 패배를 결코 겪지 않을 수 있었을 것이다.[4]

요컨대 처칠에 의하면, 제정시대의 독일 참모 본부의 예에서 보듯이, 조직 형태로서의 언론 현상이 지나치게 강화되는 것은 반드시 견제되어야 하며, 만약 그리한 견제에 실패할 경우, 그 사회는 더 이상 지속될 수 없다는 것이 제1차 세계 대전과 이 전쟁을 일으킨 당사국인 독일 제국이 우리에게 가르쳐주는 교훈이라는 것이다.

4.

이제 필자는 '언론의 위기'의 두 번째 사례로서 1790년대의 저작으로

---

4) *The Collected Works of John Maynard Keynes,* vol. X, (London: Macmillan, 1972), 47

추정되는 정약용의 「직관론」을 살펴보고자 한다. 「직관론」은 이렇게 시작된다.

> 온 천하가 어떻게 하면 잘 다스려지겠는가? 관각(館閣)이나 대간(臺諫)의 관직을 없애 야만이 온 천하가 잘 다스려질 것이다. 백성들이 어떻게 하면 편안하겠는가? 관각이나 대간의 관직을 없애야만 백성들이 편안해질 것이다.…관각이나 대각의 관직을 없애야만 임금의 덕이 바르게 되고, 백관이 직무를 잘 수행하게 되고, 기강이 서게 되고, 풍속이 돈후해질 것이다.

여기서 정약용은 첫째 '관각'이나 '대간'은 조선의 대표적인 언론 기관 또는 필자가 말하는 '조직 언론'임을 확인한다. 둘째 정약용은 이러한 조직 언론이 처음부터 있었던 기관이 아니라, 후세에 패자들에 의해 만들어진 것임을 다음과 같이 밝힌다.

> 대저 이른바, 관각이나 대간의 관직이란 전고(前古)에는 없었던 것인데, 후세에 한 지방에서 패자 노릇을 하는 자가 즐겨했던 것이다.

순 임금이 22인을 등용하여 각기 직책을 주었지만, 이른바 논사(論事)하고 간쟁(諫諍)하는 직책은 없었으며, 주나라 때에는 삼백이나 되는 관직을 설치하여 관직이 매우 성대하였으나, 이른바 윤색하고 초고(草稿)를 대신하여 작성하며, 전폐(殿陛)에 서서 시비를 쟁논하며 일을 주관하는 사람은 있지 않았다.

셋째 '조직으로서의 언론기관'이 존재하지 않았던 순 임금과 주나라는 역설적으로 언론이 가장 번성했던 시기였다. 정약용은 이 점을 다음과 같이 말한다.

> 간쟁이 시행된 것이 순 임금 때와 같은 적이 없었고, 주나라 때에는 모든 고명과 훈계의 글이 모두 찬연하게 경(經)을 이루어서 사람이 마음을 감동시키고 신의를 얻을만 하였으니, 어찌 후세의 관각의 관직이 미칠 바이겠는가.

넷째 정약용은 이 시기에 언론이 번성했던 이유를 밝혀준다. 그것은 다름 아닌 '삶의 형태로서의 언론'이 살아 숨쉴 수 있었기 때문이었다. 반대로 '조직으로서의 언론기관'이 출현하는 순간, 이와 같은 '삶의 형태로서의 언론'은 죽게 된다는 것이다. 정약용은 이렇게 말한다.

> 인주(人主)가 관각의 신하를 두게 되면, 무릇 조신 가운데 이 관직을 갖지 못한 사람은 비록 문학(文學)과 사장(詞章)이 보통 사람보다 훨씬 뛰어나더라도 감히 이 일에 참여하지 못하게 된다. 감히 이 일에 참여하지 못할 줄을 알기 때문에 또한 생각에도 두지 않게 된다.

민주가 대간의 신하를 두게 되면, 무릇 조신 중에 이 관직을 갖지 못한 사람은 비록 충분(忠憤)하고 우애(友愛)하는 정성이 마음속에 깊이 쌓이고 맺혀 있더라도 감히 한마디 말도 입 밖에 내어 의논하지 못하게 된다. 감히 한마디 말도 입 밖에 내어 의논하지 못할 줄 알기 때문에 또한 생각도 두지 않게 된다.

> … 옛날에는 설어(暬御 : 임금을 측근에서 모신 사람)에게 잠(箴)이 있었고, 여분(旅賁 : 방패와 창을 들고 왕의 행차를 따라 다니는 사람)에게 계(戒)가 있었으며, 비방목(誹謗木 : 나무로 푯말을 만들고

백성들로 하여금 정치의 잘못된 점을 적도록 한 것)을 세우고, 감간고(敢諫鼓 : 북을 뜰에 달아놓고 임금에게 간하고자 하는 백성에게 이를 치도록 함)를 설치하였으니, 그 간쟁하는 길을 넓힘이 이와 같이 주도했던 것이다. 지금은 몇 사람으로 하여금 언관의 지위를 차지하게 함으로써, 위로는 공경으로부터 아래로는 위포(韋布 : 빈천한 사람)에 이르기까지 무릇 말할만한 것이 있으면 문득 머리를 흔들며 싫어하면서, '이것은 대간의 직책이라'한다. 이리하여 온 세상이 입을 다물고 침묵을 지키어 다시는 그 지위를 벗어나지 않으며, 온 천하 사람의 입을 틀어막는 것이 어찌 이보다 더 심한 것이 있겠는가.…

그러므로, 관각이나 대간의 관직을 없애야만이 온 천하가 잘 다스려질 수 있다고 한 것이다.

다섯째 정약용이 말하는 '삶의 형태로서의 언론'이 살아 숨쉬게 하는 일이란 '다성악적 세계'(polyphonic world)를 회복시키는 일에 다름아님을, 마찬가지로 '조직언론의 출현'은 본래적인 '다성악적 세계'를 억압하고, 인위적인 '단성악적 세계'를 구축하는 일임을 알 수 있다. 따라서 필자는 '다성악'과 '단성악'을 잠시 일별함으로써 이 글을 마치고자 한다.

5. 다성악과 단성악

'다성악'이라는 이론은 이 세상이 온통 스탈린주의로 칠흑같이 어두워 가던 1929년, 34세의 젊은 러시아 문학비평가인 미하일 바흐찐이

『도스또예프스끼 시학의 제문제』를 출판하면서 세간에 소개되었다. 그는 이 책에서 "독립적이며 융합하지 않는 다수의 목소리들과 의식들, 그리고 각기 완전한 가치를 띤 목소리들의 진정한 다성악(polyphony)"이 바로 "도스또예프스끼 소설의 핵심적인 특징"이라고 선언한다.

바흐찐에 의하면, 도스또예프스끼의 작품에서는 작가의 세계관은 도무지 전경으로 나오지 않는다. 그 대신 독자적 철학을 가진 주인공들을 독자들은 만나게 된다. 이들 주인공들은 작가가 말하는 목소리의 단순한 메가폰 역할을 하는 것이 아니라, 독자적으로 권위 있는 사상의 소유자로 이해된다. 이들 주인공들은 단순히 저자가 시키는 대로 말하는 노예로서가 아니라, 저자와 동등한 권위와 권리를 갖는 존재로 창조된다. 그 결과 독자들은 도스또예프스끼의 작품을 접하고 나면, 저자에 대한 인상보다도 라스꼴리니꼬프, 이반 까라마조프, 대심문관 등등과 같은 주인공들의 인상만이 강하게 남게된다.

바흐찐은 도스또예프스끼가 이와 같이 자유롭고 독립적인 주인공을 창조함으로서 인습적 소설의 독백적 구조와 구별되는 '다성악적 소설'이라는 새로운 장르를 창시하였다고 말한다. 그리고 비흐찐은 이 두 유형간의 차이 –'인습적 유형'과 '새로운 유형' 간의 차이– 에 대해 다음과 같이 말한다.

> 인습적인 소설에서 우리는 다름 아닌 작가의 [단성악적] 목소리를 들을 수 있듯이 도스또예프스끼의 작품에서는 주인공의 [다성악적] 목소리를 들을 수 있게 되어 있다. 인습적 소설에서는 작가 자신의 소견과 세계관이 권위를 가지고 있듯이 도스또예프스끼의 주인공은 나름대로의 독자적인 소견과 세계관을 가지고 있다. … [새로운 장르에서] 주인공의 말은 마치 작가의 말과 동등하게 들리는 듯하

며, 특수한 방법으로 작가와 다른 주인공들이 지닌 동등한 가치의 목소리들과 결합하는 것처럼 보인다.

앞서 「직관론」에서 정약용이 말한 '관각'이나 '대간' 등 이른바 언관들은 인습적 소설에서 말하는 '작가'에 해당한다. 정약용은 이러한 언관들의 직책을 없애는 것이, 그들의 그늘에 가려진 설어 · 여분 · 감간고를 두드리는 백성 등, 다양한 구성원의 목소리를 복원할 수 있는 길이라고 보았다. 말하자면 정약용은 직업적 언관들에서 비롯된 '언론의 위기'를 '삶의 형태로서의 언론'을 복원시킴으로써 극복하고자 했다.

여기서 필자는 '다성악'과 관련하여 특별히 2가지 점에 주의할 필요가 있다고 본다.

첫째, 다성악적 소설이 비록 기존의 '어떠한 틀 속에도 들어가지 않는' 새로운 소설 형식이라고 해서 '다성악'이라는 현상 그 자체를 특수하고 새로운 현상으로 보아서는 결코 안된다는 점이다. 오히려 다성악은 다수가 모여서 하나의 세계를 이루고 사는 삶의 세계의 아주 '일상적'이고 '일반적' 현상이라는 점을 분명하게 인식해야 한다. 이런 점에서 '독백적 단성악'이야말로 우리의 삶의 관점에서 볼 때 기형적 현상이라는 것과 그것은 근본적으로 '유아론'(唯我論 : solipsism)적 세계에 속한 현상임을 분명히 알아야 한다. 도스또예프스끼의 소설은 이와 같은 '일상적'이고 '일반적'인 것을 다시 복원시킨 것에 불과하며, 어쩌면 바로 이 점에 그의 '위대성'이 있다고 말할 수 있다.

둘째, '다성악'과 사회적 '분열'은 아주 엄격하게 구분되어야 한다는 점이다. 왜냐하면 '분열'은 '같이 사는 것 그 자체를 거부하는 행위'임에 반하여, '다성악'은 '다수가 같이 사는데 따라 오는 자연스런 현상'이라고 말할 수 있기 때문이다.

한국사회와 커뮤니케이션 엔도가미*

박승관**

1. 한국의 분단과 왜곡된 근대화

1) 한국의 분단구조와 근대화 과정

한국사회는 지난 수십 년간 급속한 사회·경제적 변동을 경험해 왔다. 반세기도 채 되지 않는 짧은 기간 동안 한국사회가 성취해 온 변동은 그 규모와 속도에서 역사적 유례를 찾아보기 힘들 정도이다. 한국사회의 이러한 급속한 변동의 양상을 한마디로 '압축적 성장'(condensed

---

* 이 논문은 『한국언론학보』 제36호(1996, 봄), 5-71에 수록된 논문을 수정 보완한 것이다. 한국정치평론학회 편집부는 이 논문의 메시지가 현대 한국 언론현실의 심층을 비판적으로 성찰하는데 여전히 적실성이 있다고 판단해서 출간을 결정했다. 출간을 허락하신 박승관 교수님께 감사의 말씀을 드린다.

** 서울대

growth)으로 요약해도 큰 무리는 없을 것이다. 다시 말하면, 다른 나라의 경우 수백 년은 족히 걸렸던 사회·경제적 발전과 근대화를 한국사회는 상대적으로 짧은 기간 동안에 집약적으로 달성하였던 것이다. 그러나 인간의 역사에서 건설은 불가피하게 파괴를 잉태하거나 전제로 하는 경우가 많다. 경제 부문에서의 이러한 예외적 성공의 역사는, 동시에 한국사회의 구석구석에까지 사회적 부조리를 심화시켜 온 모순 축적의 역사이기도 하였던 것이다.

무엇보다도 지난 반세기 동안의 한국사회는 국제적 냉전체제와 민족적 분단구조, 그리고 전쟁의 유산에 의하여 지배되어 왔다. 냉전체제와 분단구조 및 전쟁경험은 지난 반세기 동안 한국사회 내부에 극단적 분열과 대립의 질서를 구조화하는 데 결정적으로 기여하였다. 한반도를 지배하여 온 냉전·분단체제는 비단 분단 당사자인 남북한 '사이'에 뿐만 아니라, 남한 사회 '내부'에도 극단적 상호불신, 적대적 대립, 분열적 갈등의 질서를 이식하고 구조화하여 왔던 것이다.

뿐만 아니라, 급속한 근대화와 국가경제의 성장에도 불구하고 지난 반세기 동안의 한국의 국내정치는 권위주의적 지배체제에 장악된 채, 정통성을 가진 민주주의 체제를 확립하는 데 실패하였다. 최근의 전직 대통령 비자금 파문과 5.18 특별법 제정의 사례에서 알 수 있는 바와 같이, 권위주의적 군사통치의 잔재는 한국정치에서 오늘날까지도 여전히 극복되어야 할 과제로 남아 있는 것이다. 다른 많은 개발 도상국들의 경우와 마찬가지로, 권위주의적 군사통치가 지속적이고 안정적인 국가경제 성장을 위한 굳건한 토대를 제공한다는 보수적 믿음이 그 동안 한국의 국내정치를 지배해 왔다. 권위주의적 군사통치체제 하에서는 경제성장이 국가정책에서 최고의 우선순위를 부여받았으며, 그 밖의 다른 여러 가치들, 특히 민주주의적 가치들은 장식물, 또는 값비싼 사치물에 불과한 것으로 받아들여졌다.[1] 이처럼 성장제일주의 이데올로기가 민주주의적 합리성을 압도하면서, 권위주의적 군사통치가 정부주도의 경제개발계획을 효과적으로 추진하기 위한 필수불가결한 정치적 조건으로 정당화되는 경향이 한국사회에 나타났다. 한국사회의 근대화적 이행경로에서 권위주의 정치체제의 지배이념으로 '성장제일주의'가 채택된 정치적 결과로서, 다양한 사회부문들 사이의 능동적이고 참여적인 토론에 뿌리를 두는 민주적·절차적 합리성은 국가에 배타적으로 집중된 고도의 강압적 지도력에 점차 굴복하게 되고 마침내는 우리사회의 건강한 사회적 조직원리로서 성장하게 될 기회를 상실하게 되었다.

권위주의적 군사지배체제에 의하여 한국사회를 근대화로 인도하기 위한 정치철학으로 채택된 성장제일주의 이데올로기는 점차 한국사회의 일상적 생활세계의 구석구석까지 깊숙이 스며들게 되었다. 근대화 과정에서 성장제일주의 이데올로기가 절대적 우위를 점하게 된 결과, 개인과 사회의 업적과 성공을 측정·평가하는 다른 모든 기준들은 폄하되거나 무시되고 물질적 성취만을 과도하게 강조하는 획일적 가치체계가 한국사회 전반으로 확산되었다. 성장제일주의의 관점에서는 다양한 시민 집단들의 광범위한 정치참여와 여기에 기초한 합의의 창출을 근간으로 삼는 민주적 정치과정은 비생산적인 사치일 뿐이거나, 경제성장의 지름길을 가로막는 장애물에 불과한 것으로 인식되었다. 권위주의적 지도력과 성장제일주의 이데올로기의 정치적 접합으로 한국사회는 기

---

1) Im, H. B., "The Rise of Bureaucratic Authoritarianism in South Korea," *World Politics*, 39, 1987: 231-257. O'Donnell, G., *Modernization and Bureaucratic-Authoritarianism* (Berkeley: Instituteof International Studies, Univ. of California, 1973). O'Donnell, G., *Bureaucratic Authoritarianism: Argentina, 1966-1973 in Comparative Perspective* (Berkeley: Univ. of California Press, 1988).

층 민중부문이 정치적 참여와 경제적 분배로부터 전면적으로 배제되는 비민주적 불균등 발전의 경로를 걷게 되었다. 경제 발전계획의 기획 단계에서부터 기층 민중부문은 심각하게 배려되지 않았을 뿐만 아니라 진정한 의미에서의 정치참여도 허용되지 않았다. 또한 경제적 성장의 결실도 자본가 계급과 상층 중간계급들에 의하여 독점되다시피 하였으며 기층 민중부문들은 경제성장의 열매의 배분과정에서 전반적으로 소외되었다.

2) 사회적 조직원리의 제도화와 커뮤니케이션 환경

한국사회의 근대화 과정이 갖는 이와 같은 기본성격은 점진적으로 그리고 궁극적으로 몇 가지의 특수한 '사회적 조직원리들'(organizing principles of society)[2]을 한국인들의 일상적 생활세계 속에 내면화시키게 되었다. 이들 사회적 조직원리들은 한국인들의 개인적 또는 집단적 행위 패턴에 깊숙히 스며들게 되었다. 이것들은 사회구성원들의 가치 시스템과 행위패턴에 크고 작은 규범적 구속력을 행사한다는 점에서 한국사회 내에 '제도화되어 있다'(institutional-ized)고 말할 수 있다. 다시 말하면, 이들 사회적 조직원리들은 사회성원 자신뿐만 아니라 타인의 신념과 행위를 기대하고 평가하는 기준으로서 인식되고 적용되면서 전체 사회성원들에 의하여 집단적으로 공유되어 있는 것이다. 알프레드 슈츠(Alfred Schutz)의 용어를 빌면, 이들 사회적 조직원리들은 한국사회

---

2) 김경동, 『한국사회변동론』 (서울: 나남, 1993).

의 일상적 생활세계에서 사회적 참여에 대한 사회성원들의 집단적 경험을 형성시키고 인도하는 일종의 '지배적 현실'(paramount reality)[3]로서 자리잡고 있다고 말할 수 있다.

여기에서 우리는 한국사회의 근대화 과정에서 일상적 생활세계 내부에 이식되어 왔다고 여겨지는 사회적 조직원리들 중 가장 두드러진 것으로 생각되는 세 가지를 지적하고자 한다. 첫번째는 '물질적 성취의 원리'라고 할 수 있다. 이식된 자본주의 체제를 근간으로 추진되어 온 한국사회의 근대화 과정에서 물질적 축적 그 자체를 최고의 목적으로 숭앙하는 사회적 조직원리가 점차 내면화되었으며, 이에 따라 한국사회에서 물질적 성취는 동원되는 수단에 관계 없이 그 자체로 정당화되는 경향이 강화되어 왔다. 이러한 조직원리에 따르면, 개인뿐만 아니라 조직이나 집단의 사회적 성공은 그의 물질적 축적의 수준에 의하여 획일적으로 평가되고 정당화된다. 오늘날 한국사회에서 한 사람이 쌓아 온 사회적 업적이나 기여의 다른 차원들은 그가 성공적인 삶을 살았는가를 평가함에서 거의 의미 있는 지표가 되지 못하는 듯하다. 한국사회에는 '세상에 돈으로 되지 않는 일은 없다'는 믿음이 팽배하게 되었으며, 이에 따라 사람들은 '돈'을 다른 무엇보다도 중요시하게 되었다.

이러한 현실은 우리사회에서 물질적 부, 즉 '돈'이 모든 인간적 가치들을 집약적이고 일원적으로 대표하는 일종의 물신(fetish)으로 숭배되고 있음을 의미한다고 해석될 수 있다. 다양한 가치를 중심으로 형성되는 인간들 간의 사회적 관계가 오직 화폐적 가치에 의하여 획일적으로 평가되고 환산되는 물질적 관계로 전환·퇴행하고 만 것이다. 물론 이

3) Schutz, A., *On Phenomenology and Social Relations* (Chicago: The Univ. of Chicago Press, 1970), 253.

러한 물신주의는 모든 자본주의 사회에서 나타나는 일반적 현상으로 이해할 수 있으나, 우리사회의 경우 앞에서 지적한 바와 같은 근대화 과정이 내포한 모순성으로 인하여 이와 같은 측면이 훨씬 병적이고 현저한 사회적 현실로 자리 잡게 되었다.

두번째의 사회적 조직원리로서는 '집단적 또는 공동체적 합리성에 대한 개인적 합리성의 우위'를 들 수 있다. 공동체적 합리성에 대한 개인적 합리성의 우위는 주로 물질적 성공을 위한 개인들의 무제한적 경쟁과 사회 전반에 만연한 불신감의 심화에 의하여 더욱 강화되어 왔다. 군사쿠데타에 의한 물리적 정권탈취와 경제성장 과정에서 축적된 결실의 불공평한 분배 등으로 체제의 정통성이 취약해지고 사회적 권위의 붕괴가 가속화된 결과, 개개의 사회 구성원들간의 전통적 유대가 크게 약화되고 더 나아가 그들간의 상호 불신이 사회전반으로 확산되었다. 이러한 믿음체계의 형성과정에서 개인들 사이의 공동체적 상호신뢰의 체계는 해체되고, 개인주의적·이기주의적 충동들이 극단적으로 경쟁하는 사회상황이 도래하게 되었다.

이와 같이 사회적으로 만연해 있는 배타적 경쟁관계와 상호적 불신풍조는 특히 극단적 가족 이기주의의 형태로 발현되는 경향이 있다. 즉, 공동체와 체제에 대한 사회적 신뢰가 무너지면서 국가나 각종 제도의 권위, 그리고 이웃을 신뢰할 수 없게 된 우리사회에서는 믿을 수 있는 것은 오직 자기자신과 가족밖에 없다는 신념이 확산될 수밖에 없었던 것이다. 한국사회의 모든 부문과 수준에서 정통성의 현저한 훼손이 발생하면서 한국인들은 집단적·사회적·공동체적 시각 대신 개인적 이익 우선의 원칙에 입각하여 생각하고, 행동하고, 경쟁하는 경향을 자연스럽게 수용하게 되었다. 이와 같은 만인에 대한 만인의 전쟁상태 속에서 믿을 것은 오직 나 자신과 가족밖에는 없고 남들은 전부 도둑 또는 적과 다를 바 없다는 신념과, 이러한 신념을 전제로 한 행동유형이 유독 강하게 표출되고 있는 것이 현실이다.

지금까지 설명한 두 가지의 사회적 조직원리들은 자연스럽게 '상호불신과 차별의 원리'를 한국사회에 또 하나의 사회적 조직원리로서 정착시켰다. 상호신뢰와 공존에 기초하고 있던 한국사회의 전통적 가치체계는 근대화 과정에서 점차적으로 침식되었다. 사회조직의 근본 원리로 전통적으로 존중되어 왔던 상호이해와 포용의 사회적 분위기는 계속하여 소진되었으며, 이 대신 상호배제와 차별의 분위기가 그 자리를 차지하게 되었다. 근대화의 와중에서 한국사회의 모든 층위들에서 정통성의 체계가 붕괴됨으로써 이와 같은 상호불신과 차별의 사회조직 원리는 가속적으로 정착되었다.

이러한 경향은 사회적 차원에서도 개인적 차원에서도 마찬가지로 나타났다. 예를 들면, 국가의 정통성과 같은 사회적 차원의 정통성은 국가의 강압적 권위주의와 부패의 만연으로 인해 심각하게 훼손되었다. 개인적 차원에서도 일상적 생활세계 속에서 접촉하게 되는 타인들을 사회공동체 내에서 공통의 감정과 이익 그리고 우애를 공유하고 있는 신뢰할 만한 동료나 이웃이라고 보기보다는 물질적 성취를 위한 경쟁의 과정에서 불가피하게 직면하게 되는 현재적 또는 잠재적 적으로 간주하는 경향이 강화되어 나타났다. 한국인들은 일반적 사회관계에서 서로를 정치적, 경제적으로 이용하려 할 뿐, 마음으로 통할 수 있는 친구나 이웃이라고는 생각하지 않게 된 것이다. 다시 말하면, 한국사회의 근대화 과정은 결국 상호 이해와 동의에 기초한 '우리관계'(we-relationship)의 건강성을 파괴해 온 과정과 동일한 것이다.

이들 세 가지 사회적 조직원리들은 한편으로는 한국의 자본주의적 근대화 과정과 일정하게 관련되어 있으면서 다른 한편으로는 앞에서 언급한 바처럼 분단구조와 냉전체제가 한국사회 내부로 이식되어 내면화되는 과정에서 생성·강화된 것으로 보인다. 광복 직후부터 한반도에 정착된 분단구조와 냉전체제는 남과 북 사이의 극심한 상호불신과 대립의 체제였다. 분단과 냉전의 질서는 남과 북이라는 두 체제로 하여금 공히, 상호신뢰가 아니라 상호부정을 자기존립의 근거로 삼게 하였다. 이 새로운 체제의 정착에 따라 남과 북은 공히 상대방과의 대립과 갈등, 경쟁과 불신을 끊임없이 재생산해 내는 일을 가장 높은 우선순위를 점유하는 국가적 과제로 인식하고 추진하였다. 분단과 냉전체제 하에서 분단 당사자인 남북한 각각에게 이러한 적대적 갈등구조의 재생산이야말로 일종의 '자기 존립근거'(raison d'être)에 다름 아니었던 것이다.

분단구조와 냉전체제가 강제한 이러한 대립과 갈등, 경쟁과 불신의 질서는 비단 남과 북이라는 상이한 정치체제 '사이'에서만 발현되는 것은 아니었으며, 궁극적으로는 남한이라는 사회체제 '내부'에도 이와 동일한 질서가 이식되었던 것으로 보인다. 한국인들은 분단을 전제로 하는 불신과 갈등의 질서를 수십 년 동안 집요하고도 강도 높게 교육받아 왔으며, 이제 이러한 냉전체제적 질서와 양상들은 우리 사회 곳곳에서 구체적 생활방식으로 자리잡게 되었다. 삼천리 방방곡곡, 마을 어귀어귀마다 어김없이 서 있는 반공 선전물과 지하철 전동차 내부에 나붙은 간첩신고 포스터로부터, 학교 교육을 비롯한 제반 교육체제와 매스컴을 비롯한 각종의 미디어로부터, 그리고 어른들과 이웃으로부터, 한국인들은 요람에서 무덤까지 자나깨나 분단구조와 냉전체제가 강제하는 불신과 대립, 경쟁과 갈등을 배우고 체득하고 실천하면서 살아오게 되었다. 결론적으로 앞에서 설명한 세 가지의 사회적 조직원리들은 분단구조와 냉전체제의 사회내적 전이·이식·침윤의 결과로 한국사회에 정착·심화되어 왔다고 볼 수 있다.

3) 본 논문의 연구과제

이러한 사회적 조직원리들은 오늘날 한국사회의 커뮤니케이션 환경에도 당연히 심대한 영향력을 행사하고 있다. 이들 사회적 조직원리들이 한국인의 일상적 생활세계 속에 내면화됨에 따라 일상적 생활세계의 중추영역이라고 할 수 있는 '사회적 커뮤니케이션 세계'가 심각하게 왜곡되어 온 것으로 보인다.

이와 같은 성찰을 바탕으로 본 논문은 사회 커뮤니케이션 이론의 관점에서 첫째, 한국사회의 '사회적 커뮤니케이션 세계'에서 발현되는 지배적 현실의 핵심적 측면들을 기술하고, 둘째, 왜곡된 사회적 커뮤니케이션 현실을 이해하고 분석하는 데 유용하게 적용될 수 있는 개념적 도구들을 개발하며, 셋째, 이와 같이 왜곡된 사회적 커뮤니케이션 구조가 갖는 사회정치적 함의를 천착하려 한다.

2. 사회적 커뮤니케이션 세계

1) 사회적 커뮤니케이션 세계의 의미

우리의 논의는 '사회적 커뮤니케이션 세계'(the social communication-world)라는 개념을 탐색하는 데에서 시작된다.[4] 사람들은 사회적

4) 박승관, "한국사회의 사회적 커뮤니케이션 세계의 붕괴," 『서울대학교 신문연구소학보』 30 (1993), 85-122.

커뮤니케이션 세계에서 상호작용하면서 집단적 삶을 영위한다. 사회적 커뮤니케이션 세계는 사람들의 공동체적 커뮤니케이션 영역으로서 일상적 생활세계 내에서 사회성원들에 의하여 사회적이고 집단적으로 구성·유지·변형·발전된다. 사회적 커뮤니케이션 세계는 이처럼 개인들의 '동의'(consent)와 '상호이해'(mutual understanding)에 기초함으로써 개인들의 의식과 행동에 사회성을 부여하고, 그럼으로써 그들을 고립된 개별적 존재로서가 아니라 사회공동체 내의 유기적 구성원으로서 조직화해 내는 의사소통의 마당이다. 이런 의미에서 '사회적 커뮤니케이션 세계'는 알프레드 슈츠의 '공동체적 커뮤니케이션 환경'(the communicative common environment)[5]과 상통하는 개념으로 볼 수 있다.

보다 분석적으로 말하면, 사회적 커뮤니케이션 세계는 사회성원들이 그 안에서 개인적으로 내면화되고 사회적으로 제도화된 '의미해석적 틀'(interpretive schema)에 기초하여 상호작용하는 '사회적 표상의 공동체적 공간영역'으로 이해될 수 있다. 사회적 커뮤니케이션 세계는 사회성원들이 ① 그들의 개인적 욕망과 욕구, 희망, 의견, 전망, 그리고 기대를 표명하고, ② 다른 사람들의 이러한 욕구와 의견과 기대를 만나고 수용하고 이해하며, ③ 그럼으로써 인간사회에 관한 질서지워지고 일반화된 의미체계, 즉 의미해석적 틀을 형성·획득하고, ④ 이와 같이 형성·획득되면서 사회적으로 공유된 의미관계에 기초하여 다시금 다른 사람들과 자신들의 관계를 조직·발전시키는 '사회적 표현의 교환과 수용의 마당'이다.

다시 말하면, 그것은 공동체의 성원들에 의하여 집단적으로 공유·축적된 상호이해의 문법을 기반으로 삼고 있는 의미 공동체적 커뮤니

5) Schutz, A., *op. cit.,* 170.

케이션 공간이다. 의미 공동체적 커뮤니케이션 공간으로서의 사회적 커뮤니케이션 세계는 사람들의 사회적 현실과 생활관행 일반에 대한 '정형화 체계'(typifications)와 '적합성 체계'(relevances)를 담아 내는 공동의 의미체계를 제공하게 된다. 이처럼 집단적으로 건설되고 사회적으로 제도화되며 개인적으로 내면화된 공동체적 커뮤니케이션 공간에서 개인들의 다양한 표상과 의견들은 사회적으로 표현, 교환, 수용되거나 서로 경합하면서 변형된다. 사회적 커뮤니케이션 세계는 의미 있고 신뢰할 수 있는 인간의 집단적 상호작용을 가능하게 하는 일종의 의미해석적 헌법(interpretive constitution)을 제정 · 반포함으로써 사회성원들을 인도하고, 규제하며, 엮어낸다. 바로 이러한 이유로 사회적 커뮤니케이션 세계는 사회 속의 행위자들 사이의 상호작용의 패턴을 반영하고 동시에 규제하면서 일상적 생활세계(the everyday life-world)의 중심적 축으로서 존재하고 기능한다. 사회적 커뮤니케이션 세계에서 공동체적으로 생성 · 공유되는 상황 규정을 수용하고 이에 기초하여 사고하고 행동함으로써 비로소 개인적 행위자의 정체성은 사회화되고, 그리하여 외부세계로 통합될 수 있는 계기를 맞게 된다. 그러므로 사회적 커뮤니케이션 세계의 시각에서 볼 때, 인간 커뮤니케이션은 결코 언어적 또는 비언어적 채널들을 통해 공개적으로 표현된 행위로만 협소하게 제한될 수는 없으며 오히려 이것 이상으로 훨씬 광범위한 측면들을 포괄하는 폭넓은 것으로 보아야 한다.

2) 커뮤니케이션 연구의 새로운 지평

우리는 사회적 커뮤니케이션 세계의 이론적 탐색을 위해 여러 차원의 다양한 방법론적 접근방식을 취할 수 있다고 보지만, 사회적 커뮤니케이션 세계에 대하여 채택 가능한 여러 가지 접근방식 중 하나는 그것의 수평적 구조와 수직적 구조를 탐구·분석하는 것이다.[6] 사회성원들 간의 상호작용은 사회적 커뮤니케이션 세계의 수직적 구조에 따라 그들의 사회적 지위에 조응하여 위계적으로 조직화된다. 반면에 수평적 구조 내에서 사회성원들은 공통의 집단적 정체성을 공유하고 있는 동시대인 (contemporaries) 또는 동료 (fellows)로서 상호작용한다. 사회성원들은 위에서 아래로 흐르는 수직적 커뮤니케이션 구조 또는 수평적 '우리관계'(we-relationship) 내에서 다른 사람들과 만나게 되는 것이다.

생각하건대, 전통적 커뮤니케이션 연구는 주로 우리가 여기에서 말하는 사회적 커뮤니케이션 세계의 수직적 구조를 분석하는 데 관심의 초점을 맞추어 왔다고 생각된다. 특히 전통적 비판 커뮤니케이션 연구들은 수직적 구조에만 배타적이고 집중적인 관심을 경주해 오면서 주로 사회 상층부와 하층부가 매개되는 일방통행적이고 단일방향적인 커뮤니케이션 과정을 설명해 왔다.[7] 이에 반하여, 사회적 커뮤니케이션 세계의 수평적 구조에 대한 학문적 관심의 경주는 지금까지 거의 시도되지 않은 상태이다. 이리하여 동일한 사회적 지평 위에서 자율적이고 독립적으로 존재하는 다양한 집단들 사이에서 발생하는 수평적 커뮤니

6) 박승관, 위의 논문. 박승관, 『드러난 얼굴과 보이지 않는 손: 한국사회의 커뮤니케이션 구조』 (서울: 전예원, 1994).

7) Curran, J. & M. Gurevitch, (eds.), *Mass Media and Society* (London: Edward Arnold, 1991).Curran, J., M. Gurevitch, & J. Woollacott, *Mass Communication and Society* (Beverly Hills: Sage, 1977). Curran, J. & J. Seaton, *Power without Responsibility: The Press and Broadcasting in Britain* (4th ed.) (London: Routledge, 1991).

케이션 구조에 대한 탐구는 지금까지 이론적 공백상태로 남아 있게 되었다. 우리는 이와 같이 연구의 관심이 불균형적으로 분배되고 있는 현실에는 큰 문제가 있다고 본다. 따라서 우리는 앞으로의 커뮤니케이션 연구에서 사회적 커뮤니케이션 세계의 수평적 구조의 분석을 위한 보다 적극적이고 진지한 학문적 관심의 할애를 촉구하고 기대한다.

사회적 커뮤니케이션 세계, 특히 그것의 수평적 커뮤니케이션 구조를 면밀히 연구함으로써 우리는 한국사회의 역사와 현실 속에서 꿈꾸어져 왔던 진정한 커뮤니케이션 민주주의의 길이 어떻게 파괴되고 왜곡되어 왔으며, 어떻게 복구되고 개척될 수 있는가 하는 질문에 대한 사유의 지평과 이해의 수준을 보다 확장, 심화시킬 수 있을 것으로 믿는다.

3. 커뮤니케이션의 본질과 민주주의의 이상

1) 커뮤니케이션의 본질

커뮤니케이션(communication)의 원래의 의미는 인간 커뮤니케이션의 본질로서의 수평성을 풍요롭게 함축하고 있다. 체리(Cherry)에 따르면, 커뮤니케이션 개념은 어원적으로 '나누어 가짐'(to share)을 의미하는 라틴어 '*communico*'에서 유래하였다.[8] 이처럼 커뮤니케이션 개념이

8) Cherry, C., *On Human Communication: A Review, a Survey, and a Criticism (3rd ed.)* (Cambridge: The MIT Press, 1978).

가지는 본질적 의미에서 보면, 사람들이 단순히 서로 메시지를 전달하고 접수하는 것이 아니라, 항상 그것들을 서로서로 나누어 가지거나 공유하는 경우에만 그들은 진정한 의미의 커뮤니케이션 양식 속에 있다고 말할 수 있다. 따라서 메시지가 발신자(the sender)로부터 수신자(the receiver)로 한 방향으로만 흐르는 '일방적 커뮤니케이션'(one-way communication)은 이미 개념적으로 커뮤니케이션이라는 말의 원래적 의미로부터 일탈한 것이며, 그러므로 결코 참된 뜻의 커뮤니케이션으로 파악될 수는 없다.

인간 커뮤니케이션은 언제나 사회성원들이나 집단들 사이의 '상호 커뮤니케이션'(*inter*-communication), 즉 서로 다른 현실세계에서 살고 있는 자율적인 사회적 존재들간의 수평적 상호작용, 또는 상호이해의 양방향적 교호과정을 의미한다. 커뮤니케이션은 사회적 화자, 즉 커뮤니케이터(communicator)의 견지에서 보면 '언제나 외부적 현실세계와의 관련 속에서만 발생할 수 있는 것이다'(communication can occur only within the reality of the outer world).

이처럼 커뮤니케이션을 공동체성(communality)을 구현하는 양방향적 과정을 함축하는 개념으로 파악하는 시각은 한 사회 내부에 '다원적 현실들' (multiple realities)이 존재한다는 사실을 논리적으로 전제하고 있다. 왜냐하면 인간 커뮤니케이션의 토대는 사회체제 속에 존재하는 서로 다른 여러 견해들과 관점들이 서로 경쟁하거나 비교되면서 상호 정향(co-orientation)되는 과정 속에 존재하기 때문이다. 이러한 의미에서, 커뮤니케이션은 다양하고 이질적인 사회적 현실들을 서로 연관지으면서 서로 다른 사회적·정치적 관점들의 '상호교환가능성'(interchangeability)을 현실화하는 과정에 다름 아니다. 커뮤니케이션의 진정한 사회적 기능은 이와 같이 사회체계 내에 존재하는 서로 다른 '다원적 현실들' 간의 '네트워크'(network)를 창출함으로써 고립되어 있는 사회적 현실들을 상호의존적이고, 상호개방적이며, 공분모적인 (commensurable) 것으로 만드는 데에 있다. 즉, 커뮤니케이션의 참된 역할은 각자의 고유한 존재형식을 가지고 있는 서로 다른 '세계'들을 조직적으로 '관계지움'(networking)으로써, 하나의 '유기적 우주'를 만들어내는 것이다.

2) 커뮤니케이션과 민주주의의 이상

이와 같은 커뮤니케이션 개념은 근대적 자유민주주의 이념과도 잘 부합된다. 민주주의에 대한 근대적 신념은 잘 알려져 있는 바와 같이 '사상의 자유로운 공개시장'(the free marketplace of ideas)이라는 개념과 그 발생과정에서부터 불가분의 관계를 맺어 왔다. 사상의 자유로운 공개시장은, 그 안에서 다채로운 의견들이 공개적으로 표현되고, 자유롭게 경합하며, 나아가 궁극적으로는 진실되고 합리적인 공중의 집합적 일반의지를 형성하는 데에서 정점을 이루는 커뮤니케이션의 마당이라고 인식할 수 있다.[9] 따라서, 이러한 관점에서는 사회의 핵심정보의 상호교환을 통하여 합리적 여론을 형성하는 것이야말로 건강한 민주주의를 확보하기 위한 필수적 전제조건이 된다. 그러므로 근대적 민주주의의 실현은 바로 서로 경합하는 견해들 간의 자유롭고 개방적인 토론이 얼마나 활성화되어 있는가에 결정적으로 의존한다고 새길 수 있다. 바

---

9) Milton, J., *Areopagitica* (New York: Appleton-Century-Crofts, 1951).
Siebert, F. S., T. Peterson, & W. Schramm, *Four Theories of the Press* (Urbana: Univ. of Illinois Press, 1956).

로 이러한 시각에서 하버마스는 부르조아 계급이 주도한 서로 다른 관점들 사이의 '합리적이고 비판적인 공적 토론'(rational-critical public debate)[10]이 18세기 이후 서구사회에서의 근대적 민주주의의 급속한 신장을 가능하게 했던 정치적 토대였다고 주장한 바 있다.

서로 다른 집단들 사이의 원활하고도 개방적인 커뮤니케이션을 자유민주주의가 적절히 기능하기 위한 필수적 조건으로 받아들이는 이와 같은 고전적 아이디어는 존 듀이와 같은 미국의 실용주의 철학자에게도 계승되었다. 그에 따르면, 커뮤니케이션은 '위대한 (민주주의적) 공동체'(the Great Community)라는 사회적 이상을 구현하기 위하여 절대적으로 요청되는 불가결하고도 유일무이한 도구이다.[11] 듀이는 당시 미국사회의 꿈이었던 '위대한 공동체'는 공중에게 책임을 분담시키는 방향으로 서로 다른 집단들 간의 '자유롭고도 전면적인 상호 커뮤니케이션'(free and full inter-communication)을 촉진시킴으로써만 구현될 수 있다고 보았다.[12] 그에 의하면, 사회체계 내부에 존재하는 다양한 집단들은 오직 진정한 의미의 커뮤니케이션을 통해서만 다른 집단들과 유연하고도 효율적인 상호작용을 할 수 있게 되며, 또한 그럼으로써만 그들은 '민주적으로 조직화된 공중'(democratically organized public)[13]으로 변형되고 성장할 수 있다. 커뮤니케이션은 이처럼 '사람들을 연결시키는 데 절대적으로 필요한 접착제'로서 작용하므로 위대한 민주주의적

10) Habermas, J., *The Structural Transformation of the Public Sphere: An Inquiry into a Category of Bourgeois Society* (Cambridge: The MIT Press, 1989), 28.
11) J. Dewey, *The Public and Its Problems* (Chicago: The Swallow Press, 1927). J. Dewey, *Experience and Nature* (New York: Dover Publications, 1958).
12) J. Dewey, (1927).
13) *Ibid.*, 147.

공동체의 이상을 실현하기 위하여 '필수적으로 요청되는 전제조건'으로 인식되었던 것이다.[14)]

종합하건대, 민주주의의 건전한 토대는 한 사회 내에서 서로 다른 신념들과 관점들간의 양방적 커뮤니케이션이 얼마나 능동적 · 조직적 · 유기적 · 효과적으로 이루어지는가에 궁극적으로 달려 있다고 해석할 수 있다. 이러한 의미에서, 라스웰(Lasswell)이 지적한 바처럼 사회적 커뮤니케이션의 가장 중요한 기능 중의 하나는 사회의 서로 다른 부문들을 하나의 유기적 전체로서 '상호관련시키는 것'(to correlate parts of society)[15)]이다. 결국, 공동체적 민주주의의 가능성을 탐색해 왔던 인간의 역사적 노력은 '관점들의 상호교환가능성'(interchangeability of standpoints)[16)]을 현실화하고 '상호 커뮤니케이션' (*inter*-communication)을 활성화함으로써 인간공동체의 '사회적 지평'(the social horizon)을 확장시키고자 하는 시도에 다름아니었던 것이다.

---

14) *Ibid.,* 149-152.

15) Lasswell, H. D., "The Structure and Function of Communication in Society," in Schramm, W. (ed.), *Mass Communications* (2nd ed.) (Urbana: Univ. of Illinois Press, 1960), 118.

16) Schutz, A. (1970), 183.

4. 커뮤니케이션 엑소가미와 엔도가미

1) 커뮤니케이션 엑소가미와 엔도가미 개념

인간 커뮤니케이션의 본래적 이상이 때로는 서로 치열하게 경합할 수도 있는 다원적 의미체계들 간의 수평적 교류와 '관계짓기'(networking)에 있다는 점에 비추어 보면, 진정한 의미의 커뮤니케이션은 자율적이고 평등한 개인들이나 집단들의 '사회적 경계들을 넘어서'(across social boundaries) 이루어지는 것으로 이해될 수 있다. 이러한 관점에서 인간 커뮤니케이션 행위는, 곧 상호이해와 동의를 지향하는, '다원적 현실'(multiple realities)사이의 경계를 넘어서는 '상호 커뮤니케이션'의 가능성을 조심스럽게 탐색해 가는 과정을 의미한다 하겠다.

한 사회에 건강한 사회적 커뮤니케이션 세계가 구축되어 있는 경우에 사회성원들은 사적 영역들과 사회적 경계들을 초월하여 타인들을 동료로서 받아들이게 될 것이다. 만약 어떤 사람들이 진정한 사회적 커뮤니케이션 세계에 참여하고자 한다면 그들은 타인들을 사회공동체 안에서 더불어 살아가는 대화의 파트너로서 받아들일 것이다. 이 때에 비로소 '나'는 '타인'과 통합됨으로써 '우리관계'를 형성하게 된다. 이리하여 '타인'(the Other)이 사회적 커뮤니케이션 세계에서 '또 다른 나로서의 타인'(the other I)이 될 수 있을 때 우리는 참된 커뮤니케이션을 구현할 수 있는 터전을 획득하게 되고 결과적으로 다원적 현실들(multiple realities) 사이의 열린 교류를 통한 사회적 지평의 확장을 경험하게 된다.

이러한 추론에 기초하여 우리는 한 사회 내에서 발생하는 커뮤니케이션을 두 가지 유형으로 구분하는 것이 이론적으로 매우 유용할 수 있음을 알게 된다. 첫째 유형의 커뮤니케이션은 어느 하나의 개인, 집단, 조직, 현실의 범위나 경계 내에서 발생하는 '경계내 커뮤니케이션'(within-boundary communication)이며, 둘째 유형의 커뮤니케이션은 이러한 개인, 집단, 조직, 현실의 경계를 넘나드는 '경계간 커뮤니케이션'(cross-boundary communication)이다. 다시 말하면, 전자는 일종의 '집단내 커뮤니케이션'(within-group communication), 또는 '현실내 커뮤니케이션'(within-reality communication)으로 볼 수 있으며, 후자는 '집단간 커뮤니케이션'(between-group communication), 또는 '현실간 커뮤니케이션'(between-reality communication)을 지칭하는 것으로 이해될 수 있다. 또한, 전자는 동종애(同種愛, homophily)에, 후자는 이종애(異種愛, heterophily)에 각각 기반을 둔 커뮤니케이션 양식으로 볼 수도 있다. 동종애적 커뮤니케이션(homophilic communication)은 신념, 교육, 사회적 지위 등의 특성이 유사한 사람들 사이에서 발생하는 인간 커뮤니케이션이며, 이종애적 커뮤니케이션(heterophilic communication)은 이들 특성이 상이한 사람들 사이에서 발생하는 인간 커뮤니케이션이다.[17)]

우리는 여기에서 한 사회의 사회적 커뮤니케이션 세계의 건전한 토대의 확보여부는 '경계내 커뮤니케이션'에 비하여 '경계간 커뮤니케이션'이 상대적으로 얼마나 활성화되어 있는가에 달려 있다는 것을 추리해 낼 수 있다. 우리가 이미 지적한 바와 같이, 다원적 현실들 (multiple

---

17) Rogers, E. M., *Diffusion of Innovations* (3rd ed.) (New York: The Free Press, 1983), 274-275.

realities) 사이에 발생하는 양방향적이고 경계초월적인 커뮤니케이션이 원래적 의미의 순수한 커뮤니케이션 개념에 부합되는 것이며 또한 근대적 민주주의의 이상과 높은 수준의 친화성을 갖는 것이라면, 경계내 커뮤니케이션에 비하여 경계간 커뮤니케이션이 상대적으로 얼마나 활성화되어 있는가에 따라 한 사회의 사회적 커뮤니케이션 세계가 얼마나 민주적이며 건강한지를 가늠해 볼 수 있을 것이다.

이러한 논의를 기초로 하여 어떤 사회의 커뮤니케이션적 민주성과 건강성을 나타내는 개념의 하나로, 우리는 개인, 집단, 조직, 현실들의 경계내부와 경계사이에서 발생하는 '전체 커뮤니케이션' 중에서 '경계간 커뮤니케이션'이 차지하는 비율, 즉 경계간 커뮤니케이션의 상대적 활성화 정도가 현저히 높은 상태를 '커뮤니케이션 엑소가미'(communication exogamy)로 정의한다. 즉, '커뮤니케이션 엑소가미'는 관련 커뮤니케이션 주체들 사이의 커뮤니케이션, 나아가 특정 사회일반의 커뮤니케이션 구조가 더욱 자유로우며, 민주적이고, 개방적이며, 소통적이며, 건강하고, 공평함을 보여준다. 반대로, 전체 커뮤니케이션 중에서 '경계내 커뮤니케이션'이 차지하는 비율, 즉 경계내 커뮤니케이션의 상대적 활성화 정도가 현저히 높은 상태를 우리는 '커뮤니케이션 엔도가미'(communication endogamy)로 정의한다. 이는 일반적으로 한 사회의 커뮤니케이션 구조가 비민주적이고, 폐쇄적이며, 비소통적이고, 분절적임을 보여 주는 지표로 파악될 수 있다.

사회적 커뮤니케이션 세계에서 발생하는 인간 커뮤니케이션의 이같은 두 가지 패턴들, 즉 커뮤니케이션 엑소가미와 커뮤니케이션 엔도가미가 가지는 특징들을 보다 세밀하게 고찰하면 〈표 1〉과 같이 정리할 수 있다.

〈표 1〉 커뮤니케이션 엑소가미와 커뮤니케이션 엔도가미의 특징 비교

차 원	커뮤니케이션 엑소가미	커뮤니케이션 엔도가미
토 대	포용성·상호신뢰·존경· 공통분모·개방성	배타성·상호불신·적대성· 비공통성·폐쇄성
양 식	양방성·소통·토론·설득	일방성·독백·갈등·통제·억압
지 향	연대·공동체·우리관계· 공유·화해·동의·합의	고립·개인(파당)주의·그들관계· 독점·대립·불화분열

경계를 넘나드는 커뮤니케이션 양식으로서의 커뮤니케이션 엑소가미는 사회적 경계들에 따라 서로 다르게 분배되는 '관점들 사이의 상호교환가능성'(interchangeability of the standpoints)을 이미 전제하고 있는데, 우리는 다른 사람들과의 상호 의견교환을 통해 협소한 개인적 관점을 '초월' (transcendence)'[18]하고 그럼으로써 이방인들이 속해 있는 미지의 세계를 답사하고 경험할 수 있게 된다. 이러한 커뮤니케이션 엑소가미는 개방성과 사회의 다양한 소우주들 간의 상호신뢰를 기반으로 해서만 성립될 수 있다. 이것은 또한 상호포용과 사회적 공통분모 위에 세워질 수 있는 인간 커뮤니케이션 유형이다. 반대로 커뮤니케이션 엔도가미는 타인과 다른 집단, 이질적 세계에 대해 폐쇄적이고 상호배타적인 문화 속에서 발흥한다. 말할 것도 없이 커뮤니케이션 엔도가미는 비공통성을 주요 거주영역으로 삼는다. 그러므로 이러한 양식의 커뮤니케이션은 상호불신과 적대적 분위기가 팽배해 있는 사회에서 일반적으로 발견될 수 있다.

커뮤니케이션 양식의 차원에서도 엑소가미와 엔도가미는 큰 차이를 보인다. 전자가 양방향적이고 소통적인 경향이 강한 반면, 후자는 일방

18) Schutz, A. & T. Luckmann, (1989), 100-106.

성과 갈등성을 전형적 성격으로 갖는다. 커뮤니케이션 엑소가미는 대화적 성격이 강하고 따라서 여기에서는 토론과 설득이 지배적 커뮤니케이션 양식으로 나타나게 되나, 커뮤니케이션 엔도가미는 독백적 커뮤니케이션 양식으로서 통제와 강압이 주조를 이룬다.

나아가 사회적 커뮤니케이션의 이들 두 가지 유형들은 지향하는 바에서도 각각 다르다. 커뮤니케이션 엑소가미는 연대와 공동체성을 지향하지만, 엔도가미는 고립, 개별성, 소아적 이기주의를 지향한다. 엑소가미가 주로 '우리관계'(we-relationship)로 조향되는 반면, 엔도가미는 '그들관계'(they-relationship)로 조향된다. 엑소가미는 또한 상호공유, 화해, 동의의 형성을 목표로 삼지만, 엔도가미는 독점과 대립, 불화와 분열을 지향하는 사회적 커뮤니케이션 패턴을 따른다.

2) 커뮤니케이션 엑소가미 지수와 엔도가미 지수

이와 같은 논의를 기초로 하여, 한 사회의 사회적 커뮤니케이션 세계의 민주성, 공평성, 건강성을 평가·측정할 수 있는 두 가지의 지수, 즉 '커뮤니케이션 엑소가미 지수'와 '커뮤니케이션 엔도가미 지수'를 각각 공식 (1)과 공식 (2)처럼 정의할 수 있다. 이 경우, 이들의 합은 공식 (3)처럼 1로 일정하다.

$$\text{커뮤니케이션 엑소가미 지수} = \frac{\text{경계간 커뮤니케이션}}{\text{전체 커뮤니케이션}} \quad \text{--------} \ (1)$$

$$\text{커뮤니케이션 엔도가미 지수} = \frac{\text{경계내 커뮤니케이션}}{\text{전체 커뮤니케이션}} \text{ --------- (2)}$$

$$\text{커뮤니케이션 엑소가미 지수} + \text{커뮤니케이션 엔도가미 지수} = 1 \text{ …… (3)}$$

'커뮤니케이션 엑소가미'와 '커뮤니케이션 엔도가미'의 두 가지 지수들은 사회적 커뮤니케이션 질서의 개방성과 민주성을 상대적으로 측정하기 위하여 많은 구체적 사례들에 유용하게 적용될 수 있다. 이들 두 가지 지수들은, 예를 들면 성, 연령, 직업, 지역, 계급, 조직, 전임자와 후임자, 선후배, 세대, 가족 등 일정한 사회적 경계 내에서 또는 이러한 경계들을 넘나들면서 이루어지는 다양한 인간 커뮤니케이션 현상의 질적, 양적 차원에 걸쳐 폭넓게 적용될 수 있을 것이다.

3) 커뮤니케이션 평등성과 그 지수

지금까지의 커뮤니케이션 엑소가미와 엔도가미에 관한 논의는 '경계간 커뮤니케이션'에 관련된 둘 또는 그 이상의 개인, 조직, 집단, 현실들은 상호독립적, 자율적이며, 따라서 이들 사이에 발생하는 커뮤니케이션은 질적 또는 양적 수준에서 평등성·균형성·등가성을 가지고 있다는 이론적 가정을 잠정적으로 채택한 것이었다. 이와 같은 조건 속에서 발생하는 개인, 집단, 조직, 현실들 사이의 '경계간 커뮤니케이션'은 지배도 없고 의존도 없는 자유롭고 평등한 것이 될 것이다. 이 경우, 어느 한 개인, 집단, 조직, 현실이 다른 개인, 집단, 조직, 현실을 커뮤니케이션 과정에서 일방적으로 지배하거나 통제하지 못하며, 따라서 의존도

굴종도 없는 완벽한 커뮤니케이션 평등성과 등가성이 실현될 수 있을 것이다.

그러나 여기에서 한 걸음 더 나아가 '경계간 커뮤니케이션'에서의 개인, 집단, 조직, 현실간 평등성 · 균형성·등가성에 대한 가정을 상정하지 않을 때를 생각해 보자. 경계간 커뮤니케이션에 참여하는 개인, 집단, 조직, 현실들 사이에 커뮤니케이션 평등성과 등가성이 질적 또는 양적 수준에서 충족되지 않는 조건 속에서는 경계간 커뮤니케이션의 활성화 자체만으로는, 즉 커뮤니케이션 엑소가미의 절대수준 자체만으로는 민주적 커뮤니케이션이 담보되지 않을 수도 있다. 경계간 커뮤니케이션이 충분히 활성화되어 있는 경우에도, 다시 말하면 높은 수준의 커뮤니케이션 엑소가미가 실현되어 있는 경우에도 이러한 경계간 커뮤니케이션이 어느 특정한 개인, 집단, 조직, 현실의 철저한 주도와 독점 하에 이루어지고 나머지 관련 커뮤니케이션 주체들은 철저히 종속적이고 수동적으로 남아 있는 커뮤니케이션 상황이 얼마든지 존재할 수 있다. 이러한 조건 속에서는 공식 (1)로 표현되는 엑소가미 지수 자체는 높을 수 있겠으나, 관련 커뮤니케이션 주체들 사이의 실질적 커뮤니케이션은 일방적·비민주적·독점적·지배적인 것이 되고 만다.

따라서 경계간 커뮤니케이션에서의 집단간 평등성과 등가성이 전제되지 않을 경우에는 단순히 공식 (1)과 (2)에 의하여 얻어지는 엑소가미/엔도가미 지수 이외에도 관련 집단간의 '커뮤니케이션 평등성' 지수를 아울러 고려하지 않으면 안된다. '커뮤니케이션 평등성' 개념은 '경계간 커뮤니케이션'에 관련된 개인, 집단, 조직, 현실들 사이의 커뮤니케이션이 양적·질적 측면에서 과연 양방적이며, 공평하며, 균형잡혀 있는가, 아니면 일방적이며, 독점적이며, 불균등한가를 묻는다.

'커뮤니케이션 평등성'은 커뮤니케이션 관련주체의 수와 각 주체의 구성원 수에 따라 여러가지 방식으로 정의될 수 있다. 먼저, 경계간 커뮤니케이션에 관련되어 있는 커뮤니케이션 주체, 즉 개인, 집단, 조직, 현실의 수가 2개라고 가정하고 이들 각 주체의 구성원 수는 아직 고려하지 않기로 하자. 이 경우 각 개인, 집단, 조직, 현실이 서로 대등한 관계에서 커뮤니케이션 할 때, 즉 이들 두 커뮤니케이션 주체들 사이의 '경계간 커뮤니케이션'에 양적 또는 질적으로 각 주체가 1:1의 비율로 동등하게 개입하고 이를 주도할 수 있을 때 이들 사이의 커뮤니케이션은 가장 평등하다고 말할 수 있을 것이다.

예를 들면, 두 주체 G_1과 G_2가 있고, 이들 사이의 경계간 커뮤니케이션 전체 중에서 G_1이 G_2에 대하여 주도하는 커뮤니케이션의 비율을 e_{12}라 부르고, 역으로 G_2가 G_1에 대하여 주도하는 커뮤니케이션의 비율을 e_{21}이라 하면, e_{12}와 e_{21} 사이의 관계는 공식 (4)와 같을 것이다.

$$e_{12} + e_{21} = 1 \quad \text{--------------------------------} \quad (4)$$

또한 e_{12}와 e_{21}을 중심으로 하여 G_1과 G_2 사이의 '커뮤니케이션 평등성 지수'는 다음의 공식 (5) 또는 공식 (6)의 E_{12} 와 E_{21}로 정의될 수 있을 것이다.

$$E_{12} = 4e_{12}(1-e_{12}) \quad \text{-----------------------------} \quad (5)$$

$$E_{21} = 4e_{21}(1-e_{21}) \quad \text{-----------------------------} \quad (6)$$

여기에서, 공식 (4)에 의하여 $e_{12} = 1- e_{21}$이므로, $E_{12} = E_{21}$이 될 것이다. 또한, E_{12}와 E_{21}은 0과 1 사이의 값을 갖게 된다. 즉, 공식 (7)이 성립한다.

$$0 < E_{12} = E_{21} < 1 \text{ ---------------------------- } (7)$$

이 때, E_{12}와 E_{21}은 e_{12} 또는 e_{21}이 0.5일 때, 즉 G_1과 G_2가 이들 사이의 경계간 커뮤니케이션을 대등하게 주도할 때 최대값 1을 가지며, e_{12} 또는 e_{21}이 0이거나 1일 때, 즉 G_1과 G_2 중 어느 하나가 이들 사이의 경계간 커뮤니케이션을 완전하게 독점하거나 또는 이와 반대로 완전하게 종속될 때 최소값 0을 가지게 된다.

다음으로 공식 (5)와 (6)을 기초로 하여 커뮤니케이션 주체의 수가 2보다 많은 일반적 상황을 생각해보자. 가령, 관련 개인, 집단, 조직, 현실의 수가 n개라 하면, 우리는 공식 (5)나 (6)과 같은 방식으로 각각의 두 주체 사이의 E_{ij}를 구할 수 있을 것이다. 이 때, 구할 수 있는 전체 E_{ij}의 수는 ${}_nC_2$가 될 것이다. 우리는 이들 ${}_nC_2$개의 E_{ij} 매트릭스를 〈표 2〉처럼 도시하는 것만으로도 이들 사이의 커뮤니케이션 질서가 가지는 구조적 특성에 관하여 많은 시사를 얻을 수 있을 것이다.

〈표 2〉 경계간 커뮤니케이션에서의 커뮤니케이션 평등성 지수 매트릭스

	G_1	G_2	G_3	………………	G_j	……	G_{n-1}	G_n
G_1		E_{12}	E_{13}	………………	E_{1j}	……	$E_{1,n-1}$	E_{1n}
G_2			E_{23}	………………	E_{2j}	……	$E_{2,n-1}$	E_{2n}
G_3				E_{34} ……	E_{3j}	……	$E_{3,n-1}$	E_{3n}
.				…………	…………	…………	…………	…………
.				…………	…………	…………	…………	…………
G_i					E_{ij}	……	$E_{i,n-1}$	E_{in}
.						…………	…………	…………
G_{n-2}							$E_{n-2,n-1}$	$E_{n-2,n}$
G_{n-1}								$E_{n-1,n}$

그러나 〈표 2〉처럼 단순히 매트릭스만을 제시하는 데에서 한 걸음 더 나아가 이 매트릭스를 종합적으로 고려하여, n개의 관련주체들 사이의 경계간 커뮤니케이션이 전체적으로 구현하고 있는 커뮤니케이션 평등성의 수준을 하나의 지수로 나타내는 일도 가능하다. 이를 위하여 채택할 수 있는 한 가지 의미 있는 방안은 이 매트릭스상의 E_{ij}들의 산술평균 E를 공식 (8)과 같이 구하는 것이다.

$$E = \frac{\sum E_{ij}}{{}_{n}C_{2}} \quad (\text{단, } i < j) \quad \text{-----------} \quad (8)$$

이 때, E는 다음과 같이 0과 1사이의 값을 갖는다.

$$0 < E < 1 \quad \text{-----------} \quad (9)$$

즉, E는 모든 E_{ij}들이 0일 때 최소값 0을 가지며, 반대로 모든 E_{ij}들이 1일 때 최대값 1을 갖는다. 다시 말하면, E는 경계간 커뮤니케이션에 관련된 주체들 중 가능한 ${}_{n}C_{2}$개의 두 주체 조합들 모두가 완벽한 커뮤니케이션 평등성을 획득할 때 최대가 되며, 이들이 모두 커뮤니케이션 평등성을 전혀 갖지 못할 때 최소값을 갖게 된다.

다음으로, 여기서 한 단계 더 나아가 관련주체들의 구성원 수를 적극적으로 고려하는 경우를 상정해 보자. 가령, 어느 두 주체들 사이에 집단적 수준에서 커뮤니케이션 평등성이 완벽하게 실현된다 하더라도, 만일 이들 두 주체들의 구성원 수가 서로 현저하게 다르다면, 집단적 수준에서는 이들은 동일한 정도의 커뮤니케이션 주도권을 나누어 가지고 있다고 할 수 있겠으나, 구성원의 수가 많은 주체는 그렇지 않은 주체에 비하여 오히려 낮은 수준의 주도권밖에 행사하지 못하고 있다고 볼 수도 있다. 그렇다면 이처럼 주체의 크기를 적극적으로 고려할 경우, 커뮤니케이션 평등성 지수는 어떻게 정의될 수 있는가?

먼저, 두 주체간의 경우를 고찰하여 보자. 두 주체 G_1과 G_2가 각각 N_1, N_2의 구성원 수를 갖는다고 가정하자. 이 때 두 주체의 커뮤니케이션 평등성이 완벽하게 실현되는 것은 이들 사이의 경계간 커뮤니케이션에서 이들이 각각의 구성원 수의 비율만큼 주도권을 행사할 때라고 정의할 수 있다. 이 점을 고려하면, 이제는 앞에서 설명한 e_{12}와 e_{21} 대신, 이들을 각각 N_1, N_2라는 가중치를 고려하여 나눈 새로운 수치를 사용해야 한다. 따라서 G_1과 G_2가 이들 사이의 경계간 커뮤니케이션에서 행사하는 주도권의 비율을 가중치를 부여하여 각각 새로이 e_{w12}와 e_{w21}로 표시할 때, 이들은 각각 공식 (10), (11)로 나타낼 수 있고, 그들 사이의 관계는 공식 (12)와 같이 표현된다.

$$e_{w12} = \frac{e_{12}/N_1}{e_{12}/N_1 + e_{21}/N_2} \text{ ---------------------- } (10)$$

$$e_{w21} = \frac{e_{21}/N_2}{e_{12}/N_1 + e_{21}/N_2} \text{ ---------------------- } (11)$$

$$e_{w12} + e_{w21} = 1 \text{ -- } (12)$$

이처럼 N_1, N_2라는 가중치를 고려하는 경우, 두 주체 사이의 '커뮤니케이션 평등성 지수'는 E_{w12} 또는 E_{w21}로 표시될 수 있고, 이들은 각각 공식 (13)과 (14)처럼 새로이 정의된다.

$$E_{w12} = 4e_{w12}(1-e_{w12}) \text{ -- } (13)$$

$$E_{w21} = 4e_{w21}(1-e_{w21}) \quad \text{--} \quad (14)$$

또한, E_{w12}와 E_{w21}는 공식 (7)과 동일하게 다음과 같은 관계를 갖게 된다.

$$0 < E_{w12} = E_{w21} < 1 \quad \text{--------------------------------------} \quad (15)$$

이 때, E_{w12}와 E_{w21}은 e_{w12} 또는 e_{w21}이 0.5일 때, 즉 G_1과 G_2의 모든 소속 구성원들이 평균적으로 이들 두 주체 사이의 경계간 커뮤니케이션을 대등하게 주도할 때 최대값 1을 가지며, e_{w12} 또는 e_{w21}이 0이거나 1일 때, 즉 G_1과 G_2 어느 하나의

구성원들이 이들 사이의 경계간 커뮤니케이션을 완전하게 독점하거나 또는 철저하게 종속되는 상황에서 최소값 0을 가지게 된다.

이처럼 각 주체들의 집단적 크기, 즉 소속 구성원의 수를 고려하여 가중치를 부여하여 경계간 커뮤니케이션의 커뮤니케이션 평등성 지수를 얻는 방안을 주체의 수가 n개인 경우로 일반화시키면, 공식 (13)과 (14)를 기초로 하여 조합 가능한 두 주체들 사이에 총 ${}_nC_2$개의 E_{wij}를 구할 수 있을 것이다. 우리는 이들 ${}_nC_2$개의 E_{wij} 매트릭스를 앞에서의 〈표 2〉처럼 도시할 수 있을 것이다.

그러나, 앞에서의 주체의 집단적 크기를 고려하지 않을 때처럼 단순히 E_{wij} 매트릭스 만을 제시하는 데에서 다시 한 걸음 더 나아가, 이 매트릭스를 종합적으로 고려하여 n개 관련주체들 사이의 경계간 커뮤니케이션이 가지는 커뮤니케이션 평등성을 하나의 지수로 나타내는 일도 역시 가능하다. 이 경우 매트릭스상의 E_{wij}들의 산술평균 E_w를 공식 (16)과 같이 구할 수 있다.

$$E_w = \frac{\sum E_{wij}}{{}_nC_2} \quad (\text{단, } i < j) \text{ ---------------------------- } (16)$$

또는 이와는 다른 방법으로, E_{wij}들을 각각의 관련주체의 소속 구성원 수의 곱을 가중치로 삼아 E_w' 를 구하여 E_w 대신 종합적 '커뮤니케이션 평등성 지수'로 채택할 수도 있을 것이다. 이 경우, 커뮤니케이션 주체 G_i의 구성원 수를 N_i라 하고 주체 G_j의 구성원 수를 N_j라 하면, E_w' 는 다음과 같이 표시될 수 있다.

$$E_w' = \frac{\sum (N_iN_j)E_{wij}}{\sum N_iN_j} \quad (\text{단, } i < j) \text{ ---------------- } (17)$$

이 때, E_w와 E_w' 는 각각 다음과 같은 성격을 갖는다.

$$0 < E_w < 1 \text{ -- } (18)$$

$$0 < E_w' < 1 \text{ -- } (19)$$

즉, E_w와 E_w' 는 모든 E_{wij}들이 0일 때 최소값 0을 가지며, 반대로 모든 E_{wij}들이 1일 때 최대값 1을 갖는다. 다시 말하면, E_w와 E_w' 는 각각 경계간 커뮤니케이션에 관련된 주체들 중 가능한 ${}_nC_2$개의 두 주체 조합들의 구성원 수를 고려하는 조건 속에서 이들 주체 조합들 모두가 완벽한 커뮤니케이션 평등성을 획득할 때 최대값을 갖게 되며, 이 조합들이 모두 어느 한 주체나 다른 주체에 대하여 철저히 독점적이거나 아니면 반대로 철저히 종속적일 때, 즉 모든 E_{wij}들이 0일 때 최소값을 갖게 된다.

지금까지 논의한 '커뮤니케이션 평등성'의 여러 지수들(즉, E, E_w, E_w')

은 일종의 이념형적 극단들을 대표하고 있다. 현실세계에서는 이러한 극단 가운데의 어느 지점에서 '커뮤니케이션 평등성'을 찾을 수 있을 것이다. 그러므로 어느 경우를 평등한 커뮤니케이션 상황으로 정의하는가에 따라서, 즉 조직의 크기를 반영할 것인가 하지 않을 것인가, 반영한다면 어떠한 방식을 채택할 것인가 등에 대한 상황정의에 따라서 E, E_w, E_w' 중에서 적절한 것을 선택하여 커뮤니케이션 평등성 지수로 활용할 수 있을 것이다.

앞에서 설명한 바와 같이, 이들 E, E_w, E_w' 등은 경계간 커뮤니케이션에서의 집단간 평등성·등가성이 전제되지 않을 경우, 단순히 공식 (1), (2)에 의하여 얻어지는 엑소가미/엔도가미 지수와 동시에 고려하여야 할 지수인 것이다.

4) 커뮤니케이션 상황의 유형분류

이처럼 엑소가미 / 엔도가미 구조와 커뮤니케이션 평등성을 동시에 고려하는 경우, 사회적 커뮤니케이션 세계에서 발생하는 커뮤니케이션 상황은 〈그림 1〉과 같이 네 가지의 일반유형으로 분류될 수 있다.

첫째, 유형 (I)은 커뮤니케이션 구조가 '커뮤니케이션 엑소가미'와 '커뮤니케이션 평등성'을 동시에 구현하고 있는 경우이다. 이러한 유형의 커뮤니케이션은 관련 개인, 집단, 조직, 현실들 사이의 '경계간 커뮤니케이션'이 매우 활성화되어 있으면서 이와 동시에 커뮤니케이션의 균형성과 형평성이 충분히 보장되어 있는 상황에서 일반적으로 발견될 것이다. 다시 말하면, 개인, 집단, 조직, 현실들 사이에 커뮤니케이션적으로 막힘도 없고 독점도 없는 상황이 여기에 속한다. 이러한 조건 속에

〈그림 1〉 커뮤니케이션 상황의 유형분류

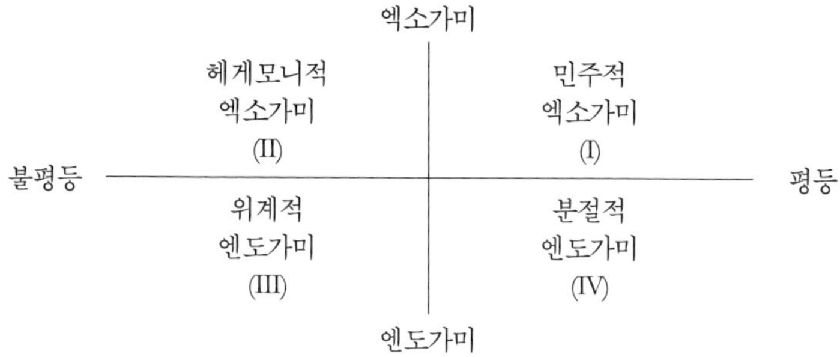

서의 커뮤니케이션은 개방적, 민주적, 소통적, 다원적, 주체적이다. 따라서 관련주체들 사이에 상호신뢰를 바탕으로 합의를 지향하는 '자유롭고 풍요로운 상호 커뮤니케이션'(free and full inter-communication)이 실현될 수 있는 조건은 바로 이러한 커뮤니케이션 유형에서 확보될 수 있을 것이다. 그러므로 우리는 이러한 커뮤니케이션 유형을 '민주적 커뮤니케이션 엑소가미'(democratic communication exogamy) 또는 '다원적 커뮤니케이션 엑소가미'(pluralistic communication exogamy)라고 이름한다.

유형 (II)는 커뮤니케이션 구조가 '커뮤니케이션 엑소가미'는 구현하고 있으나 '커뮤니케이션 평등성'은 실현되지 않는 상황을 대표하고 있다. 관련 개인, 집단, 조직, 현실 사이의 커뮤니케이션은 높은 수준의 개방성을 획득하고 있으나, 그 개방성이 어느 일방에 의하여 독점되어 있는 경우가 여기에 속한다. 따라서 이 유형은 소통적이면서도 일방적이며, 주도-종속적인 관계에서 주로 발생하는 커뮤니케이션 유형이다. 이러한 조건 속에서는 커뮤니케이션 관련 주체들 사이에 동의와 존경 또는 상호신뢰의 기반이 확립되어 있는 경우가 많다. 개인, 집단, 조직, 현실들 사이의 커뮤니케이션은 일방적, 독점적, 위계적이기는 하지만 이들 사이에 의식적 연대감과 공분모성이 전제되어 있는 경우가 많으며, 그러므로 커뮤니케이션 역시 대화와 합의를 지향하게 된다. 가령, 스승과 제자 사이, 부모와 자식 사이, 선후배 사이의 커뮤니케이션이 이러한 유형의 전형으로 분류될 수 있다. 종합적으로, 우리는 이와 같은 커뮤니케이션 유형을 '헤게모니적 커뮤니케이션 엑소가미'(hegemonic communication exogamy), 또는 '위계적 커뮤니케이션 엑소가미'(hierarchical communication exogamy)라고 부를 수 있다.

유형 (III)은 커뮤니케이션 엔도가미와 커뮤니케이션 불평등이 동시에 만나는 상황 속에서 발생한다. 이 경우, 관련 개인, 집단, 조직, 현실 사이의 커뮤니케이션 구조는 폐쇄성과 아울러 일방성과 독점성을 띤다. 커뮤니케이션 주체들 사이의 관계는 비소통적, 대립적이면서 위계화되어 있는 경우가 일반적이다. 따라서 이 유형의 커뮤니케이션은 배타성과 상호불신에 바탕을 두고, 첨예한 갈등과 적대감, 경계심, 통제의지, 지배의지로 충만되어 있게 마련이다. 위에서 본 '위계적 엑소가미'와는 달리 동의와 상호신뢰에 의한 커뮤니케이션 기반이 결여되어 있는 경우가 일반적이다. 따라서 이러한 커뮤니케이션 질서 속에서 사회관계는 외형적으로는 평온해 보이지만 내면적으로는 오히려 고도의 갈등이 잠재해 있는 경우가 많다. 이러한 유형의 엔도가미 질서 하에서는 잠재적 갈등과 대립상황은 언제든 현재화하여 폭발을 일으키면서 사회정치적 위기를 유발할 수 있는 가능성을 안고 있는 것이다. 종합하여 우리는 이러한 유형을 '위계적 커뮤니케이션 엔도가미'(hierarchical communication endogamy) 또는 '지배적 커뮤니케이션 엔도가미'(dominant communication endogamy)라고 정의한다.

커뮤니케이션 유형 (IV)는 관련 개인, 집단, 조직, 현실 사이에 비소통적이면서도 서로 평등한 관계가 성립할 때 주로 나타난다. 커뮤니케이션 주체들 사이에 대등한 관계, 즉 평등성은 실현되어 있으나 상호간 철저히 폐쇄되어 있는 상황, 즉 일종의 '커뮤니케이션 실종상황'(non-communication)이 이러한 유형을 대표한다. 거리에서 무심코 지나치는 남남들 사이의 커뮤니케이션 관계, 이웃과의 교류 없이 무관심하게 살아가는 도시화된 아파트 주민들의 커뮤니케이션 관계가 이 유형의 전형으로 예거될 수 있다. 따라서 커뮤니케이션 주체들은 각각 고립된 섬처럼 존재하고 이들의 커뮤니케이션은 철저히 내부지향적, 독백적, 개별적, 분절적이다. 종합적으로 고려하여 우리는 이를 '분절적 커뮤니케이션 엔도가미'(compartmentalized communication endogamy)로 명명한다.

우리는 지금까지 설명한 커뮤니케이션 상황의 일반적 유형화가 나름대로의 이론적 유용성을 가진다고 생각한다. 이들 네 가지의 커뮤니케이션 유형들은 사회일반의 커뮤니케이션 상황을 기술하고 설명하는 데 적절히 응용될 수 있으며, 한 사회의 커뮤니케이션 질서가 변동하여 온 역사적 궤적을 추적하고, 나아가 한 사회의 바람직한 정치사회적 이행경로를 커뮤니케이션의 창문을 통하여 고구하는 데에도 많은 시사를 줄 수 있다고 생각한다.

5. 한국사회와 커뮤니케이션 엔도가미

1) 한국사회의 커뮤니케이션 엔도가미

지금까지 논의한 커뮤니케이션 엑소가미/엔도가미 개념을 오늘날의 한국사회에 적용해 보면 우리나라의 사회적 커뮤니케이션 세계에서는 엔도가미가 엑소가미를 지배하고 있음을 목도하게 된다. 즉, 한국사회를 자세히 관찰하면 경계내 커뮤니케이션이 경계간 커뮤니케이션보다 양적·질적으로 압도적 우세를 보이고 있음을 알 수 있다. 상황을 단순화하면, 오늘날 한국의 사회적 커뮤니케이션 세계는 사회의 모든 층위들이 고립적이고 폐쇄적인 회로들로 구성되어 있는 것처럼 보인다. 커뮤니케이션의 측면에서 볼 때, 이와 같은 폐쇄회로들은 마치 단자(monad)들처럼 서로 독립적이고 자기충족적으로 존재한다. 우리사회에서는 이처럼 상호 고립되어 있는 폐쇄회로들을 가로지르는 경계간 커뮤니케이션이 효과적으로 흐르지 못하고 있는 것이다. 예를 들어 동일하거나 유사한 사회적 기능을 수행하고 있는 여러 조직들과 부문들 사이에도 이들의 경계를 가로지르는 효과적 커뮤니케이션과 집단적 공조체계는 일반적으로 제한되어 있다. 우리는 매일매일의 생활경험을 통하여 엔도가미적 커뮤니케이션 질서가 한국사회의 각 수준과 전체 체제로 파급되어 있음을 목격할 수 있다.

한국사회의 사회적 커뮤니케이션 세계에서 의사소통의 주체들은 자신과 동일한 사회적 배경을 공유하고 있는 사람들로 제한되어 있는 것이 보통이며, 사회적 경계를 넘어서는 경계간 커뮤니케이션이 개인, 집단, 조직, 현실의 수준에서 자유롭게 이루어지는 경우는 전반적으로 드물다. 가령, 교육, 지역, 직업, 세대, 성별, 부문 등 수많은 경계와 차이가 사회적 커뮤니케이션의 자유로운 흐름을 저지하는 장벽으로 작용하고 있다. 이에 따라 한국인들은 동일한 사회적 카테고리에 속하는 사람들만이 뭉쳐서 '끼리끼리' 커뮤니케이션하면서 살아간다. 한국인들의 이러한 '편가르기 커뮤니케이션' 질서는 어김없이 한 티베트 출신 승려의 눈에 다음과 같이 포착, 보고된다.[19] 그가 보기에 "한국사람들은 너무 편가르기를 좋아한다. 같은 불교신자라도 종파가 뭐냐, 어느 절에 다니느냐를 따진다. 같은 편끼리는 똘똘 뭉치지만 종교가 다르면 서로 미워한다." 그는 우리사회에 만연한 갈등과 지배의지를 반영하는 일종의 '위계적 커뮤니케이션 엔도가미' 또는 '지배적 커뮤니케이션 엔도가미'를 지적하고 있다고 이해된다.

이와 유사한 엔도가미적 커뮤니케이션 구조는 우리사회의 각 층위에서 지배적 커뮤니케이션 양식으로 확립되어 있는 듯하다. 한 가지 구체적 예로 1987년 실시된 제13대 대통령 선거 캠페인 기간 동안 안광식과 최선열이 수집한 우리나라 성인들의 커뮤니케이션 패턴에 관한 경험적 조사자료는 한국사회의 커뮤니케이션 구조가 엑소가미적이라기보다는 엔도가미적임을 생생하게 확인시켜 준다.[20] 제13대 대통령 선거는 한국의 국내정치에서 매우 특수한 의미를 지니고 있었다. 그 선거는 장기간 지속되었던 군사통치로부터 제도적 자유화가 이루어진 직후에 시행되었던 최초의 경쟁적 대통령 선거였다. 많은 사람들은 그 선거로 군

19) 동아일보, "한국서 살아보니 … 「편가르기」 너무 좋아해요," 1995년 5월 28일, 11.
20) 안광식·최선열, "커뮤니케이션과 투표행태," 『신문학보』 25 (1990), 75-123.

사통치를 종식시키고 정치적 민주주의를 회복하기 위한 역사적 기회로 믿고 있었다. 바로 이 점 때문에 선거에 대한 국민들의 관심과 참여는 89.2%라는 매우 높은 투표율에서 알 수 있는 바와 같이 열정적인 것이었다.

그러나 이와 같이 국민들이 선거에 높은 관심과 참여를 보였음에도 불구하고, 이 조사자료에 따르면 대다수의 응답자들(66%)은 가족성원들이나 가까운 친지들 이외의 다른 사람들과는 그들의 투표의사에 대해 거의 밝히지 않았다. 다만 나머지 34%만이 그들의 가족 또는 가까운 친지라는 협소한 사회적 경계를 넘어 다른 사람들에게 자신들의 투표선호도를 표현하였다.

이러한 커뮤니케이션 엔도가미는 설득 커뮤니케이션의 영역에서 더욱 높은 수준으로 발생한 것으로 조사되었다. 조사자료에 따르면 거의 절반에 달하는 응답자들(43%)이 한 번도 다른 사람들을 설득하려고 시도해 본 적이 없었으며, 30% 정도의 응답자들이 설득에 관여하였지만 그것도 대부분은 가족이나 가까운 친지들을 대상으로 한 것이었다. 이보다 적은 27%의 응답자들만이 이러한 즉각적인 개인적 경계를 넘어 다른 사람들을 설득하고자 노력하였던 것으로 조사되었다. 이 자료들을 종합적으로 해석하면, 커뮤니케이션 엑소가미보다는 커뮤니케이션 엔도가미가 오늘날 한국사회의 사회적 커뮤니케이션 세계를 지배하고 있음을 의미하는 것으로 이해할 수 있다. 이러한 현실은 고립적·분절적 커뮤니케이션 질서를 보여준다는 점에서 '분절적 커뮤니케이션 엔도가미'로 분류될 수 있다.

엔도가미적 커뮤니케이션 질서에서 비롯되는 사회적 커뮤니케이션 세계의 붕괴는 사회적 위기상황 속에서 어느 때보다도 두드러지게 나타난다. 언론에 보도된 다음과 같은 실제 사건 하나는 한국사회에 팽배한 커뮤니케이션 엔도가미와, 이러한 엔도가미적 커뮤니케이션 질서 하에서 사회의 여러 기능적 부문들간의 효과적 공조체제가 얼마나 심각하게 훼손될 수 있는가를 극명하게 보여 주는 전범적 사례를 제공하여 준다.[21)]

1993년 5월 31일 아침 50대의 한 남자가 회사로 출근하는 도중 지하철역에서 중풍을 일으켜 쓰러졌다. 그는 역무원에 의하여 인근의 경찰관서로 후송되었다. 그러나 경찰관서는 그에게 어떠한 형태의 실질적 조치도 취하지 않은 채 그를 의자 위에 방치하였다. 그가 경찰관서에서 아무런 조치도 받지 못하고 내동댕이쳐 진 채 약 30분이 지난 후, 경찰은 지하철역에서 발생한 일에 대해서 자신들이 책임질 수는 없다는 이유로 그를 원래의 지하철역으로 되돌려 보냈다. 그 지하철역의 역무원은 그를 역 플랫폼에 혼자 남겨 두었다. 당시 경찰관과 역무원 모두가 그의 신원과 주소를 확인하였음에도 불구하고 아무도 이 사건을 가족 또는 그 밖의 사람들에게 알리지 않았다. 그는 역사를 지나는 다른 시민들로부터도 보호받지 못하였다. 즉, 지하철역, 경찰관서, 시민이라는 세 가지의 사회부문 모두는 그를 위하여 어떠한 조치도 취하지 않았다. 한밤중이 되도록 그를 돌보아 주는 사람은 아무도 없었다. 그의 가족이 다른 경로를 통해서 이 사건을 전해 듣고 수소문하여 그를 발견한 것은 그가 쓰러진 후 16시간이나 지나서였다. 결과적으로 그는 사회부문들 사이의 적절한 커뮤니케이션 시스템의 부재 때문에 사건 발생 당시 효과적 조처를 받았을 경우 피할 수도 있었을 죽음을 억울하게 맞이하게 되었다. 우리는 이와 같은 사건이 한국사회에서 결코 예외적이거나 우연적으로 발생한 것이 아니라고 믿는다.

---

21) 동아일보, “무관심이 부른 「죽음의 늪」,” 1993년 6월 8일, 29.

한국사회의 사회적 커뮤니케이션 세계와 관련하여 이 사건이 갖는 함의는 명백하다. 지하철역, 경찰관서, 그리고 일반시민 등 각각의 사회적 단위들이 그 사건에 능동적으로 관여하기를 원하지 않았던 것이다. 위의 세 가지 독립적이고 자율적인 사회단위들간에 그들의 경계를 넘나드는 유기적이고 조직적인 '경계간 커뮤니케이션'이 부재했으며, 그 결과 공동체 지향적, 공조적 커뮤니케이션 시스템이 구축·작동될 가능성이 훼손되어 있었던 것이다. 이들 세 가지의 사회단위들은 마치 각각의 고립된 섬처럼 분절되어 있었던 것이다. 나아가 이들 각각은 그 환자를 돌보는 부담을 전략적으로 회피하거나 또는 감소시키고자 노력하였음을 알 수 있다. 그 환자는 한국사회의 사회적 커뮤니케이션 세계를 지배하는 이와 같은 극심한 '위계적 커뮤니케이션 엔도가미'가 낳은 억울한 희생자였던 것이다. 우리는 그의 죽음의 궁극적 책임은 바로 다름 아닌 우리사회의 이와 같은 위계적 커뮤니케이션 엔도가미가 유발한 처절한 '커뮤니케이션 실패'(communication failure)에서 찾아져야 한다고 주장하려 한다.

1995년 6월 29일 발생한 삼풍백화점 붕괴사고 당시의 우리나라 재난구호 체제 또한 조직과 부문 사이의 극심한 '위계적 커뮤니케이션 엔도가미'와 그에 따른 '커뮤니케이션 실패'를 여실히 보여 주었다. 당시의 재난구호 과정에서 매우 첨예하게 나타난 커뮤니케이션 엔도가미 현상을 주요 언론보도를 종합하여 몇 가지만 간단히 정리해 보면 다음과 같다.

먼저 사건 발생 이후 재난구호 과정을 총괄적으로 지휘할 대책본부가 실질적으로 존재하지 않았다. 법체계상 서울시장이 재난구호의 총책임을 지고 소방본부장이 서울시장의 직속지휘를 받으며 경찰과 군은 보조역할을 하도록 되어 있었으나, 당시의 현장지휘본부라는 것은 소방차에 상황판 하나만 걸어 놓은 유명무실한 것이었을 뿐 실질적 지휘부는 전혀 구성되지 않았다. 이 결과 당시 구호활동에 참여하였던 사회 각 부문들, 즉 서울시, 소방본부, 경찰, 군, 시민자원봉사대 등은 각각 별도의 독립적이고 자족적인 지휘통제체제를 유지하였다. 이들 각 부문의 책임자들은 상호협의 없이 각각 자신들의 직속 상급자들에게만 독자적으로 상황을 보고하고 별도의 지휘를 받았다. 군과 경찰은 지휘본부에서 멀리 떨어진 곳에 별도의 상황실을 설치, 독자적으로 운용하였으며 이들과 지휘본부와의 커뮤니케이션 채널은 단절되어 있었다. 이들은 각각 서로 다른 무선통신체제를 운용, 부문들간의 정보 공유와 유기적 통제·협조체제의 구축을 어렵게 하였다. 결과적으로 삼풍백화점 재난구호 과정에서는 지휘자도 없고 따르는 자도 없었으며, 심지어는 붕괴건물 지하에서 작업하는 구조대원들에게 한 시간 동안 세 번씩이나 나와라 들어가라 하는 식으로 명령이 번복되는 등 지휘체계의 난맥상이 노정되었다.

재난구호에 관련된 핵심 부문이라 할 수 있는 서울시, 소방본부, 군, 경찰은 상호간의 유기적 협력보다는 자존심을 앞세운 상호경쟁에 몰두하였다. 당시의 군 현장지휘자는 "지금까지 소방본부와 경찰에서 지원요청을 받은 일도 없고 지원을 해 준 일도 없다 …우리가 하는 인명구조와 경계근무활동은 독자적 판단에 의해 하는 일"[22]이라고 말하였다. 따라서 이들 부문들 사이에 정보와 의사의 교환이 전혀 이루어지지 않았을 뿐 아니라 구조지역과 방법을 놓고 서로 관할다툼을 벌이면서 생환자가 발견되면 이를 서로 자신의 공으로 돌리려고 경쟁하고 싸웠다. 언론은 언론대로 이러한 치열한 이기적 경쟁체제에 뒤질세라 가담하였다. 실종자가 구조될 때 입으로는 눈이 부시면 실명할 우려가 있다고

22) 한겨레신문, 1995년 7월 7일, 23.

보도하면서도 모든 방송사의 카메라들이 일제히 강력한 조명을 생환자의 얼굴에 비추었으며, 기력 없는 생환자들을 붙들고 인터뷰를 시도, 오히려 구조작업을 방해하며 분초를 다투는 생환자의 후송을 지체시켰다.

의료서비스 수급체계와 실종(사망)자 관리체계도 마찬가지 양상을 띠었다. 1천여 명의 사상자가 발생한 것으로 추정된 사건 발생 이후 7-8 시간이 지나도록 사고 현장에 전문의료진은 한 명도 배치되지 않았다. 부상자 후송에서도 병원별 수용인원은 고려하지 않고 후송에만 급급, 인근 병원의 수용인원이 초과되자 부상자들은 이 병원에서 저 병원으로 전전하면서 시간을 낭비해야 하였다. 실종(사망)자 가족들은 자신의 가족을 찾아 수일 동안 이곳저곳을 뜬 눈으로 찾아다녀야 했다. 현장지휘본부, 서울시청, 서초구청, 병원, 경찰에 접수된 사망(실종)자의 수가 서로 달랐으며, 여기에 가서 물으면 여기에서는 모르니 저기로 가보라 하고, 다시 저기에 가서 물으면 자기들은 모르니 왔던 곳으로 되돌아가서 알아보라 하였다. 실종(사망)자들에 관한 종합적 정보를 제공할 창구가 부재하였으며, 그리하여 가족들이 스스로 부착한 실종자들의 사진과 인상착의, 연락처를 담은 광고물들이 여기저기 어지럽게 나붙게 되었다. 이처럼 재난구호 관련기관과 부문들 사이의 조직적 협조체제가 부재하게 된 것은 이들 사이에 적절한 '경계간 커뮤니케이션'이 유지되기 어려운 우리사회의 독특한 커뮤니케이션 질서, 즉 엔도가미적 커뮤니케이션 구조 때문이었다고 분석할 수 있다.

커뮤니케이션 엔도가미가 우리사회에 얼마나 팽배해 있는지는 앞에서 거론한 위기상황에서 뿐만 아니라, 우리들의 일상적 삶의 영역에서의 수많은 경험을 통하여 알 수 있다. 가령, 우리사회에서 발견되는 극심한 '권역화'(圈域化) 현상도 커뮤니케이션 엔도가미의 일종으로 파악될 수 있다. 지금까지도 우리사회에서는 시계(市界)를 넘어서는 경우,

설혹 시내에서보다 짧은 거리를 가더라도 훨씬 많은 택시요금을 물어야 한다. 영업행위의 범위가 시도(市道)로 권역화되어 있기 때문이다. 경기도 안양에서 사는 사람은 바로 그 이유 하나만으로 서울에 사는 사람에 비하여 많은 교통비를 부담해야 하는 이등국민의 신세로 전락하고 만다. 마찬가지로 부산에서 짐을 싣고 서울에 온 화물차는 되돌아갈 때에는 반드시 빈차로 가야만 한다. 의료보험도 권역화되어 있어 타지역에서 진료받을 때에는 복잡한 승인절차를 거쳐야 하고 정기적으로 재승인을 얻어야 한다. 말할 것도 없이 오늘날 우리나라의 정치는 철저히 권역화된 채 극심한 커뮤니케이션 엔도가미를 보이고 있다.

또 하나의 예를 들어 보자. 사회적 단위들 사이에 유기적 커뮤니케이션 체제의 구축이 어려운 우리사회에서는 학자들의 공동저작이 외국에 비해 현저히 드물다. 대학의 인접학과나 인접 단과대학 사이에도 유기적인 학문적 공조체제가 구축되어 있다고 보기 어렵다. 학과간 공동강의가 드물고, 다른 학문 전공자들 사이에 활발한 학술적 토론이나 교류도 부족하다는 지적이 설득력을 얻고 있다. 학자나 학과 등 각각의 학문적 단위들이 모두 배타적이고 독립적으로 유기적 상호교류 없이 존재하고 활동하면서, 그러면서도 이러한 후진적 학문적 관행을 의식하지 못한 채 당연시하며 불편 없이 받아들이는 경향이 농후하게 나타나고 있다.

부문과 조직 사이의 이러한 공조적 '팀 플레이'의 부재는 정부부처와 기업조직에서도 폭넓게 관찰되고 있다. 예컨대, 컴퓨터 개발, 우주항공산업 도입, 정보화 추진 등의 주요사업에 관하여 통상산업부, 정보통신부, 과학기술처를 위시한 여러 정부부처들이 매번 서로 조율되지 않은 제 각각의 장미빛 계획을 경쟁적으로 발표하여 국가행정력과 국고자원을 낭비하는가 하면, 해외에 진출한 우리나라 기업들은 중복과잉투자와 그로 인한 현지 인력에 대한 스카우트 경쟁을 빚어내면서 '적전분열'(敵前分裂)을 일으키는 일이 잦은 것으로 알려져 있다.[23] 이러한 현실도 '위계적 커뮤니케이션 엔도가미'의 대표적 예로 분류될 수 있다.

'분절적 커뮤니케이션 엔도가미' 역시 우리사회의 생활세계에서 하나의 구조로 정착되어 있다. 수많은 연구소들에서 거액의 연구비를 집중 투자하여 진행되는 조사연구들도 연구가 마무리되고 보고서가 제출되면 그 보고서는 연구용역 발주기관의 캐비넷 속 깊은 곳에 보관·방치될 뿐, 그것이 정책적으로 적절히 활용되는 경우는 드물다. 또한 연구가 끝나고 나면 연구수행 당시 얻은 데이터도 적절히 보관, 관리되지 못하고 소멸되는 것이 일반적이어서 이를 이용한 추가의 후속연구가 이루어지는 경우도 우리사회에서는 매우 희소하다. 한 직장의 전임자와 후임자 사이의 관계에서도 우리사회에서는 커뮤니케이션 엔도가미가 지배적으로 나타난다. 후임자가 부임하면 전임자가 남긴 흔적을 치우기 위해 책상과 사무실을 철저히 청소하고 낡은 자료를 소각·폐기하는 관행이 일상적으로 관찰되고 있다. 이들이 연계와 축적의 관계에 의하여 '매개'되는 것이 아니라 단절과 부정의 관계에 의하여 '대체'되는 것이 우리사회의 일반적 현실로 관측되고 있다.

2) 커뮤니케이션 엔도가미와 커뮤니케이션 전략 유형

커뮤니케이션 엔도가미는 독립된 사회적 단위들을 연결시켜 주는

23) 동아일보, "「팀 플레이」 절실하다," 1994년 2월 8일, 2.

커뮤니케이션 채널과 가교(架橋)들이 기능을 상실한 결과 그것들간의 효과적 공조의 기반이 파괴된 사회적 현실을 압축적으로 제시하여 준다. 엔도가미적 커뮤니케이션 질서가 정착된 사회에서는 사회의 모든 단위들은 섬처럼 고립되어 있는 경향이 강하다. 이러한 구조에서 각 사회적 단위는, 자체의 이익을 극대화하기 위한 이기적 목적의 실현을 위하여 주력하기는 쉬운 반면, 그 자신을 포함하는 보다 넓은 전체적 사회체제의 이익을 증진시키기 위하여 다른 단위들과의 능동적 공조에 참여하도록 동기화되기는 매우 어렵다. 커뮤니케이션 엔도가미는 '부분'을 이기적이고 번창하게 만드는 반면, '전체'의 활력을 빼앗아 이를 빈한하게 만들기 쉽다. 달리 말하면, 엔도가미적 커뮤니케이션 구조 하에서는 하부 시스템 수준의 합리성이 전체 시스템 수준의 합리성을 압도하게 된다. 결과적으로 엔도가미적 커뮤니케이션이 팽배한 사회에서는 각각의 사회적 단위가 전체 시스템의 이익을 희생시키면서, 그 대신 자신의 이기적 이익을 배타적으로 추구하는 커뮤니케이션 전략을 채택하는 경향이 강하게 나타난다.

다음으로, 지금까지의 사건분석과 논의로부터 우리는 커뮤니케이션 엔도가미 속에서 어떤 현안문제에 직면하게 된 각각의 사회적 단위들이 자신의 이익을 극대화하기 위하여 구사하는 커뮤니케이션 전략들에 대한 일반적 개념모델을 개발하고자 한다. 여기에서 사회적 단위는 모든 형태의 행동과 선택의 주체를 말한다. 그것은 개인일 수도 있고 어떤 조직의 부서들일 수도 있으며 또 다른 어떤 종류의 사회부문들일 수도 있다.

먼저 어떤 특정한 현안문제가 가지고 있는 성격이 이들 사회적 단위들의 커뮤니케이션 전략에 중요한 영향을 줄 것으로 기대할 수 있다. 어떠한 하나의 현안문제는 사회적 단위의 입장에 따라 긍정적인 것일 수도 있고 부정적인 것일 수도 있다. 즉, 어떤 현안문제는 특정의 사회적 단위의 입장에서 볼 때 자신의 이익을 증진시키는 데 유리한 반면, 다른 어떤 현안문제는 불리할 수 있다. 그러므로 사회적 단위들의 커뮤니케이션 전략은 당면한 현안문제의 성격이 자신의 이익의 관점에서 긍정적인가 부정적인가 하는 축을 따라 분할될 것이라는 추론이 가능하다. 또 하나의 중요한 축은 커뮤니케이션 전략의 양식이다. 각 사회적 단위들은 하나의 현안문제와 관련하여 자신의 이익을 극대화하기 위하여 다른 사회적 단위(들)에 대하여 공격적이거나 방어적인 커뮤니케이션 전략을 취할 수 있다. 이들 두 가지 축을 수직으로 교차시켜 2x2 테이블을 만들면 우리는 〈표 3〉과 같이 커뮤니케이션 엔도가미 상황 속에서 사회적 단위들이 채택할 수 있는 네 가지의 일반적 커뮤니케이션 전략유형을 얻게 된다.

〈표 3〉에 요약되어 있듯이, 커뮤니케이션 엔도가미가 사회적 커뮤니케이션 세계를 지배하는 조건 속에서 어느 현안문제가 한 사회적 단위의 이익의 관점에서 긍정적 가치를 가진다고 판단되는 경우, 그 사회적 단위는 다른 사회적 단위들이 그 문제에 대한 통제력을 행사하기 이전

〈표 3〉 커뮤니케이션 엔도가미 상황 속에서의 커뮤니케이션 전략 유형

		현안문제의 성격	
		긍정적	부정적
커뮤니케이션 양식	공격적	차지하기 (occupying)	떠넘기기 (transferring)
	방어적	움켜쥐기 (holding)	발뺌하기 (avoiding)

에 공격적 커뮤니케이션 양식을 구사함으로써 그 문제에 대한 '차지하기'(occupying) 커뮤니케이션 전략을 채택하려 할 것이다. 이러한 차지하기 전략은 예컨대 새롭게 도입된 행정적 특권을 배타적으로 독식하기 위해 부서들간의 경쟁이 심화되었을 경우에 전형적으로 목격된다. 둘째로 '움켜쥐기'(holding) 커뮤니케이션 전략은, 어떤 사회적 단위가 자신의 이익의 관점에서 긍정적 가치가 있는 현안문제를 다른 사회적 단위들에게 빼앗기지 않고 자신의 배타적 통제 하에 계속 존치시키기 위하여 방어적 커뮤니케이션 양식을 취할 때 일반적으로 발견된다. 예를 들어, 자신의 권한을 타 부서에게 이양하지 않으려는 부처 이기주의가 노출될 때 쉽게 나타나는 커뮤니케이션 전략이 이것이다.

또한 현안문제가 자신의 이익에 부정적일 경우, 특정 사회적 단위는 보통 그 현안문제를 떠맡고 있는 데서 오는 잠재적·실질적 부담을 다른 사회적 단위에게 공격적으로 전가시키는 '떠넘기기'(transferring) 커뮤니케이션 전략을 취하는 것이 일반적이고, 방어적 커뮤니케이션 양식에서는 보통 '발뺌하기' (avoiding) 커뮤니케이션 전략을 취하게 된다.

이들 커뮤니케이션 전략 중 '떠넘기기'의 구체적 실례를 한 가지 들어 보자.[24] 1995년 1월 4일 오전 3시 30분경 서울특별시 관악구 신림동 소재 쓰레기 야적장 길가에서 쓰레기 운반차와 택시가 충돌하는 교통사고가 발생하였다. 사건신고를 받고 출동한 노량진 경찰서 경관들은 "우리 관할이 아니다"며 사고 관련자들을 관악경찰서로 이송하였다. 그러나 관악경찰서 경관들은 "우리 관할도 아니다. 남부경찰서 관할인 것 같다"며 다시 남부경찰서로 사건을 이첩하였다. 남부경찰서는 다시 "우리 관할도 아니다"며 원래대로 노량진 경찰서로 사건 처리의 책임을 떠

24) 중앙일보, 1995년 1월 4일, 23.

넘겼다. 이 때부터 서로 '떠넘기기' 작전에 돌입한 세 경찰서는 서로 언성을 높이며 다투고 싸웠다. 이 때문에 사고 관련자들은 사고발생 4시간 동안 이리저리 끌려 다니면서 생고생을 하였다. 이처럼 국가기관의 '떠넘기기' 커뮤니케이션 전략은 우리사회의 힘없는 '보통사람'을 영문도 모르는 고통의 세계로 내몰았다.

엔도가미적으로 구조화된 커뮤니케이션 환경 속에서 각각의 사회적 단위들은 이와 같이 다양한 유형의 커뮤니케이션 전략들에 의존하여 그들의 영향력이 행사될 수 있는 범위를 확장시키고 그럼으로써 그들의 배타적 이익을 신장시키고자 노력한다. 우리사회에서 빈번히 거론되는 '부처 이기주의,' '분파주의,' '지역 이기주의,' '관료조직의 복지부동'과 같은 용어들이 바로 이러한 커뮤니케이션 전략들의 발전수준을 생생하게 암시해 주고 있다.

3) 커뮤니케이션 엔도가미와 커뮤니케이션 폐쇄

커뮤니케이션 엔도가미 구조 속에서 이러한 '끼리끼리 커뮤니케이션'을 주도하는 '커뮤니케이션 동아리'들은 일반적으로 폐쇄적이다. 외부인들은 여기에 접근할 기회가 철저히 배제되거나 비록 일부 허용된다 하더라도 이른바 '성골'이니 '진골'이니 하는 출신성분 논쟁, 즉 다음 단계의 '커뮤니케이션 잠금장치,' 또는 '커뮤니케이션 폐쇄'(communication closure)의 작동 앞에서 고통을 감내해야 한다. 커뮤니케이션 잠금장치 또는 폐쇄는 매우 다양하고 다층적인 방식으로 작동된다.[25] 이러한 잠금장치의 작동은 사회적 편견들의 동원방식과 일정하게 관련되어 있기도 하다.

일반적으로 커뮤니케이션 엔도가미는 이처럼 '집단외부성원'(out-group members)에 대해서는 배타성·적대성·상이성·폐쇄성 등의 특성을 보이지만, '집단내부성원'(in-group members)에 대해서는 오히려 강력한 인간적 유대감과 결속력을 보일 것으로 생각된다. 따라서 커뮤니케이션 엔도가미는 집단내부성원에 대해서는 호혜적 태도를, 집단외부성원에 대해서는 적대적·배타적 태도를 드러내면서 두 집단성원들에게 불균등한 방식의 차별적 권력행사를 촉진한다. 이러한 불균등 권력행사가 관철되는 가장 전형적 방식 중의 하나는 '커뮤니케이션 잠금장치,' 또는 '커뮤니케이션 폐쇄'(communication closure)[26]이다. 커뮤니케이션 폐쇄는 권력 · 기회 · 자원 등에 대한 접근권을 선점하고 있는 소수의 기득권자들이 그들의 '지위상의 우위'(positional advantage)를 거점으로 폐쇄적 특권집단으로 결집, 그 집단의 내부성원들에게만 이러한 권력 · 기회 · 자원에 대한 접근권을 선택적으로 인정하고 집단외부성원에게는 접근가능성을 제한 또는 봉쇄함으로써 커뮤니케이션 자원획득을 둘러싼 경쟁과정에서 일반공중의 참여를 제한하고 독점적 지배력을 보존 · 강화하려는 커뮤니케이션 장치로 정의된다.

커뮤니케이션 엔도가미는 다양한 방식으로 사회내에 '커뮤니케이션 폐쇄'를 확산시킨다. 이 과정에서 개인적 · 집단적 능력의 격차를 반영하는 '사회적 차이들'(social distinctions), 예컨대 학력 · 직업 · 소득은 물론이고, 생활습관의 차이를 반영하는 '관습적 차이들'(habitual distinctions), 가령 옷차림 · 헤어스타일을 위시하여, 사회내에 다양하게 존재하는 생래적이고 자연적인 '생리적 차이들'(physiological distinctions),

25) 박승관 (1993).
26) 박승관 (1993).

예컨대 성별 · 연령 · 출신지역 등까지도 이러한 차별적 권력장치로서의 '커뮤니케이션 폐쇄'를 작동시키기 위하여 체계적으로 조직화되고 재생산된다. 이것은 다름 아닌 '편견의 동원'(mobilization of bias)[27] 과정으로 볼 수 있다. 편견의 동원을 통하여 각 개인, 집단, 조직, 현실들은 그들의 집단적 독립성, 정체성, 동질성을 유지하면서 다른 개인, 집단, 조직, 현실들이 가지는 집단적 문화 정체성에 대하여 가지는 자신들의 의제된 우월성을 보존하려 기도한다.

4) 키워드 체계와 패스워드 체계

집단, 조직, 현실들이 사회적 '편견의 동원'을 통하여 커뮤니케이션 폐쇄를 실현하기 위하여 운용하는 통제 메카니즘 또는 문화 · 규범체계의 일종으로 '키워드 체계'(key-word system)와 '패스워드 체계'(pass-word system)를 들 수 있다.[28] '키워드 체계'는 하나의 집단, 조직, 현실이 자신의 집단내적 동질성, 정체성, 독립성을 유지하고 강화하는 한편 외부집단과의 차별성을 관리하기 위하여 동원하고 행사하는 편견의 체계, 곧 물질적 · 관행적 · 상징적 · 규범적 · 문화적 장치체계를 일컫는다. '키워드 체계'의 운용을 통하여 집단과 조직은 내부의 멤버쉽을 관리하면서 조직적 유대감과 결속의식을 강화시키는 한편, 타집단의 문화에

---

27) Schattschneider, E. E., *The Semisovereign People: A Realist's View of Democracy in America* (Hinsdale: Dryden, 1960).

28) 여기에서의 '키워드 체계'와 '패스워드 체계' 개념은 서울대학교 대학원 신문학과 출신 문학석사 주용범군이 필자와의 사적토론에서 그 개념적 실마리를 제공한 것을 필자가 발전시킨 것이다.

대한 우월성과 차별성을 보호 · 유지하려 기도한다. 따라서 키워드 체계는 조직 내부적 멤버쉽과 소통질서에 대한 조직적 관리체계의 일종이다.

'키워드 체계' 중 '물질장치'로서 우리사회에서 흔히 활용되고 있는 구체적 예로는 집단이나 조직의 내부성원들에게 나누어 주는 이른바 '떡값'이라든지 '전별금,' '세뱃돈' 관행을 들 수 있다. '상징장치'는 흔히 조직적 연대강화의 필수요건으로 강조되는 '의리'와 '충성심,' '보스기질'을 강조하는 것이며, 이들은 '통이 커야 한다,' '선이 굵어야 한다'는 등의 방식으로 표현되기도 한다. 또한 '관행장치'나 '규범장치,' 그리고 '문화장치'로서는 요즘 대학가에 활성화되어 있는 'MT'나 'TS,' '뒷풀이,' 선배들의 '환영회'나 그곳에서의 '군기잡기,' '원샷 술잔돌리기,' '폭탄주 마시기,' '줄빳다 치기,' '짠밥수 서열문화,' '삼성맨 (三星 man) 의식,' '우리가 남이가 정신'과 같은 규범의례와 문화양식이 여기에 속한다. 이같은 장치들은 우리사회에 널리 정착되어 있음을 관찰할 수 있다. 집단과 조직들은 그 내부성원들이 이처럼 먹고, 마시고, 잠자고, 나누는 과정에서 그들 서로를 연계시키며 그들 사이의 공동체적 동질성을 계발하면서 외부세계에 대한 자존심과 배타적 우월의식을 증폭시킨다. 이러한 일종의 집단적 주체문화체계로서의 '키워드 체계'를 설치 · 운영하는 조직적 관행은 우리사회 곳곳에서 성행하고 있다.[29)]

'키워드 체계'는 집단의 역사와 그 구성원들의 집합적 총의에 의하여 부여된 '권위'(authority)를 담고 있기 때문에 이에 대한 순응은 집단내부

29) 가령, 다음과 같은 연구는 하나의 기업이 생산해 내는 키워드 체계로서의 문화장치에 대한 분석의 사례를 제공한다고 볼 수 있다. 장정아, "기업이념 유포와 수용양상에 관한 연구," 서울대학교 대학원 인류학과 문학석사 학위논문, 1995.

성원에게는 하나의 의무로서 강제된다. 키워드 체계가 집단내부성원에 대하여 강제하는 의무감의 본질은 집단에 대한 충성과 외부집단에 대한 차별의 수용이다. 이러한 이중적 메카니즘에 의하여 '키워드 체계'는 '커뮤니케이션 엔도가미'를 모태로 발생하여 다시금 그것을 심화시키는 순환적 강화를 유발하는 촉매제로서의 구실을 담당한다.

그러나 비록 커뮤니케이션 엔도가미가 엑소가미를 지배하는 상황 속에서도 살아 움직이고 있는 사회적 커뮤니케이션 세계에 완결적인 커뮤니케이션 엔도가미는 존재하지 않는다. 어떠한 개인, 집단, 조직, 현실을 불문하고 그들의 독립성과 폐쇄성이 제아무리 철저하더라도 외부세계와의 연계채널을 선별적으로나마 개방할 수밖에 없다. 따라서 엄밀한 의미에서는 어떠한 개인, 집단, 조직, 현실도 완결적 폐쇄체제(closed system)라기보다는 부분적 개방체제(open system)인 것이다. 따라서 커뮤니케이션 엔도가미 상황 속에서도 각 개인, 집단, 조직, 현실들은 외부인들이 선별적으로나마 그들에게 접근할 수 있는 장치체계로서 일정한 규범과 관행, 또는 상징체계, 가치체계, 문화체계를 개발·운용하게 된다.

바로 이러한 커뮤니케이션 장치체계를 우리는 '패스워드 체계(password system)'라고 부른다. 패스워드 체계는 하나의 세계와 다른 세계간의 연결통로를 의미한다. 마치 현실세계에서 가상적 사이버 세계로 진입하기 위해서는 패스워드가 필요한 것처럼 내가 속한 우리의 세계와 남이 속한 그들의 세계를 상호 교통시키기 위한 일종의 연결통로로서 패스워드가 필요한 것이다. 따라서 커뮤니케이션 엑소가미가 활성화되어 있는 사회는 한편으로는 서로 다른 세계들간의 패스워드가 그 만큼 다양하게 분배되어 있는 사회로 비유할 수 있다. 이러한 의미에서 패스워드 체계는 조직의 타집단과 집단 외부인에 대한 접근관리체계이다.

패스워드 체계의 개설과 운용에 의하여 하나의 집단이나 조직은 외부인들의 접근을 제어하고 관리하기도 한다. 외부인들의 접근을 한편으로는 통제하면서 다른 한편으로는 선별적으로 허용함으로써 그 집단이나 조직의 생존에 유용한 자원을 외부로부터 공급받기도 하고 때로는 외부인을 조직내부성원으로 편입시킴으로써 조직의 규모와 세력을 확장하기도 한다. 따라서 그 자체로서 폐쇄적이고 자족적인 이들 소우주들에 대한 접근과 상호연결을 확보하기 위해서는 외부인들이나 외부집단들은 연결 대상집단이 운용하고 있는 패스워드 체계를 알아내지 않으면 안된다. 즉, 패스워드 체계를 인지하지 않고서는 일반인들의 다른 세계에로의 효과적 진입은 극도로 제한되거나 아예 허용되지 않는다.

패스워드 체계 역시 키워드 체계처럼 물질장치, 상징장치, 관행장치, 규범장치, 문화장치 등으로 구분할 수 있다. 가령 우리사회에서 널리 발견되는 물질장치로는 '뇌물'이나 '선물'이 있다. '뇌물'과 '선물'이라는 물질적 패스워드를 매개로 하여 외부인은 은밀히 한 집단이나 조직이 설치해 놓은 커뮤니케이션 잠금장치를 풀고 그 집단이나 조직에 비로소 접근할 수 있다. 앞에서 키워드 체계로 분류한 바 있는 떡값이나 세뱃돈은 일종의 뇌물 또는 선물로서 패스워드 체계의 물질장치로 활용되기도 한다. '상징장치'의 예로서는 외부인에 대한 수용가능성을 높이는 데 유용한 이른바 '정치력'이 우리사회에서 강조되고 있다. '관행장치'나 '규범장치,' 그리고 '문화장치'의 예로 들 수 있는 것들은 '차마시기,' '저녁먹기,' '골프치기,' '술마시기,' '화투놀음,' '사우나가기,' '요정가기'가 눈에 띈다. 우리사회에 활성화되어 있는 이른바 '접대문화' 일반을 이러한 패스워드 체계의 관행적·규범적·문화적 구성요인으로 분석할 수 있다.

이처럼 다양한 모습으로 발달하여 있는 우리사회의 '패스워드 체계'는 그 효용성에서 차별적이다. 즉, 패스워드들은 조직적 개방성을 획득할 수 있는 능력, 즉 '개방능력'에서 각각 다르다. 우리사회에서는 '차마시기'보다는 '저녁먹기'가, 저녁먹기보다는 '술마시기'가, 술마시기보다는 '사우나가기'가 '개방능력'에서 앞서는 것으로 관측된다. 각각의 패스워드들의 개방능력을 결정하는 인자들은 여러가지다. 그 중 대표적인 것은 '시간'을 들 수 있다. 하나의 패스워드가 작동되면서 상대방과의 접촉시간이 길어질수록 그것의 개방능력은 커진다. 그러므로 차마시기보다는 저녁먹기의 개방성이 커진다.

두번째의 차원은 '은밀성'이다. 패스워드 중에서도 커뮤니케이션 당사자들의 만남을 보다 '은밀하게' 매개할 수 있는 것일수록 그 개방능력이 고도화된다. 따라서 하나의 패스워드가 동일한 '시간'량을 소비하더라도, 밝은 '대낮'보다는 되도록 어둡고 은밀한 '밤'에 커뮤니케이션 당사자들을 매개하는 경우 그것의 '개방능력'은 극대화될 수 있다. 이러한 '은밀성'의 차원은 '시간'에서 뿐만 아니라 '장소'에도 동일하게 적용된다. 가령, 일반공중에게 널리 개방되어 있는 장소인 '다방'보다는 공중의 안목으로부터 은폐되고 격리되어 있는 '밀실'이나 '비밀요정'이 그 개방능력에서 일반적으로 보다 우수하다. 바로 이러한 이유로 '차마시기'보다는 '술마시기'가 개방능력에서 우수하다고 짐작된다.

또 하나의 차원은 '노출성'이다. 이 때의 노출성은 공중일반이나 불특정 다수로서의 대중에 대한 접근과 감시의 허용이라는 의미와는 전적으로 다르다. 그것은 오히려 그와는 정반대로 철저히 개인적이며 선별적인 것이 된다. 즉, 이 때의 노출성은 일반공중에 대한 비선별적 노출을 말하는 것이 아니라, 하나의 패스워드가 매개하는 커뮤니케이션 관련 당사자들만의 독점적·내부적·선별적 노출성을 말한다. '노출성'

은 다시 '신체노출성'과 '자아노출성'으로 나누어진다. 신체노출성은 하나의 패스워드가, 접촉하고 있는 커뮤니케이션 당사자들의 신체를 서로 노출시키고 그럼으로써 이들 사이의 친근감과 동류의식을 계발해 낼 수 있는 능력을 말한다. 가령, '사우나가기'라는 패스워드는 관련 당사자들을 서로 신체적으로 노출시킴으로써, 즉 서로에게 자신의 발가벗은 '알몸'을 적나라하게 드러내보임으로써 그들 사이에 존재하는 모든 경계와 가식을 허물고 마침내는 동류의식을 극대화하기 위한 커뮤니케이션 장치의 하나이다. '자아노출성'은 하나의 패스워드가 이른바 '속말'이나 '속내,' '비밀'을 개방할 수 있을 정도의 자아개방성을 얻어냄으로써 관련 당사자들의 친밀성을 매개하고 계발해 내는 능력을 말한다. '술마시기'라는 패스워드는 '알코올'을 매개로 하여 자아개방성을 극대화하기 위한 커뮤니케이션 장치이다.

특히 우리사회에서 널리 활용되고 있는 패스워드 체계가 그 '개방능력'을 극대화하기 위하여 일반적으로 구사하는 매개방식으로서 매우 중심적인 것 중 하나는 '도덕적 공동타락'이다. 외부인이 다른 집단이나 조직에의 접근을 시도할 때 극대화된 개방능력을 제공해 주는 패스워드는 그것을 통하여 집단 외부인과 집단 내부인이 도덕적·문화적으로 더불어 타락함으로써 서로의 약점을 상대방에게 적나라하게 드러내는 한편 모든 사회적 격식과 권위와 허위적 위엄을 벗어나 '동물적 동류의식'을 '인간적으로' 확인하도록 매개하는 커뮤니케이션 장치인 것이다.

우리사회에서 이러한 '도덕적 공동타락'을 매개하면서 극단적이고 최종적인 개방능력을 가지는 구체적 패스워드의 예로서는 '뇌물'과 '섹스 파티'가 있다. 이 중 뇌물은 물질적 차원에서 관련 당사자들의 도덕적 공동타락을 실현함으로써 집단적 동질감과 연대의식을 창출하는 패스워드이며, '섹스 파티'는 룸쌀롱과 비밀요정과 같이 인간의 은밀한 내면적 욕망이 동물적으로 실현되는 은폐적 밀실공간에서 사회적 금기체계를 파기함으로써 당사자들의 도덕적 공동타락과 그로 인한 동질감을 생성시키는 패스워드이다. 관련 당사자들은 이처럼 사회적으로 터부시되는 타락의 경험을 공유함으로써 그들만의 비밀을 새로이 창출, 공유하게 되고, 이러한 공유된 사적 비밀을 매개로 하여 새로운 집단적 동료의식을 내면화하게 된다. 우리사회에서 '도덕적 공동타락'을 매개하는 패스워드들은 사람들을 서로 독립적이고 생소한 인격체들로부터 '같은 패거리'로 통합·조직화해 내는 '조직관리용 미끼'의 일종으로 널리 쓰이고 있다.

'도덕적 공동타락'을 유도하는 패스워드 체계는 이처럼 집단 외부인에 대한 선별적 접근 허용통로로 활용되면서 집단과 조직의 생존능력을 강화하는 데 기여하는 한편, 하나의 집단이나 조직이 경쟁관계나 적대관계에 놓인 상대 집단이나 조직을 견제하고 통제함으로써 자신의 독점적 지배력을 유지·강화하기 위한 조직적 경계관리 메카니즘으로 동원되기도 한다. 다시 말하면, 하나의 개인, 집단, 조직, 현실이 자신의 존재조건을 강화하고 관리하기 위하여 경쟁관계나 적대관계에 놓인 다른 개인, 집단, 조직, 현실을 통제하는 가장 좋은 방법은 이러한 경쟁세력 또는 적대세력을 도덕적 공범자로 타락시키는 것이다. 경쟁세력 또는 적대세력을 견제·억압하는 지름길은 그것들의 도덕적 정당성을 해소·분쇄하는 데 있으며, 이를 위한 최선의 방법은 뇌물이나 섹스 파티 등의 패스워드들을 동원, 활용함으로써 '도덕적 공동타락'을 유도하는 것이다.

그럼으로써 한 개인, 집단, 조직, 현실은 다른 개인, 집단, 조직, 현실에 대하여 헤게모니적 지배력을 온존·행사할 수 있게 된다. 이러한 메카니즘은 바로 결혼을 통하여 가족이라는 공동운명체를 형성하기 위한 가장 확실한 방법으로 우리사회에서 자주 채택되는 '순결 빼앗기'의 관행과 매우 유사하다. 가령, 이러한 종류의 패스워드 체계가 구체적으로 발현된 실례로서 지난 제14대 대통령 선거 당시 노태우씨가 김대중씨에게 비밀리에 전달한 20억원의 정치 비자금을 들 수 있을 것이다. 우리나라에서 고도로 발달되어 있는 다방 문화, 룸쌀롱 문화, 목욕 문화, 접대 문화, 술마시기 문화, 집단적 패거리 문화, 요정·밀실문화, 비자금 문화, 섹스 산업 등은 이처럼 우리사회의 엔도가미적 커뮤니케이션 질서와 긴밀한 연관을 맺고 있는 것이다.

5) 커뮤니케이션 엔도가미의 심화 요인

지금까지 유지된 우리의 일관된 논점은 특정 집단들 내부에서만 폐쇄적으로 이루어지는 커뮤니케이션 엔도가미가 한국사회의 사회적 커뮤니케이션 세계를 압도하는 지배적 현실로 자리잡고 있다는 것이다. 그렇다면 왜, 그리고 어떠한 요인들로 인하여 우리사회의 사회적 커뮤니케이션 세계가 이와 같이 엔도가미적으로 구조화되었는지를 설명하는 문제가 남는다. 어떤 사람들은 한국사회의 전통적 요인들에서 엔도가미적 커뮤니케이션 구조의 원인을 찾을 것이다. 또 다른 사람들은 이것이 세계의 모든 나라들에서 실제로 발견되는 보편적 현상이지 결코 한국사회에만 두드러지게 나타나는 특수한 현상은 아니라고 주장할 것이다. 이외에도 논자들의 입장에 따라 이 문제의 원인을 다양하게 진단할 수 있을 것이다.

그러나 우리는 오늘날 한국사회에서 커뮤니케이션 엔도가미가 지배적으로 정착되어 온 경로를 설명하는 데 가장 중요하게 고려하여야 할 사항은 지난 반세기 동안 한반도를 지배한 분단구조에서 찾아야 한다고 본다. 정녕 한반도의 분단구조 그 자체가 바로 지금까지 우리가 논의한 한국사회의 커뮤니케이션 엔도가미의 총체적·최종적 상징이며 권화(權化)인 것이다. 다시 말하면 분단구조는 한편으로는 우리사회에 커뮤니케이션 엔도가미를 이식·증폭시킨 근본적 원인으로 작용하면서, 다른 한편으로는 바로 그 자체로서 우리사회의 극심한 대결구조와 갈등질서의 구체적 표현방식으로서의 커뮤니케이션 엔도가미의 최종적 구현체이며 총체적 완성태로 파악될 수 있다.

우리사회의 커뮤니케이션 엔도가미의 심화는 지난 수십 년간의 근대화 과정에서 또 하나의 중요한 원인을 찾을 수 있다고 본다. 이미 서두에서 언급한 바와 같이 지난 반세기 동안 이룩된 근대화의 추진과정에서 우리사회에 심도 깊게 삼투되어 온 몇 가지의 사회적 조직원리들은 엔도가미적 커뮤니케이션 문화를 배태하고 강화하는 요인으로 작용해 왔다고 판단된다. 개인적 합리성이 집단적·사회적 합리성을 압도하고, 물질적 축적이 중시되는 가운데 상호불신과 배타적 조직원리가 사회내에 제도화된 결과, 극한적 경쟁, 차별, 상호갈등, 적대 등 부정적 커뮤니케이션 문화가 한국사회에서 극도로 심화되고 광범위하게 확산되어 왔다.

그 결과, 사람들은 서로서로를 동료라고 보기보다는 잠재적 적으로 간주하는 사회적 분위기가 점차 한국사회를 지배하게 되었다. 근대화의 추진과정에서 한국사회는 이처럼 집단적 연대의 커뮤니케이션적 토대를 지속적으로 유실해 왔던 것이다. 이러한 환경 속에서는 자신의 이익만을 맹목적으로 추구하는 이기적 동기가 인간행위에 가장 큰 지도력을 행사할 수밖에 없게 된다. 사회성원들 사이의 수평적 동료애가 소진됨에 따라 사회적 단위들간의 공통분모 또한 소멸의 길을 걷게 되었으며, 그리하여 커뮤니케이션 엔도가미가 번성하게 된 것이다.

6. 커뮤니케이션 엔도가미의 사회정치적 함의

1) 사회적 의견의 부동화

커뮤니케이션 엔도가미의 발흥은 한국사회에서 매우 중대하고 다양한 사회정치적 함의를 갖는다. 첫째, 커뮤니케이션이 엔도가미적으로 구조화되면 사람들의 일상적 생활세계 내에서 사회적 커뮤니케이션 세계의 수평적 구조는 크게 훼손될 가능성이 높다. 엔도가미가 사회적 커뮤니케이션 세계를 압도하게 되면 자율적인 사회적 단위들간의 개방적이고, 자유롭고, 양방향적인 커뮤니케이션 흐름은 심각하게 차단된다. 일단 커뮤니케이션 엔도가미가 엑소가미를 제압하게 되면 사회적 의견들은 불가피하게 '부동화'(immobilized)된다. 커뮤니케이션 엔도가미는 사회적 경계들을 넘나들며 다양한 의견들이 표현되고, 청취되면서 궁극적으로 그것이 전체사회로 확산되어 갈 수 있는 기회를 봉쇄한다.

커뮤니케이션 질서가 엔도가미적으로 조직화된 사회에서는 어느 누구도 진심으로 자신을 다른 사람의 입장과 동일시하도록 동기화되지 않으며, 따라서 사람들이 가지는 사회적 의견을 다른 사람들에게 생산적이고 성공적으로 전달할 수 있는 가능성이 심각하게 제한된다. 이러한 사회에서는 사람들이 자신의 의사를 전달하고 관철시키기 위해서는 높은 수준의 사회적 비용을 지불하지 않으면 안 된다. 한 번 말해도 될 일을 여러 번 반복적으로 말해야 하며, 조용히 온화한 어조로 말해도 될 일을 고함을 지르고 화를 내어야만 하게 된다. 다시 말하면, 오늘날의 한국사회에서는 목소리가 큰 사람만이 자신의 의사를 효과적으로 관철시킬 수 있다. 엔도가미가 압도하는 사회적 커뮤니케이션 세계에서는 '호혜적 상황에 대한 공동의 정의'(a common definition of the reciprocal situation)[30]를 확보하기가 매우 어렵기 때문이다.

결과적으로 커뮤니케이션 엔도가미 지수가 높을수록 사회적 의견들의 유동성은 낮아진다. 우리나라에 '발 없는 말이 천리 간다'는 속담이 있다. 그러나 오늘날 한국사회에서는 극심한 커뮤니케이션 엔도가미 때문에 '말'의 이와 같은 타고난 유동성이 제대로 실현되고 있지 못하다. '사회적 의견의 부동화'는 잠재적인 사회적 문제들이 현재화되어 공적 토론의 공간으로 진입하는 것을 끊임없이 방해한다. 이러한 우리의 견해는, '동종애적 커뮤니케이션'이 혁신적 사고와 관행의 사회적 '전파'(diffusion)에 보이지 않는 장애요인으로 작용할 수 있다는 Rogers[31]의 관점이나, 서로 친밀도가 높은 '동종애적' (homophilic) 인간관계를 중심으로 유지되는 '강한 고리'(strong ties)에 비하여 친밀도가 낮은 상이한 사회적 특성을 지닌 '이종애적'(heterophilic) 인간관계에 바탕을 두고 성립되는 '약한 고리'(weak ties)가 오히려 훨씬 강력한 정보 전파능력을 가지고 있다는 Granovetter[32]의 경험적 연구에 의하여서도 뒷받침될 수 있다.

---

30) Schutz, A., (1970), p. 83.
31) Rogers, E. M., *op. cit.,* 275-277.
32) Granovetter, M. S., "The Strength of Weak Ties," *American Journal of Sociology,* 83, (1973) 1360-1380.

2) 커뮤니케이션 얽힘팽창

커뮤니케이션 엔도가미가 가지는 또 다른 중요한 함의는 이것이 사회적 커뮤니케이션 세계의 발전을 왜곡시킨다는 점이다. 달리 말하면, 커뮤니케이션 엔도가미로 충만된 사회적 환경 속에서 사회 시스템은 정상적 발전을 달성하기 어렵게 되며, 그 발전의 양식도 매우 왜곡될 가능성이 높아진다. 우리는 이러한 현상을 가리켜 '커뮤니케이션 얽힘팽창'(communication involution)[33]으로 부른다. '커뮤니케이션 얽힘팽창'은 기본적으로 커뮤니케이션 시스템의 발전을 저해한다. 첫째, 그것은 사회의 총체적 커뮤니케이션을 거품처럼 양적으로 부풀리기는 하지만, 그러나 이것이 과연 참다운 의미의 성장을 의미하는지는 의문이다. 커뮤니케이션 얽힘팽창은 우왕좌왕 복잡하면서 왁자지껄 시끄럽기는 하지만 거품처럼 내실이 없고, 줄기차게 쏟아 부어도 밑 빠진 시루처럼 바닥이 차지 않는 우리사회의 현실과 관련되어 있다. 다시 말하면, 얽힘팽창은 사회적 단위들의 지평이 외부로 확장·발전되면서 나타나는 '진화 (evolution)'가 아니라 칡뿌리처럼 얽히고 설키면서 내향적으로 복잡화하는 것으로, 이것은 발전이라기보다는 오히려 퇴행에 더욱 가깝다.

둘째, 커뮤니케이션 얽힘팽창은 사회적 단위들간의 커뮤니케이션을 보다 어렵고 비효율적으로 만듦으로써 사회적 커뮤니케이션의 비용을 증가시킨다. 여기에서 다른 단위들을 연계시키고 그것들을 유기적 전체로 조직하는 진정한 의미의 커뮤니케이션 기능은 전도된다. 커뮤니케이션 엔도가미는 사회적 단위들간의 격차를 오히려 심화시키고 각각의

---

33) 박승관 (1993). Cf. Geertz, G., *Agricultural Involution: The Process of Ecological Change in Indonesia* (Berkeley: Univ. of California Press, 1963).

단위들을 자신의 한계 내에 가두어 둔다. 사회적 단위들이 고립화되면, 그것들간의 공조와 효과적 커뮤니케이션을 보장하는 데 사회적으로 심각한 비용이 소요되는 것이 보통이다. 이와 같이 고립화된 하부단위들을 커뮤니케이션적으로 연계시킬 새로운 필요성이 추가적으로 발생하기 때문에 하부단위들의 공조에 대해 책임을 지는 보다 높은 층위의 단위들이 옥상옥처럼 과잉생성되고 비대발전하는 경우가 종종 발생한다. 이 경우 하부단위와 상부단위 모두는 결코 긍정적으로 진화하지 못하며 단지 얽히고 뒤틀린 비정상적 형태의 왜곡된 발전을 이룰 뿐이다.

가령, 우리사회나 정부조직에 유사한 기능을 가진 부서나 기관들이 얼마나 중복설치되어 있는가를 보라. 하나의 대학에 본질적으로 동일한 내용을 가르치고 연구하는 학과들이 이름만 다르게 여러 개가 중복설치되어 있는 것이 이와 같은 '얽힘팽창'의 구체적 예에 해당된다. 또한, '국가과학기술자문회의'가 대통령에게 보고한 바에 따르면, 오늘날 국가경쟁력 강화차원에서 강조되고 있는 과학기술 진흥관련 법령은, 모법(母法)격인 '과학기술진흥법'을 비롯, 각종의 법률, 대통령령 및 부령을 포함, 총 200개가 넘는 것으로 알려졌다.[34] 이들 과학기술 관련 법령들은 각 부처의 이기적 필요에 따라 그때그때 경쟁적으로 제정되면서 비체계적 난립양상을 보이고 있는 것이다. 이들 법령들은 대부분 ① 선언적 의미에 그치는 비현실적인 것이거나, ② 제각각 정부부처의 기금설치 등을 규정하고 있어 국가 예산의 효율적 지원을 가로막거나, ③ 과학기술의 진흥을 목표로 하는 것이 아니라 오히려 불필요한 규제를 강화하는 등 우리나라의 과학기술 발전의 장애요인으로 역작용하고 있는 것으로 보고되었다.

34) 중앙일보, 1994년 5월 17일, 1.

또 한 가지의 사례를 보자. 우리민족의 최대숙원인 통일 정책관련 정부기구도 어김없이 이와 유사한 얽힘팽창을 보인다. 그에 따라 통일·대북관련 정부기구가 난립, 오히려 정책혼선을 빚어내고 있다는 비판의 목소리가 집권여당에서까지 제기된 바 있다.[35] 1994년 5월 21일 당시의 집권여당인 민주자유당 '국가경쟁력강화특위'는 "정부의 통일·대북정책 협의기구 가운데 유사한 것들이 많아 정책결정에 혼선을 일으키고 국민의 혼란을 촉발하고 있다"고 지적하였다. 당시의 통일관련 협의기구로는 '안보관계장관회의'(대통령 주재), '통일관계 고위전략회의'(국무총리 주재), '통일관계장관회의,' '통일관계장관전략회의,' '통일안보정책조정회의'(이상 통일부총리 주재)' 등이 있었으나, 모두 하는 일이 비슷하거나 중복적인 것으로 알려져 있다. 또한 실무회의로서 통일원 차관이 주재하는 '실무조정회의'나 '전략기획단회의'도 이와 마찬가지라고 지적되었다. 이 중 대통령령에 규정되어 법적요건을 갖춘 통일관계장관회의와 실무조정회의는 사실상 거의 열리지 않는 반면, 나머지의 임의기구는 임기응변식 회의가 잦아 정책결정과정의 명확성과 책임성, 그리고 정책추진과정에서의 일관성을 침해하면서 중구난방으로 운영되고 있는 것으로 분석되었다.

그뿐만 아니라, 우리사회의 이러한 엔도가미적 커뮤니케이션 구조는, 분절적 하부단위들을 통괄적으로 다시 묶어 내어야만 할 낭비적 필요를 발생시키기 때문에 여러 가지 형태의 추가적 비용의 부담을 사회적으로 강제하게 된다. 가령, 유통구조의 비대화와 복잡화, 각종의 음성적 급행료 제도의 발달, '술상무,' '마담뚜,' '해결사,' '브로커'와 같은 '커뮤니케이션 통관용신'(通關用神)[36]의 수준 높은 발달은 한국사회에서 커뮤

35) 중앙일보, 1994년 5월 22일, 2.

니케이션 엔도가미가 강제하는 사회적 비용을 구체적이고 현실적으로 보여준다.

3) 역사의 상실과 영원한 초보

말할 것도 없이 커뮤니케이션 엔도가미는 부문·영역·세대·전후임자 사이의 효율적인 집단적 공조를 어렵게 하면서 '커뮤니케이션 실패'를 유발한다. 이리하여 정보와 경험과 지혜의 집적이 어려워지고, 그럼으로써 사회는 '역사'를 상실한다. 우리사회에서 한 조직이나 단체의 십년사, 이십년사를 쓸 수 있는 자료가 온존히 보존되어 있는 경우가 드문 것은 바로 이러한 엔도가미적 커뮤니케이션 질서와 유관하다고 볼 수 있다.

커뮤니케이션 엔도가미가 발호하면 정부기관의 정책도 그 구상과 집행의 틀이 단기화되고 개인화되는 경향이 만연한다. 후임자가 부임하면 전임자가 성안하여 집행중이던 정책전반을 폐기하고 전혀 새로운 틀을 마련하는 일이 우리사회에서 관행화되어 있다. 따라서 국가의 정책이 장기적 백년대계의 관점에서 입안추진되지 못하고 새로 부임한 부처장의 개인적·단기적 가치관과 소신에 의하여 좌지우지되는 '한탕주의'가 성행하게 된다. 커뮤니케이션 엔도가미는 이처럼 국가사회를 '제도'에 의하여서가 아니라 '사람'에 의하여 자의적으로 운영되게 하면서 정책의 연속성과 일관성, 그리고 역사성을 파손시키는 것이다.

---

36) 박승관, (1993).

사회가 역사를 상실하고, 그리하여 지혜와 경험과 자료의 집적이 불가능해지면 그 사회의 후속세대는 제아무리 탁월한 재능을 갖춘 경우라도 개인적으로나 집단적으로나 '영원한 초보'(permanent novice)의 신세를 벗어날 수 없게 된다. 스승과 선배, 전임자와 동료, 유관부문과 지원기관으로부터 지혜와 경험, 노우하우와 데이터를 손쉽게 전수받을 수 없기 때문에 (또한 전수받으려 하지도 않기 때문에) 후속세대는 이전세대가 '초보'로서 겪은 시행착오와 고생, 즉 건강하고 합리적인 사회적 커뮤니케이션 구조가 생동하는 경우 회피하거나 우회할 수도 있는 낭비적 방황을 끊임없이 불가피하게 되풀이하면서 이른바 '뺑뺑이'를 돌아야만 한다. 가르쳐 주는 사람도 없고 배우려 하는 사람도 없으며, 내어 주려는 사람도 없고 받아들이려는 사람도 없는 불신과 배타의 사회, 즉 커뮤니케이션 엔도가미가 구조화된 사회는 바로 이러한 '영원한 초보'의 양산체제에 다름 아닌 것이다.

7. 결론 : 커뮤니케이션과 민주주의적 진보의 프로젝트

체리가 지적하듯이, "사회성원들 또는 구성요인들이 다른 성원 또는 요인들과 서로 커뮤니케이션할 때, 그들은 연합하고 협동하고 조직을 형성한다."37) 상기하건대, 커뮤니케이션의 바람직한 사회적 기능은 부분들간의 네트워크를 구축함으로써 그것들을 합목적적 전체로 통합하

37) Cherry, C., *op. cit.,* 6.

는 역할에 있다. 그러나 커뮤니케이션 엔도가미는 공동체가 직면하는 공동의 문제에 대처하기 위하여 필요한 '집단적 조합주의적 동원'(collective corporatist mobilization)체제의 약화 또는 해체를 유발한다. 한국사회에서 커뮤니케이션 엔도가미는, 중요한 공동체적 사회문제들을 '사사화'(私事化, privatization)하면서 개인적 문제와 불만들이 집단화·사회화·공론화되는 것을 방해함으로써, 집단적 조합주의적 동원과 성공적 사회운동의 비옥한 토양을 잠식하고 있는 것이다.

커뮤니케이션 엔도가미가 매우 높은 이러한 현실은 민주주의의 고전적 이상과 명백히 배치된다고 볼 수 있다. 커뮤니케이션 엔도가미의 심화가 민주주의적 이상의 절대전제, 즉 다양한 사회적 단위들간의 수평적 커뮤니케이션 회로들의 활성화를 침식한다는 것은 의문의 여지가 없다. 커뮤니케이션 엑소가미는 설득적 토론이 사회적 경계들을 넘나들면서 역동적으로 교환되고 있음을 함축하는 반면, 커뮤니케이션 엔도가미는 사회적 커뮤니케이션의 정치적 기능이 각각의 사회적 단위가 가지고 있는 기존의 근시안적·단세포적·국지적·소아적 시각을 점차 '강화'(reinforcement)하는 역할에 제한되어 있음을 암시하는 것이다. 커뮤니케이션 엔도가미가 함축하는 중요한 의미는 사회체계 내에 다양한 관점들이 공존, 경합, 갈등, 대립한다는 사실 자체에 있지 아니하다. 커뮤니케이션 엔도가미가 가지는 보다 중요한 의미는, 이러한 다양한 관점들과 차이들 사이에 대화의 가교가 단절되어 그것들이 원자화되고 적대적으로 분절화되어 상호호환성을 상실하게 되고, 그 결과 사회내의 개별적 소우주들이 경계간 커뮤니케이션을 통하여 무엇인가를 서로 나누어 가지면서 대우주로 조직화될 수 있는 현실적 가능성이 훼손된다는 점에 있는 것이다.

따라서 커뮤니케이션 엔도가미가 압도적인 오늘날의 한국사회에서는 어느 누구도 공감을 가지고 다른 사람의 고유 영역에 능동적으로 참여하기 어렵다. 사회적 단위들이 갖는 각각의 서로 다른 지평들은 서로 만나고 대화하기 어려우며, 따라서 조그마한 변화도 없이 고립된 정체의 길에 머물러 있는 경향이 일반화된다. 사회적 커뮤니케이션 세계가 '위계적 엔도가미'와 '분절적 엔도가미'에 의하여 장악되면서, 각각의 사회적 단위들이 전체 시스템의 관점에서의 공동체적 이익을 외면하고 자기자신의 소우주적·분파적 이득의 추구에 골몰하는 가운데 '차지하기,' '움켜쥐기,' '떠넘기기,' '발뺌하기'와 같은 이기적 커뮤니케이션 전략을 구사하는 데 열중하고 있기 때문이다. 만약 고전적 민주주의의 이상이 사회의 다양한 하위부문들간의 네트워크를 구축하고 그것들간의 공통분모를 창출함으로써 조직적 공조의 시스템을 건설하는 데 있다면, 한국사회에서의 커뮤니케이션 엔도가미는 이러한 민주주의의 커뮤니케이션적 이상에 역행하는 기능을 수행하고 있는 것으로 해석될 수 있다.

그러므로 우리사회의 민주주의적 정치발전에 관한 논의는 바로 우리사회의 커뮤니케이션 질서의 재편 프로젝트와 직결되어 있음을 알 수 있다. 앞에서 논의한 바와 같이 우리사회를 풍미하고 있는 위계적 엔도가미와 분절적 엔도가미는 우리사회의 전반적 억압·갈등·불신·무관심의 커뮤니케이션적 표현에 다름 아니다. 따라서 우리사회의 민주화와 진보를 위한 사회정치적 프로젝트는 이처럼 고질화된 위계적 엔도가미와 분절적 엔도가미를 민주적 엑소가미로 재조직해 내는 임무를 우선적으로 고려하지 않으면 안된다. 결국 우리의 이러한 논의는 우리사회의 역사적 발전과 진보의 문제를 사회적 커뮤니케이션 구조의 이행과 재편이라는 새로운 시각에서 조망하여야 한다는 이론적 인식을 함축하고 있는 것이다.

결론적으로 한국사회의 사회적 커뮤니케이션 세계는 지난 반세기에 걸친 분단구조의 지속과 근대화의 추진과정에서 심각하게 왜곡되어 왔다. 이러한 과정은 한국사회의 커뮤니케이션적 합리성을 다양한 방식으로 왜곡시켜 왔으며 사회적 커뮤니케이션 세계를 엔도가미적으로 퇴행시키는 결과를 낳았다. 커뮤니케이션 엔도가미는 결과적으로 사회적 커뮤니케이션 세계의 구조적 취약성을 유발·심화시킴으로써, 우리사회에 '민주주의의 커뮤니케이션적 토대'를 구축하는 역사적 과제의 달성을 방해하고 지연시켜 왔던 것이다.

그렇다면, 한국사회의 근대화와 진보에 대한 역사적 기획은 이처럼 왜곡된 사회적 커뮤니케이션 세계를 재활성화할 수 있는 뚜렷한 실천 전략을 모색하는 일에서 그 궤도를 찾아야 한다. 우리의 관점에서 볼 때, 한국사회의 발전과 진보의 문제는 바로 여하히 우리사회를 커뮤니케이션적으로 보다 민주적이고 건강한 사회로 만들 수 있겠는가 하는 문제에 다름 아닌 것이다. 이러한 문제의 해결을 위하여 지금 우리에게는 우리사회에 팽배해 있는 불신을 '도덕적 자원'(moral resources)으로 '재처리'(recycling), 재생산해 내는 실천적 계획의 입안이 무엇보다 필요하다. 즉, 만연한 불신과 적대감을 보다 나은 사회를 향한 동경과 열망으로 재동원·재조직·재처리해 내어야 한다. 이와 동시에 다양한 관점들을 상호적으로 연계시키는 데 이용될 수 있는 조직적 커뮤니케이션 회로들을 복구하거나 신설하기 위한 제도적 개편 계획이 모색, 추진되어야 할 것이다. 사회적 진보 프로젝트의 본질적 내용은, 따라서 다원적 현실들 사이의 원활한 '대화'(dialogue)를 담아내고 매개할 수 있는 용기(容器)와 채널과 가교로서 작동할 소통적 커뮤니케이션 질서의 제도적 구축이라는 실천적 과제의 범위를 벗어날 수 없는 것이다.

참고문헌

김경동. 1993.『한국사회변동론』. 서울: 나남.

동아일보. "무관심이 부른 '죽음의 늪'." 1993년 6월 8일. 29.

동아일보. "'팀 플레이' 절실하다." 1994년 2월 8일. 2.

동아일보. "한국서 살아보니-- '편가르기'너무 좋아해요." 1995년 5월 28일. 11.

박승관. 1993. "한국사회의 사회적 커뮤니케이션 세계의 붕괴."『서울대학교 신문연구소 학보』30. 85-122.

박승관. 1994.『드러난 얼굴과 보이지 않는 손: 한국사회의 커뮤니케이션 구조』. 서울: 전예원.

안광식·최선열. 1990. "커뮤니케이션과 투표행태."『신문학보』25. 75-123.

장정아. 1995. "기업이념 유포와 수용양상에 관한 연구." 서울대학교 대학원 인류학과 문학석사 학위논문.

중앙일보. 1994년 5월 17일. 1.

중앙일보. 1994년 5월 22일. 2.

한겨레신문. 1995년 7월 7일. 23.

Cherry, C. 1978. *On Human Communication: A Review, a Survey, and a Criticism* (3rd ed.) Cambridge: The MIT Press.

Curran, J. & M. Gurevitch, (eds.), 1991. *Mass Media and Society*. London: Edward Arnold.

Curran, J, M. Gurevitch, & J. Woollacott, 1977. *Mass Communication and Society*. Beverly Hills: Sage.

Curran, J. & J. Seaton, 1991. *Power without Responsibility: The Press and Broadcasting in Britain* (4th ed.) London: Routledge.

Dewey, J. 1927. *The Public and Its Problems.* Chicago: The Swallow Press.

Dewey, J. 1958. *Experience and Nature.* New York: Dover Publications.

Geertz, G, 1963. *Agricultural Involution: The Process of Ecological Change in Indonesia.* Berkeley: Univ. of California Press.

Granovetter, M. S. 1973. "The Strength of Weak Ties," *American Journal of Sociology* 78, 1360-1380.

Habermas, J. 1989. *The Structural Transformation of the Public Sphere: An Inquiry into a Category of Bourgeois Society.* Cambridge: The MIT Press.

Im, H. B. 1987. "The Rise of Bureaucratic Authoritarianism in South Korea," *World Politics* 39, 231-257.

Lasswell, H. D, 1960. "The Structure and Function of Communication in Society," in Schramm, W. (ed.), *Mass Communications* (2nd ed.). Urbana: Univ. of Illinois Press. 117-130.

Milton, J. *1951. Areopagitica.* New York: Appleton-Century-Crofts.

O'Donnell, G. 1973, *Modernization and Bureaucratic-Authoritarianism* Berkeley: Institute of International Studies, Univ. of California.

O'Donnell, G, 1986 "On the Fruitful Convergences of Hirschman's *Exit, Voice, and Loyalty* and *Shifting Involvements:* Reflections from the Recent Argentine Experience," in Foxley, A., M. S. McPherson, & G. O'Donnell (eds.), *Development, Democracy, and the Art of Trespassing: Essays in Honor of Albert O. Hirschman.* Notre Dame: Univ. of Notre Dame Press. 249-268.

O'Donnell, G. 1988, *Bureaucratic Authoritarianism: Argentina, 1966-1973 in Comparative Perspective.* Berkeley: Univ. of California Press.

Rogers, E. M. 1983. *Diffusion of Innovations* (2nd ed). New York: The Free Press.

Schattschneider, E. E. 1960. *The Semisovereign People: A Realist's View of Democracy of America.* Hinsdale: Dryden.

Schutz, A. 1967. *The Phenomenology of the Social World.* trans. Walsh, G. & F. Lehnert. Evanston: Northwestern Univ. Press.

Schutz, A. 1970, *On Phenomenology and Social Relations.* Chicago: The Univ. of Chicago Press.

Schutz, A. & T. Luckmann, 1973. *The Structures of the Life-World.* trans. Zaner, R. M. & H. T. Engelhardt, Jr. Evanston: Northwestern Univ. Press.

Schutz, A. & T. Luckmann, 1989. *The Structures of the Life-World: Vol. II.* trans. Zaner, R. M. & D. J. Parent. Evanston: Northwestern Univ. Press.

Siebert, F. S.. T. Peterson, & W. Schramm, 1956. *Four Theories of the Press* Urbana: Univ. of Illinois Press.

제2부

민주주의와 자유언론(I): 역사와 이론

불편부당의 지향 : 공론의 비판

이병택*

1. 자유민주주의와 공론

이 글은 불편부당의 태도와 공론을 지향하는 태도 간의 차이를 드러내려는 데 목적이 있다. 불편부당의 지향은 개인들의 치우침을 그냥 내버려 두자는 방관적인 태도도 아니고, 그렇다고 개인들의 편향을 초월해서 존재하는 불변의 공적인 의견을 세우고자 하는 태도와도 구별된다. 오늘날 한편에서는 개인의 자유로운 의사에 대해 존중하는 자유주의의 전통이 존재하고, 다른 한편으로는 적어도 다수의 의사를 집약하려는 민주주의의 원칙이 존재하고 있다. 이 두 가지 원칙들 사이에는 긴장이 존재한다. 그러나 이런 긴장을 조절하기 위해서 고안된 제도적 장치는 기대한 만큼의 효과를 산출하지 못하고 있다. 두 원칙들 간의

* 서울대

대립으로 생기는 딜레마를 헤쳐 나갈 적절한 방법은 없는 것일까? 이 문제에 대해 필자는 공론중심의 사고가 아니라 불편부당을 지향하는 사고가 보다 세련되고 확장된 사회정책을 구상하는 데 도움이 될 것이라고 생각한다. 그리고 이 주장은 공론의 집착이 오히려 공론장의 소멸을 가져올 수 있다는 우려감에 기초한다.

말싸움이 칼싸움에 선행한다는 점은 대단히 명백한 것 같다. 특히나 중요한 정치적인 싸움에서 명분의 중요성은 더할 나위가 없을 것이다. 그렇기 때문에 정치공동체가 개명된 상태로 진행해갈수록 명분세우기의 중요성은 더 가중된다고 할 수 있다. 그러나 정통성을 중심으로 한 명분론이 정치의 문제를 해결하는 데 얼마나 도움이 될 것인지 회의가 든다. 특히 민주화의 큰 흐름 속에서 알게 모르게 민주주의에 대한 절대화의 경향이 존재한다고 보인다. 오늘날 민주주의란 말을 빼면 정치에 대한 담론이 성립할 수 있을까라는 의구심마저 든다. 이런 이유로 오늘날 '공론'(public opinion)에 대한 강조는 의식적이든 무의식적이든 민주주의를 옹호하는 명분과 불가분의 관계에 있다고 보인다.

이미 스튜어트 밀(J. Stewart Mill)은 개인에게 너무 많은 영향을 끼칠 수 있는 공론(public opinion)의 위험성에 대해서 경고를 보낸 바 있다. 그는 중국에서의 관료들이 지배수단의 일환으로써 조직적인 형태로 공론을 소유했다고 지적한다. 그럼으로써 개인들의 자유로운 사고를 질식시켰다고 보는 것이다. 다른 한편으로 밀은 근대의 민주주의의 원리에 입각해서 형성된 대륙의 국가중심주의나 익명적인 사회적 의견을 비판한다. 이것들은 모두 개인의 자유를 심각하게 저해할 수 있는 것들이다. 『자유론』의 주요한 논지는 후자의 비판에 두어져 있지만, 중국에 대한 그의 비판은 한국사회에도 경종을 주기에 충분하다고 보인다. 그는 공론중심주의의 경향에 대해서 경계하면서 자유토론의 관행이 사회 속에 뿌리 내리기를 희망하고 있다. 다시 말하면 밀에 있어서 공론중심주의와 자유토론의 관행은 서로 양립할 수 없는 것으로 등장하는 듯하다. 이런 밀의 주장의 근저에는 궁극적인 확증적인 진리에 대한 요구나 주장을 유보하려는 태도가 자리하고 있다. 밀의 『자유론』은 민주주의의 원칙에 기초한 국가주의나 혹은 사회의 전제적 지배를 경계하고 있다. 하지만 그 저서 속에 민주주의를 긍정적으로 사유할 수 있는 방식이나, 개인의 자유와 공론의 적절한 결합방식에 대한 해결책은 잘 드러나지 않는다.

밀의 관점과는 달리 개인의 자유나 인권을 전제한 상태에서 공중의 동의를 얻으려는 전략이 있다. 이런 식으로 공론을 형성하려는 착상은 현대의 정치사상에서 주요한 흐름의 하나이다. 인권에 대한 인정을 바탕으로 자유주의나 민주주의의 요소를 서로 결합하려는 방식의 논의 중 대표적인 사례가 롤즈(J. Rawls)나 하버마스(J. Habermas)의 이론이라고 할 수 있다. 우선 롤즈는 칸트의 정언명령에 포함된 엄격한 요건들을 경감시키기 위해서 이루어지는 가언적인 판단을 도입한다. 여기서 그는 '무지의 베일'이라는 자유주의적 조건들과 공중의 합리적인 동의를 결합하려 하고 있다. 이런 결합을 위해서 그는 칸트가 제시한 이성의 공적인 사용이란 착상에 의존하고 있다. 이에 반해서 하버마스는 칸트의 실천적 이성 즉 도덕적 이성이 가진 절대성을 삭감하기 위해서 의사소통적 이성을 도입함으로써 진리와 민주주의의 원리를 근접시키려고 노력한다. 이것을 실현시키는 구체적인 계획의 일환으로 하버마스는 의사소통적 이성이 작동할 수 있는 이상적인 공론의 장을 정치공동체 내에 확산시키고자 한다.

방법상의 차이에도 불구하고 롤즈와 하버마스의 논의에는 공통점이 존재하는 듯하다. 즉 공동체의 성원들로부터 동의를 이끌어내고자 하는 민주주의적인 욕구와 또한 그런 욕구가 이미 진리로서 주어져 있는 특정한 전제들에 위반되지 않도록 하려는 당위적인 필요가 서로 뒤엉켜 있다. 여기서 필자의 관심은 그들의 이론적인 노력이 무용하다고 주장하는 데 있는 것이 아니다. 다만 그들의 이론적인 노력의 배후에는 방법의 차이와는 관계없이 스튜어트 밀이 비판했던 공론에 대한 강한 집착이 도사리는 것은 아닌 것인지 의구심이 든다. 이런 집착은 두 사람 모두 '갈등'이 아닌 '합의'에 절대적인 우선권을 부여하는 데서도 잘 드러난다고 생각한다. 특히나 그들이 말하는 합의는 이성에 따른 논리적인 일관성을 담보한 강한 의미의 합의라는 생각을 떨쳐버리기 힘들다.

이런 관점에서 무페(C. Mouffe)가 합의에 대한 강박증을 비판하는 지점은 대단히 흥미롭다고 생각한다. 이런 시각에서 볼 때 무페의 핵심적인 질문은 정치공동체의 유대의 문제이다. 즉 '우리'를 구성하는(constitute) 방식에 대한 질문인 것이다. 그가 이런 질문을 하는 배경에는 신자유주의의 물결에 대한 여러 방향의 대응들이 만족스럽지 못했다는 반성이 깔려 있다. 신자유주의에 대한 대응들이 실패한 가장 큰 원인들 중의 하나가 바로 정치공동체의 '우리'를 구성하는 방식에 대한 잘못된 접근법에 있었다. 롤즈와 하버마스는 서로의 갈등을 줄여줄 수 있는 공통의 근거들이나 혹은 조건들이 우리를 구성할 수 있는 것으로 생각한 듯하다. 무페에 따르면 이런 추상적인 접근방식은 구체적인 '우리'를 구성하는 방식과 거리가 멀다. 이런 방식은 구체적인 정치공동체로서의 우리를 형성하기는커녕 오히려 현실적으로 우리의 간극을 벌리는 효과를 낳는다. 이것이 바로 신자유주의적 헤게모니에 대한 좌와 우를 초월한 제 3의 길이란 중도적 접근방식이 실제로 증명하는 바이다.

역사에서 구체적으로 형성되는 우리는 서로 다른 실존적인 대응들 –예를 들면 자유주의적 대응과 민주주의적 대응–로 인해서 갈등하고 또한 그런 갈등을 서로 인정함으로써 구성된다. 우리를 구성하는 것은 추상적인 공통분모가 아니라 갈등으로 생긴 고통의 상흔(외상)에 기초한다는 정신분석의 결론을 무페는 긍정하고 있다. 그러나 무페도 밝히고 있듯이 서구철학의 전형적인 모습은 사회적인 갈등이나 대립을 초월하려는 시도라고 할 수 있다. 그리고 그 전략은 대체로 갈등을 넘어서는 공통적인 근거를 제시하는 것이었다. 그 공통적인 근거들로 '로고스,' '신,' '이성' 등이 역사적으로 등장했었다. 무페에 다르면, 이런 시도들은 결국 '집단적인 주체들의 지각과 행위를 이해하는 데 결정적인 정치적인 색조'(a gestalic demension)를 지우려는 것이 아닌가?[1] 또한 세계의 사물들에 수반되는 정치적인 색조를 희석시키면 결국에는 종교적, 민족주의적, 혹은 인종적인 동질성에 기초한 새로운 종류의 분열이 등장하는 것이 아닌가?

이런 질문들에 대답함으로써 무페가 강조하고자 하는 바는 '정치의 중심성'(the centrality of politics)이다.[2] 특히 그는 정치의 중심성을 강조하기 위해서 '공적인 영역'(public sphere)이란 용어 대신에 '민주정적인 공적 영역'(democratic public sphere)나 '민주정적인 정치적인 공적 영역'(democratic political public sphere)란 보다 더 정치색이 가미된 용어를 사용한다.[3] 여기서 정치의 중심성이 상실될 때 발생하는 문제들에 대한 무페의 지적은 대단히 주목할 만한 관찰이다. 무페는 정치의 중심성이 상실될 때 사법적인 영역이 사회적인 공존을 조직하고 사회적인 관계들을 규율하려 한다는 점을 정확하게 지적한다. 말하자면 법 만능

1) C. Mouffe, *The Democratic Paradox* (London·New York: Verso Books, 2000), 10.
2) *Ibid.*, 118.
3) *Ibid.*, 115.

주의에 대한 발상이 고개를 들기 시작한다. 가령 무페는 드워킨(D. Dworkin)이 사법적인 담론의 헤게모니를 옹호하고 이론화했음을 지적한다. 또한 그는 정치에 대한 도덕적이거나 윤리적인 담론에 대해서도 비판적인 태도를 취한다. 무페는 정치에 대한 도덕적인 접근(롤즈, 하버마스 등)보다는 윤리적인 접근(하이데거, 아렌트 등)에 자신이 더 가깝다고 느낀다. 그렇지만 윤리적인 접근이 정치로부터 결단의 영역을 제외시킴으로써 도덕적인 접근과 마찬가지로 정치적인 영역 자체를 적절하게 이해하는 데는 실패했다고 비판한다. 그러나 무페는 정치적인 것을 강조하는 포스트모던 철학자들, 특히 데리다, 라캉, 지젝 등의 윤리학과는 친밀한 관계임을 밝히고 있다.

자유주의와 민주주의라는 서로 다른 원칙들을 초월의 방식으로 화해시키려는 시도는 탈정치화를 부추긴다. 그리고 주목해야 할 점은 이 원칙들이 단순히 요소들을 더하고 뺄 수 있는 '협상'(negotiation)의 관계에 있는 것이 아니라 서로를 '오염'(contamination)시키는 관계에 있다는 것이다. 다시 말하면 원칙은 '순수한' 모습으로 존재할 수 없다. 그 원칙들이 서로 결합하면서 표현될 때 그 전체 모습은 내적인 요소들의 덧셈과 뺄셈 이상의 것이 된다. 이 '이상'의 것을 무페는 '정치적인 색조'(a gestalic demension)라고 본다. 무페의 논의는 어떤 의미에서 흄(D. Hume)이 이성에 대한 회의와 감각에 대한 회의를 논하는 방식과 유사한 측면이 있다고 생각된다. 즉 이성에 대한 회의 속에서도 이성을 포기할 수 없고 감각에 대한 회의 속에서도 감각을 포기할 수 없다. 이 두 가지는 단순한 협상이 불가능하다. 오직 그 두 가지의 갈등적인 결합과, 그것을 통한 그때그때의 특정한 형태만을 볼 수 있을 뿐이다.

이런 시각에서 본다면 무페가 왜 존재적인 층위의 '정치'(politics)보다는 존재론적인 층위의 '정치적인 것'(the political)을 계속 강조하면서 정치의 중심성을 논하는지가 이해될 수 있다. 말하자면 신자유주의에 대응한 개개의 정치들은 때로는 성공한 사례로도 때로는 실패한 사례로도 나타날 수가 있다. 또한 신자유주의 자체도 다른 것이 아니라 자유주의와 민주주의의 갈등적인 결합의 한 국면으로 간주되어야 한다. 왜냐하면 무페에 의하면 '순수한' 자유주의의 원칙은 현실적으로 존재할 수 없기 때문이다. 그럼에도 불구하고 그 대응들의 전반적인 실패를 언급할 수 있는 것은 대부분의 정치들이 신자유주의를 '정치적인' 시각에서 보지 못했다는 점에 있다. 이런 탈정치화가 낳은 결과는 정치에 대한 무관심이나 냉소이고, 이에 따라서 사람들은 정치 이외의 다른 탈출구를 찾게 되는 것이다. 특히 무페는 정치적인 것에 대한 망각이 가져오는 정치의 역동성 상실이 다원적인 민주주의 체제에는 치명적인 것이 된다고 경고하고 있다.

2. 편당과 논쟁

불편부당은 편당을 부정하는 용어이다. 불편부당은 사회적으로 편파와 편당의 현상이 만연했을 때 철학적인 성찰의 대상으로까지 떠올랐다. 영국의 역사에서 국왕 중심의 정치가 공화주의적인 색체를 띠면서 당파가 갈리고 그 가운데 편당의 문제가 심각한 수준에 이르게 되었다. 역사도 편당의 입장에서 해석되었다. 이런 가운데 편당의 입장이 아닌 부편부당의 입장에서 역사를 기술하고자 하는 시도들이 생겨났다. 데이비드 흄(D. Hume)이 편당의 문제를 가장 깊이 연구한 사람이라고 할 수 있다. 그는 편당의 현상을 인간의 자연적인 성향에서 찾고 있다. 그리고 편당은 자연적인 성향이기 때문에 직접적인 교정의 방식이 불가하다고 본다. 혹은 본성이 아닌 제3의 초월자를 도입함으로써 해결될 수 없다고 본다. 이성주의자들에 대한 비판의 핵심은 여기에 있다.

그러나 데이비드 흄의 후배이자 동료인 스미스(A. Smith)는 불편부당의 관찰자를 새로운 시각으로 도입한다. 그는 '공감'을 일종의 역지사지라는 심적인 기제로 간주함으로써 이성주의자보다도 더 쉬운 방식으로 불편부당의 관찰자를 도출해내고 있다. 이때 가장 핵심적인 기능은 역지사지를 가능하게 하는 상상력이 맡게 된다. 스미스의 법철학은 이런 자연적인 심적 기제에 기초해서 세워져 있다.

스미스에게 드러나듯이 편당의 치우침을 벗어나고픈 조급증은 상당히 흔한 일이라고 할 수 있다. 그러나 이런 이론적인 조급증과는 달리 현실적으로 보면 편당만큼 치유가 불가능해 보이는 것도 없을 것이다. 이런 상황에서 공론에 대한 요구는 매력적인 것으로 드러날 것이다. 한국사회에는 '정론'(正論)이란 말이 있다. 이 표현이 우리에게 가장 친숙한 공론의 의미가 아닐까 생각한다. 어떤 용어의 의미는 그 반대어와 비교함으로써 더 잘 이해된다. 정론의 반대어는 무엇일까? '私論'일까 아니면 '邪論'일까? 아니면 '異端'일까? 한 가지 흥미로운 사실은 기독교의 전파에 있어서 '개종'의 문제는 '이단'의 문제보다 그다지 심하지 않았다는 점이다. 개종에서의 탄압의 문제보다는 이단의 박해사가 더 심각하고 폭력적이었다는 말이다. 공론의 처방은 편파와 편당의 문제를 해결하기보다는 더욱더 악화시킬 것이다. 그리고 다른 의견을 박해하면 할수록 편당의 문제는 더 고질화될 것이다. 공론의 처방이 불가한 이유이다.

편파와 편당을 완화시키는 방법이 논쟁이라고 한다면 어떨까? 혹자는 논쟁이 편당을 강화시킬 것이라고 주장할 것이다. 이것은 뻔히 예상되는 대답일 것이다. 김훈의 소설 『남한산성』 첫 장면은 말뿐인 말의 유희에 대한 강한 불신을 드러내고 있으며, 한국정치에서 편당의 폐해를 함축적으로 고스란히 전달하는 느낌을 준다.

> 문장으로 발신(發身)한 대신들의 말은 기름진 뱀과 같았고, 흐린 날의 산맥과 같았다. 말로써 말을 건드리면 말은 대가리부터 꼬리까지 빠르게 꿈틀거리며 새로운 대열을 갖추었고, 똬리 틈새로 대가리를 치켜들어 혀를 내밀었다. 혀들은 맹렬한 불꽃으로 편전의 밤을 밝혔다. 묘당(廟堂)에 쌓인 말들은 대가리와 꼬리를 서로 엇물면서 떼뱀으로 뒤엉켰고, 보이지 않는 산맥으로 치솟아 시야를 가로막고 출렁거렸다. 말들의 산맥 너머는 겨울이었는데, 임금의 시야는 그 겨울 들판에 닿을 수 없었다.[4)]

이 구절은 조선정치의 난맥상들 중의 하나를 극적으로 기술한 것이라 보인다. 조선 지배층의 의리에 기초한 말과 그들의 실제적 행동의 상위(相違)를 김훈은 위기의 순간을 통해서 극적인 방식으로 조명해낸다. 당파에 대한 일반적인 불신과 논쟁에 대한 부정적인 시선이 겹치면 논쟁을 통해서 편당을 교정한다는 착상은 의심스럽기 짝이 없는 것이 될 것이다. 그러나 이 의견에는 논쟁의 '스타일'에 대한 고려가 충분히 이루어지지 않은 것 같다. 필자가 위의 인용한 부분에 관심을 가지는 까닭은 소설가의 상상력으로 논쟁의 스타일을 묘사하고 있다는 점이다. 논쟁에서 강조되어야 할 것은 논쟁의 내용도 내용이지만 그 '스타일'이라고 할 수 있다. 특정한 시대의 중요한 특징은 행위자들이 가졌던 혹

4) 김훈, 『남한산성』(서울: 학고재, 2007), 9-10.

은 가졌을 의도보다는 그들의 논쟁 방식을 통해서 더 잘 드러날 수 있다고 생각된다. 의도를 강조하는 도덕철학의 경향이나 특정한 시대의 구조를 강조하는 실천철학이 쉽게 간과할 수 있는 것이 바로 논쟁의 스타일에 대한 탐구라고 할 수 있다.

편당을 직접적인 방식으로 극복하려는 시도의 불가함을 언급했다. 편당을 간접적으로 교정하려는 시도로서 논쟁 또한 문제가 없지 않다. 그러나 바로 이 지점에서 논쟁의 방식에 대한 깊이 있는 이해가 요구된다고 생각한다. 데이비드 흄에 있어서 이것은 한 사회의 '매너'(manners)를 연구하는 것이다. 인간의 본성은 변경이 불가하지만 '매너'는 교정이 가능하다는 그의 지론에 따른 것이다. 흄은 특히 자신의 제한성을 학습하는 것과 연관해서 불편부당의 지향을 논한다. 자신의 제한성을 인정하는 것은 그가 내딛고 있는 근거도 결국에는 제한적일 수밖에 없다는 것을 함의한다.

3. 제한성과 불편부당

이 절에서는 인간의 본성으로부터 발생하는 여러 가지 아포리아들을 실천적인 측면에서 헤쳐 나가는 데 도움이 될 만한 것들을 흄의 여러 저작들을 통해서 끌어내 볼까 한다. 흄은 『인성론』에서 인간본성의 근본적인 이중성을 드러내고 그런 이중성으로부터 오는 해결할 수 없는 난관들을 보여 준다. 데카르트의 이분법을 통한 말끔한 해결책이 없다고 보는 것이다. 그리고 이런 철학적인 입장과 불편부당을 지향하는 그의 태도 사이에는 상당한 친밀성이 있다고 보인다. 흄이 영국의 역사를 쓴 의도는 무엇보다도 정파들의 치우친 역사적 기술들을 교정하려는 데 있었다. 정파적인 의도가 너무 앞서서 역사적인 왜곡에까지 이르렀기 때문이었다. 여러 가지 역사에 대한 기술방식들에 대비해서 흄의 방식이 갖는 가장 눈여겨 볼 특징들 중의 하나는 정치적 논쟁의 기술에 있을 것이다. 특히 원칙에 기초한 정파들이 팽팽하게 겨루는 장면에서 그 원리들이 변해가는 역사적인 과정과 논쟁을 묘사하는 방식은 탁월하다고 생각된다.

일반적으로 논쟁에 참여하는 당사자들은 양보할 수 없는 자신들의 입장을 가질 수 있다. 그렇기 때문에 반대편을 '이단'으로 몰아붙이는 생사의 투쟁이 생긴 것도 사실이다. 이런 사실들은 『연방백서』 No. 10에서 언급하듯이 정파의 원인을 제거하려는 시도라고 할 수 있다. 이런 시도는 얻는 이득보다는 폐해를 더 많이 일으켰다는 반성이 연방의 구상에 깊이 뿌리하고 있다. 필자는 이 점에 있어서 연방주의자들의 반성이 흄으로부터 많은 영향을 받았다고 생각한다. 다른 한편으로 상대편에게 양보할 수 없는 입장이 있다는 것은 결코 논쟁을 통해서는 해결될 수 없는 논점이 존재한다는 사실을 방증한다. 논쟁의 역사를 일별하기만 해도 이 점은 명백하게 드러난다고 생각한다. 따라서 정치적인 논쟁에서는 상대방의 신념까지 개종시키려고 시도하지 않는 것은 신중함(prudence)이라고 할 수 있다. 이런 반성들은 오늘날 '정초주의'(foundationalism)에 대한 비판으로 이어졌다고 보인다. 모든 것을 포괄할 수 있는 어떠한 기반도 존재하지 않는다는 것이 정초주의에 대한 비판의 핵심이다. 모든 것을 기초지울 수 있는 기반은 없다. 자유를 기반으로 정치를 구성하려는 시도(휘그)나 권위를 기반으로 정치를 구성하려는 시도(토리)나 모두 제한적일 수밖에 없다. 또는 자연의 기초 위에 철학을 구성하려는 시도나 모든 것을 인위의 산물로 보려는 시도나 서로 제한적일 수밖에 없다.

무페의 논의에서도 이런 점은 잘 드러난다. 슈미트가 제시한 정치적인 것의 핵심인 적과 아의 구분은 주로 '정치현실주의'의 입장을 드러내는 것으로 해석되어 왔다. 무페는 이런 해석에 약간의 수정을 가하면서 제한성을 정치적인 것의 핵심으로 드러낸다. 자신이 인정해야 할 정치적인 '경쟁자'(agonist)가 존재한다는 점은 자신의 정치적 제한성을 전제하고 있는 것이다. 이것이 '적대자'(adversary)를 경쟁자로 전환시키는 일견 사소해 보이는 전환이 갖는 대단히 중요한 정치적인 의미라고 생각된다. 이런 제한성을 파괴하려는 행위는 바로 공동의 유대를 깨뜨려 버리려는 시도이고 정치세계의 창의적인 전진을 붕괴시키려는 도발이 될 것이다.

홈즈 판사의 『보통법』도 제한성의 원칙이 드러난다. 그에 따르면 법은 도덕적인 기반으로부터 출발했으나 그 기반이 법의 영역을 포괄하지 못한다. 법은 점차 도덕적인 기준으로부터 떨어져 나와서 사회적인 '편의'에 기초를 두게 된다. 그럼에도 불구하고 법이 제시하는 행위의 기준은 공동체 성원들의 도덕적인 기준으로부터 떨어질 수 없다고 본다. 달리 표현하면 법을 순전히 도덕적인 근거나 혹은 순전히 편의에 기초해서 이해하려는 태도에 대해서 경계하고 있다. 또한 홈즈 판사는 법을 논리적인 측면에서 바라보려는 시각을 비판하면서 법의 발달에 있어서의 경험의 중요성을 부각시킨다. 경험은 다양한 요소들을 포괄한다. 말하자면,

> 그 시대의 절박한 필요성, 지배적인 도덕과 정치 이론, 공언되거나 혹은 의식되지 않은 공적인 정책에 대한 직관, 심지어 법관들이 동

료들과 공유하는 편견이 사람들을 통치해야 할 규칙을 정하는 데 있어서 삼단논법보다도 더 많은 역할을 해왔다. 법은 수세기를 통한 한 나라의 발전사를 구현하고 있다. 따라서 법은 수학책의 공리나 추론만을 포함하고 있는 것처럼 다루어질 수 없다.[5]

정치세계에서 제한성의 원칙은 『영국사』의 곳곳에서 나타난다. 그런 예들 중 하나로 초기 게르만족의 회의를 들 수 있겠다. 여기서는 왕의 권리가 대단히 제한적이었다. 심지어 주권자가 왕족 사이에서 선택될 경우라도 그는 매사에 사람들의 '일반적인 동의'(common consent)에 의해서 행동의 방향을 정했다. 그리고 '중요한 사안을 처리할 때 모든 전사들은 무장한 채로 만났다.'[6] 그래서 아무리 커다란 권위를 가진 사람일지라도 그들의 동의를 끌어내기 위해서는 설득을 방법을 사용했다. 이런 관행은 정치공동체의 발전과 더불어 정치행위의 자의성을 줄이려는 보다 세련된 관행들로 발전했다. 가령 '의회 내의 왕'이란 발상도 이런 관행들로부터 성장해 나온 것이라고 할 수 있다. 또 하나의 예를 들자면 배심원 제도를 들 수 있다. 배심원들 개개인은 치우친 의견을 가질 수 있지만 그런 사람들의 모임에서 나오는 평결은 비교적 불편부당한 것으로 간주된다. 여기서도 제한성의 원칙이 작동할 것이다. 흄에 따르면, 이 제도는 사람이 지금껏 고안한 것 중에서 자유를 보존함과 동시에 정의를 집행하기에 가장 잘 계산된 것이다.

인간의 자연적인 성향은 편애의 경향을 가지기 때문에 스스로 치유가 어려운 것이다. 흄에 있어서는 신이나 이성 등의 초월적 원리를 통

---

5) O. W. Holmes, *The Common Law* (Boston: Little, Brown, and Company, 1881), 1.
6) David Hume, *The History of England, Vol. I.,* 15.

해서 그 문제가 해결될 수 없다.[7] 그렇기 때문에 여러 사람의 시선들이 서로 반사되고 공명함으로써 일반적인 견해가 형성되는 길만이 존재한다. 중요한 사안에서는 무장을 하고 만남으로써 제한성의 원칙이 더욱 강화될 것이다. 제한성의 원칙을 통해서 반사와 공명은 더 잘 일어나기 때문에 일반적인 관점에 도달할 가능성이 커진다고 할 수 있다. 사실상 '일반적인 합의'란 말이 대단히 어렵다. 일반적 합의는 만장일치를 지향하는 것이 아니면서도 판단이나 통치의 자의성을 피하려는 말이라고 보인다. 만장일치는 비실천적인 방책이고, 자의적인 통치는 위험한 방책이다. '일반적 합의'란 말은 어떤 논리적인 일관성에 기초해서 합의한다는 의미라기보다 '대체로' 수렴한다는 의미가 강하다. 아마도 여기서 일반적이란 말은 '전반적인' 혹은 '대체로'의 의미가 강할 것이다.

제한성의 원칙은 다른 형태로도 나타난다. 『영국사』에는 '국가이성' 혹은 '통치논리'라고 번역될 수 있는 'reasons of state'란 말이 총 6번에 걸쳐 등장한다. 다시 말하면 영국사에서 통치논리는 법에 비해서 그다지 많은 영향을 행사하지는 않았다. 그러나 영국사의 제 5권에서는 'reasons of state'란 말이 총 4회에 걸쳐서 등장한다. 법치와 통치논리의 대결이 스튜어트 왕조에 들어서서 그 만큼 치열하게 전개되었다고 할 수 있다. 의회세력의 성장으로 통치가 용이해지지 않자 스튜어트의 왕들은 통치의 논리로 교착상태를 타개하려 했다. 이것은 튜더의 왕들이 강력한 왕의 권한을 법치의 외형으로 감싸면서 통치를 했던 것과 대비되는 모습이다. 통치논리는 제한성의 원칙을 파괴하는 것으로 모든 사람에게 명백하게 드러나는 위험의 상황이 아닐 경우에는 함부로 행사되어서는 안 되는 것이었다. 이런 제한성의 원칙은 '권력분립'이란 근대

7) 오늘날 합리성(rationality)은 일종의 준-초월적인 원리에 해당한다고 할 수 있다.

의 정치적 원칙에도 반영되어 있다. 그리고 오늘날 '정치의 사법화'(judicialization of politics) 논의에서도 제한성의 문제는 발견된다.

권력분립이란 말에서 '분립'에 지나치게 강조점이 두어질 경우 제한성이 '독립' 혹은 '독자성'으로 해석되는 경향이 있는 것 같다. 한국의 정치사에서 '독립'에 대한 강조는 맥락에 따라서 미묘한 차이를 보이는 것 같다. 여기서 필자는 '독립'이란 말이 자신의 제한성을 의미함으로써 불편부당을 지향하는 것이 아니라 오히려 편향된 자의성에 빠질 수도 있다는 점을 우려한다. 또한 법의 사법화에서도 법의 논제와 정치의 논제를 적절하게 구분하지 못함으로써, 앞서 드워킨에 대한 무페의 비판에서 알 수 있듯이 정치의 논제를 사법적으로 해결하려는 과도함에 빠질 수도 있다.

정치적인 논제와 법적인 논제의 구분에 대한 문제는 찰스 1세가 국왕의 권한으로 부과한 선박세(ship money)의 사례를 통해서 살펴볼 수 있다. 찰스의 선박세의 부과에 대해 저항했던 햄버던(Hambden) 측의 주장은 선박세를 부과했다는 점에 기초한 것이 아니었다. 문제의 핵심은 찰스의 선박세부과가 자의적인 권력행사였다는 데 있다. 국왕이 처한 여러 가지 정치적인 어려움들을 거론하는 것은 통치의 논제를 구성하는 것이지 법적인 논제가 아니다. 통치논리의 불가피성이 법을 어기는 자의적인 통치행위에 구실(excuse)을 주지는 못한다. 따라서 통치행위는 최소한 법을 거슬리지는 않아야 한다는 점이 선박세에 대한 저항에서 표출된 것이다.

한국정치에서는 통치논리에 법적인 외관을 획득하기 위해서 진행되는 파행적인 국회표결의 문제가 아직까지 극복되지 못했다. 현재 권력을 가진 자들은 그 행위의 구실을 항상 통치논리에 돌리곤 했다. 통치의 필요성과 법적인 절차의 결합문제가 아직도 적절한 타결점을 찾지 못하고 있는 것이다. 다른 한편으로 최근에는 정치적인 사안을 사법적으로 해결하려는 과도한 사법화의 경향들이 한국정치에서도 나타나고 있다.

제한성에 대해서 다음으로 거론할 수 있는 것은 정파들의 대립을 매개로 자유를 확보하려는 계획이다. 한국정치사에서 목도하는 것처럼 정파들의 대립은 자유를 가져오기보다는 파당의 심화와 그에 따른 유혈의 대결을 우선적으로 가져올 수 있다. 홉스(T. Hobbes)가 말하듯이, '경쟁'(competition), '자신없음'(diffidence), '영광추구'(glory)의 원리들이 작동해서 상대파벌을 제거하면서 자신의 파벌을 끊임없이 확장시키려는 경향이 작동하고 있을지도 모를 일이다. 이런 이유로 대부분의 정치체제에서 파벌의 존재를 없애려는 공적인 정책이 승인되어 왔을지도 모른다. 그 결과 오직 하나의 공적인 의견만이 존재해야 한다는 가설이 힘을 얻었을 수도 있다. 그리고 '하나의 태양'이나 '하나의 절대적인 주권자' 등의 이미지가 상당한 설득력을 얻는 것도 이런 이유일 것이다. 따라서 흄이 대립적인 정파의 등장을 자유헌정을 위한 상스러운 징조로 간주한 점은 대단히 이례적인 일이라고 볼 수 있다. 그럼에도 불구하고 그는 정파들의 대립이 시민전쟁에 이를 수 있음을 또한 인정하고 있다.

그렇다면 흄의 일견 모순적으로 보이는 주장을 어떻게 이해해야 할까? 사실상 각 정파들은 자신들이 내세우는 원칙에 기초해서 정치공동체 전체를 구성하고자 한다. 말하자면 그들이 내세우는 원칙을 절대화시킴으로써 반대편의 기반을 허물어 버리려고 하는 것이다. 여기서의 문제는 과연 자신들의 원칙에 기초해서 정치공동체를 전적으로 구성할 수 있는가에 있다. 이것이 가능하다면, 시민전쟁의 예상에도 불구하고 그런 정치적 계획에 보내는 의혹을 쉽게 거두어들일 수 있을 것이다.

그러나 경험적으로 볼 때 그렇지 않는다는 쪽에 더 힘이 실리는 것이 사실이다. 영국사를 통해서 볼 때 시민적 통치의 기반은 튜더 왕조를 통해서 형성된 정치적인 권위로부터 나왔다. 그리고 그런 정치적인 권위에 기초해서 자유의 원칙이 점차 형성되었다. 나아가 자유가 어느 정도 형성됨으로써 평등에 대한 정념도 등장하게 된다.

흄을 토리로 간주하는 사람들은 그가 정치적인 권위를 일차적으로 강조했다고 본다. 이런 주장을 받아들인다고 하더라도, 정치적인 권위가 존재하지 않고서 자유가 실현된 사례가 있는지를 제시할 부담은 여전히 그런 주장을 한 당사자에게 부과될 것이다. 이것은 오늘날 무정부주의를 주장하는 사람들이 져야 할 부담인 것이다.[8] 흄은 홉스와 다른 이유이긴 하지만 무정부상태를 최악의 상태로 간주한다. 자유에 대한 다양한 감각들은 시민적인 자유가 형성되기 이전에도 물론 존재했다. 초기의 게르만인들이 자유와 독립심에 대한 애착이 강했다는 점은 흔히 관찰된다. 그러나 문제의 핵심은 이런 '자연적인' 자유의 감각을 시민적인 자유로 전환하는 데 있다. 편파적인 자유를 자의성 내지는 방종이라고 한다면 시민적인 자유는 각자의 제한된 역할에 대한 인정으로부터 나온다고 할 수 있다.

정치적인 권위에 기초해서 시민적인 자유가 형성되기 이전에 영국의 사회는 왕의 자의적 권력행사와 귀족들의 방종(license)으로 오랜 시간의 정치적인 혼란의 상태를 겪어야 했다. 이런 정치적 혼란을 피하려는 일반적인 감각을 타고서 튜더 왕들은 정치적 권위를 강화시켰다. 이

---

8) 노직(R. Nozick)은 자연상태를 로크 식의 자연법이 지배하는 평화로운 상태로 간주해야 하는 이유를 전혀 제시하지 않고 있다. 자연상태에 기초한 담론은 상상력을 풍부하게 한 측면도 있지만 인간사회의 실제적인 발전을 고려하지 않음으로써 무의미한 이론적 과잉을 초래한 측면도 있다고 생각한다.

런 사실로부터 자유의 층위가 권위의 층위에 기초한다는 흄의 주장이 나온다. 여기서 권위, 자유, 평등의 층위에 대한 질문은 자유의 선형적인 발전에 대한 발상을 뒤집는 것이다. 흄 이후에도 머콜리(Thomas B. Macaulay) 같은 휘그 역사학자는 영국의 역사를 해석하는 데 자유를 만능열쇠로 사용했다. 머콜리 같은 입장의 사람에게는 권위와 자유의 갈등 이후에 발생한 자유와 평등의 갈등에 대해서도 동일한 처방을 제시할 수밖에 없을 것이다. 사실상 흄이 영국사를 쓴 이유들 중 하나는 이런 편파성 내지 편협함을 극복하는 데 있었다.

여기서 층위란 용어가 가지는 의미를 좀 더 분석해 볼 필요가 있다. 층위는 지층과 밀접한 연관을 가질 것이다. 그러나 지층은 한 번 형성이 되면 그 위에 다른 지층이 생긴다는 함의를 가진다. 이렇게 본다면 층위는 지층과는 다른 의미로 파악되어야 한다. 왜냐하면 권위의 층위가 형성된 이후에 자유의 층위가 형성될 때 권위의 층위는 고정된 채로 있는 것이 아니라 '해체'의 과정을 겪게 되기 때문이다. 자유와 평등의 관계도 동일하게 파악될 수 있다. 흄의 해체주의적 발상은 구체적인 역사서술에 적용되고 있다. 특정한 권위가 특정한 자유와 맞물리는 지점에서 그 권위와 자유의 존재믿음에 대한 '판단중지'가 요구된다. 역사의 현장에서 흔히 판단중지는 폭력의 현상(고통)을 요구하곤 한다. 찰스 1세의 공개재판과 공개처형 같은 폭력현상은 사람들에게 권위와 자유에 대한 판단중지를 강제한다. 이런 강제에 부딪혀서 행위의 적절한 척도에 대한 착상들이 서서히 자리를 잡게 된다. 따라서 층위들은 해체를 통해서 재-침전의 과정을 거치고, 이런 반복들 속에서 차이가 만들어진다. 그리고 이런 차이들을 통해서 시민적인 행위의 척도들이 생성된다. 따라서 하나의 근거가 아니라 여러 근거들을 함께 공존하게 할 수 있는 확장된 정책(enlarged plan)의 발상이 요구된다고 할 수 있다.

흄에 따르면 인간의 본성은 파벌의 비옥한 토양이다. 바로 그렇기 때문에 파벌의 원인을 제거하거나 초월하려는 시도는 그만큼 더 자연스러워 보일 수도 있다. 그러나 이런 시도의 불가함을 흄은 『인성론』을 통해서 누차 강조한다. 그렇다면 어떤 방책이 어울리는가? 흄이 제시하는 방향은 바로 파벌의 정념 자체가 그 정념을 제어하게 하는 데 있다. 가령 점유의 정념은 바로 자신의 그 정념을 만족시키기 위해서 다른 사람들의 점유를 인정하게 된다. 물론 그런 자신의 제한성을 학습하게 되기까지는 상황에 따라서는 상당한 고통의 경험이 수반하지만 말이다. 정파의 경우에도 사정은 다르지 않다. 영국사회의 민주화과정은 각각의 정파들이 부침을 하면서 자신들의 제한성을 학습하는 과정이었다. 이것을 흔히 일컬어 역사적으로 구성된 헌정(constitution)이라고 할 수 있다. 이렇게 본다면 정파에 대한 일견 모순적이었던 것처럼 보였던 흄의 입장이 이해될 수 있을 것이다. 다시 말하면 편파는 제한성을 통해서 불편부당을 지향할 수 있는 것이지, 결코 공론의 잣대로 쉽게 해결할 수 있는 성질의 것은 아니다. 여기서 흄이 말하는 '확장된 정책'(enlarged plan of liberty)의 의미가 분명해진다. 이렇게 확장된 자유의 정책은 정파의 대립 속에서도 공동체의 유대를 파기하지 않는 확장된 감성을 점차로 진작시킬 것이다.

4. 공론으로부터 불편부당으로

위에서 필자는 공론과 불편부당을 대비시켜 설명했고 또한 제한성의 학습을 중심으로 몇 가지 주제들을 다루면서 그 의미를 밝히려 했다.

위의 논의들을 바탕으로 필자는 아래와 같은 몇 가지 반성을 해 본다. 사람들은 확실하다고 간주되는 길을 가려는 자연적인 경향이 있다. 이것이 비단 오늘날만의 현상은 아니라는 말이다. 필자는 '공론'에 대한 집착도 이런 인간의 자연적인 경향에서 어느 정도 연유한다고 생각한다. 인간은 회의하는 존재라기보다는 믿고자 하는 존재이기에 말이다. 그것도 편리한 방식으로 믿고자 한다. 이런 인간의 자연적인 성향을 비난하는 것은 다른 사람들을 비난하는 것일 뿐 아니라 자기 자신까지도 비난하는 모양새가 될 것이다. 이 점을 받아들인다면 사회에 현존하는 공론이 있다는 주장을 수용하는 태도를 갖는 것이 편리할 것이다. 정치세계는 일반인들과 떨어질 수 없는 영역이기 때문에 이런 태도는 정치적으로 바람직한 태도라고 할 수 있다.

그러나 구체적인 상황들에서 공론은 확정하려 하면 할수록 애매한 것으로 드러난다. 비록 일상적인 상황들에서는 그런 공론이 무리가 없이 작동하지만 말이다. 가령 일상적으로 사용되는 '인권,' '권리,' '자유' 등의 명백해 보이는 말들이 구체적인 상황에 적용될 때 그 용법들은 모호함을 가질 수밖에 없다. 더 큰 문제는 어떠한 견해나 학설을 근거지우려 하면 할수록 그 근거는 점차 확실성을 상실해 갈 것이라는 데 있다.[9] 이런 까닭에 공론을 세우려는 시도에 대해 필자는 회의적인 시각을 가지고 있다. 일상적인 의미로 존재하는 공론에 대해서는 인정함에도 불구하고 엄격한 의미에서의 합의된 공론을 도출하려는 시도에 대

9) 샤킷은 17세기 영국에서 가부장주의에 대한 비판에 맞서서 그것을 옹호하려 했을 때도 이런 현상이 발생했다고 관찰한다. 가장 큰 원인은 가부장주의가 그 시대의 문화에 점차 적실성을 상실해 가고 있었다는 데 있다. G. J. Schochet, *The Authoritarian Family and Political Attitudes in 17th Century England: Patriarchalism in Political Thought* (New Brunswick and London: Transaction Books, 1988), 56-57.

해서는 회의적일 수밖에 없다. 우리가 자신의 제한성을 인정할수록 그런 시도들이 전제적인 성격의 것임을 지각하게 될 것이다. 불편부당을 지향하려는 태도는 이런 회의적인 시각에 기초하고 있다. 자신의 제한성을 인정하는 것으로부터 나오는 불편부당의 태도로부터 보다 세련되고 확장된(refined and enlarged) 정책적인 시선이 나올 수 있으리라 생각한다.

다른 한편으로 공론의 미확정성 때문에 정치세계에서는 그때그때의 상황마다 통치를 위해서 결의(resolution)가 요구되는 것이다. 마찬가지로 법을 통한 통치도 앞서 홈즈 판사의 주장에서 보았듯이 논리적인 결론이라기보다는 여러 가지 경험적인 요소들을 포괄하는 결의라고 볼 수 있다. 흄의 『영국사』나 홈즈 판사의 『보통법』의 위대한 점은 바로 경험적인 요소를 포괄하는 결의양식의 변화를 추적해 나간 점에 있다. 이런 점에서 필자는 결의의 순간에 존재하는 '비-결정'(indeterminacy)이란 일종의 선험적인 형식을 지나치게 강조하는 포스트모든 철학자들에 대해 비판적인 입장을 갖고 있다. 사실상 비-결정의 형식을 강조하다보니 결의의 양식들에 대한 탐구는 지나치게 단순화 되었다고 생각된다. 그런 접근법은 경험으로부터 멀어진 어떤 의미에서는 새로운 형이상학이라고 볼 수도 있다. 이것이 '해체주의'가 다소 부정적인 모습으로 비치는 까닭이다.

끝으로 근대국가는 교황주의를 배격하면서 성장하였다. 교황주의와 계속 대치해야 했던 프랑스의 경우에는 그 정치적 유산을 청산하기 위해서 유혈의 혁명을 치렀고, 그럼에도 그 잔재를 아직 극복하지 못했다고 생각된다. 절대왕정은 교황주의의 교리와 밀접하게 연관된 것이었다. 정치적인 관점에서 보았을 때 교황주의의 결정적인 점은 그 권위를 계속해서 추상화시키고 그럼으로써 계속 확장시키려는 데 있다. 앞서 설명한 제한성의 원칙을 심각하게 훼손시킴으로써 정치를 실종시켰다고 할 수 있다. 이와 반대로 영국에서는 봉건적인 제한적 관계의 관념으로부터 근대의 제한적 권위의 착상이 점차 성장했다. 정치에 있어서의 제한성의 원칙이 교황의 사제주의를 이긴 긴 역사적 과정이라고 할 수 있다.

참고 문헌

김훈. 2007. 『남한산성』 서울: 학고재.

Cooke, Jacob E. ed. 1961. *The Federalist.* Middletown & Conneticut: Wesleyan University Press.

Haakonssen, Kund. 1981. *The Science of A Legislator.* Cambridge University Press.

Habermas, J. 1998. *Between Facts and Norms.* trans. William Regh. Cambridge & Massachusetts: The MIT Press.

Hobbes, Thomas. 1968. *Leviathan.* London: Penguin Books.

Holmes, Oliver W. 1881. *The Common Law.* Boston: Little, Brown, and Company,

Hume, David.1978. *A Treatise of Human Nature.* L. A. Selby-Bigge. ed. Oxford: Oxford University Press.

__________. 1983. *The History of England.* 6 vols. Indianapolis: Liverty Fund.

Mill, J. Stuart. 1969. *Utilitarianism.* Routledge & Kegan Paul: University of Toronto Press.

__________. 1977. *On Liberty.* Routledge & Kegan Paul: University of Toronto Press.

Mouffe, C. 2000. *The Democratic Paradox.* London·New York: Verso Books.

Rawls, J. 1999. *A Theory of Justice.* Revised Edition. Cambridge & Massachsetts: Harvard University Press.

Schochet, G. J. 1988. *The Authoritarian Family and Political Attitudes in 17th Century England.* Patriarchalism in Political Thought. New Brunswick and London: Transaction Books.

Smith, Adam. 2000. *The Theory of Moral Sentiments.* New York: Prometheus Books.

독일 민주주의의 발전과 언론의 자유: 슈피겔 사태를 중심으로

장명학*

1. 서 론

이 글은 제2차세계대전 이후 독일정부의 언론정책과 이에 대한 각종 언론들의 언론자유를 신장하기 위한 노력들 사이에는 적지 않은 긴장이 존재해왔으며, 이러한 긴장과 갈등의 과정을 거쳐 오늘날의 독일민주주의의 발전이 가능했음을 밝혀내는 데 그 목적을 두고 있다.

근대사를 돌이켜보면 언론의 자유가 확보되지 않고서는 민주주의 또한 정착할 수 없었다는 점은 명약관화하다. 즉 역사적으로 볼 때 언론의 자유와 민주정치의 발전 사이에는 뗄레야 뗄 수 없는 긴밀한 연관

* 경희대

관계가 있다. 특히 근대 이후 점차적으로 자리잡은 대의민주주의 제도를 채택하고 있는 국가들에서 언론의 자유가 없는 나라란 생각할 수조차 없다. 이처럼 언론의 자유와 역할은 민주사회에서는 아무리 강조해도 지나치지 않을 것이다. 왜냐하면 민주주의의 근간은 무엇보다도 시민들의 다양한 의견내지 의사의 교환이 전제되어야 하며, 이를 토대로 하여 시민들의 공동의 관심사인 공공의 현안에 대한 해결방안을 모색해볼 수 있기 때문이다. 동시에 이러한 다양한 의견교환을 가능케 해주는 매체는 바로 언론매체이다. 이러한 언론매체의 핵심적인 기능은 다양한 의견과 정보들을 집약, 전달하는 데 있으며 이를 바탕으로 다시금 시민들에 의한 공론형성이 비로소 가능해진다. 이때 시민들에 의해 형성된 공론은 현대의 대의민주주의 정치과정에서 없어서는 안될 불가결한 요소이기도 하다.

이 글은 민주주의와 언론, 특히 민주주의와 언론자유와의 상관관계를 알아보기 위해 독일의 사례를 중심으로 살펴보고자 한다. 독일의 현대사는 바이마르(Weimar) 공화국의 민주주의가 실패하면서 히틀러(A. Hitler)의 나치주의(Nazism)가 발호했던 부정적인 경험으로 점철되어 있다. 나치주의체제는, 전체주의적 국가체제로서 총통에 의한 독재를 근간으로 하는 권위주의체제이기도 하다. 나치주의는 제2차세계대전의 직접적인 원인이 되었고, 이 때문에 인류의 역사는 끔찍한 재앙을 경험하게 된다. 그러나 전후의 독일 지역에는 비록 분단이 되긴 했지만 서독을 중심으로 민주적인 정부가 다시금 수립되었고, 동부지역에는 공산주의체제가 들어섰다. 그후 독일은 1989년 베를린장벽의 붕괴와 함께 채 1년이 되지 않아 동서독의 통일을 달성했다. 통일독일은 서독의 헌법인 기본법(Grundgesetz)을 바탕으로 현재에 이르고 있다.

이러한 독일이 단절없이 민주주의 정치체제를 영위할 수 있게 된 배경에는 여러 가지 요인들이 있을 수 있다. 그러나 여기서는 독일, 특히 서독의 민주주의 발전에 중요한 기여를 한 대표적인 시사주간지 "슈피겔"(*Der Spiegel*)을 둘러싼 정부와 언론간의 긴장과 갈등을 중심으로 논의를 전개하고자 한다. 나치체제에서 해방된 서독이 민주적인 정부를 수립한 후인 1962년 10월, 슈피겔에 대한 공권력의 압수수색과 발행 및 편집인들에 대한 체포와 구속으로 지칭되는 "슈피겔사태"는 국가와 언론 사이의 관계가 민주주의의 발전에 얼마나 중요한 의미를 담고 있는지에 대해 일깨워주는 대표적인 사례이다. 이 글에서는 이러한 슈피겔사태의 진행과정과 그 의미를 보다 깊이 살펴보면서 독일의 민주주의 발전과 언론의 자유 사이의 상호관계에 대해 성찰할 것이다.

2. 독일의 언론자유와 국가권력

먼저 독일의 언론자유의 발전을 살펴보기 위해서는 우선 독일사를 간략히 살펴보는 것이 필요하다. 유럽의 중심에 위치한 독일은 제1제국으로 불린 신성로마제국시기와 비스마르크(Bismarck) 재상이 주도했던 제2제국을 거쳐 제1차세계대전 이후에 수립된 바이마르(Weimar) 공화국에 이르러서야 비로소 민주주의를 처음으로 경험하게 된다. 그러나 바이마르 공화국에서 시행된 민주주의의 현실은 기대에 미치지 못했다. 국내적으로는 군소정당들이 난립했고, 대외적으로는 전쟁배상금의 압박 때문에 민주적인 정부의 운영이 날로 어려워져 갔다. 이러한 정치적인 혼란과 경제적인 난맥상은 히틀러의 나치체제가 들어설 수 있는 온상을 제공하게 됨으로써 민주주의의 경험 또한 중단되기에 이른다. 독일의 민주주의는 제2차세계대전 이후에 수립된 독일연방공화국, 즉 서독에서 비로소 그 꽃을 피우게 된다.

요컨대 이러한 간략한 독일역사에서 볼 수 있듯이 근대적인 의미에서의 독일의 민주주의는 바이마르공화국과 제2차세계대전 이후의 독일연방공화국에서 비로소 경험할 수 있었다. 이러한 독일의 경험에서 언론 자유와 민주주의의 상관관계는 상대적으로 아직 많이 연구되지 않았다. 따라서 여기서는 먼저 독일 언론의 발전을 살펴보고 그것이 민주정치의 발전에 어떠한 역할을 담당했는지에 대해 추적해보고자 한다. 독일언론의 등장과 언론자유의 확보 과정은 당시로서는 선진국이었던 영국이나 프랑스와는 상당히 다른 경로를 걷게 된다. 이를 간략히 살펴보면 다음과 같다.

우선 독일의 근대적인 언론의 발전은 제2제국 시기에 들어와서이다. 비스마르크가 주도했던 독일제국(통칭 제2제국)시기의 언론은 1874년 4월25일 제정된 제국언론법(Reichspressgesetz)을 통해 처음으로 법률에 의해 언론의 자유가 보장되었다. 그러나 이때 기존의 국가에 의한 언론검열과 언론 예방조치 그리고 허가강제 등의 조치는 폐지되었으나, 편집권의 완전한 보장을 확보하지 못했다. 반면에 언론경영의 자유는 보장됨으로써 국가의 행정이나 사법기관이 이를 제한할 수 없게끔 하였다.

이러한 독일제국의 언론법은 바이마르 공화국시대에 와서 언론 및 출판의 자유를 기본권으로 보장하는 데까지 공식화되게 된다. 바이마르 헌법 제118조에 명시된 것처럼 이제 제도적인 측면에서 보장된 언론의 자유는 언론영업과 언론 및 출판의 자유를 보장하기 위한 언론법으로 구체화되기에 이르렀다. 그 핵심 내용은 언론의 공적 임무를 특히 강조하는 것으로 요약된다. 즉 기자는 공익과 사익을 혼동하지 않아야 하며, 사익을 위해 진실이나 법규정을, 그리고 공공복지를 침해하기 위해 편집권을 남용하지 않아야 하며, 신문발행인과 편집자 사이의 권한을 명확히 함으로써 언론의 내부적 자유를 보장하고 편집인과 기자들의 사회적 지위를 보장하는 법규정을 마련하게 된다. 그러나 바이마르 공화국의 단명으로 인해 언론자유의 지속적인 발전은 난항에 부닥치게 된다.

바이마르 공화국시대에 법률적으로 확보되었던 언론의 자유는 히틀러의 나치시대에 와서 급격히 제한되기에 이르렀다. 히틀러 정권은 "국민과 국가를 보호"한다는 미명하에 특별법인 편집인법(Schriftleitergesetz)을 정권획득 초기인 1933년 10월 4일 제정함으로써 의사표현의 자유와 함께 언론의 자유를 정지시키는 조치를 단행했다. 이에 따라 누구든지 국가의 이익에 반한 의사표현 및 언론출판의 행위는 철저하게 금지시켰다. 즉 공공복리를 위해서 그리고 국민계몽과 선전을 위해서 제국 수상은 언제라도 국익에 반하는 언론출판을 단행하는 편집자에 대해 제재를 가할 수 있고, 또한 이들을 언론직에서 추방할 수 있는 결정권을 명문화시켰던 것이다. 이로써 나치정권 당시의 언론의 역할은 히틀러 정권이 명시하는 국익을 강화시키기 위한 공적 활동으로 탈바꿈하게 됨으로써 언제든지 나치독재정권에 봉사하는 관제언론, 즉 정권의 나팔수 역할만을 하는 데 만족하지 않을 수 없었다.

독일사회에서 본격적인 언론의 자유가 시행되었던 시기는 제2차세계대전 이후의 일이다. 연합국에 의해 히틀러의 나치독재로부터 해방된 독일은 1949년 5월 23일 제정된 헌법인 기본법(Grundgesetz)[1]에 의거해

---

1) 독일어로 헌법은 Konstitution이라고 불려진다. 다만 독일은 전후 분단국이 되자 동

서 비로소 본격적인 언론의 자유를 확보할 수 있게 되었다. 기본법 제5조 1항에 따르면, 의사표현과 정보에의 접근 및 전달의 자유와 함께 언론의 자유도 포괄적인 인간의 기본권에 속한다.

전후 독일에서 언론의 자유(Pressefreiheit)는 기본법(GG) 제5조 제1항과 2항에 걸쳐, 자신의 의견을 자유롭게 표명할 수 있는 의사표현의 자유(Meinungsfreiheit)와 중요한 정보에 시민들이 접근할 수 있는 정보의 자유(Informationsfreiheit), 그리고 전자파에 의한 보도의 자유를 보장하는 방송의 자유(Rundfunkfreiheit)와 함께 포괄적으로 명시되어 있다[2]. 여기서 언론의 자유는 특히 공중에게 배포되는 모든 인쇄물과 이를 생산하는 언론인 및 언론기업 등을 포괄한다. 언론자유의 중요한 기능으로서는 정보전달의 기능과 의사형성의 기능 그리고 비판과 감시의 기능 및 공적 책무의 기능 등을 들 수 있다. 이때 언론자유는 사회의 부정과 폐해를 비판함으로써 민주주의의 감시견(Watchdog) 역할을 할 뿐만 아니라,[3] 공공의 현안에 대한 시민들의 공론형성을 촉진시켜 국정운영에 반영하는 데 기여함으로써 현대 대의민주주의의 한계점을 보완하는 중요한 역할을 담당하기도 한다.

다만 연방국가인 독일의 특성상 각 주(Land)의 상황에 따라 언론 자유는 주 헌법에 따라 약간씩의 차이는 두고 있다. 그러나 대체적으로

서독이 통일될 때까지 Konstitution이라는 용어 대신에 국가와 국민생활의 근간이 되는 법이란 의미에서의 기본법, 즉 Grundgesetz라는 용어를 헌법 대신에 사용해왔다. 독일이 통일되자 이를 두고 논란이 있었으나, 동독주민들이 서독의 기본법에 의거해서 독일연방공화국에 가입했기 때문에 기본법이란 용어를 헌법과 동일시하여 개정하지 않고 오늘에 이르고 있다.

2) 독일의 헌법 Grundgesetz(GG) Artikel 5 참조.

3) 한수경, "현대 독일민주주의에서 언론자유와 책임," 『정치와 평론』. Vol.11. 서울 : (사)한국정치평론학회, 2011. 51 참조.

보아, 첫째 정보의 창출과 전파, 둘째 의사표현과 비판기능 수행, 셋째 여론형성에의 기여 등이 명시됨으로써 언론의 공적인 임무의 중요성을 특히 강조하고 있다. 전후 수립된 독일연방공화국은 국민내지 시민의 자유로운 공적 의견형성을 근간으로 하는 민주적 법치국가이다. 그리고 시민사회 속에서 제기되는 다양한 의견들은 수많은 논쟁의 과정을 거치면서 공론으로 그 비중을 확대하게 된다. 여기서 언론의 존재는 다양한 의견 및 정보들을 전달하는 역할을 담당하며 이를 여론내지 공론으로 심화시킬 뿐만 아니라 궁극적으로는 국가의 정책으로 승화되게끔 함으로써 민주적 법치국가인 독일정치에서 없어서는 안될 가장 중요한 요소이기도 하다. 물론 이러한 여론 및 공론의 형성을 위해서는 무엇보다도 공적인 임무를 근간으로 하는 언론의 자유가 필수적인 요소임을 부정할 수 없다.

3. 슈피겔 사태와 언론자유의 재발견

이러한 맥락에서 볼 때, 지난 1962년에 독일에서 불거져 나온 '슈피겔'지 사건은 전후 독일에서의 언론 자유의 중요성을 진단해볼 수 있는 가장 중요한 사례라고 할 수 있다. 당시 슈피겔지는 북대서양조약기구(NATO)와 독일정부의 군사전략이 지닌 문제점을 폭로하는 기사를 게재했다. 이에 독일 연방검찰은 국가기밀을 언론이 누설함으로써 국가안보를 위협했다는 명목으로 슈피겔의 발행인과 편집인을 구속했다. 이 사태는 3년이 지나서 독일 연방헌법재판소(Bundesverfassungsgericht)의 판결에 의해 일단락 내리게 되는데 그 내용은 언론의 자유를 구속해서는 안된다는 판결이었다. 즉 연방헌법재판소는 언론에 의한 국민의 알권리를 제한해서는 안된다는 요지의 판결을 내림으로써 차후 언론에 대한 공권력의 개입을 배제하는 기초를 마련했다. 이 때문에 당시의 연방국방장관 프란츠 요셉 슈트라우스(Franz Joseph Strauss)는 사임했고, 라인강의 기적을 이끌어왔던 콘라드 아데나우어(Konrad Adenauer) 수상의 독일정부 자체가 정치적 위기에 봉착하게 되었다. 반면에 슈피겔은 독일의 언론자유를 지켜낸 중대한 공헌을 했다. 즉 비판적 언론을 통제하려는 아데나우어 정부의 권위주의적 정부운영 관행은 민주적인 절차를 존중하는 길로 나아가지 않을 수 없게 되었다. 이 사건 이후 자유언론의 대명사로 자리매김한 슈피겔 때문에 독일은 과거의 나치시대와는 현격하게 구별되는 민주적 법치국가로서의 기틀을 안정적으로 구축할 수 있었다. 슈피겔 사태로 보다 확실하게 정착된 언론자유의 보장은 물론 라디오나 텔레비전 등 공영방송에서도 동일하게 적용된다.[4)]

이제 슈피겔 사태를 좀더 상세하게 살펴보자. 슈피겔 사태는 다음의 사건과 함께 시작되었다. 우선 1962년 10월 26일 밤 독일 연방검찰과 그 지휘를 받는 연방범죄수사대 요원 8명이 함부르그의 슈피겔 편집부를 급습했다. 곧이어 3개조의 특공대와 20여명의 함부르그 경찰관들이 밤9시 정각을 기해 슈피겔 편집진에 대한 수사에 가담했다. 아울러 당시 독일연방(서독)의 수도 본(Bonn)에 소재한 슈피겔 사무실도 압수, 수색의 대상이 되었다. 이러한 연방검찰의 지휘하에 수행된 슈피겔에 대한 압수와 수색 그리고 관련 언론인들에 대한 체포는 군사기밀 누설에 따

4) 독일에서의 언론자유는 라디오나 텔레비전 등 공영방송에서도 그대로 적용된다. 독일의 공영방송은 제1공영방송(ARD)과 제2공영방송(ZDF)으로 나뉜다. 이에 대해서는 G. Gounalakis, "Regulierung von Presse, Rundfunk und elektronischen Diensten in der kuenftigen Medienordnung," ZUM. 3. 2003. 180-192 참조할 것.

른 국가반역죄와 문서위조 그리고 뇌물공여에 의한 공무원 매수 등의 죄목에 의거했다. 발행인 아욱슈타인(Augstein)은 103일 동안 구류되었고, 편집인 슈멜쯔(Schmelz)는 81일 그리고 부편집인 알러스(Ahlers)는 55일 동안 구류되었다.

슈피겔에 대한 이때의 압수, 수색과 관련자 체포작업의 직접적인 원인은 1962년 10월 8일자 슈피겔 제41호의 표지와 제목 그리고 이에 관련된 분석기사가 제공했다. 문제가 된 슈피겔 제41호의 표지에는 독일연방군 참모총장 프리드리히 푀르치(F. Foertsch) 장군의 사진과 함께 "제한된 방어력"(Bedingte Abwehrbereit)이라는 제목이 인쇄되어 있었다. 이 기사는 독일연방군이 주도적인 역할을 담당하는 "팔렉스62"(Fallex62)라는 명칭의 북대서양조약기구(NATO)의 군사전략과 훈련계획에 대해 분석하고 있었다. 그러나 슈피겔 기사에 따르면 독일연방군의 역할이 높이 평가되었던 이 작전계획은 정작 소련을 중심으로 한 바르샤바동맹국들과의 갈등이 심화되었을 때엔 아무런 성과를 나타낼 수 없다는 데 문제가 있었다. 즉 슈피겔은 독일이 자랑하던 고성능의 다양한 무기나 장비 그리고 병력 등이 기대했던 것과는 정반대로 아무런 성과를 내지 못할 뿐만 아니라, 전쟁초기에 이미 독일연방군은 괴멸될 것이며 1천5백만 명에 달하는 독일국민들이 사망하게 될 것이라고 내다봤다.

이러한 끔찍한 기사내용과 함께 슈피겔은 미국 또한 이미 이러한 사실을 간파했기 때문에 그 문제를 해결하기 위해 골몰하고 있다고 전했다. 뿐만 아니라 국방장관 슈트라우스는 이 문제에 대한 또 다른 해결방안을 가지고 있었는데, 그것은 소련을 위시한 동구의 공격을 독일에 배치되어있는 핵무기로 저지시킨다는 다소 섬뜩한 내용이었다. 한걸음 더 나아가 국방장관 슈트라우스는 핵무기 사용이 상대적으로 비용이 적게 들기 때문에, 필요한 경우 전쟁을 미연에 방지하는 선제공격

(preemptive strike) 또한 주저하지 말아야 한다고 주장했다.[5)]

이러한 가공할만한 전략의 위험성을 고심하면서 국방장관 슈트라우스의 계획에 반대했던 장교들 중 한 사람이 바로 독일연방육군 참모부의 작전참모 팀장 알프레드 마틴(Alfred Martin) 대령이다. 그는 핵전쟁의 위험성에 대해 고민하던 중 슈피겔 편집자인 알러스(Ahlers)와 한스 슈멜쯔(Hans Schmelz) 등과 이 사실에 대해 얘기하곤 했다. 그리고 마틴 대령의 진술을 통해 고민을 전해들은 두 사람은 그들이 당시에 접근가능한 다양한 정보들을 분석하여 '팔렉스62'라는 군사전략에 대한 슈피겔 기사를 작성했던 것이다.[6)] 당시 슈피겔 편집진은 팔렉스라는 기사제목이 나중에 대중들의 관심을 불러일으킬 것이라곤 전혀 생각하지 못했다. 그들은 오히려 이 기사가 군사전략 전문가들이 일독해야 할 군사전략에 관한 자료의 역할을 할 것으로 여겼다 한다.

그러나 예기치 않게도 바로 이 기사가 검찰과 경찰들을 불러들이게 된 것이었다. 슈피겔 편집실을 압수, 수색하던 정부의 공권력은, 슈피겔의 다음호 발간을 위해 대기하던 편집부직원들이 종이 한 장도 가져갈 수 없게 통제한 다음 모두 편집실을 떠나게 했다. 이로써 슈피겔의 발행은 중단되고, 수많은 자료들이 압류되었다.

다만 이때 슈피겔의 편집부 직원들이 주간지 발행제지에 거세게 저항하자, 수사책임을 지고 있던 연방검사는 다시금 편집부 직원 개인당 한명씩의 경찰관 감독하에 발행 작업을 허가했다. 한 달 이상 경찰이

5) 제2차 세계대전이 끝난 이후 심화되고 있던 냉전상태는 미국 다음으로 핵개발에 성공한 소련의 등장으로 더욱 핵전쟁의 공포스러움이 심화되고 있었다. 이 점을 감안하면 슈트라우스 국방장관의 이러한 계획은 적지 않은 논쟁을 불러일으켰다. 이에 대해서는 Dieter Wild(2012)의 웹사이트를 참조.

6) Ronald F. Bunn(1966), 54와 Christopher Gunkel(2013)의 웹사이트 참조할 것.

편집실에 상주했고, 검열을 거쳐야만 슈피겔을 발행할 수 있었다. 그리고 이러한 긴급한 상황에서 주간잡지 "슈테른"(*Stern*)과 주간신문 "디 차이트"(*Die Zeit*)가 슈피겔의 발행을 도와주지 않았다면, 슈피겔의 다음 호 발행뿐만 아니라 아마도 슈피겔의 발행은 영구히 중단되었을 수도 있었을 것이다. 우여곡절 끝에 체포된 발행인 아욱슈타인의 사진을 표지로 한 슈피겔 제45호는 가까스로 발행되었다. 다만 평소보다 20만부나 많은 70만부를 발행함으로써 독일시민들의 관심에 보답했다.

그후 공권력뿐만 아니라 정지된 슈피겔 편집부 또한 아무도 예기치 못했던 일이 터졌다. 왜냐하면 독일의 여론은 이 문제를 공론화시켰고, 언론자유를 짓밟은 공권력의 무모한 개입에 대해 시민들의 질풍노도와 같은 비난이 쏟아졌기 때문이다. 대학생들과 시민들을 중심으로 한 가두시위와 함께 국내외의 사회단체들이 항의 성명을 냈다. 그리고 정부에 대한 여러 언론매체들의 날카로운 비판과 비난이 쏟아졌다. 미국, 영국, 프랑스 등 외국의 유력 언론들까지 사설을 통해 독일 정부의 언론자유 침해에 대해 심각한 우려를 표명했다. 쿠바 위기 이후 이 문제만큼 독일시민들의 이목을 집중시킨 사건은 없었다. 그리고 거의 모든 언론의 논평들이 슈피겔을 두둔하고 나섰다. 예를 들면 당시의 대표적인 보수논객이었던 프랑크푸르트 알게마이네 차이퉁(FAZ)의 언론인 프리드리히 지부르크(*Friedrich Sieburg*) 또한 슈피겔 사태로 인해 처음으로 "그동안 한번도 느껴보지 못했던 자유에 대한 자극을 받았다"고 논평했다. 독일의 대학들에서는 학생들이 "슈피겔이 없으면 자유 또한 없다"라는 구호를 내걸고 시위에 돌입했다. 이들은 국방장관 슈트라우스를 감방에 넣고, 그 대신에 슈피겔 발행인 아욱슈타인의 석방을 요구했다. 학생들에 뒤이어 교수들도 참여했다. 35명에 달하는 뮌스터(Muenster)대학 법학자들을 필두로, 54명에 달하는 튀빙엔(Tuebingen)대학 교수들,

그리고 하이델베르그(Heidelberg)대학에서는 도합 285명에 달하는 교수와 강사들이 슈피겔을 옹호함으로써 도합 600여명의 학자, 문인 그리고 예술인들이 슈피겔을 지원했다.[7)]

독일정부에 대한 지식인들의 격렬한 반발과 슈피겔에 대한 열렬한 옹호는 전후의 독일에서 언론자유를 일깨워주는 중대한 계기가 되었다. 나아가 이들은 슈피겔 편집인들이 의도적으로 군사기밀을 폭로함으로써 이적행위를 한 것은 아니라는 인식을 공유했다. 그만큼 슈피겔 편집진도 신중에 신중을 거듭한 끝에 바로 이 문제가 된 군사전략 분석기사를 게재했던 것이다. 특히 슈피겔의 부편집인 알러스는 독일육군 작전참모부의 팀장 마틴 대령의 정보를 아주 주의깊게 다루었다. 슈피겔의 표지를 장식한 '팔렉스'에 관한 13가지 중요한 사항들에 대해 알러스는 먼저 함부르그에 파견나와 있던 독일연방정보부(Bundesnachrichtendienst ; BND) 요원 아돌프 비히트(Adolf Wicht) 대령에게 자문을 구했다. 알러스의 자문요청에 대해 비히트는 13가지 사항들 중에서 2가지 사항은 조심스럽게 취급되어야 할 정보라고 알려주었다. 슈피겔 사태 직후 이 두 명의 장교들, 즉 마틴과 비히트는 즉각 체포되었다. 그 외에도 알러스는 이 문제를 당시 함부르그(Hamburg)시 내무국장이자 사민당(SPD) 군사전략 전문가였던 헬무트 슈미트(Helmut Schmidt)[8)]에게 자문을 구했다. 이때 슈미트 역시 비히트처럼 2가지 사항에 대해서는 주의해야 할 것이라고 조언했다. 그리고 바로 이러한 조언 때문에 슈미트도 국가반역죄를 부추겼다는 핑계로 수사 대상이 되었다.[9)]

---

7) Dieter Wildt(2012)의 웹사이트를 참조.
8) Helmut Schmidt는 그 후 사민당의 당수가 되었고, 70년대 중후반부터 80년대 초까지 독일연방수상으로서 국정 전반을 이끌게 된다.
9) 이에 대해서는 Roland Nelles(2013)의 웹사이트를 참조할 것.

수사초기에 연방검찰은 '팔렉스'에 대해 아무것도 모르는 문외한이었다. 따라서 검찰은 군사전략의 전문부서인 국방부에 도움을 요청했고, 이 요청에 응한 사람은 한스 요아힘 폰 호프가르텐(Hans Joahim von Hoffgarten) 대령이었다. 그는 공교롭게도 국방장관 슈트라우스의 열렬한 추장자였다. 호프가르텐 대령은 슈피겔의 '팔렉스' 기사가 누설한 국가적 군사기밀이 무려 41개에 달한다면서 국가반역죄를 범한 사실이 분명하다고 강조했다. 이를 근거로 국방장관 슈트라우스는 슈피겔이 '팔렉스62'를 발행한지 나흘째인 10월 12일에 이미 당시 연방수상 아데나우어(Adenauer)에게 슈피겔이 군사기밀을 누설함으로써 엄청난 국가반역죄를 저질렀다고 보고했다.

이처럼 국방장관 슈트라우스의 신속한 대응에는 슈피겔과의 불편한 관계도 한몫했다. 즉 이미 슈피겔과 슈트라우스는 1957년부터 갈등관계에 있었다. 전형적인 권력지향적 인물로 평가받던 국방장관 슈트라우스에 대해 슈피겔은 장관직 역량이 없는 인물일 뿐만 아니라, 특히 국방장관을 맡기에는 위험스러울 인물이라고 혹평했던 것이다. 나아가 당시의 연방수상 아데나우어의 후계자로 거론되기도 했던 국방장관 슈트라우스에 대해 슈피겔은 연방수상직을 수행하는 것이 불가능하다고 평가했다. 왜냐하면 슈트라우스는 자신이 편애하는 인물들은 중용하면서 반대자들을 노골적으로 적대시했고, 또한 국방부 내의 여러 가지 비리사건들에 관계됨으로써 공직남용과 권력남용의 의혹을 받고 있었기 때문이다. 이 때문에 많은 사람들은 국방장관이 보복 차원에서 슈피겔 기자들을 체포한 것이라고 간주했다. 슈트라우스에 대해 이러한 비판적 평가를 내린 것은 단지 슈피겔만이 아니라 다른 언론매체들도 적지 않았다.

이러한 사정을 감안하더라도 당시의 상황은 슈피겔에 어쨌든 유리하지는 않았다. 무엇보다도 초기에는 당시의 국제정세 또한 슈피겔에게 매우 불리하게 작용했다. 즉 슈피겔이 나토의 전략문서를 공개한 직후인 1962년 10월 14일 미국은 항공사진 촬영으로 쿠바에 미사일 발사대가 건설 중인 것을 확인했다. 그리고 소련으로부터의 핵미사일을 수송하는 선박이 쿠바에 도착하는 것을 저지하기 위해 쿠바의 해상 봉쇄조치를 단행했다. 전 인류를 핵전쟁의 참화로 몰아넣을 뻔했던 이러한 쿠바미사일 위기는 동서냉전이 치열하게 전개됐던 당시 상황을 대변해주고 있다.[10] 이러한 상황에서 북대서양조약기구의 군사전략을 보도한 슈피겔은 독일 정부의 미운털이 아닐 수 없었다.

하지만 호프가르텐 대령이 주장했듯이 슈피겔이 유출했다는 무려 41가지에 달하는 군사기밀들은 그 당시에 이미 알만한 사람들은 다 알고 있던 정보들이 대부분이었다. 왜냐하면 당시에 발행된 다양한 신문 및 잡지들에 실린 3만5천여 건에 달하는 수많은 기사들에 게재되었을 정도로 이미 기밀로서의 가치를 상실했던 정보들이기 때문이다. 그럼에도 불구하고 연방검찰은, 이미 알려진 세부사항들일지라도 모자이크처럼 짜맞추어 새로운 상(像)을 형성하게 되면 비밀누설로 간주될 수 있다는 모자이크 이론을 제기하면서까지 집요하게 슈피겔에게 국가기밀 누설 책임을 물으려 했다.[11]

그리고 더욱 문제가 된 것은 국방장관 슈트라우스측의 거짓된 주장들 때문이었다. 당시 슈트라우스를 보좌하던 국방차관은 미국이 이 문제 때문에 독일에게 더 이상 북대서양조약기구(NATO)의 군사전략 기밀

---

10) 이에 관해서는 Daniela Deeg und dpa(2013)의 웹사이트를 참조.

11) Deutscher Bundestag, “Aktueller Begriff vor 50 Jahren : Die ‘Spiegel-Affaere’ im Deutschen Bundestag,” Wissenschaftliche Dienste, Nr.37/12 (07.Nov.2012). 1-2 참조.

들을 알려주지 않을 것이라고 통고해왔다고 말했다. 그러나 나중에 밝혀진 것처럼 그는 바로 이 거짓말 때문에 자신의 직위에서 물러났다.

그뿐만이 아니었다. 해외에 체류하던 슈피겔 부편집인 알러스에 대한 체포과정은 여러 가지 정황에서 법률적 절차를 무시한 압송이 아닐 수 없었다. 알러스는 슈피겔에 대한 압수, 수색 당시에 자신의 부인과 함께 스페인에 휴가중이었다. 그러나 이들을 체포하는 데 골몰했던 국방장관 슈트라우스는 법무부를 통한 정상적인 절차를 무시하고, 편법적인 방법을 사용함으로써 공직남용과 권한남용을 했다는 비난에 직면하지 않을 수 없었다. 즉 그는 스페인의 수도 마드리드에 주재하던 국방무관 아킴 오스터(Achim Oster) 대령에게 친히 전화를 걸었고, 새벽 3시인데도 스페인 경찰을 동원해 알러스 체포에 나서도록 명령했다. 이때 오스터 대령에게 전화한 슈트라우스는 자신이 방금 연방수상 아데나우어를 만났으며, 그와 상의한 후에 연방수상의 이름으로 직접 알러스에 대한 신속한 체포명령을 내리게 되었다는 점을 주지시켰던 것이다. 나중에 이러한 사실이 밝혀지자 슈트라우스는 나치시대에도 이러한 직권남용은 없었다는 비난에 휩싸이게 된다.[12)]

어쨌든 수상을 빙자했을 뿐만 아니라 법률적 절차를 무시한 국방장관 슈트라우스의 이러한 명령에 의해 오스터 대령은 임무를 완수했고, 그는 이에 대해 즉각 국방장관 슈트라우스에게 전화로 보고했다. 이 사실이 알려지자 슈트라우스는 처음에는 자신이 간여하지 않았다고 증언했다. 실제로는 지휘경로를 무시하고 국방장관 슈트라우스를 따랐던 내무차관과 법무차관도 시간이 지나면서 문제가 더욱 불거지자 사태를

---

12) Ronald F. Bunn, "The Spiegel Affair and the West German Press : The Initial Phase," in : *The Public Opinion Quarterly*. Vol.30, No.1(Spring). 1966. 58 참조.

일찍 종식시키려고 사임했다. 그러나 국회 청문회에서 이루어진 집요한 질문과정에서 슈트라우스 또한 자신의 과오를 시인하지 않을 수 없었다. 거짓증언과 직권남용 등이 밝혀지게 되자 그의 정치생명은 끝났다.[13] 그럼에도 불구하고 슈트라우스가 몸담았던 기독교사회당(CSU) 출신의 연방내무장관 헤르만 회헬(Hermann Hoecherl)은 정부란 필요한 경우에는 법적인 절차를 무시하고서라도 국가적 임무를 수행해야 한다고 강조했던 것이다.[14]

정당한 법률적 절차를 무시했던 이러한 사정에 대해 정작 문제를 제기한 측은 아데나우어정부의 연정파트너였던 자유당(FDP)이었다. 당시 자유당은 연방법무부와 연방검찰을 관장하고 있었다. 당시의 연방법무장관은 볼프강 슈탐베르거(Wolfgang Stammberger)였다. 자유당은 담당부서의 최고책임자인 슈탐메르거 법무장관에게 일언반구의 보고도 없이 슈피겔에 대한 압수수색을 단행한 것을 문제삼았던 것이다. 자유당은 이에 대한 강력한 항의로써 연정내각의 장관 5명을 철수시켜 연정붕괴를 위협했다. 사태가 이렇게 전개되자 수상 아데나우어는 슈피겔 발행인 아욱슈타인이 국가기밀을 누설하면서도 잡지의 발행을 통해 이익을 취한다고 비난했다. 뿐만 아니라 수상은 더 나아가 슈피겔의 고정독자들과 슈피겔에 광고를 게재하는 사람들 또한 이러한 행위를 방조하는 책임이 있다고 비판함으로써, 여론의 비난을 자초했고 아울러 연방

---

13) John Gimbel, "The 'Spiegel Affair' in Perspective," in : *Midwest Journal of Political Science.* Vol.9, No.3(Aug, 1965), 286 참조.

14) 당시에 독일의 야당이었던 사회민주당(SPD)도 이 문제에 대해 조심스러웠다. 왜냐하면 2차대전 후 한번도 정권을 장악할 수 없었던 사민당은 수권능력이 있는 정당으로서의 자세를 견지하느라 슈피겔 문제에 대해 초기에는 지나치게 몸조심을 했다.

정부의 권위조차 적지 않게 실추시켰다.

전후 독일에서 언론자유와 국민의 알권리를 둘러싸고 최초로 일어났던 언론과 정부간의 갈등인 슈피겔 사태는 1956년 5월 13일 연방헌법재판소의 판결로 일단락됐다. 카알스루에(Kahlsruhe)에 있던 연방대법원 제3형사법정에서는 아욱슈타인과 알러스에 대한 기소를 최종적으로 기각했던 것이다. 다만 그해 6월 2일 연방수도 본(Bonn)의 검찰청은 아욱슈타인과 알러스를 체포, 구금하는데 일조했던 국방장관 슈트라우스가 공직남용과 타인의 자유권을 박탈했다는 신고를 접수했지만, 당시 상황의 불가피성을 인정하는 선에서 더 이상 문제를 확대하지 않고 슈트라우스를 기소하지 않았다. 그러나 독일헌법수호의 최후의 보루였던 연방헌법재판소는 그후에도 최종판결을 통해 슈피겔이 국가기밀을 누설했다는 국가기관의 주장을 자의적인 해석으로 판정함으로써 국민의 알권리에 우선 순위를 두었던 슈피겔의 무죄를 거듭 확인했다.

종합해보건대, 독일연방이 그토록 자랑했던 헌법인 기본법(Grundgesetz)은 슈피겔사태 당시에 국가권력의 남용으로부터 자신의 시민들을 보호하지 못했다. 당시의 수많은 공직자들은 아직도 국익이 기본적으로는 언론의 자유나 시민들의 정보접근권에 앞서는 것이라는 점을 고수하는 낡은 생각에 머물러 있었던 것이다. 당시 독일 연방경찰과 검찰 그리고 사법기관 등은 슈피겔 사태에 대해 법치국가에 상응하는 수사절차를 따르지 못했고, 반대로 마음에 들지 않는 시민들에게 국가권력이 자의적으로 간섭했다는 평가를 받지 않을 수 없었다. 나아가 슈피겔의 사례를 통해서 독일정부는 국가권력의 남용은 히틀러의 나치시대에 저질러지곤 했던 국가공권력의 불법적 행위와 크게 다르지 않다는 비판에 직면했다. 이러한 맥락에서 슈피겔 사태는 권위주의적 국정운영 관행에 매몰돼 있던 당시의 독일정부에 경종을 울리는 역할을 했다. 그리고 독일의 민주주의의 공고화에 끼친 슈피겔의 중요한 기여는 헌법에 위배되는 국가권력의 남용이 더 이상 자행될 수 없게 했다는 사실에 있다. 요컨대 슈피겔 사태는 2차세계대전 이후 민주적 헌법체제에 의해 구성된 아데나우어 정부에 와서도 잔존하던 빌헬름황제의 제2제국 시기와 나치에 의한 전체주의시대의 권위주의적 국가운영 관행을 해체시키고 독일사회가 본격적인 민주주의 체제에 돌입하는 데 결정적으로 기여했다.

4. 결 론

이제까지 1960년대 초에 일어난 독일의 시사주간지 슈피겔에 대한 국가권력 남용의 진행과정을 살펴보면서, 독일의 언론발전과 민주정치의 발전에 언론의 자유가 어떠한 의미를 지니는지에 대해 성찰하는 기회를 가지게 되었다. 슈피겔 사태는 국가권력과 언론의 자유 그리고 시민들의 새로운 정보에의 접근권 등에 대해 많은 점을 시사해준다.

먼저 시사주간지 슈피겔은 1962년 사태발생 이후 3년째인 1965년에 와서야 공권력이 제기했던 국가반역이라는 범죄혐의에서 벗어날 수 있었다. 이를 통해서 보듯이 독일의 언론자유는 슈피겔 사태의 경과에 대한 논의를 거치면서 보다 공고화되었다는 점을 알 수 있다. 당시 독일의 수많은 지식인들은 이 문제가 언론자유를 억압하는 심각한 사태로 받아들였다. 아울러 슈피겔을 지원하는 당시의 많은 언론들 또한 절차를 무시했던 무분별한 공권력행사를 비판했고, 그 행위자들에 대한 비난에 주저함이 없었다. 당시의 독일정부의 공직자들은 국가의 이익을 국민이나 언론 등의 자유보다 우위에 놓는 빌헬름황제의 제국당시를 지배했던 고루한 사고방식에 젖어 있었다. 그리고 히틀러에 의한 나치체제라는 전체주의와 권위주의 체제의 위험성을 경험했던 독일국민들은 슈피겔 사태가 일어나기 전에는 국익이 모든 것에 우선한다는 전통적인 국가관에 대해 문제를 제기할 기회를 가지지 못했다.

슈피겔 사태는 이러한 생각에 새로운 의식을 불어넣는 전환점을 마련했다고 할 수 있다. 즉 국방장관 슈트라우스 등과 같은 완고한 공직자에 의해 자의적으로 작동하던 국가권력은 독일 시민들의 저항과 언론비판의 대상이 되었고, 헌법에 명시된 민주적 국가권력이라는 본래의 목적으로 되돌아오는 계기를 마련해주었던 것이다. 사태 초기에 독일헌법인 기본법은 자신의 시민들을 국가권력의 남용으로부터 보호할 수 없었다. 이때 슈피겔 사태는 기본법에 명시된 언론, 출판, 집회 결사 등 각종의 자유란 국가의 이익과 안위를 보호한다는 명분아래 제한되고 유보될 수도 있는 것으로 인식되었던 당시의 독일사회에 경종을 울렸다. 특히 당시의 독일공직자들의 상당수는 이러한 낡은 사고방식에 머물러 있었다. 그리고 자신과 다른 의견을 가진 언론인이나 시민들에 대해 국익을 앞세우며 필요하다면 법치국가의 절차를 무시하면서 권력을 남용하는 데 주저하지 않았던 것이다. 바로 이러한 점에서 슈피겔 사태는 독일연방의 기본법에 위배되는 국가권력의 남용이란 더 이상 용납되지 않는다는 점을 분명히 일깨워주는 사건이었던 것이다. 물론 국가와 언론 사이에는 긴장이 상존한다. 그러나 명백한 위법행위를 저지르지 않았는데도 국가가 공권력을 앞세워 언론을 탄압하는 행위는 민주적 법치국가의 기본 이념에 어긋나는 행위임에 분명하다.

슈피겔 사태 이후에도 독일은 민주적인 정치발전을 향해 끊임없이 노력해왔다. 베를린장벽의 붕괴와 함께 통일된 현재의 독일 또한 슈피겔 사태가 일어나던 당시의 헌법인 기본법에 의거하여 국가 및 정부가 운영되고 있다. 기본법에 보장된 언론의 자유는 통일독일의 민주주의를 지켜내는 중요한 보루이기도 하다. 민주주의의 핵심관건은 공공의 문제에 대한 다양한 의견들과 관점들을 수용해서 이를 공론화시키고, 이 과정 속에서 보다 합리적인 해결책을 모색해나가는 데 있다고 할 수 있다. 그리고 이러한 공론형성을 위해서는 다수의 시민들이 다양한 정보에 접근할 수 있어야 하는데, 바로 이점에서 현대사회에서 다양한 정보를 제공하는 기능을 담당하는 자유로운 언론의 역할은 그 무엇보다도 중요하지 않을 수 없다고 하겠다. 바로 이러한 관점에서 볼 때 독일의 슈피겔 사태는 시민들에게 새로운 정보를 제공하는 자유로운 언론의 기능과 역할을 엿보게 하는 중요한 사례라고 할 수 있다.

참고문헌

한수경. 2011. "현대 독일민주주의에서 언론자유와 책임." 『정치와 평론』. Vol.11. 서울 : (사)한국정치평론학회,

Grundgesetz(GG ; 독일연방기본법=헌법)

Bunn, Ronald F. 1966. "The Spiegel Affair and the West German Press : The Initial Phase." in : *The Public Opinion Quarterly*. Vol.30. No.1(Spring), 54-68.

Deutscher Bundestag. 2012. "Aktueller Begriff vor 50Jahren : Die 'Spiegel-Affaere' im Deutschen Bundestag," Wissenschaftliche Dienste. Nr.37/12 (07.Nov.2012).

Fechner, F. 2006. *Medienrecht*. 7.Auflage. Tuebingen: Mohr Siebeck.

Gimbel, John. 1965. "The 'Spiegel Affair' in Perspective." in : *Midwest Journal of Political Science*. Vol.9, No.3(Aug, 1965), 282-297.

Gounalakis, G. 2003. "Regulierung von Presse, Rundfunk und elektronischen Diensten in der kuenftigen Medienordnung". *ZUM*. 3. 180-192.

Deeg, Daniela und dpa. "'Spiegel'-Affaere-als die Buerger die Pressefreiheit lieben lernten.", http://www.morgenweb.de/nachrichten/weld-und-wissen/spiegel-affare-als-die-burger.

Gunkel, Christoph. "A Watershed Moment for West German Democracy." http://www.spiegel.de/international/germany/50th-anniversary-od-the-spiegel-affare

Nelles, Roland. "Dann gehe ich mit auf die Barrikaden." http://www.spiegel.de/politik/deytschland/50-jahre-spiegel-affaere-helmut-schmidt-i

Wild, Dieter. "Der Tag, an dem die Republik erwachte." in; http://www.sueddeutsche.de/medien/2.220/jahre-spiegel-affaere-

바디우의 사건(event)의 개념으로 본 드레퓌스 사건

김지영*

1. 서론

영미 등 다른 나라의 저널리즘과 비교했을 때 프랑스 저널리즘의 특징은 뉴스 중심이라기보다 정치적 사건의 해설과 평론이 주류를 이루는 의견 중심의 저널리즘이라고 간주된다. 임종권에 따르면 "영미 신문들은 객관적이고 사실에 근거한 정확성 있는 뉴스를 전한 반면 프랑스 신문은 자신이 지지하는 정치 노선에 따라 뉴스를 간추리고 해석하는 관행을 유지하고 있었"[1]고, 19세기 후반 프랑스의 저널리즘은 "정치와

* 부산가톨릭대

1) 임종권, "영미 저널리즘과 비교해 본 프랑스 현대 저널리즘," 『현상과 인식』 103(2007), 141.

문학의 두 장르를 유지한 가운데 대부분 정치적 교리를 선전하고 정치 집단의 이득을 옹호하기 위해 기사를 쓰는 정치 평론의 전통을 지켜 나가고 있었다."[2] 영미 저널리즘이 중립적이고 객관적인 사실 보도의 관행이 일반적인 반면 프랑스 저널리즘이 문학적이고 정치적인 성향이 강한 의견표명 기사가 중심이라고 할 때, 19세기에서 20세기로 넘어가는 12년 동안 프랑스 저널을 떠들썩하게 했던 드레퓌스 사건보다 프랑스 저널리즘의 특징을 더 극명하게 보여준 사례는 없다고 할 수 있다.

1894년에서 시작하여 1906년에 종결된 드레퓌스 사건은 프랑스 저널리즘의 역사에서 큰 획을 그은 사건이다. 보불전쟁으로 알자스와 로렌 일부를 잃게 된 프랑스 국민의 민족주의와 반유대주의가 결합하여, 알자스 태생의 유대인이라는 이유로 무고한 장교를 국가기밀을 밀고한 간첩 죄목으로 종신형을 선고했던 드레퓌스 사건은 이후 드레퓌스의 결백을 주장하는 드레퓌스파와 드레퓌스의 유죄를 믿는 반드레퓌스파의 저널들의 격렬한 투쟁을 통하여, 정치와 문학과 밀접한 연계를 가진 의견 표명이라는 프랑스 저널리즘의 특징을 뚜렷하게 보여주었다. 드레퓌스 사건을 촉발로 일어난 드레퓌스파(Dreyfusard)와 반드레퓌스파(anti-Dreyfusard)의 싸움은 비단 드레퓌스의 무죄와 유죄를 주장하는 양 진영의 대결 뿐 아니라, 공화파와 왕당파, 인권주의와 반유대주의, 프로테스탄트와 가톨릭의 가치들이 충돌하는 정치적 대결장이 되었다. 또한 논쟁에 참여한 주요한 저널리스트들은 저명한 문필가였는데, 반드레퓌스파에서는 모리스 바레스(Maurice Barrès)와 샤를 모라스(Charles Maurras)가 문필가이자 정치인이었고, 드레퓌스파에서는 "나는 고발한다"라는 도발적 서한식 기사로 사건의 전환점을 만들었던 에밀 졸라

2) 같은 책, 146.

(Émile Zola) 뿐 아니라, 그의 기사에 동조한 지식인들의 선언운동에 참여한 이들도 아나톨 프랑스(Anatole France)와 마르셀 프루스트(Marcel Proust), 베르나르 라자르(Bernard Lazare)를 비롯한 문학인들이 주축을 이루었다.

그러나 무엇보다 드레퓌스 사건을 특징짓는 것은 애국주의와 반유대주의를 등에 입은 다수의 권력에 맞서 한 유대인의 결백을 증명해내었다는 진실의 쟁취에 있다. 민족주의와 유대인 혐오증은 드레퓌스가 유대인이기 때문에 유죄가 틀림없다는 논리를 만들어내었고, 그의 유죄를 입증하기 위해 문서를 위조한 앙리소령(Hubert-Joseph Henry)의 위조죄가 밝혀진 이후에도 드레퓌스에 대한 공격은 멈추지 않았다. 더구나 국가를 위하여 위조를 했다고 진술한 앙리가 자살한 이후에는 그를 기리는 기사들이 줄을 이었다. 그러한 광적인 반드레퓌스파에 대항하여 드레퓌스의 결백을 주장하는 것은 반드레퓌스와 드레퓌스의 대결이 단지 의견의 차이라기보다 진실의 은폐에 대한 저항이라는 것에 의미가 있다. 다시 말해, 프랑스 저널리즘의 특징이 정치적 입장을 선전하는 의견의 표명인 반면, 그 특징이 가장 뚜렷하게 드러난 드레퓌스 사건의 핵심에는 진실의 문제가 있는 것이다.

그런데 의견과 진실은 사실상 양립하는 것이 아니다. 의견은 자신의 입장이 진실을 가지고 있다고 주장하기 때문이다. 대립하는 입장은 각자 자신의 입장이 진실하다고 주장하기 때문에 진실의 남용이 일어난다. 진실의 남용은 진실이 권력의 게임이 되는 결과를 낳는다. 서로 대립하는 의견들 가운데 목소리가 큰 편의 의견이 진실의 거취를 결정짓는 것이다. 그렇다면 의견 표명은 진실의 표명이라고 할 수 없다는 결론에 이른다. 진실보다는 진실 공방의 효과가 더 중요한 것이기 때문이다.[3] 따라서 드레퓌스 사건은 반드레퓌스파와 드레퓌스파, 가톨릭과 프로테스탄트, 왕당파와 공화파, 반유대주의와 인권주의라는 대립적인 입장의 격렬한 정치적 선전투쟁으로 보기보다, 막강한 군대 권력에 의해 은폐된 유대인의 결백을 밝혀내려는 진실투쟁으로 볼 때, 이 사건이 갖는 역사적 힘이 드러난다. 그 역사적 힘은 진실을 은폐하는 다수에 맞서 신념있는 소수가 진실을 쟁취하였다는 것, 다수의 권력에 굴복하지 않았다는 것, 그리하여 진실에 대한 신념의 불씨를 살려놓았다는 것이다.

오늘날 진실은 날이 갈수록 설 자리를 잃고 있다. 절대적인 진리에 대한 회의를 특징으로 하는 포스트모던 사회에서 대립적인 입장들은 이해관계를 대변하는 의견으로 진실 공방을 벌이고 있으며, 진실을 찾는 노력은 잃어버린 기원에 대한 노스탤지어라고 간주된다. 드레퓌스 사건을 진실의 쟁취로 보려는 본 논문의 노력은 진실을 찾을 수 있거나 발견할 수 있는 사물로 보는 것이 아니라 진실을 쟁취하는 행위 자체를 진실로 보고자 하는 관점을 표방한다. 시간이 지난 후에 모든 진실이 다 밝혀진 후, 그것이 진실이었다라고 말하는 것은 차라리 쉬운 일이다. 중요한 것은 불확실하고 혼미한 상황에서 진실에 충실하려고 하는 행위인 것이다. 그런 의미에서 본 논문은 드레퓌스 사건을 알랭 바디우(Alain Badiou)의 사건의 개념, 즉 실존의 상황을 변화시키는 진실 구성의 사건이라는 개념과 접목시키려고 한다. 그렇게 함으로써 드레퓌스의 사건(affair)은 사건(event)으로 거듭나게 될 것이다.

---

3) 진실과의 관계에 있어서 뉴스보도 중심의 영미 저널리즘도 더 가깝다고는 할 수 없다. 객관성과 중립성을 지키기 위해 영미 저널리즘의 뉴스보도는 어떤 사람은 이렇게 말했고, 또 어떤 사람은 저렇게 말했다는 식으로 발전하였다. 이러한 보도 양식에도 진실은 설 자리가 없다.

2. 드레퓌스 사건의 개요

드레퓌스 사건에 대한 전체적인 그림을 보면[4], 1894년 프랑스 군은 당시 개발하고 있던 75밀리 대포를 숨기기 위해, 에스테라지(Ferdinand Walsin Esterhazy)를 첩자로 고용하여 독일측에 120밀리 대포에 대한 정보를 흘렸고, 이 정보에 대한 신빙성을 높이기 위해, 에스테라지가 작성한 명세서라 불리는 문건을 독일대사관 휴지통에서 훔친 것처럼 하여 프랑스 참모본부에 전달되게끔 한다. 그러자 참모본부는 명세서의 필체와 비슷한 반역자를 찾아 나섰는데, 포병대 장교인 알프레드 드레퓌스(Alfred Dreyfus)가 이상적인 용의자로 떠올랐다. 그는 유대인이었고, 그의 부친과 형제 중 한 명은 알자스 지방의 독일 병합으로 독일 국민이 되었던 것이다. 그가 즉각적인 용의자로 지목된 것은 군에 만연해 있던 반유대주의와도 무관하지 않았다. 이 일을 꾸민 정보부장인 상데르 대령(Jean Conrad Sandherr)은 "유대인은 애국심도, 명예심도, 자부심도 없는 종족이다. 수세기 전부터 하는 짓이라고는 배신밖에 없다. 그리스도를 팔아넘긴 걸 생각해보라"고 공공연히 말했던 반유대주의자였다. 1894년 10월 15일 드레퓌스는 체포되어 반역죄로 기소되었으며, 12월 19일 군사법정재판이 개시되어 12월 22일 군사법정은 드레퓌스의 유죄를 만장일치로, "피고를 종신유배형과 공개적인 군적 박탈형에 처한다"고 선고한다. 12월 31일 재심청구는 기각되었으며 1895년 1월 15일 군사학

---

4) Armand Israël, *Les Vérité Cachées de l'Affaire Dreyfus* (Paris: Albin Michel, 2000), 『다시 읽는 드레퓌스 사건』, 이은진 옮김, (서울, 자인, 2002) 참조.

교에서 드레퓌스는 공개적으로 모욕을 받으며 군적을 박탈당한다. 그리고 여러 교도소를 거친 후 마침내 1895년 4월 13일 남아메리카의 북동부에 위치한 악마 섬(Devil's Island)으로 유배당한다.

상데르의 후임으로 정보부장이 된 피카르 소령(Major Georges Picquart)은 처음에는 드레퓌스의 유죄를 의심하지 않았지만 1896년 3월 독일대사관에서 발견된 또 다른 속달 메모의 작성자가 에스테라지임을 확인하고는 이 메모와 예의 명세서의 필체를 비교한 결과 에스테라지가 명세서의 작성자임을 알게 된다. 그는 수차례 이 사실을 수뇌부에 알렸지만 묵살당하자 이를 상원 부의장인 쉐레르 케스트네르(Scheurer-Kestner) 의원에게 알렸고, 에스테라지는 기소되었다. 그러나 군 수뇌부는 에스테라지를 비호했고 마침내 1898년 1월 10일에 열린 군사법정은 에스테라지에게 무죄를 선고했으며, 오히려 피카르를 60일간 구류처분을 하여 감옥에 수감하였다.

에밀 졸라의 유명한 "나는 고발한다"(J'accuse)는 이 시점에 나왔다. 1898년 1월 13일 『로로르』(*L'Aurore*)지 1면에 실린 "펠릭스 포르 대통령에게 보내는 공개서한"에서 졸라는 군 수뇌부와, 필적감정가들과, 국방부와, 1894년 드레퓌스에게 유죄선고한 군사법정과, 1898년 에스테라지를 무죄방면한 군사법정을 고발하였다. 그리고 명예훼손죄로 기소된 졸라의 소송은 1898년 2월 7일에서 23일까지 공개적으로 열리면서 국민과 언론의 엄청난 관심을 불러일으켰고 백 명이상의 증인이 심문을 거쳤지만, 판결은 군대비방죄로 졸라에게 실형 1년에 벌금 3천 프랑을 부과하였다. 이어 졸라는 영국으로 피신하여 1년 남짓 망명생활을 하게 된다.

1898년 8월 31일 앙리 중령이 자살하였다. 그는 애당초 상데르와 함께 드레퓌스 사건을 조작한 인물이었고 에스테라지가 명세서의 작성자로 밝혀진 후에는 드레퓌스의 유죄를 입증하기 위해 또 다른 문서를 위조한 인물이었다. 그런데 그 문서가 허위임이 밝혀진 것이다. 앙리는 심문을 받는 자리에서 자신이 "조국을 위해서 그 일을 했다"고 자백하였다. 그리고 그 다음날 교도소에서 앙리는 의문의 자살을 한다.[5] 앙리의 위조문서가 폭로되고 그것을 작성한 앙리가 죽자, 드레퓌스 소송 재심이 불가피하게 되었다. 그리하여 마침내 1899년 8월 7일, 프랑스의 북서부 도시 렌(Rennes)에서 군사법정 재심이 시작되었다. 그러나 1899년 9월 9일 군사법정의 판결은 드레퓌스의 유죄를 인정하는 것이었으며 다만 형량은 정상참작으로 실형10년으로 경감되었다. 드레퓌스는 이 판결에 불복하여 대법원에 상소를 할 수도 있었지만 이를 포기하는 대가로 9월 19일 대통령령으로 잔여형량을 면제받는 특사를 얻었다.[6] 그리고 그 당시 발덱 루소(Pierre Waldeck-Rousseau) 총리는 드레퓌스 사건을 종결지으려는 확고한 의지를 가지고, 이 사건과 관련된 모든 범죄 및 위법 사실들을 사면하는 일반사면을 제안하였다. 이러한 결말로 드레퓌스 옹호자들은 실망과 내분을 겪는다. 1902년 9월 29일 졸라가 의문의 죽음으로 세상을 하직한 후[7], 1903년 11월 드레퓌스는 렌 군사법정 판

---

5) 이스라엘은 앙리만 제거하면 참모본부, 정보부, 그리고 에스테라지 사이에 성립된 범죄적 관계를 확실하게 지울 수 있기 때문에 자살이 아닌 암살이라고 주장한다. 그에 따르면 드레퓌스 사건 동안 앙리의 자살을 포함하여 4건의 의문사가 있었다고 한다.

6) 이스라엘은 정부와 드레퓌스 가 사이에 은밀한 거래가 있었다고 주장한다. 군대는 어떤 경우에도 유죄를 인정할 수 없는 것이 국가의 명예가 걸려있는 문제이고, 또 무죄인 드레퓌스가 감옥에서 썩을 수도 없으므로, 이 두 가지 난제를 해결하는 방법은 드레퓌스가 특사를 조건으로 자신의 유죄를 인정하여 군대의 명예를 살리는 일이라고 설득하는 것이었다.

7) 졸라는 자택에서 잠자던 도중 일산화탄소 중독으로 사망했는데, 침실 벽난로의 환기구가 막혀있었다고 한다. 졸라의 죽음에 대한 음모설이 나오는 이유이다.

결 재심을 요청하는 신청서를 제출하였다. 그리고 1906년 7월 12일 대법원은 렌 군사법정의 판결을 무효화하고 드레퓌스에게 무죄를 선언하였다. 마침내 1906년 7월 21일 레지옹 도뇌르 훈장을 받으면서 드레퓌스의 명예는 회복되었다.

드레퓌스 사건은 19세기 말, 혁명 백 주년을 맞이하는 프랑스가 앞으로 어떠한 행보를 걸을지 판가름하는, 국가의 정체성의 향방이 달린 중대한 사건이었다. 그 당시 프랑스는 1870년 프로이센과의 전쟁에서 진 후 나폴레옹 3세의 제2제정이 몰락하고 제3공화정의 시대가 열린 지 이십여 년이 지난 후여서, 여전히 구시대적 제국과 근대적인 공화국 사이의 긴장이 팽팽하던 시대였다. 한 쪽에는 왕당파와 성직자, 군대의 기득권이 프랑스 국가를 받치는 버팀목의 역할을 하고 있었고, 다른 한 쪽에는 '자유, 평등, 박애'의 공화주의의 이념을 지지하는 공화파 사람들이 있었다. 그리고 이러한 이분법은 드레퓌스 사건을 접했을 때, 그대로 반드레퓌스파와 드레퓌스파로 나뉘게 된다. 반드레퓌스파는 전통, 민족, 종교를 내세우며 국가 정체성 확립을 저해하는 외국인에 대한 혐오증과 반유대주의와 같은 인종주의를 갖고 있었고, 반면 드레퓌스파는 구체제에 반대하며 인종주의가 갖는 해악을 경계하였다. 이들이 단합한 연맹 이름도 반드레퓌스파는 '프랑스 조국연맹'(Ligue de la patrie française)인 반면 드레퓌스파는 '인권연맹'(Ligue des droits des hommes)이었다. 이러한 대립적인 상황은 첨예한 적대관계를 형성했고, 이 둘 사이에 공통분모는 없었다. 대립적인 의견이 공통분모를 상실할 때 사건은 일어난다. 그 공통분모의 상실은 드레퓌스를 옹호할 것인가 공격할 것인가라는 어느 하나만을 선택할 수밖에 없을 때, 진실의 쟁취라는 이름으로 나타난다.

3. 의견과 사건

알랭 바디우에 따르면 공통분모를 가진 의견들은 결코 새로운 문제를 만들지 못한다. 바디우는 그 예로 의회주의를 들면서 다음과 같이 말한다.

> 분명하게 여당과 야당 사이에는 공통된 척도가 있다. 이는 관계가 아닌 관계, 즉 역설적인 관계를 가지지 않는다는 것을 의미하는 것이다. 당연히 차이점들은 있겠지만, 이 차이들이 역설적 관계에 이르지는 못한다. 반대로 이 차이들은 정상적이며 법이 지배하는 관계를 구성한다. 이것은 쉽게 알 수 있다. 조만간 야당이 여당을 대체할 것이기 때문에 (이를 '민주적 교체'라고 한다) 이 둘 사이에 공통된 척도가 있어야 할 필요가 있다. 공통된 척도가 없다면 하나를 다른 하나와 바꿀 수 없다. 그래서 항들은 공통분모가 있고, 공통분모가 있는 한 근본적인 예외의 상황은 없다. 게다가 진정 근본적인 선택을 할 수도 없다. 결정은 알다시피 뉘앙스 사이의, 작은 차이들 사이의 결정일 테니까. … 선거는 균열을 만들지 않는다. 그것은 규칙이고, 규칙을 실현한다. 결국 진정한 사건의 가설도 없고, 예외의 느낌도 없다. 그 대신 제도와 제도들의 정상적인 기능의 느낌만이 있다. 그러나 분명히 제도와 예외 사이에는 근원적인 긴장이 있다. 그래서 철학자에게 선거의 문제는 보통 의견의 문제인데, 이는 공통분모 없음, 근본적 선택, 거리, 예외, 이런 것과는 관계가 없다는 말이다. 의견이라는 현상은 새로운 문제 창조의 징표를 만들지 않는다.[8)]

의견은 새로운 문제를, 즉 사건을 만들지 않는다. 상반된 의견은 대립하는 것처럼 보여도 각기 참조하는 공통분모가 있다. 그 공통분모가 있음으로써 상반된 의견은 서로 교체될 수 있다. 여당이 야당으로, 야당이 여당으로 교체 가능한 것은 두 당이 다른 목소리로 대립하여도 공통분모—예컨대 국가라든지, 민생이라든지, 권력욕이라든지—를 갖고 있기에 그들의 대립은 실존의 상황을 변화시키지 않는다. 다원주의도 마찬가지이다. 다원주의가 입장들의 차이, 해석의 차이, 의견의 차이를 의미할 때는 근본적인 문제가 일어나지 않는다. 다원주의는 차이들의 존중을 공통분모로 갖고 있기 때문에 의견의 차이에 의해 균열이 일어나지는 않는다.

새로운 문제는 간극이, 균열이 생길 때 발생한다. 마치 두 개의 판이 부딪쳐서 균열이 일어나는 것처럼, 표면적으로는 차이들이 존재하지만 공통분모를 공유하면서 정상적으로 기능하던 판들이 공유할 수 없는 문제에 봉착할 때, 이것인지 저것인지 결정을 내려야 할 때 발생한다. 다시 말해 정상적인 기능에 대한 예외상황이 발생할 때 새로운 문제가 창조된다. 바디우는 새로운 문제 창조를 철학의 임무로 보고 철학이 실존의 상황을 변화시키기 위해서는 결정, 거리, 사건의 세 가지 요소를 갖추어야 한다고 말한다.

> 가장 심오한 철학적 개념은 우리에게 다음과 같은 것을 말한다. '당신의 삶이 의미를 갖기를 원한다면 사건을 수용해야 하고, 권력과 거리를 두어야 하고, 자신의 결정에 확고해야 한다.' 이것은 철학이

8) Alain Badiou and Slavoj Žižek, *Philosophy in the Present*, trans. Peter Thomas and Alberto Toscano (Malden: Polity, 2009), 17-19.

여러 가지 모습으로 언제나 우리에게 이야기하는 것이다. 사건이란 의미에서 예외가 될 것, 권력과 거리를 둘 것, 그리고 아무리 어렵고 멀지라도 결정의 결과를 수용할 것.[9]

의견들의 차이만으로는 결코 새로운 문제, 상황의 변화를 일으키지 못하며, 사건이란 예외와 권력과의 거리와 결정에 충실해야 실존의 상황을 변화시킬 수 있다는 바디우의 말의 뚜렷한 예가 되는 것이 드레퓌스 사건이다. 앞서 언급한 임종권의 지적처럼 19세기 프랑스 저널리즘은 문필가가 자신의 문학적 경력을 위하여 거치는 과정이라는 특징을 갖고 있었다. "프랑스에서 저널리즘은 작가로서 데뷔하고 또 성공에 이르는 통로의 역할을 했"[10]고, 신문의 기고자들은 "문학과 정치계로 진출하기 위한 경력을 쌓기"[11] 위해 비전문적 저널리스트로 활동했다. 임종권은 드레퓌스 사건이 프랑스 저널리즘에 미친 영향으로서, "프랑스의 옛 방식의 저널리즘이 비로소 오늘날의 현대 저널리즘으로 새롭게 태동"하게 한 분수령이고, 그 양상은 저널리스트들이 "저마다 각자의 자율적인 저널리즘 정신에 따라 두 진영에서 서로 투쟁을 벌였"으며, 그 결과 "신문사의 처절한 생존위험을 경험하게 된 프랑스 저널리스트들은 정치와 돈으로부터 완전한 독립된 저널리즘이 절대적으로 필요하다는 것을 인식하게"[12] 되었다고 말한다. 즉, 드레퓌스 사건이 일으킨 격렬한 저널들 사이의 싸움에서 드레퓌스파와 반드레퓌스파에 가담한 신문사들이 문학과 정치의 막대한 영향력 하에서 이념 전쟁을 일으킨

9) 같은 책, 13.
10) 임종권, "영미 저널리즘과 비교해 본 프랑스 현대 저널리즘," 148.
11) 임종권, "현대 프랑스 저널리즘의 기원과 특징," 『프랑스사 연구』 19(2008), 154.
12) 같은 책, 156.

결과 생존위험을 감내해야하는 위기를 겪게 되었고, 그 교훈으로 이후 중립적이고 객관적인 사실 보도를 위한 발판을 마련했다는 것이다. 그러나 이러한 임종권의 평가는 양 진영의 저널리즘 투쟁을 정치와 문학의 영향력에서 벗어나지 못한 이념적 투쟁으로 봄으로써, 드레퓌스 사건이 가진 진실의 쟁취라는 사건적 의미를 간과하였다고 할 수 있다. 앞서 바디우의 글에서 보았듯이 의견들의 차이만으로는 결코 새로운 상황을 만들 수 없다. 드레퓌스 사건의 논객들이 수사학적 글솜씨로 정치적 이념을 선전하는 것만으로는 사건이 일어나지 않는다. 양 진영이 대립하는 것으로는 균열이 일어나지 않는다. 사건은, 균열은 진실의 쟁취와 함께 진실의 결정에 충실함에 있다. 드레퓌스 사건의 경우 드레퓌스가 무죄냐 유죄냐의 명백한 갈림길에서 진실의 소재는 분명하게 드러났다. 그러나 그럼에도 불구하고 반드레퓌스파의 위력은 사그라들지 않았으며 애국주의라는 명목으로 드레퓌스 사건의 재심청구를 반대하고 나섰다. 이는 진실의 소재가 문제가 아니라 이념적 투쟁이 먼저라는 것을 의미한다. 이념 투쟁은 진실의 소재에 신경쓰지 않는다. 이념 투쟁은 진실의 문제를 입장들의 차이로 환원하려고 애쓴다. 드레퓌스 사건의 의미는 드레퓌스가 무죄라는 진실의 소재라기보다 진실을 쟁취하는 결정과 그 결정에의 충실함에 있다. 이것이 드레퓌스 사건이 사건으로 성립되는 요건인 것이다.

4. 바디우의 사건 개념

바디우가 말하는 사건은 진실 과정(truth process)의 계기를 이루는

항이다.[13] 바디우는 진실을 "무엇보다 새로운" 것으로 정의한다. 진실의 대척점에는, 반복하고 전달가능한 지식이 있다. 모든 진실이 새롭다는 것은 진실이 판단이나 명제로서가 아니라 실재 속의 과정으로서 중요하다는 말이고, 따라서 철학자가 사유해야 할 과제는 진실의 생성에 대해서이다. 진실이 시작되는 과정을 위해서는 무엇인가가 일어나야 한다. 지식은 우리에게 반복만을 주기 때문에 기존에 있는 것들에만 관계하고, 따라서 진실의 새로움을 보증하지 못한다. 진실이 새로움을 확인하기 위해서는 지식이 아닌 다른 어떤 보충물이 필요하다. 그 보충물은 전적으로 우연적인 것으로서 예측할 수 없고 계산할 수 없으며, 기존에 있는 것을 넘어서는데, 이를 바디우는 사건이라고 부른다. 진실이 새로움 속에서 나타나는 것은 바로 사건이 반복을 중단하기 때문이다. 사건은 기존의 지식으로 언제 어떻게 일어날지 계측할 수 없는 것이므로 상황에 속하지 않는다. 다시 말해 사건은 그 자체 결정할 수 없는 것이므로, 이런 저런 상황에서 사건이 일어난다는 그런 진단은 할 수 없다. 사건은 상황논리가 아니라 진실공리에 의해 생산된다. 그 공리는 주체의 결정을 필요로 한다. 결정할 수 없는 사건은 주체에서 결정된다. 주체는 '사건이 일어났다. 이를 계산할 수도, 입증할 수도 없지만, 충실할 수는 있다'라는 내기 형식의 문장에 의해 구성된다. 그 다음 이어지는 것은 주체의 충실성에 의해, 이 공리의 결과들의 상황에서 부단히 계속되는 진실 확인의 무한한 과정이다. 주체는 공리를 확인하는 과정에서 주사위 던지기와 같은 선택을 하는데, 그것은 식별할 수 없는 것 속에서 우

13) 바디우가 2002년 8월 European Graduate School에서 한 공개강의 "On the Truth-Process"를 참조했음. http://www.egs.edu/faculty/alain-badiou/articles/on-the-truth-process.

연을 제거하지 않고 완성시키는 순수한 선택에 의해서이다. 따라서 진실 과정은 다음과 같이 말할 수 있다. 결정할 수 없는 사건이 있고, 식별할 수 없는 것에 직면한—즉, 순수한 선택을 하는 유한한 주체가 있으며, 주체에 의한 진실확인 작업이 계속되는데, 상황 속에서 하는 끊임없는 선택들이 조금씩 상황의 부분집합의 윤곽을 만든다. 이때 그 부분집합은 결코 하나로 통합될 수 없는 무한한 부분집합, 즉 포괄적인 (generic) 부분집합이다.

예를 들어 설명하면, 소포클레스의 세계는 그리스 비극이라는 예술적 진실의 주체인데, 이 진실은 아이스킬로스의 사건으로 시작한다. 이 업적은 그 전에는 식별할 수 없다는 의미에서 순수한 선택이며 창조이다. 이 업적은 유한할지라도 비극 그 자체는 무한으로 계속되는 예술적 진실이다. 소포클레스의 업적은 이 무한한 진실의 유한한 주체인 것이다. 마찬가지로, 갈릴레오에 의해 결정된 과학적 진실은 무한으로 추구된다. 지금까지 성공적으로 발명된 물리법칙들은 이 무한한 진실의 유한한 주체들이다. 그런데 갈릴레오 이후 발견된 것들은 물리학이라고 이름붙일 만한 폐쇄적이고 통일된 지식의 부분집합이 아니라, 법칙들과 실험들의 무한하고 열려있는 집합을 이룬다. 물리학 법칙이라는 법칙은 없다. 물리적인 것의 진실의 존재는 무한하고 구별되지 않는 지식의 포괄적인 부분집합인 것이다. 같은 식으로 1792년 프랑스에서 있었던 혁명 이후에 모든 종류의 혁명적 정치학이 있었지만, 이들 혁명적 정치학을 통합할 수 있는 고유한 정치적 공식은 없다. '혁명적 정치학'이라고 불리는 집합은 정치적 이해의 포괄적 진실이다.

다시 말하면, 그리스 비극을 완성했다고 평가받는 소포클레스는 아이스킬로스에 영향을 받아 자신의 비극의 세계를 구축했으며 이는 그리스 비극이라는 포괄적 집합의 유한한 주체를 이룬다. 또 갈릴레오가 이룬 발견들은 물리학이라는 무한한 진실의 유한한 주체를 이루며, 그 이후의 물리학은 물리학이라는 서술적 정의로서는 통합할 수 없는 무한히 열려있는 포괄적인 집합을 이룬다. 또한 프랑스혁명 이후의 모든 혁명적 정치학은, 상황 속에서 언제든지 불러낼 수 있는 고유한 서술적 정의를 가진 정치학이 아니라, 프랑스혁명에 충실함을 실천하는—즉 프랑스혁명의 이념으로 세상을 보는—과정에서 생기는 모든 혁명적 정치학을 포괄한다. 여기서 바디우가 강조하는 또 하나의 요소는 주체가 사건에 충실하여 진실확인 작업을 계속할 때 그의 행위는 진실의 가정된 총체성에 의해 방향지워진다는 것이다. 진실은 완성될 수 없는 것이기에 진실의 총체성은 없다. 그러나 주체가 행위할 때는 주체가 그 국지적 지점을 이루는 진실이 포괄적인 총체성을 이루었다고 가정할 수 있다. 주체는 진실의 포괄적인 존재의 전체성을 기대하는 것이다. 완성된 진실이라는 것은 가설이고 허구이지만, 또한 강력한 허구이다. 이런 허구에서 시작하여 만약 내가 진실의 주체라면 나는 어느 정도의 지식은 입증하지 않고도 강력하게 밀어붙일 수 있다. 그래서 갈릴레오는 모든 자연이 수학적 언어로 쓰일 수 있다고 가정했던 것이며, 이 기대에서 그는 아리스토텔레스의 이론을 고수하는 경쟁자들을 물리칠 수 있었던 것이다. 또 하나의 예로서 '나는 너를 언제나 사랑할 것이다'는 말은 '나는 너를 사랑한다'는 유한한 선언과는 달리 진실의 힘을 보여주는 것이며, 완전한 진실의 무한한 기대 속에 새로운 상황을 만든다. 그 기대가 주체가 차지하는 진실의 국지적 점을 넘어서는 보편성을 보여준다. 따라서 진실에 대해서 다음과 같이 말할 수 있다. 진실은 절대적으로 특이한 것으로서, 그것은 특이한(singular) 사건으로 시작하지만 또한 보편적인(universal) 것의 기대라고. 달리 말하면 주체가 행위하는 것은 주체의 유한성으로 인해 국지적인 것이지만, 그 행위는 진실의 보편성과 맞닿아 있고, 그리하여 진실은 보편적이면서 주체의 특이성에 의해 실현되는 보편적 특이성을 띤다고 하겠다.

5. 드레퓌스 사건의 재구성

드레퓌스 사건을 바디우의 사건 개념으로 재구성함으로써 드레퓌스 사건은 방향성과 생생한 현실감을 얻게 된다. 우선 사건과 지식을 구분할 필요가 있는데, 그렇게 함으로써 드레퓌스 사건은 팽팽한 의견들의 충돌이 아닌, 다수 집단 권력에 대한 소수 집단의 투쟁으로 재구성된다. 저널을 의견표명의 장으로 간주하고 드레퓌스 사건을 애국주의/반유대주의 대 인권주의의 반드레퓌스파와 드레퓌스파의 싸움으로 규정한다면, 그러한 규정이 놓치는 것은 양 진영의 힘의 편차와 드레퓌스 사건이 기존의 다수권력에 대한 균열이라는 점이다. 사실 반드레퓌스파와 드레퓌스파의 저널의 힘은 확실히 전자가 우위를 점하고 있었다. 졸라의 '나는 고발한다'가 발표된 이후 1898년 2월 55개 일간지 가운데 48개가 반드레퓌스파, 3개가 재심요구파, 4개가 드레퓌스파였다. 발행부수에 있어서도 불균형은 심했는데, 반드레퓌스파 신문이 96%를 차지한 반면 재심주의와 드레퓌스파는 각각 2%만을 차지할 뿐이었다.[14] 이러한 힘의 불균형은 드레퓌스파의 투쟁이 기존권력에 맞선 진실투쟁이라는 것을 의미한다. 바디우에 따르면 진실은 새로운 것이다. 기존의 지식과

---

14) 임종권, "현대 프랑스 저널리즘의 기원과 특징," 149.

권력은 결코 새로운 것을 창조하지 못한다. 민족주의와 반유대주의는 그 당시 팽배한 정서였다. 프랑스 군부를 프랑스와 동일시하고 그 군부에 대한 저항을 국가에 대한 모독이라고 생각하는 정서는, 드레퓌스 소송을 재심하는 것은 곧 프랑스의 종말이 된다[15]는 선언까지 이어졌다. 반유대주의 또한 그 당시 팽배한 감정이었는데, 종교적 기원을 갖고 있는 가톨릭의 정서와 노동자들의 외국인혐오증 등이 결합된 반유대주의는 유대인의 비밀조직이 드레퓌스파를 후원하고 있다는 소문을 유포시켰다. 드레퓌스 장교가 반역죄로 체포되었을 때 누구보다 먼저 이를 반유대주의 정서로 여론화시킨 드뤼몽(Edouard Drumont)의 『라 리브르 파롤』(*La Libre Parole*) 뿐 아니라 가톨릭 기관지인 『라 크와』(*La Croix*)를 비롯하여 『렝트랑지장』*(L'Intransigeant)*, 『르 마탱』*(Le Matin)*, 『레코드 파리』*(L'Écho de Paris)*와 같은 신문들이 유대인이 선천적으로 배반정신을 가지고 있다며 드레퓌스에게 간첩혐의를 전가하고 유죄를 확정한 군사재판을 옹호하며 재심요구를 국가에 대한 반역으로 몰아가고 있었다. 그 가운데 1897년 11월 25일 『르 피가로』*(Le Figaro)*지에 발표한 "진실은 행진중이다. 아무도 이를 멈추게 하지 못할 것이다"는 졸라의 기고문은 기존 권력에 대한 저항이며, 반유대주의와 민족주의의 타오르는 불길의 기세를 잠시나마 멈추게 한 것이었다. 이어 발표된 "나는 고발한다"는 기존의 상황에 균열을 일으키는 기폭제의 역할을 하였다.

두 번째로 부각될 점은 사건에 대한 주체의 충실성이다. 바디우에 따르면 사건은 "상황, 의견들, 제도화된 지식과는 다른 '무엇인가'를 지나가게 하는 것이며, 나타나자마자 사라져버리는 위험하고도 예측하기

---

15) 1898년 5월 1일자 Henri Rochefort에 의한 *l'Intransigeant* 기고 기사.

힘든 보충물이다."[16] 사건은 지나간 것으로만 인지되는 것이며 그것이 사건인 것은 주체가 사건에 충실하겠다는 결정에 의해서이다. 사건은 기존의 지식과 관련하여 결정할 수도 분류할 수도 없는 것이기에 기존의 지식으로 위치가 결정되는 순간 이미 사라져버린다. 그렇기 때문에 사건을 확인할 수 있는 것은 주체에게 달려있다. 주체의 내기, 즉 새로운 사건이 일어났다는 것에 내기를 거는 주체의 결정에 있다. 이는 역으로 말하면 주체가 기존의 지식으로 사건을 규정하려고 하면 사건은 무효가 된다는 것이다. "정치적 혁명인가 아니면 단지 축적된 무질서와 범죄인가? 연인의 만남이었나 아니면 단지 성적인 욕망이었나?"[17] 라는 질문은 사건을 감지할 때 주체가 스스로의 확인을 위해 던지는 질문이다. 이때 주체가 전자를 택한다면, 그래서 전자에 충실할 것을 결정한다면 그것은 상황을 바꾸는 사건이 될 것이고, 후자를 택한다면 아무 일도 일어나지 않았고 새로움의 환상만을 가진 채 그는 다시 기존의 위치로 돌아갈 것이다. 드레퓌스 사건에서 졸라가 보여준 행동은 사건에 충실한 주체의 모습이었다. 드레퓌스가 무죄라는 증거가 나왔을 때 그 증거를 믿고 그 증거에 내기를 건 것이 주체의 요건이다, 졸라는 뒤에서 도덕적 후원을 보내는 것으로 만족할 수도 있었지만 그렇게 하지 않고 그 대신 직접 나서 여론화하기 위해 명예훼손 고발을 당할 각오로 도발적인 기사-'나는 고발한다'-를 1898년 1월 13일 『로로르』지에 실었다. 그는 이 기고문에서 저지르지도 않은 범죄로 드레퓌스에게 종신형을 선고한 군사법정을 비난하고, 진짜 범인인 에스테라지를 무죄방면한 재판부를 비난하였으며, 군수뇌부의 뿌리깊은 은폐와 그 은폐에 가

16) Alain Badiou, *Ethics*, (New York: Verso, 2002), 67.
17) Quentin Meillassoux, "History and Event in Alain Badiou", *Parrhesia 12(2011)*, 3.

담한 고위직 간부들을 고발했다. 그는 즉시 명예훼손죄로 기소되었고, 레지옹 도뇌르 훈장을 박탈당하고 실형을 선고받았다. 그는 영국으로 피신하여 힘든 생활을 일 여년 보낸 끝에 드레피스 재심 때 귀국할 수 있었다. 졸라는 1902년 9월 29일 62세의 일기로 일산화탄소중독으로 세상을 떠난다. 그의 죽음은 갑작스런 것이기에 난로의 굴뚝을 누군가 고의로 막았다는 의혹이 제기되었다. 프랑스 전역이 졸라의 죽음에 애도를 표했지만 반드레퓌스파는 그의 죽음을 기뻐했다. 앙리 로슈포르(Henri Rochefort)는 『렝트랑지장』지에 드레퓌스가 사실상 유죄라는 것을 발견한 졸라가 자살을 했다고 떠들어대었다. 졸라의 예에서 보듯 사건이 요구하는 주체의 충실성은 그 모든 결과를, 그것이 주체의 죽음일지라도 모두 포함한다. 주체의 죽음은 결과론적으로가 아니라 이미 사건 속에 함축된 것으로 간주된다.

드레퓌스 소송을 사건의 틀로 봄으로써 얻을 수 있는 또 하나의 이점은 반드레퓌스파와 드레퓌스파의 논쟁을 분리주의와 보편주의의 대결로 봄으로써 윤리적 가치를 부여할 수 있다는 점이다. 반드레퓌스파가 주장한 민족주의, 애국주의, 반유대주의는 프랑스 국민의 집단에 들지 않은 인종들—유대인과 외국인들—을 폐쇄적으로 분리하여 배척하였다. 반면 정의와 인권이라는 프랑스혁명의 이념을 실천하려 했던 드레퓌스파는 사람들의 개별적 집단을 뛰어넘는 인간의 보편적 가치를 주장한다. 바디우에 따르면 보편주의는 차이를 뛰어넘으며 차이에 개의치 않는다. 바디우가 보편주의의 가치를 추구했던 인물로 꼽는 사도바울은 "유대 사람도 그리스 사람도 없으며, 종도 자유인도 없으며, 남자와 여자가 없습니다"(『갈라디아서』, 3장28절)고 말하면서[18] 차이들을

18) 알랭 바디우, 현성환 역, 『사도바울』(서울, 새물결출판사, 2008), 24.

뛰어넘는 신 앞의 보편성을 선언했다. 차이에 개의치 않는다는 것은 차이를 억압하거나 삭제한다는 말이 아니다. 차라리 억압은 차이를 강조하면서 하나의 집단이 다른 집단이 들어오지 못하게 문을 걸어 잠그고 분리를 만들 때 일어난다. "분리가 닫힌 것일 때, 폐쇄된 분리일 때(예컨대 폐쇄된 교회처럼) 당신이 완전히 적으로부터 스스로를 분리하고, 낡은 것에서 새로운 것을 분리할 때, 이것은 보편주의 같은 것이 아니다. 이는 새로운 특수성, 새로운 폐쇄집단을 만드는 것이며, 정확히 말하여 반유대주의로 이끄는 것이다"19)라고 바디우는 한 인터뷰에서 말한다. 바디우는 내부로 향한 분리와 외부로 향한 분리를 구분한다. 내부로 향한 분리는, 예컨대 바울이 말하는 새로운 삶은 자신의 낡은 삶과의 분리에서 시작한다. 그것은 보편주의와 모순되지 않는다. 그러나 외부로 향한 분리는, 자신과 적을 소통할 수 없게 폐쇄적으로 분리하는 것은 반유대주의 같은 배척과 증오를 낳는다.

반드레퓌스파가 표방했던 민족주의와 애국주의, 그리고 반유대주의는 그 당시 프랑스에 만연했던 뿌리깊은 사회불안의 공포로부터 나왔다. 1789년 프랑스혁명 이후로 공화정과 제정을 넘나들며 수시로 바뀌었던 정부체제의 변동과 사회적 동요가 있었고, 경제침체에 따른 유럽 국가들 사이에서의 서열변화가 있었다. 한때 유럽 최고국가였던 프랑스는 후발 산업국가로서 이제 영국은 물론이고 독일과 러시아에도 밀리고 있었다. 프랑스에서 민족주의는 정치 와해, 문화 쇠퇴, 경제 침체에 대한 공포에서 더욱 확산되었다. 전통과 정치통합과 문화적 동질성에

19) An Interview with Alain Badiou by Adam S. Miller, "Universal Truths & the Question of Religion", *Journal of Philosophy and Scripture,* http://www.philosophyandscripture.org/Issue3-1/Badiou/Badiou.html.

기반한 민족주의는 다시 한번 프랑스의 번영을 희구하는 열망이었다. 거기에서 유대인은 이질적 존재였다. 모든 인간에 대한 권리라는 보편적 인권 개념으로 프랑스 혁명이후 유대인은 시민이 되었지만 언제나 보이지 않은 차별이 존재했다. 프랑스 민족주의자들에게 유대인은 프랑스를 정치적으로나 경제적으로 갉아먹는 해로운 존재였다. 프랑스 혁명 때 유대인이 새로운 권리와 특권을 얻기 위해 왕정을 전복하는 데 일조했다는 믿음이 만연했고, 유럽의 금융거부인 유대인 로스차일드가문의 엄청난 재력은 유대인의 돈이 국가의 경제적, 사회적 위기를 조장한다는 믿음으로 이어졌다. 실제로 드레퓌스파는 유대인 조직에게서 비밀리에 금융지원을 받았다는 반드레퓌스파의 음모론에 시달렸다.

요컨대 드레퓌스 사건은 이미 프랑스에 만연한 반유대주의에 기름을 부은 것이었다. 반드레퓌스파를 이끌었던 에두아르 드뤼몽은 1886년 출간한 저서 『유대인 프랑스』(*La France juive*)에서 프랑스 내의 유대인을 공격하고 그들을 추방해야 한다고 주장했으며, 1889년에는 프랑스 반유대주의 연맹을 창설했고, 1892년에는 반유대주의를 표방하는 신문 『라 리브르 파롤』을 창간하여 반드레퓌스파의 보루가 되었다. 반드레퓌스파를 이끈 저명한 문필가이며 민족주의자인 모리스 바레스는 1890년대 발표한 3부작 『자아의 숭배』(*Le culte du moi)* 에서 자아와 적인 야만인을 구분하고, 자아는 자신을 둘러싼 타자들보다 강해야하며, 타자/야만인/적과의 격렬한 투쟁에서 적을 무찌르고 자아의 우월성을 확인해야 한다고 주장했다. 여기에서 적을 유대인으로 볼 때 나치즘에 이르는 극우의 단초를 엿볼 수 있다. 사실 "드레퓌스가 유죄라는 것은 사실보다 인종에서 연역할 수 있다"[20]고 한 그의 말에서도 보듯 그에게는

20) "Maurice Barrès", from *Wikipedia*, http://en.wikipedia.org/wiki/Maurice_Barr%C

드레퓌스가 유죄인지 아닌지가 중요한 게 아니라, 프랑스를 위태롭게 하고 프랑스의 미래를 어둡게 하는 유대인이라는 사실이 관건이다. 그를 비롯한 민족주의자에게 드레퓌스는 프랑스를 파괴하는 악의 세력의 대표이자 상징인 것이다. 반드레퓌스파는 전반적으로 보편적 인권이라는 프랑스 혁명의 이념을 거부하고, 프랑스적인 혈통과 언어와 문화와 지역연대로 이루어진 유기체적 민족개념을 옹호하며, 프랑스 민족에 대한 타자로 유대인을 지목하여 배척하였다. 드레퓌스 사건에서 극명하게 표명된 반유대주의는 후에 나치즘 하의 비시정권의 사상적 보루가 되었으며 이는 프랑스에 트라우마적인 유대인 문제를 불러일으켰다. 그 질문을 숙고하면서 사르트르는 "유대인의 합리주의가 열정, 보편적인 것에 대한 열정"[21]이라면, 반유대주의자의 비합리주의는 특수에 대한 열정이며, 거기에는 "진정한 가치, 진정한 재치, 진정한 윤리를 가진 진정한 프랑스가"[22] 유대인에게 허용되지 않았다고 판단한다. 보편에 반대하며 차이를 차별로 만드는 폐쇄적 집단주의가 반드레퓌스파의 민족주의라는 미명하에 만연한 반유대주의의 모습이었다.

마지막으로 바디우의 사건 개념은 드레퓌스 사건이 과거의 역사적 사실로 끝나지 않고 역사를 통해 반복하여 나타나는 틀을 구성한다. 바디우는 급진적인 새로움, 즉 불연속적이고 본질적으로 예측불가능한 변화의 가능성을 이론화하려 했던 저서 『세계들의 논리들』(Logics of Worlds)에서 진실이 어떻게 주체를 통하여 다시 나타나는가를 이론화하면서 한 예로 로마공화정에서 노예반란을 일으킨 스파르타쿠스

3%A8s.

21) Jean-Paul Sartre, *Réflexions sur la question juive*(Paris, Gallimard, 1954), 118.

22) 같은 책, 89.

(Spartacus)를 들고 있다. 스파르타쿠스가 이끄는 노예 검투사들의 반란은 단 한 마디, 즉 "우리 노예들은 집에 돌아가고 싶다"는 열망에 충실한 사건이었다. 그 사건으로 인하여 이전에는 보이지 않았던 것이, 즉 노예들이 주체로서 일으킨 반란이 존재하게 된 것이다. 그리고 흑인 스파르타쿠스란 별명을 가진 생 도미니크의 노예반란 지도자인 투생-루베르튀르를 통해서, 또 스파르타쿠스 연맹을 만든 로자 룩셈부르크를 통해서, 그 스파르타쿠스-사건은 다른 시대, 다른 맥락에서, 그러나 노예상태의 종말에 충실함을 확인하는 동일한 진술로서, 영원한 진실로서 멈추지 않고 다시 태어난다.

그렇다면 드레퓌스 사건에 대해서도 같은 식으로 말할 수 있다. 유대인에 대한 배척과 차별은 언제나 있어왔지만 드레퓌스 사건처럼 유대인에 대한 증오가 파리를 휩쓴 적은 없었다. 드레퓌스 사건을 통하여 프랑스의 적대적인 두 세력, 즉 한쪽에는 프랑스 혁명 이념을 부정하고자 하는 왕당파, 가톨릭교도, 전통주의자, 민족주의자, 반유대주의자들이, 또 한쪽에는 프랑스 혁명 이념에 충실한 공화파, 프로테스탄트교도, 근대주의자, 세계시민주의자, 인권주의자들이 첨예하게 맞붙어 싸우면서 프랑스의 정체성 논쟁을 벌였다. 그러나 무엇보다 사건이라 할 수 있는 것은 진실의 이름으로 드레퓌스파들이 폐쇄적이고 배타적인 반유대주의와 싸웠으며 그 과정에서 지식인이라고 할 집단이 형성되었다는 것이다. '지식인'이라는 단어는 1890년대 이전에는 존재하지 않았던 용어였다. 졸라의 공개서한이 『로로르』지에 발표된 다음날, 이를 지지하는 백 명 이상의 수많은 학자들, 작가들, 예술가들, 언론인들, 학생들, 일반인들이 서명한 항의 편지가 『로로르』지에 발표되었으며, 이를 바레스가 한 기사에서 "지식인들의 항의"라고 경멸적으로 부른 데서 유래한다. 지식인은 그 당시 대다수의 프랑스인이 거부하는 것을 지지하는,

불화를 일으키는 인물들로 폄하되었던 것이다. 이러한 상황을 통해 지식인의 태생적 성격이 드러난다. 즉, 진실규명과, 인종주의에 맞선 인권옹호와, 군과 국가라는 거대 지배집단과 맞서 싸우는 소수자의 위치와, 프랑스라는 영원한 실체를 비호하는 국가정체성에 불일치의 틈새를 만드는 반체제(dissidence)라는 것이다. 지식인 계층이나 지식인 관료와 같은 지배계급의 일부로 흡수되어버린 지식인이 아니라 지배계급에 균열을 내고 지배계급의 부당성에 맞서는 지식인은 역사를 통하여 영원히 반복되는 진실인 것이다.

6. 결론

세기의 전환점에서 드레퓌스 사건은 저널의 전쟁이라고 할 만큼 프랑스 저널리즘에 큰 영향을 미쳤다. 수많은 신문과 잡지가 이 사건에 관여했으며 저마다 입장을 가지고 이 사건에 참여하였다. 드레퓌스가 결국 무죄입증이 되어 명예회복이 된 데에는 드레퓌스를 지지하는 숱한 탄원서와 성명서와 항의서와 팜플렛 등 대중언론의 매체의 힘이 컸다. 그러나 또한 프랑스 저널은 드레퓌스 사건을 통해 위기와 변화를 실감했다. 전통적으로 정치적 의견의 입김이 세었던 프랑스 저널은 이 사건을 거치면서 지나친 정치적 이념의 선동이 신문사의 존립에 위협이 된다는 것을 알게 되었다. 그리하여 이후 프랑스 저널은 정치적 의견을 설파하는 선전지로서보다는 사실보도에 초점을 맞추는 중립적인 신문으로 변신을 꾀하였다.

이러한 일반적인 평가에 덧붙여 본 논문은 드레퓌스 사건을 바디우의 사건 개념으로 봄으로써 드레퓌스 사건이 갖는 역사적 중요성을 새로이 끄집어내었다. 반드레퓌스파와 드레퓌스파의 격렬했던 싸움은 저마다 프랑스를 구한다는 명분과 입장의 차이로만 볼 수 없고, 다수권력에 의해 유린된 개인의 인권보호를 위한 소수파의 저항으로, 주체의 진실규명의 노력으로, 그리고 그 과정에서 탄생한 지식인 집단의 반체제적인 특이성에 주목해야 한다는 것이다. 그럴 때 드레퓌스 사건이 기존 질서에 어떠한 균열을 내었는지, 어떠한 상황의 변화를 일으켰는지, 그리고 사건 이후의 미래에도 그와 같은 변화의 씨앗을 심어놓았는지 인식할 수 있다. 결론적으로 말해서 드레퓌스 사건은 저널이 실존의 상황을 변화시켰던 드문 사건이었다. 그리고 그 변화의 힘은 저널이 의견이나 '설'(說)의 진실공방에 종사한다는 일반적 믿음과는 달리, 사건에 대한 충실성으로 무장한 주체가 진실규명을 나설 때 이루어졌다. 다시 바디우의 말을 빌리면 진실은 기존의 지식 체제와 단절하는 능력이며, 기존의 체제 내에서 재현의 질서를 다시 만드는 근본적인 변화를 가져오게 하는 능력이다. 변화의 크기와 방향은 무한하다. 따라서 기존의 상황과 단절하는 사건에 의한 진실의 실현은 언제나 부분적이며, 수백년, 수천년이 지난 후에도 주체가 새로이 잇따르는 사건의 결과를 충실히 밟을 때 다시 일어난다. 드레퓌스 사건은 저널이 기존질서에 복무하는 것이 아니라 균열을 낼 수 있는지, 그 균열 속에서 기존 질서의 근본적 변화를 가져올 수 있는지 오늘날 저널들을 향해 질문하고 있다.

참고문헌

아르망 이스라엘. 이은진 옮김. 2002. 『다시 읽는 드레퓌스 사건』. 서울: 자인.

알랭 바디우. 현성환 역. 2008. 『사도바울』. 서울: 새물결출판사.

임종권. 2007. "영미 저널리즘과 비교해 본 프랑스 현대 저널리즘." 『현상과 인식』 제103호.

______. 2008. "현대 프랑스 저널리즘의 기원과 특징." 『프랑스사 연구』 제19호.

Sartre, Jean-Paul. 1954. *Réflexions sur la question juive*. Paris: Gallimard.

Badiou, Alain. 2002. Ethics. New York: Verso.

______. 2009. *Logics of Worlds*. Trans. Alberto Toscano. New York: Continuum Pub Group.

______ and Slavoj Žižek. 2009. *Philosophy in the Present*. Trans. Peter Thomas and Alberto Toscano. Malden: Polity.

Meillassoux, Quentin. 2011. "History and Event in Alain Badiou." *Parrhesia* Vol. 12

미국의 언론자유 사상 연구

이진로*

1. 서론

한국에서 언론의 자유는 어떠한 상황인가? 1987년 이후 정치의 민주화는 언론의 민주화와 궤를 같이 했다. 정치의 민주화가 자유로운 정치, 정당 활동을 통해 민의를 반영한 대표자의 선출이었듯이 언론의 민주화는 자유로운 언론, 표현 활동을 통해 여론을 정치와 정책에 반영하는 행위였다. 1987년 노태우 대통령이 국민 직선제라는 측면에서, 1993년 김영삼 대통령이 군부 출신이 아닌 문민정부를 열었다는 점에서, 1998년 김대중 대통령은 정권의 여야 수평교체라는 점에서, 그리고 2003년 노무현 대통령은 비교적 무명의 정치인에서 출발하여 국민경선제를 치른 다음에 대통령 후보 단일화를 거친 점에서 각각 정치의 민주화를 진

* 영산대

전시켰다.

언론의 민주화도 비슷한 과정을 거쳤다. 노태우 정부 시절에는 그동안 제한된 신문의 발행과 방송사 설립 활동이 허용되면서 언론의 양적 증가가 현저히 이루어졌다. 김영삼 정부시절에는 언론의 정치 활동이 크게 증가했고, 일부 메이저 신문의 정권 창출에 기여했다는 평가를 받았다. 김대중 정부시절에는 일부 메이저 신문이 정부와 정치권에 대한 비판적 논조를 강화했고, 이에 대해 정부는 언론사 세무조사를 실시하는 방식으로 대응해 정부와 언론은 팽팽한 역학구도를 형성했다. 노무현 정부시절에는 야당의 대통령 탄핵 시도를 둘러싸고 찬성 입장을 보인 주요 신문과 반대 입장을 보인 공영방송을 중심으로 대립적인 논조를 전개했고, 후기에는 정부 부처 기자실 축소 운행으로 인해 언론 활동을 형식적 측면에서 제약한다는 비판을 받기도 했으나 내용적 측면에서 정부에 대한 비판은 거의 무제한으로 보장됐다.

하지만 이명박 정부 등장 이후 미국과의 쇠고기 협정 체결 이후 광우병 쇠고기의 수입 가능성을 둘러싸고 시민의 저항이 높아지고, 이에 대해 정부가 불안감을 느끼고 강경하게 대응하면서 언론의 자유는 흔들리기 시작했다. 인터넷 게시판을 둘러싼 언론 활동에 대한 규제와 처벌 시도를 비롯해 공영 미디어와 공적 기반을 갖고 있어서 사장 선임 등 정부의 영향력이 강한 미디어를 중심으로 경영진이 비정상적으로 교체됐고, 정권 말기에 '불법 민간인 사찰'이 드러났듯이 정부는 특히 언론 자유를 억압하는 조치를 빈번하게 취했다.

언론의 자유와 공정한 보도가 중요한 이유는 민주주의 정치가 시민에게 정치와 관련된 충분하고 올바른 정보를 제공할 때 가능하기 때문이다. 언론의 자유가 보장될 때, 정부와 사회는 언론의 보도를 통해 문제점을 예방하고, 조기에 발견하여 부작용을 최소화할 수 있다. 이러한 언론의 환경감시 기능이 제대로 수행되지 못할 경우 행정부와 입법부 등은 비리와 부정부패의 유혹에 쉽게 넘어가게 된다. 이명박 정부 임기 말에 이르러 대통령의 측근과 고위 정치인, 관료 등이 부패와 위법 혐의로 수사를 받는 현상의 뿌리 역시 언론의 자유를 제약한 정책으로 거슬러 올라갈 수 있다. 언론의 자유가 제한되고, 정부와 정치인에 대한 비판과 견제가 제 기능을 수행하지 못하는 상황에서 권력자를 부정부패로부터 격리시키는 것을 기대하기 어렵기 때문이다.

역사적으로 민주주의와 언론의 자유는 분리되기 어려울 정도로 밀접한 관계를 지닌 것을 미국의 사례에서 살펴볼 수 있다. 미국은 영국의 식민주의에서 독립했고, 이후 민주주의 국가의 모델을 지향했다. 이에 따라 미국의 언론 자유 사상의 배경에는 영국이 절대주의 왕정으로부터 민주적인 공화정으로 이행하는 과정에서 획득한 언론 자유의 역사가 있다. 영국 절대주의 왕권은 공화주의자의 주장을 담은 출판물을 검열하고, 출판의 허가제를 실시하고, 표현의 자유에 대해 탄압했지만, 이에 대한 시민의 저항과 더불어 투쟁을 통해 언론의 자유가 확보됐고, 민주주의도 진전됐는데, 이러한 경험은 미국 언론 자유의 기저를 이루기 때문이다.

하지만 미국의 환경과 역사가 영국과 다르듯이 민주주의와 언론 자유 사상도 일부 상이한 과정을 거쳤다. 구체적으로 미국의 팽창과정에서 형성된 독점자본의 지배체제를 극복해 나가는 과정에서 언론의 자유는 폭넓은 부정부패의 비판을 통해 사회를 건강하게 지켜나가는 과정에서 소중한 가치로 작용했다. 미국 시민의 주권과 인권은 온실 속에서 자란 것이 아니라 한편으로 국가 권력의 언론 자유 제한에 맞서고 다른 한편으로 자본 권력의 부당한 영향을 물리치고 얻은 점에서 언론 자유를 위한 투쟁과 밀접하다.

이런 점에서 이명박 정부 동안 언론의 자유가 제약되면서 민주주의의 본질적 기능에 회의를 품는 상황에서 미국의 언론 자유의 역사적 전개과정과 의미를 살펴보고 우리나라 언론의 자유와 민주주의의 미래를 전망하는 일은 매우 중요한 과제다. 이 글은 미국의 언론 자유의 역사와 전개과정이 민주주의 측면에서 어떤 의미를 지니는 지를 그 배경이 되는 영국의 언론 자유 사상사와 더불어 살펴보고, 우리나라의 언론 자유 현실에 던지는 함의를 탐구할 것이다.

2. 미국 언론 자유 사상의 형성 배경

1) 영국의 언론 자유 사상의 영향

미국 언론 자유 사상의 형성 배경은 영국을 포함해 유럽이 있다. 왜냐하면 미국이란 신대륙을 발견하고, 이주한 사람들이 영국 등 유럽 출신이기 때문이다. 컬럼버스가 신대륙을 발견한 1492년을 전후로 하여 세계의 변화를 이끈 요인으로 구텐베르크의 활판 인쇄술 발명을 비롯해 가톨릭 권력의 쇠퇴, 과학의 등장, 세속국가의 등장 등 네 가지를 들 수 있다(Altchull, 1990, 67). 이러한 변화는 대체로 언론의 자유와 연관된 측면이 강했다. 먼저 구텐베르크의 활판 인쇄술은 서적의 보급과 문자의 해독에 큰 영향을 주면서 지배자들이 읽고 쓰는 능력, 즉 언론 행위가 가능한 시민을 상대함을 의미한다. 다음에 가톨릭 권력의 쇠퇴 과정에서 인쇄물의 역할이 컸다. 또한 과학 정보의 발달은 기존의 사고와 다른 주장을 제기하며 토론과 반론을 활성화시키는 점에서 언론 자유의 환경을 조성했다. 끝으로 세속 국가의 등장은 권력의 변동을 의미하고, 새로운 권력이 자신의 입장을 확대시키는 과정에서 언론의 자유가 주목받았다. 그러면 17세기 영국사회에서 일어난 언론 자유의 사상을 당시 주요 사상가인 밀턴을 비롯해 홉스, 로크 등을 중심으로 알아보겠다.

2) 밀턴의 언론 자유 사상

밀턴의 언론 자유 사상은 오늘날 미국 언론사상의 핵심에 해당하는 수정헌법 제1조의 정신인 언론의 자유를 최대한 보장하고, 언론의 자유를 제약하는 법을 만들어서는 안된다는 내용에 영향을 주었다. 그의 언론 자유 사상을 요약하면 '사상의 자유로운 시장의 자동 조정 원리'다. 다시 말하면 누구나 시장에서 좋은 물건을 사게 되면 나쁜 물건은 사라지듯이, 언론 역시 시장처럼 자유스럽게 활동하도록 보장하면, 좋은 사상은 채택되고 나쁜 사상은 사라진다는 내용이다.

그러면 밀턴이 왜 이러한 사상을 갖게 되었는지를 당시의 환경과 경험을 통해 살펴보자. 먼저 밀턴이 태어나던 1608년을 전후로 한 시기는 영국에서 개신교의 성장 속에서 로마 가톨릭에 대한 비판을 확산시키기 위해 인쇄술이 널리 활용됐다. 하지만 구 지배체제인 보수왕정인 튜더와 스튜어트 왕조 등은 기존 종교에 반대하는 표현을 검열했고, 헨리 8세의 경우 토머스 모어 등을 처형하면서 탄압의 강도가 심했다. 엘리자베스 1세는 1586년 성청(the Court of Star Chamber, 건물의 천정에 별이 그려져 붙인 이름)을 통해 교회를 비판하는 인쇄물과 이를 제작한 인쇄기를 불태우고 부수는 기구를 설립, 1637년 규칙이 수정될 때까지 강력하게 출판의 자유를 억압했고, 그 피해는 상당 기간 지속됐다.

밀턴(1608-1674) 생존 시기 영국은 격변기였다. 찰스 1세의 즉위(1625), 의회군과 왕정파의 1차 내란(1642-1646)과 2차 내란(1648), 찰스 1세의 처형(1649), 공화정(1649-1659), 왕정복귀로 찰스 2세 즉위(1660) 등이 잇달아 일어났듯이 정권이 교체되면서 상대 세력에 대한 탄압과 저항이 컸다. 밀턴은 부친의 영향으로 청교도를 신봉했고, 청교도 혁명과 크롬웰의 공화제에 참여했다. 그의 대표작인 『실락원』(*Paradise Lost*, 1667)에서 인간은 선천적으로 선한 존재로 보았는데, 언론의 자유와 관련해서는 『아레오파지티카 : 허가받지 않고 인쇄할 자유를 위해 영국 의회에 보내는 존 밀턴의 글』[1]을 남겼다. 이 작품은 밀턴 생존시 큰 평가를 받지 못했으나, 1728년 식민지 상태의 미국에서 일어난 검열과 관련된 젱거(John Peter Zenger) 사건의 진행과정에서 출판되어 검열제도의 종식과 표현의 자유 확보 차원에 큰 주목을 끌었다(알철 72-75).

표현의 자유를 주장한 『아레오파지티카』의 발표 동기는 밀턴이 자신의 부인에 대한 불만을 바탕으로 작성한 이혼을 지지하는 두 편의 팜플릿에 대해 정부가 간섭하자 이에 항의하기 위한 것이지만(알철 82. 및 홍사중, 126) 당시 국교에 대한 청교도의 종교적 자유 쟁취 투쟁과 1643년 들어 격화된 장로교대 독립조합파의 대립과정에서 빈번히 일어났던 정부와 의회의 종교문제 간섭을 배경으로 했다.

아레오파지티카를 통해 밀턴(1644)은 검열이 나쁘고, 필요하지 않으며 언론의 자유를 통해 진리를 구명하는 것이 가능하다는 점 등을 강조

1) 『아레오파지티카』는 아테테의 최고재판소가 있었던 아레오파구스(Areopagus)라는 언덕에서 따온 말로 아테네 최고의 정치·사법부인 아레오파구스에서의 연설을 의미하는데, 제우스신의 아들로 전쟁의 신인 아레스(Ares)가 자기 딸을 겁탈한 사촌형제를 죽인 뒤 재판을 받고 무죄로 판명됐다. Altchull, 1990, 79 및 홍사중, 1982, 127.

했다. 먼저 검열은 책 속에 담겨있는 인간 지성을 위협하고, 인간을 통해 나타나는 신의 이미지를 죽이는 살인이다. 또한 검열관은 책을 소화하는 독자보다 소양이 낮을 경우 검열은 학문을 모독하는 행위가 된다. 다음에 언론의 자유는 국가와 공중의 안전과 발전을 위해 무엇보다도 필요하다고 본다(홍사덕 127–128). 따라서 선과 악이 함께 있으면 쉽게 악이 아니라 선을 택하듯 언론의 자유를 최대한 보장함으로써 다양한 주장의 대립을 거쳐 진리에 도달할 수 있다고 주장한다.

이러한 주장을 밀턴의 주장으로부터 찾아보면 먼저 교회의 검열 위협에 대해 어리석고 자기파괴적으로 규정하고, 악 없이 선이 없듯이 "악의 모든 유혹과 악이 제시하는 즐거움 같은 것을 충분히 고려하고 이해할 수 있으면서도, 절제할 수 있고, 옳고 그름을 구별할 수 있고, 또 진실로 더 좋은 것을 선택할 수 있는 사람, 그 사람이야말로 진정한 기독교인이다"(John Milton, 1644. Altchull, 1990, p. 80에서 재인용)고 말한다.

그는 검열의 해악에 대해 책은 인간의 지성을 담아 생명력이 있으므로 "따라서 까딱하면 좋은 책을 죽인다는 것은 인간을 죽이는 것과 같아질지도 모르는 것이다. 사람을 죽이는 자는 이성 있는 살아있는 것, 신의 이미지를 죽이는 것이다. 그러나 좋은 책을 죽이는 것은 이성 자신, 곧 인간의 마음에 직접 반영된 신의 이미지를 죽이는 것이다. 이와 같은 이유 때문에 공을 위해 일하는 사람들의 산 서적에 대하여 이루어지는 여하한 박해에 대하여도, 또 책 속에 보존되고 축적된 인간의 저 불멸의 생명에 대한 여하한 파손에 대하여도 우리는 충분히 주의하고 있지 않으면 안 되는 것이다. 왜냐하면 이와 같은 행위는 일종의 살인이며, 때로는 순교자 박해의 죄를 저지를 지도 모르며, 또 이것이 인쇄물 전체에 퍼진다면 일종의 대학살죄를 저지르게 될 지도 모른다는 것을 우리는 잘 알고 있기 때문이다"고 설명한다(John Milton, 1644. 홍사중, 1982, 130에서 재인용).

밀턴은 검열이 무의미한 것은 책을 읽는 개인의 양식과 능력이 중요하기 때문이라고 지적하는 내용은 "서적이란 음식과 같아서 어느 것은 좋은 알맹이, 어느 것은 나쁜 알맹이를 갖고 있다. … 좋은 고기라도 위가 나쁘면 나쁜 고기와 아무 다를 것이 없다. 그리고 아무리 좋은 책이라도 사악한 마음에는 악을 만들어내는 씨가 되기도 한다. 나쁜 고기는 아무리 건전한 소화력을 가지고서도 영양이 되지는 않는다. 이 점이 나쁜 책과 다른 것이며, 나쁜 책은 사려분별이 있는 독자에게는 여러 점에 있어서 발견하고 논파하고 미리 경계하고 예증하는데 도움이 되는 것이다. … 따라서 신이 인간의 음식의 범위를 절제의 규율에 어긋나지 않은 한 자유로운 것으로 넓혔을 때 정신의 음식과 섭식도 자유롭게 만든 것이며, 바로 이런 이유로 하여 성인이 된 사람이라면 누구나 자기 능력을 스스로 이끌고 써 나가야 한다고 말할 수 있는 것이다."(John Milton, 1644. 홍사중, 1982, 133에서 재인용)란 내용에서 볼 수 있다.

밀턴은 "책에 대하여 생사여탈의 권한을 가지고 있는 자(검열관)는 보통 수준 이상으로 열심이며 학식이 있고 사려분별 능력을 갖추고 있는 사람이어야 함은 당연하다. 그렇지 않으면 무엇이 허가되어야 하는지 아닌지를 검열할 때 대단한 과실을 저지를 지도 모르며, 그것은 또 엄청난 해를 끼칠 행위가 되는 것이다…. 국가가 나(저자)의 통치자가 되는 것은 좋다. 그러나 나의 비판자가 되어서는 안된다. 국가가 검열관의 선임을 그르치는 일이 있는 것은 검열관이 저자를 잘못보고 그 내용이 쓸모없는 것이라고 여기는 것과 확률이 같다."(John Milton, 1644. 홍사중, 1982, 132에서 재인용)는 지적은 무능한 검열관의 검열 행위는 학문의 권위와 존엄에 대한 모욕과 경멸이기 때문이다.

밀턴의 사상 중 다양한 주장이 진리를 찾도록 한다는 내용은 "따라서 이 세상에서 악에 대한 지식과 조사는 인간의 미덕을 구성하는 데에 반드시 필요하고 진리의 확인에는 잘못의 탐지가 또한 필요하기 때문에, 모든 종류의 소책자를 읽고 모든 종류의 이유를 듣는 것보다 더 안전하고 덜 위험스럽게 죄악과 거짓의 영역을 탐색할 길이 어디에 있겠는가? 그리고 이것이 이것저것 가리지 않고 읽은 책이 가져다주는 이득이다."(John Milton, 1644. Altchull, 1990, 80에서 재인용)에서 잘 나타난다.

밀턴 사상의 핵심은 자유 언론에 의한 진리의 자동 조정 기능이다. "모든 주의와 주장을 이 땅 위에 자유로이 활동하도록 내버려 두면 진리도 거기에 있을 터인데, 허가를 받게하고 금령으로 금지함으로써 우리는 진리의 힘을 의심하는 부당한 일을 하고 있다. 진리와 거짓이 서로 다투게 하라. 어느 누구가 자유롭고 개방된 대결에서 진리가 패배하리라고 본단 말인가?"(John Milton, 1644. Altchull, 1990, 82에서 재인용)란 표현은 언론 자유를 규정한 수정헌법 제1조로 이어진다.

3) 홉스의 언론 자유 사상

홉스(1588-1679)의 언론사상은 그가 언어와 자유 그리고 국가에 대해 기술한 내용에서 살펴볼 수 있다. 홉스는 언론 자유 사상은 국가 내 이성적 활동으로 요약되는데, 국가는 국민의 생명을 지키고 부를 늘리는 절대주의 개념이고, 이성은 자본주의 초기 부르조아 개인의 등장 과정에서 자유의 중요성을 절감하되 『리바이어던』에서 접근하듯이 국가와 개인의 모순적 측면을 이성적 계약으로 설명했다. 이러한 맥락에서 언론의 자유는 국가를 위한 이성적 표현 활동으로 이해할 수 있다.

홉스의 생애는 자연과학의 획기적 발달과 합리주의적 계몽사상의 성숙, 종교전쟁, 30년전쟁(1618-48) 같은 처참한 신구간의 종교대립을 지양하는 자연신론의 대두 상황에서 전개됐다. 영국은 엘리자베스 1세의 절대주의 전성기로 1588년 스페인의 무적함대를 격파 이후 세계무역시장 진출과 미국 신대륙, 호주 등에 식민지 형성을 통해 대영제국으로 가는 상황이었다. 한편 왕권신수설과 독재정치에 맞서 청교도혁명과 시민혁명이 일어났다. 영국은 절대왕정을 뒤로 하고 후기중상주의를 펼쳤다.

홉스는 런던 교외에서 목사의 아들로 태어났고, 옥스퍼드 졸업 후, 유럽여행을 통해 견문을 넓혔고, 청교도 혁명 당시 프랑스에 망명했다가 1651년 크롬웰의 등장 이후 귀국했다. 그는 유물론의 입장에서 인간과 국가를 보았는데 인간은 이기적으로 자연 상태에서 아무것도 제한할 수 없으므로 '만인의 만인에 대한 투쟁'과 이 있고, '사람은 사람에 대하여 이리'라는 상황에서 자기보존을 위해 계약을 통해 국가를 만들고 자연권을 제한하고 국가를 대표하는 의지인 주권자에게 전권을 양도, 복종할 것을 주장했는데 『리바이어던』에서 전제 군주제를 이상적인 국가형태로 보았다. 이러한 사상은 수평파가 지지했던 인민주권론과 대립되지만 봉건적 회귀 차원이 아니라 부르조아 상층과 귀족의 부루조아화를 염두에 둔 것이다.

그의 언론 자유 사상을 '교회 및 시민의 공동체의 내용·형태·권력'이라는 부제의 『리바이어던』을 통해 보면 먼저 언어를 인류의 가장 귀중하고 유익한 발명으로 평가하고, 사고의 기록과 전파를 통해 인간이 짐승과 달리 국가, 사회, 계약, 평화 등을 가질 수 있게 했고, 하여 짐승의 세계와 다르게 했다고 말한다. 언어는 효용과 악용을 각각 지니고, 효용은 다시 일반 효용과 특수 효용으로 나눌 수 있는데 일반 효용은 사고 결과의 기록과 대중간의 상호전파, 특수 효용은 현재 또는 과거 사물의 원인과 결과 기록, 획득한 지식의 전달/ 상호의논 /교수, 상호부조를 위한 의지나 목적의 상호전달, 언어의 오락기능 등 네 가지이고, 악용에는 사고의 오기와 그로 인한 자신의 기만, 언어의 비유적 사용으로 인한 타인의 기만, 비의지의 의지 표현, 상호음해를 위한 언어사용 등 네 가지가 각각 해당된다(홉스 151-163). 이러한 언어관은 현대 학계에서 언론의 기능을 보도, 지도, 오락, 광고로 분류하는 시각과 유사하다.

홉스의 자유 개념은 외부적 방해의 원인이 존재하지 않는 것을 의미하는데 "그 자신의 판단과 이성 안에서, 그가 거기에 가장 적합한 수단이라고 생각하는 어떤 일을 행하는 자유이다."(홉스, 228)라는 표현처럼 이성적 계약으로 성립한 국가 내에 있다. 여기서 홉스의 국가는 "많은 다수가 상호간의 계약에 의해 만들어진 창조자로 평화와 공동방위를 위해 모두의 힘과 수단을 사용할 수 있는 하나의 인격"(홉스, 257)이다.

4) 로크의 언론 자유 사상

로크(1632-1704)의 언론 자유 사상은 『통치론』에 잘 나타나는데 완전히 자유롭고 평등한 권리, 공동사회의 구속 가능, 물질적 재산의 자유 등으로 요약된다. 즉 누구나 자연 상태에서 자유롭고 평등하되, 침해를 막고 안전하기 위해 구속되는 것이 가능하고, 노동을 통해 형성된 사유재산의 안전성 차원에서 국가의 구속을 인정한다. 이러한 언론 자유 사상은 자본주의 사회의 신흥 부르조아지의 정치적, 경제적 자유와 맥을 같이한다. 아울러 자유의 제한 주체는 다수결에 의한 민주적 정부지만 목적과 다를 경우 국민의 저항을 받을 수 있다는 점에서 다수 민주주의의 저항권이 뒷받침된 자유와 제한의 관계를 포함한다.

로크의 활동 시기에 영국은 청교도혁명으로 인한 절대군주제의 붕괴와 공화제의 성립, 입헌 군주제로 급변했다. 내란후 크롬웰의 공화제가 군사적 독재로 진행되자 시민의 불신을 초래했고 찰스 2세 (재위 : 1660-65)의 왕정 복고, 제임스 Ⅱ세(재위: 1679-88)의 가톨릭 옹호와 군주권의 절대성 주장에 따른 의회와의 대립과 명예혁명, 윌리엄 3세(재위: 1689-1712) 시절 의회의 승낙 없이 법률의 정지와 관세를 금하고, 국민의 국왕에 대한 청원권, 자유로운 의원 선거와 의회 내에서 의원의 언론 자유를 보장하는 내용을 담은 권리장전(1689)의 공포(公布) 등을 경험했다.

로크는 옥스포드 대학을 졸업 후 정치활동에 참여했고, 1683년 네덜란드에 망명했고, 1688년 명예혁명 직후 귀국하여, 윌리엄 3세 정부에 참여했다. 로크의 『통치론』(또는 정치론 이편)은 권리장전에서 나타난 의회의 우위성을 주장했는데 가부장권적 왕권신수설 비판, 인간의 자연권과 계약에 의한 국가 성립, 정부의 국민 권력 수탁, 있는데 불과하며, 국민의 최고 권력 보유와 정부 위탁 위배 시 저항권 보유 등을 논했다. 이와 함께 노동이 소유를 낳는다는 노동가치설과 다수결 원리, 권력 분립 이론 등 근대 민주주의와 자본주의의 주요한 요소를 정리했다. 로크는 국가 이전의 자연적 인간은 자유와 평등이라는 두개의 특질을 갖고 있음에 주목한다. 먼저 자연 상태의 인간의 자유는 자연법이 설정하는 제한된 범위 내에서는 무엇이든지 마음대로 할 수 있다.

> 정치권력을 올바르게 이해하고, 또한 그것의 기원을 찾아보기 위해서는, 우리들은 모든 사람들이 자연적으로는 대체 어떠한 상태에

> 놓여 있는가를 고찰해 보지 않으면 안 된다. 그런데 그것은 완전히 자유로운 상태이다. 즉, 그것은 사람들이 일일이 다른 사람의 허가를 얻는다든가 또는 다른 사람의 의사에 전적으로 따른다든가 하는 일이 없이, 자연법의 범위 안에서, 스스로 적당하다고 생각하는데 따라서, 자신의 행동을 규율하며 또한 자기의 소유물과 자기의 몸을 마음대로 처리할 수 있는 완전히 자유로운 상태인 것이다.(로크, 33)

다음에 여기서 모든 개인은 능력상의 평등이 아닌 권리상의 평등을 갖는다.

> 인간의 자연 상태는 또한 평등한 상태이기도 하다. 그곳에서는 일체의 권력과 지배권은 상호적인 것이며, 어느 누구도 다른 사람들보다 더 많은 것을 갖는 일은 없다. 즉, 조금도 다름이 없는 똑같은 종류와 등급의 피조물은 이 세상에 태어나면서부터 아무런 차별도 없이 모두 똑같이 자연의 혜택을 누리며, 똑같은 능력을 행사할 수 있으므로, 적어도 일체의 피조물의 주이시며 지배자이신 신께서 어떤 한 사람을 지명하시어 그에게 조금도 의심의 여지가 없는 명확한 지배권과 주권을 부여하시지 않는 한, 사람들은 누구나 남에게 종속 또는 복종되는 일이 없이 모두 평등해야 한다는 사실은 명명백백하기 때문이다.(로크, 33)

이처럼 자유롭고 평등한 인간이 자유를 포기하고 구속받는 유일한 길은 재산의 안전한 향유와 외침으로부터의 안전성 보장을 위해 공동의 형성에 동의할 때로 다수결에 의한다.

인간이 이 세상에 태어날 때부터 갖게 되는 자연적인 자유를 포기하고 시민적 사회의 구속을 받게 되는 유일한 길은 다른 사람과 서로 결합하여 하나의 형성하는 데 동의하는 일이다. 그런데 그렇게 하는 목적은 각각 자기네들의 재산을 안전하게 향유하며, 그리고 그 공동사회에 속하지 않은 자에 의한 침해에 대해서 보다 더 공고한 안전성을 보장받음으로써 서로 평안하고 안정된 평화로운 생활을 보내려는 데 있다. … 그런데 그곳에서는 다수파가 그 이외의 사람들을 움직이고 구속할 수 있는 권리를 가진다.(로크, 100)

또한 로크는 자유의 보장을 위한 법적 역할을 강조한다. 법은 자연 상태의 결함인 분쟁 판정 기준(법률)의 부재, 권위있는 공평한 법관의 부재, 판결의 지원과 진행 권력(강제집행권)의 결여 등에 다른 것이다(로크, 120-121). 이러한 법률, 법관, 강제 집행권 등의 확보는 자유를 포기하고 새로운 자유를 보장 받는 것이다.

사람들은 그들이 사회에 가입할 경우에는 지금까지 자기네들이 자연 상태에서 가지고 있던 평등과 자유 및 집행권을 포기하여 그것을 사회의 수중에 위임한다. 그리고 이러한 권력은 사회의 공공복지에 도움이 되도록 입법부에 의해서 처치된다. 그러나 그렇게 하는 것은 오로지 모든 사람들이 자기 자신의 자유와 재산을 보다 더 잘 보전하려는 의도에서 나온 것 뿐이다. 왜냐하면 이성적인 피조물이라면 누구도 현재의 상태보다도 더 비참하게 만들려는 의도에서 자기의 처지를 변경시키리라고는 좀처럼 생각될 수 없기 때문이다. 따라서 사회의 권력, 즉 그 사회의 성원들에 의해서 설정된 입법부의 권력이 공공의 복지라는 범위를 일탈할 수 있으리라고는 결코 생각될 수 없다. 그것은 자연 상태를 매우 위험스럽고 불안한

> 것으로 만들고 있는, 앞서 언급한 세 가지 결함에 대비함으로써 모든 사람의 재산(생명·자유·자산)을 보장해 주도록 해야 할 것이다. 그러므로 국가의 입법권, 즉 국가의 최고권을 장악하고 있는 사람은 누구나 국민에게 공포되어 널리 알려져 있는 확립된 영구적인 법률에 의거하여 통치해야 할 것이며, 결코 그때그때의 즉석에서의 법령에 의해서 통치해서는 안 된다. 또한 그는 공정무사의 재판관을 가져야 하며, 재판관들은 이 법률에 따라서 분쟁을 판정하지 않으면 안 된다. 그리고 공동사회의 힘은, 국내에 있어서는 단지 이러한 법률의 집행을 위해서만 행사되어야 할 것이며, 대외적으로는 외적으로부터의 가해의 방지나 그 피해 보상이나 또는 침략과 침해로부터의 수호를 위하여 사용되어져야 할 것이다. 이러한 일체의 것은 국민의 평화와 안전 및 공공의 복지 이외의 다른 어떠한 목적을 위해서도 행사되어서는 안 된다.(로크, 132)

이처럼 로크의 자유와 자연권은 자유와 평등을 보장하지만 이의 안정적 향유를 위해 동의를 거쳐 공동사회에 자유와 평등을 구속시킨다. 로크의 공동사회는 자유·평등의 개인주의에 바탕한 다수결의 국민에서 비롯되고, 저항권을 보유하므로 국가는 선정을 해야 한다.[2)]

---

2) 로크는 의회제도를 다수의 의지에 따라서 활동해야하는 국가의 가장 우수한 체제로 보고 있다. 당시의 상황에서 '다수'는 의회에서 활동하는 브르조아와 귀족을 가르키지만 현대에 와서는 모든 시민으로 확대하여 적용할 수 있다.

5) 근대 영국 언론 자유 사상의 특징

근대 영국의 언론 자유 사상을 밀턴, 홉스, 로크 등을 중심으로 알아보았다. 밀턴의 '사상의 자유롭고 개방된 시장의 자동 조정 원리'는 미국의 수정헌법 제1조에서 규정한 언론 자유의 제한 법률에 대한 입법 금지에 영향을 주었다. 밀턴의 주장이 가톨릭 중심의 사회에서 청교도 정신의 확산을 추구하면서 신의 정신이 담긴 인간의 저작물을 검열로 탄압하는 것은 살인과 같다는 주장은 기독교적 논리를 언론 자유에 적용했다. 또한 자본주의 초기 시장의 역할 확대에 주목하여 상품의 가치를 소비자가 결정하여 취사선택하고, 독자는 책의 선악을 구분하므로 선을 택하도록 악의 존재를 막지 말 것을 주장한 것은 시장에서 다양한 상품 거래의 자유를 언론에서 다양한 표현의 자유를 뒷받침하는 설득력 있는 논리다.

홉스는 개인의 자유와 더불어 이성적 계약에 의해 성립한 국가가 평화와 공동방위 목적으로 행하는 제한을 인정한다. 홉스의 언론 자유는 제한의 관점에서 역으로 찾아볼 수 있다. 인간의 자연권, 즉 자유를 보호하기 위해 국가를 이성적으로 계약하야 출범시키고, 제한 권한을 부여했듯이 언론의 자유 역시 제한될 수 있다. 하지만 그 목적을 지켜야 한다. 평화와 공동방위다. 이런 목적을 지닌 최소한의 경우를 제외하고 언론의 자유를 보장해야 한다는 것이다.

로크는 한편으로 개인의 자유와 평등을 강조하고, 다른 한편으로 공동사회의 다수결에 따른 구속 가능성을 인정하지만 다시 시민의 저항권을 인정하는 점에서 국가와 시민의 변증법적 관계를 보여준다. 로크의 언론 자유는 자유에 대한 침해를 막고 안전을 확보하기 위해서라면 가능하다. 이때 자유를 제한하는 주체는 국민의 다수결에 구성된 정부에 의해서다. 그러나 정부의 자유 제한이 언제나 가능한 것은 아니다. 국민의 평화와 안전 및 공공의 복지를 위해서만 가능하다. 또한 이는 법률, 법관, 강제집행권에 의해 뒷받침되지만 시민의 저항권이 언제든지 우위에 있다.

이상의 내용을 종합하면 근대 영국의 언론 자유 사상은 시대적 배경과 밀접하게 연관되어 제기됐다는 점이다. 시민의 자유에 대한 강조와 무질서 상태의 우려에서 나타나는 자유의 제한 가능성과 범위, 그리고 시민의 자유를 위한 자유의 제한과 방식, 그리고 한계 등은 왕정으로부터 공화정, 다시 왕정 복고와 점진적인 부르조아지 세력의 확대 과정이란 경험에 의해 형성됐다. 이런 과정에서 특히 밀턴의 사상은 수정헌법 제1조의 근거가 된다. 언론의 자유를 제한할 수 없다는 원칙이다. 하지만 홉스와 로크가 자유를 위한 제한의 논리를 전개했듯이 예외적으로 허용된다. 긴급하고 현존하는 위험이나 또는 아동과 청소년을 내용으로 하거나 대상으로 한 포르노 이용의 제한과 같은 경우다. 로크의 경우 재산권의 자유 즉 소유권적 자유 개념이 강한 것 역시 부르조아지의 재산이 자유의 기초를 구성하고 있음을 보여준다. 소유권의 자유는 특히 미국 언론 사상에서 언론의 자유가 언론사 소유자의 자유 개념이란 인식을 구성하는데 영향을 준다.

3. 미국 언론 자유 사상의 형성과 내용

1) 근대 미국 언론 자유 사상의 형성

미국의 건설자들은 유럽의 왕정과 귀족 중심 사회로부터 벗어나 자유를 찾아 신대륙에 도착했다. 미국의 주요 제도와 정책이 왕정과 귀족이 대표했던 국가를 강조하는 대신 일반 시민에 해당하는 개인의 자유와 권리를 강조하게 된 배경이다. 이러한 제도는 역사적 사례와 경험을 통해 구체화된다. 언론의 자유 사상이 발달하고, 제도로 정착된 과정 역시 신대륙에서 미국의 정치적 독립과 자본주의 발달에서 일어난 다양한 사회적 갈등과 궤를 같이한다.

미국에서 언론 자유 사상 형성과 관련해 살펴볼 건국 초기의 정치언론인[3]과 주요 사건으로 벤자민 프랭클린을 비롯해 젱거 사건과 제임스 메디슨, 토마스 제퍼슨 등이 있다. 먼저 벤자민 프랭클린의 청년 시절 미국의 보스턴은 식민지 상태에서 청교도 신봉자들이 거주하면서 영국의 식민지 권력과 가톨릭 권력에 대립했다. 벤자민 프랭클린의 형인 제임스 프랭클린은 1721년 발행된 『뉴 잉글랜드 쿠란트』의 인쇄인으로 가톨릭 세력가인 매터(Mather) 가문을 공격했고, 성직자의 신문 폐간 위협에 대해 권력자들이 수용할 수 없는 의견이라도 자유로이 공표할 권리의 보유를 내세웠다(Altchull, 1990, 202-203). 재임스 프랭클린은 『쿠

3) 정치와 언론 활동에 함께 종사한 사람을 가리키기 위해 사용한다.

란트』의 지면에서 사람들이 다른 의견을 공표했다는 이유로 인쇄인을 저주하는 것은 사악하고 현명하지 못하다고 반박했으나 감옥에 수감된 후, 로드 아일랜드로 망명했다(Altchull, 1990, 203). 벤자민 프랭클린은 형의 권력에 대한 직접적 도전과 언론의 자유 주장이 실패한 모습을 보면서 1729년 『펜실베니아 가제트』를 창간하면서 보다 간접적인 방안을 택하게 된다. 그는 1731년 6월 10일자 『펜실베니아 가제트』지에 발표된 '언론인을 위한 변명'에서 사람들의 의견이 다를 때 공중에게 양쪽 의견 모두를 들을 기회를 주면 진리는 언제나 거짓에 대해 승리한다고 주장한데서 밀턴의 자동조정원리가 담겨 있음을 볼 수 있다(Altchull, 1990, 206에서 재인용). 또한 벤자민 프랭클린은 1737년 11월 『가제트 필라델피아』에서 "언론의 자유는 자유 정부의 주요 기둥으로 언론의 자유가 박탈될 때, 자유사회의 건설은 붕괴되고, 그 폐허위에 독재자가 세워진다."면서 언론 자유의 중요성에 대해 말했다(Franklin, 1737). 그는 이어서 언론의 목적은 진리 증진으로 허위의 공표자는 비난과 처벌을 받아야 하지만 권력이 처벌할 경우 나무의 무성한 가지를 쳐낸다는 이유로 나무 를 죽이는 행위이고, 그러한 정부 권력은 자유의 적이라고 비판한다((Franklin, 1737).

다음에 젱거 사건은 뉴욕의 인쇄업자로서 언론인에 해당되는 존 피터 젱거(John Peter Zenger)가 선동적 명예훼손 혐의로 기소되고, 무죄로 판명되는 과정에서 당시 변호를 맡았던 필라델피아의 변호사 앤드류 해밀턴의 주장에서 언론의 자유 사상을 찾을 수 있다. 앤드류 해밀턴은 미국 언론인(인쇄인)이 권력의 폭압에 대한 자유로운 비판은 사회의 중요한 목표이자 자유의 목적, 최선의 목적이므로 젱거의 석방은 억압정치를 좌절시키고, 인위적 권력의 폭로와 비난 권리를 모든 미국인에 보장해 주는 판결이라고 배심원들에게 호소했고, 면소 판결을 얻어냄으로써 이후 명예훼손 혐의에 대해 진실한 의견이 면책이라는 판례로 정립됐다(Altchull, 1990, 212-214).

이어서 미국 헌법과 권리장전의 핵심적 초안자인 제임스 매디슨(James Madison)이 언론 자유 사상을 제도화시키는 과정에 가장 큰 영향력을 행사했다(Altchull, 1990, 217). 매디슨은 미국에서 공화제를 형성하는데 주력하면서 민주주의의 경우 다수에 의한 배제가 일어남을 우려하면서 프랑스의 법 철학자 몽테스키외가 제창한 견제와 균형의 원리를 수용했고, 언론의 자유가 억압적이고 폭압적인 파벌의 영향력을 견제하는 장치로 보았다(Altchull, 1990, 217-218). 언론 자유의 사상은 미국 헌법에서 제외됐으나 이후 권리장전에 포함되어 수정헌법 제1조란 이름으로 채택됐다. 매디슨은 1791년 경 미국의 진정한 통치권자는 여론이고, 시민을 보호하는 신문이 여론을 대변하고, 모든 선량한 시민은 국민의 권리를 감시하는 파수로서 자신의 의견을 공적으로 표현할 의무를 지닌다고 주장했다(Altchull, 1990, 219).

이어서 토마스 제퍼슨(Thomas Jefferson)은 1778년 한 편지에서 "신문 없는 정부보다 정부 없는 신문을 택하겠다."라고 주장했는데 대통령직 은퇴 후인 1810년에는 한 신문 편집인에게 보낸 편지를 통해 언론인의 실정법 준수가 선량한 시민의 고귀한 의무이지만 그 보다 높은 의무는 필연의 법칙, 자기보전의 법칙, 위기에 처한 조국을 구하는 법칙이라면서 언론 자유의 숭고한 가치를 시사했다(Altchull, 1990, 219). 이러한 주장은 언론과 관련해 실정법보다 양심에 근거한 자연법의 우위로 이어지는데, 자연법에 의해 취재 정보의 제공자를 밝히지 않아 실정법에 의해 처벌을 받는 현실의 비판 근거가 된다(Altchull, 1990, 226). 그리고 제퍼슨의 언론 사상은 "… 진리는 위대하고 그 자체에 맡겨두면 널리 퍼지게 될 것이다… 진리는 오류에 대해 적절하고도 충분한 적수이며, 인간의 간섭이 진리의 자연적 무기인 자유로운 주장과 토론을 무장해제 하지 않는다면 그 갈등에서 두려워할 아무 것도 없고, 진리와 오류가 서로 자유로이 반박하도록 허용될 대 오류는 더 이상 위험한 것이 못된다."(Altchull, 1990, 219)고 말했듯이 자동조정원리에서 벗어나지 않는다.

2) 수정헌법 제1조의 내용과 언론의 자유

1791년 12월 15일 미국 버지니아주의 비준된 수정헌법 1조 "의회는 말의 자유 또는 언론의 자유를 침해하는... 어떠한 법률도 만들어서는 안 된다."는 내용은 일반적으로 의회의 입법권 부정과 주별 허용, 사전 제한 불가의 허용으로 검열은 가능, 언론 자유 영역의 확대, 절대적 자유의 보장 선언 등 네 가지로 설명된다(Altchull, 1990, 233-235).

첫째, 의회의 입법권 보장과 주별 허용 주장은 시민의 권력자 비판을 국가의 입법부가 처벌할 수는 없지만 연방의 허용 내용이 주별로 다를 수 있다는 논리다(Altchull, 1990, 233).

둘째, 사전 제한은 불가하되 인쇄 후 검열은 가능하다는 주장은 윌리엄 블랙스톤 경(Sir William Blackstone)이 영국 관습법을 적용한 것으로 자유 언론을 보장하되 위법 행위에는 처벌이 가능하다고 본다. 법안 채택 당시에는 누구나 중요한 주제에 대해 자유롭게 표현하고 비판에 참여할 권리가 있다는 점에서 이러한 견해가 설득력을 지녔을 것으로 보인다(Altchull, 1990, 234).

셋째, 언론 자유 영역의 확대 주장은 올리버 웬델 홈즈(Oliver Wendell Holmes)가 1919년 선언했던 내용처럼 언론의 자유는 '명백하고도 현존하는 위험'을 구성하지 않는 한 보장돼야 한다는 내용이다. 현재 가장 널리 받아들여지는 내용이다(Altchull, 1990, 234-235).

넷째, 절대적 자유를 보장한다는 주장은 제임스 메디슨과 같이 모든 형태의 정부통제로부터 자유롭다는 내용으로 책임을 외면한다는 지적을 받을 수 있다(Altchull, 1990, 235).

이처럼 네 가지 해석이 존재한다는 것은 시대적 상황에 따라서 언론 자유의 내용과 한계가 달라짐을 말한다. 특히 외국으로부터의 잠재적, 현재적 공격이 미국의 안전을 위협한다는 인식은 언론 자유를 제약시키는 요인으로 작용한다. 1798년 미국에서는 프랑스 혁명의 영향이 아메리카 원주민과 프랑스 이민의 힘을 강화시켜 내부 전복을 초래할 것을 두려워했고, 국가안보 수호를 내세우며 외국인법과 치안방해법을 통과시켰다(Altchull, 1990, 236-237). 외국인법은 대통령이 미국의 안전에 위험하다고 여겨지는 프랑스인 중에서 특히 작가를 추방할 수 있도록 허용했고, 치안방해법은 미국정부에 대한 불만을 자극하거나 미국의 이익에 반하여 외국을 고무시키는 허위의 글들을 처벌하도록 했다(Altchull, 1990, 237).

하지만 제퍼슨은 대통령 취임 후인 1801년 두 법에 의해 구금된 모든 죄수들을 사면했다(Altchull, 1990, 237). 또한 매디슨은 두 법이 위헌적이고 파괴적인 이유로 유일하게 다른 모든 권리를 보호하는 언론 자유를 국민으로부터 박탈하기 때문이라고 주장했는데 이 표현은 지금까지도 미국의 언론인에게 영향을 준다(Altchull, 1990, 237-238). 매디슨은 또한 수정헌법 제1조의 내용이 사전(事前)에만 보장되고 사후(事後)에는 처벌로 이어질 경우 언론을 위축, 무력화시켜 공중에 대한 봉사 기능을 상실하도록 만든다고 지적하고, "실책과 억압을 극복하고 이성과 인간성이 획득한 그 모든 승리에 대하여, 세계는 남용으로 얼룩져 있는 바로 지금의 언론에 빚을 지고 있는 것이다."라며 심지어 언론자유의 남용조차도 불가피한 측면이 있으므로 수용할 것을 주장했다(Altchull, 1990, 239-240). 매디슨은 언론 자유의 절대성을 선언했고, 사회를 감시할 파수견의 원칙을 주장했고, 공중의 알 권리 개념을 맹아적으로 제시했고, 언론의 교육적 역할도 완곡하게 언급했다(Altchull, 1990, 240).

언론 자유를 조심스럽게 제한할 것을 주장하는 시각은 알레산더 해밀턴이 1804년 해리 크로스웰(Harry Croswell)이 뉴욕에서 발행한 『와습』(*Wasp*)에서 제퍼슨을 공격한데 따라서 선동적 명예훼손죄로 유죄선고를 받았던 재판에서 찾을 수 있다. 해밀턴은 크로스웰의 제퍼슨 비판은 언론의 남용과 중상비방이 아니라 진실성에 기반하여 권력의 침해를 경계한 것으로 존 밀턴의 사상을 따르지만 고의성 있는 범죄와 미국인이 존경하는 제도 그 자체를 해칠 수 있는 잘못을 제한할 필요가 있다고 말했다(Altchull, 1990, 243-245). 즉 해밀턴은 언론이 선의의 동기로 정부나 개인의 잘못을 진실에 바탕하여 공표하는 것은 허용되지만 제한받지 않는 언론에 의한 중상비방은 미국의 역병이 될 것이라고 본다(Altchull, 1990, 245에서 재인용).

미국에서 언론 자유는 수정헌법 제1조의 영향으로 다른 개인적 기본권에 비해 우월적 지위를 누리는데, 1964년 뉴욕타임스 대 설리번 사건에서 대법원으로부터 언론이 정부와 정치권에 대해 자유롭게 비판할 수 있는 이른바 '숨쉴 수 있는 공간'의 필요성을 강조했고, 거츠 대 웰츠 사건에서 대법원은 의견에 있어 잘못된 -오류가 있는- 언사란 없으며 비록 사회적 비용을 지불하더라도 공직자와 사회적 공인에 대해 비판할 자유를 최대한 지켜야 한다고 판결했다(Smolla, 2000; Carter et al, 1994; Gillmor, Baron, Simon, & Terry, 1996; 376 U.S. 1964; 418 U.S. 323 1974; 이상 이재진, 2009에서 재인용).

3) 미국 사회의 변화와 언론의 자유

미국은 건국 이후 드넓은 서부를 향해 영토를 확장하고, 개척을 통해 경제를 성장시켰다. 미국 사회의 성장 과정에서 언론 자유 사상은 경험과 실천을 통해 조정, 보완되는 과정을 겪는다. 알철(1990)은 19세기 이후 미국 언론 사상에서 자리를 잡은 다섯 가지 요소로 낙관주의, 실용주의, 탐사언론, 언론 권력, 회의주의 등을 제시한다(Altchull, 1990, 346). 첫째, 낙관주의는 기회의 땅 미국에서 경제적 발전과 정치적 민주주의를 뿌리내리고, 지리적 팽창과 인종적 이민의 수용을 통해 확장해 나가는 현상에서 언론인들이 갖게 됐다. 남북전쟁 이전까지의 특징을 보여주는 낙관주의는 미국의 성장 과정에서 형성됐으므로 언론은 미국의 발전상을 찬양했고, 언론 역시 더 많은 독자를 확보하기 위해 경쟁에 주력했다. 신문의 역할은 시민의 교육과 정보의 제공 등 두 유형으로 나뉘는데, 전자는 언론의 공익적 역할을 고민했고 후자는 선정적 뉴스로 오락적 역할에 치중했는데 태평성대 상황에서 후자의 사업적 성공이 두드러졌다. 이러한 상황에서 언론 자유 사상은 크게 조명을 받지 않았고, 오히려 언론 자유를 선정적 보도로 보여주고, 성공한 사람과 기업을 칭찬하지만 소외된 자를 외면한 보도가 적절한 가라는 질문을 받을 수 있다.

둘째, 실용주의는 미국 사회에서 이론보다는 실제를 지향하는 경향을 반영하는데 윌리엄 제임스(William James)에 의하면 고정된 원칙과 폐쇄체계 그리고 가장된 절대와 기원에 근거를 둔 모든 추상과 현실을 거부하고, 열린 마음으로 구체적인 것에 전념하며 행동과 힘을 지향한다(Altchull, 1990, 412-419). 듀이의 도구주의와 제임스의 실용주의 모두 사고를 포기하고 행동을 지향한다는 비판을 받았다. 남북전쟁은 노예제 철폐에서 보듯이 미국 사회의 개혁을 의미했고, 후에는 민주주의를 지향하고 공유하는 정신으로 계승됐는데 언론은 이러한 과정에서 민주주의를 공유하는 도구적 성격을 지녔다. 민주주의는 정보를 갖춘 공중의 의사결정에 의존하므로 언론은 국민의 알 권리를 충족시킬 것을 요구받았다. 미국의 성장이 탐욕으로 변질되면서 보통사람들의 과실이 사라지는 빈부 격차 상황이 전개되면서 언론 자유 사상은 미국의 꿈을 배신한 산업가와 정치인에 대한 비판으로 나타났다.

셋째, 탐사언론은 미국 사회의 발달과정에서 나타난 부작용과 관련된다. 즉 언론은 한편으로 황색언론 현상과 사회적 부정부패의 매개물 역할에서 보듯이 그 자체로 부패하거나 책임감이 결여됐다는 비판을 받으면서 균형된 역할을 수행하기 위해, 그리고 다른 한편으로 식민지 시대 비판의 전통을 이어받은 추문 폭로 활동을 현대에 와서는 엄밀한 취재, 분석 방법을 적용하여 집중적으로 문제점과 해결 방향을 제기하는 탐사보도로 나타났다(Altchull, 1990, 485-537). 언론 자유가 사회를 위한 것이 아니라 언론 자신의 이익을 추구할 때 나타나는 현상 중의 하나가 독자의 관심을 끌기 위해 사건을 선정적으로 보도하고, 상황을 비이성적으로 이끌어가는 황색언론 현상이다. 폭로언론인들은 정치인과 경제인의 부정부패를 폭로함으로써 사회적 개혁 운동을 고취하기도 했고, 허친스위원회로부터 언론 자유를 부여받고서 무의미하고, 천편일률적이고, 왜곡된 내용으로 오해를 영속화한다는 비판과 더불어 언론의 사회적 책임을 요구받은데 부응하여 탐사언론으로 출구를 찾았다(Altchull, 1990, 499-537).

19세기 후반부터 20세기 초까지 미국 언론이 기업의 성장에 따른 독과점 폐해에 대해 폭로 저널리즘을 보이고 신문 기업의 성장을 위한 광고 확대에 적극 나서는 가운데, 언론이 자본가와 정치인에 의해 비밀리에 소유되어 기업과 정치에 대한 비판 기능을 약화시키고, 기업이 제공하는 광고를 기사와 구분되지 않도록 게재하고, 발행부수를 공개하지 않은 채 높은 광고수입을 축구하는 경향이 확대되었다(Lawson, 1993; 채백, 2001). 그러자 연방 의회와 정부는 신문의 소유주 공개를 비롯해 광고와 기사의 구분 표시, 그리고 발행부수 공개 제도화 등을 내용으로 하는 신문공개법(1912)의 제정을 시도했는데, 이 과정에서 대다수 신문은 언론 자유의 억압 논리를 내세워 반대했으나 대법원은 신문에 대한 우편물 특혜를 받기 위해서는 공개조치라는 규제가 합헌이라고 판결했고, 언론계 내부에서도 일부로부터 언론의 신뢰성 제고를 위해 수용돼야 한다는 입장이 확산되면서 정착됐다(Lawson, 1993; 채백, 1912).

넷째, 언론 권력은 현대 사회에서 미디어가 갖고 있는 막강한 힘의 정당성 문제와 더불어 그러한 힘을 어떻게 사용할 것인가에 관한 내용이다. 신문의 성장과 텔레비전의 편재성 시대를 겪으면서 언론인이 뉴스를 통해 대중의 가치관 형성에 막대한 영향을 미치는 현실에서 언론 권력은 낯설지 않은 개념이 되었다. 특히 "『월드』지는 대통령보다 더 강력해야 한다. 대통령은 당파성과 정치라는 족쇄에 구속되어 있고, 단지 4년의 임기를 가지고 있을 뿐이다."(Altchull, 1990, 542)고 퓰리처가 말한 것은 미국 사회에서 언론의 힘이 커진데서 나왔다. 하지만 매스미디어의 권력 행사가 갈브레이드의 지적처럼 조작력과 설득력을 통해 조건화된 권력 행사로서 개인은 자신이 통제되고 있는지 모르는 상황이라면 결코 긍정적 평가를 받기 힘들다(Altchull, 1990, 542). 언론 자유가 언론 기업에 의해 전유될 때, 언론 독점으로 이어지고, 사회의 지배와 이익 추구로 나타날 가능성 다분함을 보여준다.

1차 세계대전을 겪으면서 미국의 언론은 정확한 사실을 제공하기보다는 사실의 선택과 해석, 평가 등의 과정을 거쳐 그려진 이미지를 전달해 여론을 조정한다는 비판이 제기됐다(Lippmann, 1922). 또한 언론의 자유가 시민과 언론인의 자유가 아니라 언론사의 자유로 변질됐고, 기업가에 의해 지배된 채 사실을 왜곡하거나 또는 선정주의적 보도에 치중한다는 비판이 커졌다(Siebert et als., 1963). 이런 상황에서 루스벨트 대통령의 뉴딜 정책과 노동정책은 언론에 대해서도 노동시간, 최저임금 보장, 노조결성권 보장 등을 적용하자 언론은 언론사의 이익을 침해한다는 점에서 반발했다. 그러자 사회적으로 언론이 정확한 사실이 아닌 진부하고 왜곡된 보도를 통해 공중의 잘못된 현실이해를 영속화한다는 인식과 비판을 형성했고, 이는 1943년 12월 당시 미국 시카고대 총장인 로버트 허친스(Robert M. Hutchins)를 위원장으로 하고, 위원과 외국자문위원, 실행위원 등 모두 21명으로 구성된 허친스 언론자유위원회(The Commission on the Freedom of the Press, 이하 보고서 내용은 CFP, 1947로 표기)를 출범시켜 연구를 진행했고, 이들은 1947년 3월 보고서를 제출했다(장호순, 2001). 허친스 위원회의 활동 배경은 미국 언론의 소유집중, 독점화와 정치활동이 극심한데 대해 거부감이 형성됐고, 독일과 이탈리아 등에서 파시즘 정권의 출범이 자유주의에 따른 합의 창출어 어려워질 경우 정쟁 불안으로 독재자를 초래했고, 뉴스와 사실이 오락성과 이미지에 압도당했고, 영리를 추구하는 미디어가 문화 수준을 하락시켰다는 인식의 확산 등이다. 허친스 위원회는 표현의 자유를 사회적이고 공동체적인 필수 사항으로 해석하고 권리이자 의무로 보았는데, 언론자유의 본질을 정부로부터 개인의 권리를 제한받지 않는 자유(freedom from)와 다양한 사상에 접근하기 위한 자유(freedom for)를 모두 포괄하는 이중적인 개념으로 수용했다(CFP, 1947). 즉 자유는 행동범위의 제한이 없고, 그러한 행동을 위한 장비와 시설을 갖는 것으로 시민의 액세스권이 언론의 자유의 실질적 측면에서 강조됐다. 위원회는 미국의 전통적 언론 자유 개념이 자유주의(liberalism)에 대한 과도한 열정에 근거했고, 이성적 인간론이 적용되지 않을 경우 표현의 자유가 실제로 적용되지 않으므로 언론의 사회적 책임이 더욱 중요해졌고, 외부의 개입보다는 언론사의 자율적 제한이 필요하고, 미디어가 정보와 토론의 전달자로서 책임성 있는 자유(accountable freedom)라는 도덕적 의무를 수용할 것을 제안했다(CFP, 1947).

다섯째, 회의주의는 모든 정보를 과학적으로 조사하고, 보고 들은 것을 냉정하게 의심하고, 답을 구하기 위해 질문을 제기하고, 검증에 의해서만 진리에 도달하는 언론 현상과 언론인의 자세를 말한다(Altchull, 1990, 611-612). 언론의 파수견 역할에 대한 강조는 감시를 넘어 권력과 사회에 대한 적대적 문화로 이어지기도 한다. 전파시대의 등장과 진전에 대해 캐나다인 마샬 맥루한(Marshall McLuhan)은 미디어의 형태가 내용을 압도한다는 점에서 "미디어는 메시지다."라고 말하고, 캐나다인 해롤드 이니스(Harold Inis)는 미국의 정치적, 경제적 권력자들이 자신의 커뮤니케이션 미디어로 유권자를 통제하여 권력을 유지한다고 주장했다(Altchull, 1990, 611-633). 현대 미국 사회에서 언론의 도덕성 문제가 제기될 때, 언론의 공공 봉사 기능에 모든 미국 언론인이 동의한다. 따라서 이익 추구적 상업주의 언론은 수정헌법 제1조가 부여한 언론 자유 보장의 주체가 되기 어렵다(Altchull, 1990, 654). 하지만 이는 이상일 뿐 현실은 극심하게 경쟁적으로 변화하는 환경에서 언론의 생존이 시급한 상황에서 언론 자유의 내용과 한계를 돌아볼 여유가 없다.

2001년 9.11 테러는 미국 정부로 하여금 국가안보를 최우선의 가치에 두고 다양한 보안조치와 관련 법을 도입하도록 했고, 이에 따라 언론 자유를 크게 악화시켰다. 큰 틀에서 보면 행정부의 권력이 국회 및 법원에 비해 강화되면서 민주주의 견제와 균형 원리가 붕괴됐고, 개인의 사생활이 축소되고 국가가 시민 개개인의 생활을 감시하고, 필요한 정보를 쉽게 수집 공유하도록 했다(한종호, 2004). 특히 2001년 10월 26일 서명된 애국법(USA Patriot Act)은 수사기관과 정보기관에 거의 무제한의 권한을 부여하며 인권제한 및 프라이버시 침해논쟁을 일으켰다(한종호, 2004). 2002년 11월 법안통과로 신설된 국토안보부(Department of Homeland Security)는 미국 본토를 겨냥한 테러위협에 대한 정보를 다른 기관들로부터 수집해 적적한 조치를 취할 수 있다는 규정에 따라서 다양한 조치를 시행하므로 시민의 자유와 권리를 침해할 가능성을 높였다(한종호, 2004). 이에 따라 미국에서 1928년 확립된 프라이버시 권한이 취약해졌다. 미국 연방대법원의 루이스 브랜다이스 대법관은 프라이버시 권리에 대해 "모든 권리들 가운데 가장 포괄적인 것으로 문명사회에서 가장 가치 있는 권리다"(Olmstead vs. United States, 277 U.S. 438, 478, 1928. 한종호, 2004에서 재인용)라고 말했는데, 9.11 이후 테러의 위협 감소를 위한다는 명분으로 강화된 감시, 통제 법안과 부처에 의해 프라이버시를 우려하는 시각이 커졌다. 이에 따라 미국 정부는 건국 초기의 열린 정부에서 닫힌 정부로 바뀌었고, 이에 저항하고 비판하는 언론의 자유는 애국법과 국토안보부의 감시와 통제 속에서 실종되었다(한종호, 2004). 최근의 이라크, 아프가니스탄 전쟁에서 미국 언론의 보도는 언론 자유가 아니라 관리된 언론의 모습을 드러내는 점에서 건국 초기의 언론 자유 사상을 찾기 어렵다.

4. 결론

1) 미국 언론 자유 사상의 특징

미국 언론 자유 사상은 현실과 이상의 변증법이다. 언론 자유 사상의 이상이 영국에 뿌리를 두고 있다면 현실은 미국의 환경과 역사에 따라서 다양하게 펼쳐지기 때문이다. 미국을 건설한 식민지 이주민들은 유럽에서 출발했다. 영국의 근대 언론 사상이 가장 큰 영향을 미쳤고, 아울러 프랑스, 독일 등의 사상도 미국 언론 자유 사상에 스며들었다.

근대 영국의 언론 자유 사상가인 밀턴, 홉스, 로크 등의 사상이 미국 언론 자유 사상의 뿌리가 되었다. 밀턴의 '사상의 자유롭고 개방된 시장의 자동 조정 원리'는 미국의 수정헌법 제1조에서 규정한 언론 자유의 제한 법률에 대한 입법 금지에 영향을 주었고, 이후 언론에 대한 규제와 탄압에 대한 반박 논리를 제공해 주었다. 청교도 입장에서 가톨릭에 대항했던 밀턴의 주장은 기독교의 영향력이 강한 미국 사회에서 폭넓게 수용됐다. '사상의 자유 시장'과 '시장의 자동 조정 원리'는 특히 자본주의 발달 과정에서 시장의 역할이 확산되면서 유럽식 왕정과 귀족정 중심의 정치체제인 국가 개념을 거부한 미국에서 순조롭게 정착됐다.

홉스는 언론 자유가 국가와 어떤 관계에 있는지 주목했다. 인간의 자연권은 자연 상태에서 최대한 보장되지만 동물적 상호 투쟁으로 인해 불안정하므로 이를 보호하기 위해 이성적 계약을 거쳐 국가를 출범시키고, 국가에게 자유를 제한할 권한을 부여하듯이 언론 자유 역시 공동체의 안전과 보호 차원에서 제한될 수 있다는 논리를 제공한다. 국가가 어느 정도로 언론 자유를 제한할 것인가는 시대적 상황에 따라 다르지만 미국 대법관 홈스는 '명백하고 현존하는 위험의 원칙'을 제시해에서 현실적 차원에서 언론 자유를 최대화하도록 했다.

로크의 언론 자유는 소수를 보호한 다수의 민주주의에서 찾을 수 있다. 즉 다수결로 구성한 정부가 언론 자유를 제약할 수 있지만 어디까지나 국민의 평화와 안전 및 공공의 복지에 제한된다. 아울러 최종 권한은 시민이 지니므로 부당할 경우 저항할 수 있다. 로크의 언론 자유 사상 역시 언론 자유를 제한하는 조건으로서 '명백하고 현존하는 위험의 원칙'을 뒷받침한다. 이와 함께 언론의 독과점에 따른 제반 문제점이 일어날 경우 향후 언론 자유 확보를 위한 저항의 논리를 제공할 수 있다. 언론의 독과점이 여론을 지배하는 질적 차원에서 다수적 입장이라면 현실적 소수의 언론 자유 박탈이 회복돼야 하고, 양적 차원에서 언론 지배 집단이라는 소수적 입장이라면 언론을 향유하는 다수 시민의 지배를 받는 것이 민주주의 원리에 부합하기 때문이다.

미국의 언론 자유 사상은 미국 내의 역사적 경험과 논쟁을 통해 줄기를 형성하고 가지를 뻗어나갔다. 유럽의 왕정과 귀족정의 억압을 벗어나 신대륙에 도착한 미국의 건설자들은 시민 개인의 자유와 권리를 강조했고, 초기 정치인들인 벤자민 프랭클린을 비롯해 젱거 사건과 제임스 메디슨, 토마스 제퍼슨 등에 의해 구체화됐다. 먼저 벤자민 프랭클린은 언론 활동을 통해 밀턴의 자동조정원리를 설파했고, 권력이 언론을 처벌할 경우 자유의 적이 된다고 비판했다. 젱거 사건은 뉴욕의 언론인이 권력자를 비판하여 선동적 명예훼손 혐의로 기소됐을 때, 권력의 폭압에 대한 자유로운 비판은 사회의 중요한 목표이자 자유의 목적, 최선의 목적이라는 변호사 앤드류 해밀턴의 주장을 통해 면소 판결을 얻어냈다. 미국 헌법과 권리장전의 핵심적 초안자 제임스 매디슨은 견제와 균형의 원리를 수용 과정에서 언론 자유를 억압적이고 폭압적인 파벌의 영향력을 견제하는 장치-파수-로 간주하여 수정헌법 제1조로 자리잡도록 했다. 토마스 제퍼슨은 밀턴의 사상에 동감하고, "신문 없는 정부보다 정부 없는 신문을 택하겠다."고 말했고, 나아가 언론인은 때로 실정법 준수보다 자연법을 통해 필연의 법칙, 자기보전의 법칙, 위기에 처한 조국을 구하는 법칙에 따를 의무가 있다면서 언론 자유에 높은 가치를 부여했다.

수정헌법 제1조의 "의회는 말의 자유 또는 언론의 자유를 침해하는... 어떠한 법률도 만들어서는 안 된다."는 내용은 언론 자유 사상의 핵심을 담고 있다. 현실적으로 홈즈가 1919년 선언했던 내용처럼 '명백하고도 현존하는 위험'을 구성하지 않는 한 보장돼야 한다는 내용으로 해석된다. 하지만 미국 언론 자유에 대한 도전도 종종 있었다. 1798년 미국에서는 프랑스 혁명의 영향이 아메리카 원주민과 프랑스 이민의 힘을 강화시켜 내부 전복을 초래할 것을 두려워하여 통과시킨 외국인법과 치안방해법은 언론 자유 억압에 악용되었고, 제퍼슨은 대통령 취임 후인 1801년 두 법에 의해 구금된 모든 죄수들을 사면하기도 했다. 매디슨도 두 법이 위헌적이고 파괴적인 이유로 유일하게 다른 모든 권리를 보호하는 언론 자유를 국민으로부터 박탈한다고 주장했는데 이러한 사상은 여전히 현대 미국 언론 자유 사상의 기초를 이룬다. 언론 자유의 한계와 관련해 알렉산더 해밀턴이 말했듯이 언론이 선의의 동기로 정부나 개인의 잘못을 진실에 바탕하여 공표하는 것은 허용되지만 제한받지 않는 언론에 의한 중상비방은 미국의 역병이 될 것이라는 시각이 영향을 주었다.

미국 사회의 성장과정에서 언론의 자유도 부분적으로 변화했다. 알철(1990)은 미국의 성장 과정에서 영향을 미친 시대별 주요 사상으로 낙관주의, 실용주의, 탐사보도, 언론권력, 회의주의 등을 제시했다. 미국 독립이후 남북전쟁시기까지 개척과 성장을 구가하면서 두드러진 낙관주의 속에서 언론 역시 성장과 오락적 상업화 속에서 언론 자유 사상을 돌아볼 여가를 갖지 못했다. 남북전쟁과 노예제 철폐 이후 미국 사회의 개혁과 민주주의 지향 속에서 실용주의 정신이 팽배했고, 언론은 민주주의를 위한 도구로 간주됐고, 국민의 알 권리 충족을 요구받았다. 미국의 성장이 정치인과 경제인의 탐욕으로 변질되면서 언론 자유 사상은 부패한 권력 비판으로 나타났다. 20세기 초 미국 사회의 부작용이 두드러지고, 언론도 부패와 책임감 부재의 비판 대상이 되면서 탐사언론이 주목받았다. 허친스 위원회가 제출한 언론의 4이론에서 미국 언론은 자유 언론이 가져온 부작용과 무책임을 극복하기 언론의 사회적 책임을 지향할 것이 담겨있다. 20세기 전반에 걸쳐 언론의 힘이 강화됐고, 언론권력에 대한 사회적 우려가 확산됐다. 퓰리처는 언론이 대통령보다 막강하다고 말했고, 갈브레이드로부터 조작력과 설득력을 통해 조건화된 권력 행사란 부정적 평가를 받았다. 허친스 위원회는 언론의 자유와 관련해 간섭 받지 소극적 자유에 필요한 정보에 접근할 적극적 자유를 강조했고, 언론사의 자유가 아니라 시민에게 균형 있고 공정한 정보를 제공할 책임감있는 자유를 강조했다. 20세기 후반 이후 언론은 모든 정보를 과학적으로 조사하고, 보고 들은 것을 냉정하게 의심하고, 답을 구하기 위해 질문을 제기하고, 검증에 의해서만 진리에 도달하는 회의주의 자세를 취했다. 전파시대의 등장과 진전으로 미디어의 형태가 내용을 압도하는 "미디어는 메시지다."(맥루한)와 권력의 미디어 지배 현상(이니스) 등이 지적됐다. 수정헌법 제1조가 부여한 언론 자유 보장의 주체가 민주주의와 인권을 지키는 언론인지 아니면 상업적 이익을 추구하는 언론인지 돌이켜보아야 될 상황이다. 아울러 2001년 9.11 이후 미국은 국가 안보를 최우선으로 하며 감시, 통제 체제를 강화함으로써 시민의 프라이버시가 약화되고, 언론은 관리된 상태에 안주하여 언론 자유 사상의 옛 모습은 찾아보기 힘든 현실이다.

2) 미국 언론 자유 사상의 영향

지금까지 살펴본 미국 언론 자유 사상은 우리나라 언론 자유에도 영향을 주었다. 1945년 해방 이후 우리나라 언론의 형성과 발달에 미국의 영향이 컸기 때문이다. 하지만 분단과 독재정권, 시민혁명, 군사정권과 민주화, 소통부족 등의 역동적 변화를 거친 우리나라의 언론 자유 사상은 일부 다르다. 미국의 언론 자유 자상이 한국에 던져주는 함의는 다음 세 가지다.

첫째, 미국의 언론 자유 사상은 영국 등 유럽의 혁명 사상과 미국이 식민지로부터의 독립을 배경으로 하듯이 투쟁과 승리의 산물이라는 점이다. 이런 배경은 미국의 언론 자유 사상을 가장 이상적 개념으로 형성했다. 하지만 한국의 경우 일본으로부터의 해방은 스스로 쟁취하기보다는 미국 등에 의해 주어졌고, 군정을 거치는 과정에서 효율적 치안 유지에 주된 목적을 두었고, 언론 자유 사상 개념은 약화됐다.

둘째, 일제 식민지 탈피, 한국전쟁과 분단을 거친 국가 형성기 우리 언론의 가치와 목표는 통일과 민족주의를 중시했고, 이에 따라 건국 당시의 제도 형성 과정에서 언론 자유에 대한 관심과 제도화 노력이 미국에 비해 상대적으로 감소했다. 특히 분단 상황은 장기간 민주주의 정착을 지연시키고, 군인의 정치참여와 권위주의 체제를 지속시키면서 언론

자유 사상에 대한 논의를 제약하는 요인으로 작용했다.

셋째, 1960년 4.19 시민혁명을 비롯해 1980년 5.18 민주항쟁, 1987년 6월 민주화 등은 시민의 권리를 억압한 독재정권, 군사정권, 권위주의 체제 등에 대한 저항의 승리와 실패를 반복적으로 경험하면서 서구 언론 자유 사상에 대한 관심과 수용이 확대되기 시작했다. 서구의 시민혁명과 민주화를 압축적으로 경험한 우리나라 언론 자유 사상은 서구의 언론 자유 사상의 핵심 요소를 적극 포함했다.

넷째, 미국 언론 현실의 변화 모습은 상당 부분 한국 사회에서도 재현되고 있으므로 언론권력이나 회의주의 같은 언론 자유 사상의 요소가 우리나라 언론 자유 사상에서도 주목할 필요가 있다. 즉 언론 자유가 언론 기업에 의해 전유될 때, 언론 독점으로 이어지고, 사회의 지배와 이익 추구로 나타날 가능성이 큰 상황에서 언론사에게 상업적 이익을 추구할 언론 자유를 줄 것인지 아니면 시민과 언론인에게 민주주의와 인권을 추구할 언론 자유를 줄 것인지에 대해 고민할 때다.

다섯째, 1990년대 인터넷이 확산되고, 방송의 다매체 다채널 시대 전환, DMB, IPTV 등의 새로운 영상미디어 확대, 소셜미디어의 확산과 같은 현상은 한편으로 서구와 우리나라의 동조화 추세를 보여주고 다른 한편으로 우리나라의 IT 기술 발달에 따라 서구보다 새로운 현상을 먼저 겪을 가능성이 커짐에 따라서 언론 자유 사상 역시 새로운 내용 구성을 요구받고 있다.

끝으로 이 글의 한계는 미국 언론 자유 사상의 형성과 변화에 영향을 준 주요 사상가를 비교적 거시적 관점에서 접근했기 때문에 미국과 유럽의 다양한 언론인과 사상가를 충분히 다루지 못했다는 점이다. 향후 연구는 언론 자유의 구체적인 주제를 중심으로 보다 세부적인 내용으로 접근할 필요가 있다.

참고문헌

노명식. 1992.『자유주의의 원리와 역사』. 서울: 민음사.

박무성. 1988.『서양근대사 총론』. 서울: 법문사.

박용상. 1982.『언론의 자유와 공적과업』. 서울: 교보문고.

로크, 존. 이극찬 옮김. 1982.『세계사상전집 13 통치론/자유론』 서울: 삼성출판사.

이재진. 2009.『인터넷 언론 자유와 인격권』. 서울: 한나래.

이진로. 1998. "컴퓨터 통신 시대 언론 자유의 개념 형성에 관한 연구." 『사회과학연구』 21집. 경희대학교 사회과학연구소.

장호순. 2001. "미국의 허친스 위원회." 『언론개혁』 4호(겨울). 248-263.

채 백. 2001.『미국의 언론 개혁: 1912년의 신문 공개법을 중심으로』. 서울: 한나래.

한국철학사전연구회 편. 1989.『철학대사전』. 서울: 동녘.

한종호. 2004.『빅브라더 아메리카: 9.11 테러와 표현의 자유』. 서울: 나남.

홉스, 토마스. 한승조 옮김. 1983.『리바이어던』. 서울: 삼성출판사.

홍사중. 1982.『영국혁명사상사』. 서울: 전예원.

J. H. Altchull, 1990. *From Milton To Mcluhan, Longman.* 양승목 옮김. 1993. 『현대언론 사상사: 밀턴에서 맥루한까지』. 서울: 나남.

T. B., Carter, M. A. Franklin & J. B. Wright, 1994. *The First Amendment and the Fourth Estate.* New York: Foundation Press.

B. Franklin 1737. "On Freedom of Speech and the Press". *Gazette Philadelphia. November.* in Bared Sparks. 1836. *The Works of Benjamin Franklin: Containing Several Political and Historical Tracts. Vol 2.* Boston: Tappan and Whittemore. 289-310.

D. M. Gilmor,, T. F. Simon, & H. A. Terry, 1996. *Fundamentals of Mass Communication Law.* St. Paul, MN: West Publishing.

Lawson, Linda. 1993. *Truth in Publishing: Federal Regulation of the Press's Business Practice, 1880-1920.* Carbondale: Southern Illinois University Press.

W. Lippmann, 1922. *Public Opinion.* http://xroads.virginia.edu/~Hyper/lippman/contents. html/

Milton, J. 1644. *Areopagitica.* http://www.dartmouth.edu/~milton/reading_room/areopagitica/

F. S. Siebert, T. Peterson , W. Schramm, 1963. *Four Theories of the Press: The Authoritarian, Libertarian, Social Responsibility and Soviet Communist Concepts of What the Press Should Be and Do.* University of Illinois Press.

R. A. Smolla, 2000. *Law of Defamation.* New York: West Group.

The Commission on the Freedom of the Press. 1947. *A Free and Responsible Press. University of Chicago.* 김택환 옮김. 2004. 『자유롭고 책임있는 언론』. 서울: 커뮤니케이션북스.

제3부

민주주의와 자유언론(II) : 현실과 과제

영국의 인터넷 감시 강화법안과 표현의 자유 논의

김동규*

1. 서언

영국인들의 상상력을 지배하는 이미지 중 하나가 되어버린 조지 오웰의 소설『1984』에는 고도의 감시통제 체제에 대한 다음과 같은 묘사가 있다.

> 층마다 승강기 맞은편 벽 포스터에 그려진 거대한 얼굴이 그를 내려다보고 있었다. 그림을 바라보고 있는 사람이 움직이면 그 그림의 눈동자도 따라 움직이도록 고안되어 있었다. 그림 아래에는 '**빅브라더는 당신을 지켜보고 있다**'라는 표제가 적혀 있었다. (…) 텔레

* 케임브리지대

> 스크린은 실시간 수신과 송신이 가능했다. 아무리 조용한 속삭임일지라도 윈스턴이 내는 모든 소리는 텔레스크린의 시계(視界) 안에 들어와 있는 한 그의 모든 행동이 그들의 감시 대상이 되었다. 물론 감시를 당하는 사람의 입장에서는 어느 순간에 감시를 당하는지 알 길이 없었다.[1)]

현재 진행중인 '전자통신' 혁명은 이러한 '빅브라더' 수준의 감시를 하나하나 실현해나가고 있다. 권력자가 마음만 먹는다면, 예컨대 '국가안보'라는 명분을 앞세워 감시와 통제를 하기로 마음만 먹는다면, 권력자는 언제든 '빅브라더'가 될 수가 있는 것이다. 기존의 텔레비전은 '일방통행'(one way)이었다. 즉, 방송국에서 쏘는 전파가 화상으로 바뀌어 우리들 앞에 재현될 뿐이었다. 하지만, 스마트폰처럼 '터치스크린'을 쓰는 텔레비전이 보편화될 것이며, 이 '터치스크린'의 표면이 '터치' 즉 촉각을 넘어 시청자의 움직임까지 볼 수 있게 되는 날도 멀지 않았다. 삼성전자의 최신 스마트폰은 사용자의 눈을 읽어 사용자가 눈을 오랫동안 감고 있으면 스크린이 자동으로 꺼진다. 조금씩 조지 오웰이 상상했던 '쌍방향'(two way)의 '텔레스크린'이 실현된다는 이야기다. 스마트폰을 통해 어떤 특정인의 '동선'(動線)을 계속 기록해둘 수도 있다. 한국에서는 배우자나 애인의 동선을 추적해주는 서비스도 수 년 전에 나왔다. 권력의 분산, 직접민주주의의 실현을 위한 도구로만 느껴지는 '인터넷'과 '정보통신혁명'이 권력의 집중 수단으로도 이용될 수가 있는 것이다. 이와 관련해서 영국 케임브리지대학 학생의 한 '아동 포르노' 사건을 통해 현재의 인터넷 감시 수준을 엿볼 수 있다. 2007년 10월 경찰이 케

---

1) 조지 오웰, 『1984』(서울: 펭귄클래식코리아, 2009), 28-29.

임브리지 학생이었던 조너던 젠킨스(Jonathan Jenkins)의 방을 급습했다. 그리고 그의 컴퓨터 하드디스크에 저장해둔 포르노 사진들 중 293장의 '아동 포르노' 사진들을 발견한 후 그를 '아동성학대' 혐의로 체포했다. 2009년 영국법원은 위험한 성적 '습관'(habit)을 지적하며 유죄판결을 내렸다. 구체적인 '아동성학대' 행위가 아니라 그러할 가능성이 있는 '습관'에 대해 벌을 내린 것이다. 영국 경찰이 젠킨스가 '아동포르노' 사이트를 수시로 방문하고 있는 것을 지켜보고 있었다는 점도 이 사건을 통해 드러났다. 보통 네티즌들은 인터넷이 자신들의 은밀한 공간이라고 생각하기 쉬운데, 기술적으로 인터넷서비스 제공회사, 경찰 모두 네티즌들의 인터넷 활동을 볼 수 있고, 또 나라에 따라서는 실제 보고 있다.

2006년 6월 10일 발간된 과학매거진 『뉴사이언티스트』(*New Scientist*)는 미국 국방부의 감청조직인 NSA가 페이스북과 같은 소셜미디어의 감청 및 감시정보의 활용을 위한 연구 지원에 적극적이라고 한다. 이런 점을 잘 알고 있는 실리콘 밸리의 한 전문가는 "사람들이 자발적으로 자신들에 대한 자세한 정보를 온라인상에 올리는 것을 보면서 계속해서 쇼크를 받고 있습니다." 이러한 전문가들은 이러한 현상을 도·감청자들의 꿈이라고 생각한다. 어떤 전문가는 "당신이 온라인상에 올리는 모든 것들은 당신의 이력서에 계속 첨부되고 있습니다"라고도 이야기한다. 실제로 NSA는 9/11테러 이후 수많은 통화를 감청해왔고 이에 대해 미의회조사처(CRS)는 불법성을 지적하기도 했다. NSA에는 매달 4백만 기가바이트의 정보가 축적되고 있다고 한다.[2)]

필자는 본고에서 인터넷혁명, 정보통신혁명의 두 가지 측면, 즉 권력

2) Paul Marks "Keep out of MySpace," *New Scientist*, vol. 190, no. 2555 (June 10-June 16, 2006), 30

의 분산을 위한 도구가 될 수 있다는 점과 감시의 강화를 통해 권력의 집중을 도울 수 있다는 점 중에서 일단 '감시의 강화'라는 어두운 면을 중심으로 기술적 측면을 살펴 본 후, 현재 영국에서 진행되고 있는 인터넷감시강화 법안, 속칭 '도청면허장'(Snooper's Chart)을 둘러싼 영국 언론의 논의를 살펴보려 한다. 영국인들은 통신에 있어서의 자유를 표현의 자유, 언론의 자유의 핵심적 요소로 이해하고 있다.

2. 인터넷을 통한 기본적인 감시기술

인터넷이 사람들의 '참여'를 확대해 민주주의의 심화확대에 도움이 되기 위해서는 무엇보다 프라이버시가 보장되어야 한다. 1998년 미국의 한 여론조사에서 인터넷 사용자들의 78%가 "프라이버시만 보장된다면 인터넷을 더 많이 사용할 것"이라고 응답했다.[3] 하지만, 인터넷 이용에 있어서 프라이버시 보호는 기술적으로 매우 취약한 상황이다. 감시하는 쪽에서 보자면 인터넷만큼 고마운 것이 없다. 네티즌들이 자신들의 모든 움직임 하나하나의 흔적을 여러 군데에 남기고 있기 때문이다. 그래서, 자신들의 '감시'에 네티즌들 스스로가 '참여' '협조'하고 있다는 이야기까지 할 수 있다. 우리가 컴퓨터를 사용하는데 있어서 우리의 인터넷 활동의 흔적이 남는 곳은 대체로 세 군데라고 할 수 있다. 내 자신의 컴퓨터, 인터넷 서비스를 제공하는 통신회사(ISP : Internet Service

3) *Businessweek*, 1998년 3월 16일자.

Provider), 그리고 마지막으로 내 자신이 방문했던 웹사이트이다.[4)]

먼저, 내 개인의 컴퓨터(personal computer)를 살펴보자. 우리가 작업했던 많은 흔적들은 고스란히 하드디스크에 쌓인다. 심지어 우리가 '삭제'(delete) 명령을 내렸던 것도 사실은 완전히 사라진 것이 아니다. 전문가들은 삭제된 파일을 복원할 수도 있다. 삭제파일을 전문적으로 복원해주는 업체도 영업하고 있다. 그리고, 우리가 인터넷작업을 할 때 사용하는 브라우저(browser), 예컨대 익스플로러(Explorer)에는 우리가 방문했던 웹사이트가 '캐쉬 파일'(cache file) 형태로 남아있다. '캐쉬 파일'은 우리의 인터넷 작업 속도를 높이기 위해 이미 방문했던 웹페이지들을 복사해둔 파일이다. 인터넷을 통해 개인 컴퓨터에 기록되어 있는 '캐쉬 파일'에 접근할 수가 있는데, 이 때 사용하는 것이 '자바스크립트'(JavaScripts)와 '자바애플릿'(Java applets)이다. 또, '쿠키'(cookies)라는 것이 있다. 우리가 어떤 웹사이트를 방문하면, 이 사이트는 우리의 개인 컴퓨터에 쿠키라는 것을 심어놓는다. 그래서 우리가 그 웹사이트를 다시 방문하면 이 쿠키를 통해 그 웹사이트는 내가 누군지 알고 내가 지난 번 어떤 활동을 했는지를 즉각 알 수 있게 된다. 예컨대, 내가 인터넷서점인 아마존닷컴을 방문하면, 내 이름이 뜨면서 지난번엔 펭귄출판사의 플라톤을 샀으니 이번에는 옥스포드대학출판사의 플라톤이나 펭귄출판사의 아리스토텔레스를 사면 어떻겠냐고 추천하기도 한다. 내가 누군지, 무엇에 관심을 갖고 있는지 잘 기록해두고 있다는 이야기다. 이렇게 '쿠키'는 우리의 인터넷 '습관' '행위패턴'을 기록하는 주된 수단이

4) 인터넷 활동의 흔적이 남는 3군데에 대한 기술적 논의는 Paul M. Schwartz, "Privacy and democracy in cyberspace," *Vanderbilt Law Review*, vol. 52, no. 6 (Nov 1999), pp. 1621-1632를 주로 참고했다.

된다.

인터넷 '습관' '행위패턴'은 개인들의 '감시'에서 중요한 의미를 갖는다. 예컨대, 과거 전체주의, 권위주의 독재정권들은 타자기를 칠 때의 습관을 근거로 반정부, 반체제 전단지의 작성자를 알아낼 수가 있었다. 예컨대, 내가 타자를 칠 때 a, g, y는 키를 세게 누르지만, b, i, t는 약하게 누른다든지 하는 습관이 나를 잡는데 중요한 단서가 될 수 있다. 마찬가지로 인터넷상에서 습관, 예컨대 내가 매일 아침에 일어나서 어떤 사이트를 방문하는지의 순서 같은 것이다. 반체제 인사인 내가 아침에 일어나면 언제나 조선일보, 한겨레, 다음메일을 15분 간격으로 방문한다고 하자. 그런데, 내가 지금 피신 중이고 피신을 위해 내 개인 컴퓨터나 통신망의 사용은 피하고 대신 PC방에서 인터넷접속을 한다고 하자. 경찰이나 첩보기관이 만일 최첨단 컴퓨터와 내 습관에 대한 상세한 정보를 가지고 있다면, 인터넷상에서 내 신원을 파악해 나를 잡아 낼 수도 있을 것이다. '쿠키'가 바로 이런 역할을 한다.

둘째, 우리의 인터넷활동 기록은 인터넷서비스를 제공하는 통신회사(ISP)에 고스란히 남아 있다. 인터넷은 대형컴퓨터(서버 : server)에 연결된 수많은 개인용 컴퓨터로 이루어진 넷(net)을 서로 연결했다고 해서 '인터(inter)-넷'이라는 이름으로 불리어진다. 개인들은 인터넷을 만나기 위해서 꼭 대형컴퓨터에 연결해야만 하는 것이다. 내 인터넷 활동은 그래서 이 대형컴퓨터에 기록되어 있다. 내가 KT를 통해 인터넷을 이용한다면 KT의 대형컴퓨터는 나의 인터넷 활동을 자세히 알고 있는 것이고, 내가 나의 직장인 대기업 회사컴퓨터로 인터넷 작업을 한다면 이 회사의 서버인 대형컴퓨터가 내 활동을 기록하고 있을 것이다. 내가 야근하다 화가 나서 '사주'를 욕하는 글을 어느 웹사이트 게시판에 남겼다면 이 기록도 회사컴퓨터는 자세히 기록해 두게 된다. 그 다음날 '해고통지'가 나에게 날아올지도 모를 일이다. 또 통신회사(ISP)들은 고객들의 개인정보를 많이 가지고 있다. 가입 시 이름, 주민번호(한국의 경우), 주소, 휴대폰번호 등등을 등록해야 하기 때문이다. 또한, 나는 오직 이 서버를 통해서만 인터넷의 '바다'로 나갈 수 있기 때문에 이 대형컴퓨터 서버는 나의 인터넷상 흩어진 활동기록들을 가지고 있고 이것을 종합해내기만 한다면 나의 인터넷 '습관' '행위패턴'을 알 수가 있는 것이다. 그리고 마찬가지로 이 습관과 행위패턴 만으로도 내가 누구인지 쉽게 알아 낼 수 있게 된다. 실제로 미국의 인터넷통신업체인 AOL은 마케팅을 위해 필요로 하는 제3자에게 이러한 기록들을 판매했다가 적발되기도 했다.5)

마지막으로 우리가 방문하는 웹사이트에도 흔적이 남는다. 우선 우리가 특정 사이트에 가입하기 위해 남기는 정보가 남으며, 내 개인컴퓨터에 심어놓은 '쿠키'와의 교신을 통해서도 내 정보가 남는다. 또한, 상업 목적으로 영업하는 수많은 웹사이트는 보안이 매우 약해서 제3자가 침투해서 정보들을 채집하기 쉽게 되어 있다. 그리하여 '룩업'(look up) 서비스업체들이 등장했다. 이런 업체들은 특정인에 대한 병원기록, 전과기록, 학력 관련자료, 연봉, 은행잔고, 보유주식 등의 자료를 판매한다. 예컨대 'Snoop Collection'이라는 이름의 서비스는 "싼 가격"으로 "옆 회사동료의 흥미로운 비밀정보"나 "딸의 새 남자친구"에 대한 정보를 제공할 수 있다고 광고한다.6)

---

5) Evan Hendricks, "American Online Snoops into Subscribers' Incomes, Children, Privacy," *New York Times* 1997년 12월 15일자.

6) Paul M. Schwartz, "Privacy and democracy in cyberspace," 1631-1632.

3. 영국에서의 인터넷감시강화 법안 관련 논쟁

2012년 4월 9일 의회에서 이뤄진 '여왕연설'(Queen's Speech)에 보수당정부가 추진하고 있는 인터넷감시강화 법안이 예상대로 포함되었다. 미리 언론에 흘려 여론을 살펴본 결과 반대의견이 강했던 결과 '법안'은 정식 법안에서 수위를 낮춰 '협의를 위한 초안'(draft for consultation) 형태로 발표되었다. 의회 등에서 더 논의해가면서 천천히 추진하다는 것이 캐머런 정부의 생각이다. 특히 보수-자유민주 집권연정 내부, 특히 닉 클레그 (Nick Clegg) 부총리(자유민주당 소속)로부터 "전적으로 반대"(totally opposed)한다는 의견이 나온 점을 고려한 결과라고 보도되고 있다.[7]

원래 가장 강력한 형태의 인터넷감시법안은 지난 노동당정부(1997-2010)가 추진했다. 부시대통령과 함께 9/11이후 '테러와의 전쟁'을 진행 중이었던 노동당정부는 인터넷감시를 강화하기 위해 모든 인터넷상의 통신내용을 정부의 대형컴퓨터에 모두 기록해두는 것을 추진했지만, 보수당과 자유민주당 등 야당의 강력한 반대에 부딪혀 포기했다.

이번에 '여왕연설'을 통해 보수당정부가 제시한 인터넷감시방안은 정부에게 두 가지 권한을 추가하는 것을 내용으로 하고 있다. 첫째는 영국의 정부가 모든 전화통화, 이메일, 인터넷사용을 모니터할 수 있도록 권한을 확대하는 것이고, 둘째는 영국의 감시·감청 전문 정보기관

---

7) "Snooper's charter delayed after last-minute coalition talks," *The Guardian* (인터넷판), 2012년 5월 9일.

인 '정부통신본부'(GCHQ)에게 '실시간'(real time)으로 이러한 정보에 접근할 수 있는 권한을 부여하는 것이다. 노동당정부가 추진했던 중앙정부에 의한 통신기록의 집적(集積) 대신 개별 통신회사들(ISP)에게 통신기록(누가 언제 어디서 누구와 통신했나)을 집적해 둘 의무를 강화하도록 하였는데, 특히 보수당정부가 특히 관심을 가지고 있는 것은 페이스북(Facebook)과 같은 소셜미디어와 일반전화 대신 많이 사용되고 있는 스카이프(Skype)와 같은 인터넷전화까지도 모니터의 대상으로 한다는 것이다. 물론, 정부는 페이스북과 같은 소셜미디어와 스카이프 같은 인터넷전화가 '국제테러단체, 아동포르노 생산판매망, 범죄집단'에 의해 이용되고 있다는 점을 강조하고 있다. 또한, 이 법안을 추진하는 주무부처인 내무부(Home Office)의 브로큰셔(James Brokenshire) 치안 담당 차관은 '실시간' 감시·감청 권한은 예컨대 "현재 산악에서 어떤 사람이 조난해서 구조해야 하는데, 이럴 위해서는 그의 핸드폰을 추적해야 한다"면서 이런 성질의 상황이 현재 빈번해지고 있기 때문에 감시·감청 권한이 사전영장없이 '실시간'으로 주어져야 한다고 주장한다. 하지만, 페이스북의 메시지나 게시판 '내용'을 법원의 영장 없이 볼 수는 없으며 이메일의 '내용'도 마찬가지라고 설명하고 있다. 오직 '누가 언제 어디서 누구와 통신했는지'에 대한 것만을 엿보겠다는 것이라고 설명하고 있다. 이 정도로도 충분하다는 이야기이며, 그 '내용'까지 실시간으로 감시·감청하는 것은 "과도한" 것이어서 추진하지 않는다는 것이 브로큰셔 차관의 설명이다. 테레사 메이(Theresa May) 내무부 장관은 일부 언론과 의원들이 가지는 불안감은 근거 없는 '신화'(myth)에 불과하다면서 새로 도입되는 '실시간' 감시·감청은 필요에 따라서 하는 것이어서 인력 확충이 더 필요하지도 않을 것이고, 또 모든 데이터는 12개월까지만 보관하도록 하고 그 이후엔 폐기할 것이라고 덧붙였다.

물론 이러한 영국정부의 조심스러운 설명에도 불구하고 반대의 목소리는 수그러들지 않았다. 특히, 현 캐머런 내각에 곤혹스러운 것은 과거 노동당정부 당시부터 인터넷감시강화에 반대의 목소리를 높여왔던 연정 파트너 자유민주당 의원들이 강력히 반발하고 있다는 점이다. 자유민주당의 리더격인 클레그 부총리부터가 강력히 반대하기도 했지만, 다른 의원들 역시 마찬가지다. 내무위원회 소속의 후퍼트(Julian Huppert) 의원(자유민주당)은 페이스북 같은 소셜네트워킹사이트를 감시하는데 어떻게 그 내용을 우연이라도 엿보지 않을 수가 있을지 의문이라면서, 그렇게 그 내용을 사전영장 없이 훔쳐보게 된다면 그것은 명백한 불법이라고 목소리를 높였다.[8)]

여당인 보수당 안에서도 반대의 목소리가 높다. 대표적인 인사가 과거 노동당의 인터넷감시강화 추진을 앞장서 반대했던 데이비스(David Davis) 의원이다. 그는 정부측의 설명과 달리 이 법의 주 타깃은 회피수단을 잘 알고 있는 테러리스트나 범죄자들이 아니라 이러한 것을 잘 모르는 무고한 일반시민들이 될 가능성이 높다고 주장한다.

> 새 법은 테러리스트나 범죄자에 초점이 맞춰져있지 않다. 오히려 공무원들에게 일반의 무고한 보통 시민들을 영장도 없이 감시할 수 있도록 허가하는 것이다…이것은 엄청난 규모로, 하지만 불필요하게 국가의 권한을 확대할 것이다…물론, 정부는 테러에 맞설 최고의 수단을 갖춰야 한다. 하지만, 우리는 현재의 시스템으로도 그것을 달성할 수 있다. 꼭 시민의 정보를 보고 싶다면, 법원을 설득해 사전영장을 받을 수 있어야 한다.

---

8) "Data watchdog joins email 'snooping' row," *Financial Times* (인터넷판), 2012년 4월 2일.

과거 '수사권한규율법2000'에 의해 감시권한이 확대되어 공공기관에 주어졌을 때 정부의 설명과 달리 경찰에 의한 범죄감시에만 사용된 것이 아니라 지방정부에 의해 '좋은 학교에 입학시키기 위한 위장전입'을 잡아내는데 사용되거나 불법쓰레기투기를 잡아내는데 종종 사용되었다. 테러리스트나 범죄자들을 색출하는데에는 별로 효과가 없고 일반 시민들의 사생활을 침해할 위험성만 높다는 이야기다.

주요 언론들 역시 대체로 부정적인 입장이다. 『파이낸셜타임즈』(Financial Times)는 사설에서, 영국정부가 이메일이나 소셜미디어의 교신 정보 즉 '누가 언제 어디서 누구와 교신했는지'를 아는 것이 영국에 해를 끼치려는 자들을 색출하기위해 추진하고 있다고 주장하고 있지만 인터넷 카페에서 커피 한잔 값으로 이메일을 보내거나 사용자의 신원을 알 수 없는 선불폰(pay-as-you-go phone)으로 문자메시지를 보낼 수 있는 요즘 같은 세상에 그런 권한을 정부기관이 갖는다고 테러리스트나 범죄자를 쉽게 잡아낼 수 있을 것 같냐고 의문을 제기했다. 또한 그러한 권한이 가져올 효과는 그 반대급부인 여러 사회적·경제적 '비용', 예컨대 사생활침해, 경제적 비용, 그리고 불법적 교신내용 사찰 및 공개 등의 문제점과 그 무게를 비교해봐야 한다면서, 지금 인터넷상에서 생산되는 정보량을 보건대 그것들을 쌓아두는 비용이 결코 만만치 않을 것 같다고 경제적 비용 문제도 지적했다.[9)]

또, 2012년 4월 6일, 국영방송인 BBC는 인터넷감시강화 법안을 과학기술적 관점에서 분석하면서 공무원들의 힘을 과도하게 강화시킬 위험이 있다는 케임브리지대학의 클레이튼(Richard Clayton) 인터넷보안 연구원의 우려를 전한다. 클레이튼은 현재 사용되고 있는 인터넷감시 기

9) "The snooping state", *Financial Times* (인터넷판), 2012년 4월 3일.

술을 몇 가지 소개하고 있는데, '딥 패킷'(Deep Packet)이라는 감시도구는 통신회사들에서 인터넷 트래픽(통신흐름 : traffic)을 감시하는데 사용되고 있으며, 예컨대 파일공유 활동이 발견되면 이 흐름의 속도를 낮춰버리는 작업 등에 사용되고 있다고 한다. 물론, 마음만 먹는다면 사생활 침해의 목적으로도 악용될 수 있다고 한다. 또 다른 도구로는 '넷플로우'(NetFlow)라는 것이 있는데, 어떤 IP(인터넷상의 주소)가 어떤 사이트를 방문했고, 몇 바이트를 보았는지를 알려준다고 한다. 이러한 도구를 이용하면 예컨대 BBC 뉴스 사이트를 방문해서 내가 사용한 용량(바이트)를 계산해보면 내가 어떤 기사를 읽었는지도 알아낼 수 있다고 한다. 왜냐하면 각 기사들은 각각 다른 용량이기 때문이다. BBC의 동 보도에 따르면, 기존의 법에 따라서만도 공공기관들이 2010년 한 해 동안 핸드폰, 인터넷 등을 엿보기 위해 사용내역을 요청한 건수가 55만 건이 넘었으며, 2008년 이후 매년 5%의 증가율을 보여 왔다고 한다.[10)]

주간 『스펙테이터』(Spectator)도 9월 15일자 커버스토리를 통해 동 법안의 문제점을 조목조목 따졌다. 동 신문은 우선 최근 정부가 주장하는 대로 사용자의 접속사실만 수집할뿐 무엇을 봤는지 어떤 교신을 했는지 그 내용은 건드리지 않겠다는 것 조차 말처럼 무해한 것은 아니라고 지적했다. 예컨대, 어떤 여성의 검색기록에 'google.com/search?q=pregnancy+test'가 있다면 우리는 그 여성의 현재 상황에 대해 많은 것을 추측해낼 수 있다. 또, 동 신문은 케임브리지대학에서 인터넷보안을 연구하고 있는 로스 앤더슨 (Ross Anderson)교수를 인용했는데, 앤더슨 교수는 만약 스마트폰을 쓰기를 좋아하는 사람이 있는데, 상점가를 걸어다

---

10) "Internet surveillance-how officials may boost their powers," *BBC News* (인터넷판), 2012년 4월 6일.

니면서 QR코드를 검색하고 다닌다고 할 때 "당신은 '그런 사람처럼' 걸어다니면서 이것 저것을 검색해볼 것이다. 하지만 당신의 검색 데이타나 당신의 통신 데이타는 단지 당신이 어떤 장소를 지나왔는지에 대한 기록만이 아니라 당신 어떤 관심을 갖고 있는지에 대한 기록이기도 하다"고 위험성을 지적했다. 또한 영국 정부가 추진하고 있듯이 구글(Google)이나 페이스북(Facebook)에 대한 사용자들의 접속내용까지 정부가 알게 된다면 통신업체의 데이타보다 더 강력한 정보를 얻을 수 있게 된다. 앤더슨 교수는 "만약 당신이 아침에 일어나서 집에서 페이스북을 컴퓨터로 체크하고 그리고는 지하철 안에서 스마트폰으로 또 페이스북에 접속하고 그리고는 사무실에서 또 컴퓨터로 접속한다면, 여러 개의 흩어진 통신업체가 제공하는 것보다 더 체계적인 정보를 가지고 당신의 움직임을 추적할 수 있게 된다"고 경고했다. 영국정부가 이런 이점을 잘 알고 있기 때문에 통신업체 뿐만 아니라 페이스북 같은 소셜미디어까지 손을 뻗치려 한다는 것이다.[11]

인권단체들 역시 통신의 자유, 표현의 자유를 침해할 위험성이 높은 인터넷감시강화에 반대하고 있다. 국가의 통신에 대한 감시권한 강화를 비판하고 있는 인권단체인 '빅브라더 와치'(Big Brother Watch)의 대표는 현재 추진되고 있는 인터넷감시강화 법안이 영국을 "중국과 이란 수준의 감시체제를 가지도록" 하는 것이라고 비판하면서, "사생활을 침범하게 될 것은 명백하면서도 치안의 강화에 효과가 있을지는 미지수"라고 추진의 중단을 요구했다.[12] 또, 인권단체 '리버티'(Liberty)의 대표는 인

11) "Nowhere to hide," *The Spectator*, 2012년 9월 15일.

12) "Warning over need for safeguards in email and web monitoring plan," *BBC News* (인터넷판), 2012년 4월 2일.

터넷 및 기타 통신의 감시 강화는 사회에 불신의 분위기를 조성할 가능성이 있어, 시민사회가 기능하기 위해서 의존해야만 하는 '신뢰의 끈들'을 끊어버릴 위험성이 있다고 지적했다.[13)]

물론, '신중한 긍정론'도 일각에서는 보인다. 영국의 감시·감청 기관 '정부통신본부'(GCHQ)의 오먼드 (David Omand) 전(前) 본부장은 기존의 '수사권한규율법2000'으로는 급속히 발전해가고 있는 소셜미디어를 따라잡는데 한계가 있으므로 수정을 하기는 해야한다면서, 작년(2011년)에 발생한 '영국 폭동'을 그 예로 들었다. 소셜미디어를 통해 폭동의 조짐들이 일찌감치 흘러나오고 있었는데도, 정부가 아직도 구태연한 방법으로 정보를 수집하고 있었기 때문에 '폭동' 가능성을 미리 파악할 수가 없었고, 이에 따라 초동대처에 실패할 수밖에 없었다고 주장했다. 하지만, 그는 공개정보의 수집과 달리 사생활을 침해할 가능성이 있는 정보수집 권한에 대해서는 국민들을 설득하고 이를 철저히 규율할 법적 메커니즘을 확립하는 것이 필요하기 때문에 시간이 걸리더라도 이런 설득과정과 메커니즘 구축 과정을 꼭 밟아야 한다는 입장을 밝혔다.[14)]

영국의 통신업계도 정부의 인터넷감시강화 방안에 우려를 표하고 있다. 원래의 노동당정부의 방안은 정부가 초대형컴퓨터로 모든 데이터를 모은다는 것이었는데, 현 보수당정부의 방안은 인터넷서비스를 제공하는 통신회사들에게 이러한 '집적'(集積) 업무를 떠넘기겠다는 것이다. BBC와 인터뷰한 한 대형통신회사 간부는 각 회사가 다른 방식으로 데

13) "Web surveillance plans create 'nation of suspects,'" *BBC News* (인터넷판), 2012년 4월 19일.

14) "Former spy chief calls for laws on online snooping," *Financial Times* (인터넷판), 2012년 4월 24일.

이터를 집적하고 있기 때문에 '데이터의 분산'이라는 문제가 있다고 지적했다. 흩어진 데이터를 정부가 종합해 의미 있는 정보를 만들어 내는데 기술적인 어려움이 예상된다는 설명이다. 또한, 영국의 '인터넷서비스제공업체연합'(ISPA)의 데이비스(Trefor Davies) 이사는 통신업체들이 통화내역, 즉 내가 언제 누구와 통화했는가에 대한 내역은 사용료청구서 작성 등을 위해 기록해두고 있지만, 내가 어떤 웹사이트를 방문했고, 어떤 내용의 이메일을 보냈는지 등은 기록해두고 있지 않다고 한다. 그는 "인터넷회사들은 삭제된 이메일을 백업해 두고 있지 않다"면서, "물론 이런 것이 기술적으로 어려운 것은 아니다. 하지만 그 모든 데이터를 쌓아두려면 엄청난 '페타빗' 용량의 스토리지가 필요하다"고 하면서 비용문제를 언급한다. 1 페타빗(petabit)은 약 13만 기가바이트이다. 그는 계속해서 "스팸 메일들을 생각해보세요. 우리는 스팸으로 신고 된 메일들을 계속해서 지웁니다. 새로운 법에서도 우리 마음대로 스팸을 지울 수 있나요?"라면서 난색을 표하고 있다. 또한 '실시간' 감시를 위한 시스템을 위해서도 현재의 인터넷회사들은 전혀 준비가 되어 있지 않다고 밝혔다. 그에 따르면, 과거 노동당정부 당시 이러한 시스템의 운영비를 추산해 본 결과, 10년간 약 20억 파운드 (원화로 약 36조원)가 소요될 것으로 예상된다. 그는 또한 그러한 비용을 써가며 감시를 강화해봤자, 그러한 감시를 피하는 것은 생각보다 어려운 일이 아니라면서 사람들이 감시를 피해 음지로 숨어들어가는 '언더그라운드 인터넷 문화'를 부추길 위험성이 있다며 우려를 보였다. 가장 쉬운 회피방식으로 '프록시'이다.[15] 프록시(proxy) 서버를 이용하면 '가짜 IP' 즉 '가짜 주소'를 가질

15) 영국에서 한국의 다음에서 무료로 생중계해주는 박지성 선수의 영국프리미어리그를 보려고 하면 화면이 나오지 않는다. 프리미어리그를 시청하는 것이 유료인 영

수 있게 되고 이를 통해 나는 나의 진짜 주소를 숨길 수가 있게 되며, 따라서 나의 신원을 숨길 수 있게 된다. 데이비스 이사는 인터넷감시의 강화는 많은 사람들을 '프록시' 사용 쪽으로 내몰 것이며, 더욱 많은 사람들이 암호화된(encrypted) 이메일을 사용하려고 할 것이라고 한다. 인터넷문화를 음성화하면서도 범죄나 테러 예방에는 별 도움이 안 될 것이라는 이야기다.[16] 불필요한 정부가 너무 많아지는 것이 오히려 범죄나 테러예방을 방해할 위험성도 있다는 점이 지적되기도 한다. 케임브리지대에서 인터넷 보안을 연구하고 있는 리차드 클레이턴(Richard Clayton)은 "정부가 너무 많은 '불필요한' 정보를 쌓아두면 마치 산더미 같은 건초 안에서 바늘을 찾는 것처럼 오히려 필요한 정보를 찾기 어려워 질 수"도 있다고 문제를 제기한다.[17]

현재 영국 정부가 가장 관심을 갖고 있는 소셜미디어 중 페이스북은 구체적인 내용이 확정되기 전에는 어떠한 입장도 밝히지 않겠다는 방침이다. 하지만, 강력한게 반발하는 업체도 있다. 인터넷 백과사전 서비스인 '위키피디어'(Wikipedia)의 공동설립자 지미 웨일즈 (Jimmy Wales)도 영국 의회 청문회에서 만약 인터넷감시 강화법안이 영국내에서 통과된다면 위키피디어는 "당장 영국과의 인터넷연결을 암호화해서 '영국의' 통신업체가 사용자의 위키피디어 연결 사실만 알 수 있을 뿐, 무엇

국에서 무료인 한국 웹사이트에 접속하는 것을 금지시켜 놓았기 때문이다. 나의 IP(인터넷주소)에 국가도 표시되어 있기 때문이다. 그런데, '프록시' 서버를 이용하면 나는 '가짜 IP'를 받을 수 있어 내가 영국에 있다는 사실을 숨길 수 있다. 이 가짜 IP로 한국에서 생중계하고 있는 무료 영국프로축구 경기를 시청할 수 있는 것이다.

16) "Analysis: Will the government's web 'snoop' plans work?," *BBC News* (인터넷판), 2012년 4월 2일.

17) "Internet surveillance: how officials may boost their powers," *BBC News* (인터넷판), 2012년 4월 4일.

을 봤는지는 알 수 없도록"[18] 조치할 것이라고 밝혔다. 하지만, 앞으로 이른바 '무어의 법칙'(Moore's Law)이라는 경험법칙이 예측하듯 메모리 칩 등 정보통신관련 부품 및 기기의 성능이 2년마다 곱절로 늘어나면서 그 비용이 급감한다면 언젠가는 통신업체도 정부도 인터넷사용자들의 정보를 쌓아두려는 유혹을 더 강하게 느낄 가능성이 높다.[19]

4. 결어

정보통신기술을 통해 '초감시사회'가 등장할 수 있다고 경고한 조지 오웰의 나라 영국은 '빅 브라더' 등장 가능성에 대해 예민하게 반응하고 있다. 사실 영국정부의 감시능력은 계속해서 강화되고 있다. 영국은 세계에서 가장 많은 수의 CCTV를 설치해 두고 있는데 2008년 현재 약 420만개가 전국에 설치되어 있다. 중앙정부의 800여개 기관과 500여개의 지방정부가 통신내역을 요청할 권한을 가지고 있고, 이들은 매일 1000명의 시민들의 통신을 엿보고 있다. 또한 영국정부는 세계에서 가장 방대한 DNA정보를 쌓아두고 있다.[20]

이러한 '감시'의 강화를 둘러싸고 일부 비판적 시각은 미셸 푸코의 '판옵티콘'(pan-opticon)을 언급하면서 국가의 '보이지 않는 감시'의 강

18) "Nowhere to hide," *The Spectator*, 2012년 9월 15일자.

19) "Web surveillance plans create 'nation of suspects," *BBC News* (인터넷판), 2012년 4월 19일.

20) "How did we allow Britain to become a Stasi state?," *Daily Mail* (인터넷판), 2008년 2월 6일.

화가 영국 국민들이 스스로가 스스로를 규율하고 감시하는 '자기검열'에 빠져들게 함으로써 '표현의 자유'를 훼손하고 사생활을 침해하게 될 것이라고 비판의 목소리를 낸다. 푸코가 말하는 '판옵티콘'은 공리주의로 유명한 제레미 벤담이 제안한 '감옥' 건축방식인데, 보이지 않는 감시자가 수형자들의 일거수일투족을 감시할 수 있도록 만든 감옥이다. 말하자면, 사무실에서 직장상사가 보이지 않는 뒤쪽에 앉아서 나를 감시하는 것과 같은 것인데, 이렇게 되면 나는 언제 어떻게 감시받을지 몰라 내가 내 자신의 자세에 신경을 쓴다거나 아니면 혹시라도 오해라도 받을 움직임이라도 있을지 몰라 계속해서 스스로를 감시하게 된다. 그래서, 이러한 '판옵티콘' 방식은 낮은 비용으로도 매우 효율적, 효과적으로 통제를 할 수 있게 되며, 이러한 방식은 통제를 받는 사람들을 자기감시, 자기검열로 유도한다. 시민사회의 감시에 적용된다면, 표현의 '자유'를 없앨 뿐만 아니라 '표현'의 주체(subject) 자체를 위축시킬 위험성이 있다는 것이다. 좀 더 낙관적인 쪽에서는 인터넷의 발달이 국가가 일방적으로 아래를 감시하는 수직적 '판옵티콘'이라기보다는 시민들도 국가를 감시하고, 또 모두가 모두를 감시하는 '신옵티콘'(syn-opticon)이 등장할 가능성도 언급한다.[21)]

현재 진행 중인 영국의 인터넷감시강화 법안은 집권연정의 보수당 및 자유민주당 의원들 다수가 반대의 목소리를 높이고 있기 때문에 통과가 당분간은 쉽지 않을 것이다. 하지만, 『파이낸셜타임즈』의 한 칼럼이 경고했듯이 "국가와 인터넷회사의 비신성동맹(unholy alliance)"의 가능성은 여전히 남아 있다. 인터넷관련 회사들 역시 비용문제만 해결된

---

21) Thomas Mathiesen, "The Viewer Society: Michel Foucault's 'Panopticon' Revisited," *Theoretical Criminology,* vol. 1, no. 2 (1997), 215-234.

다면 데이터를 집적해 두고 싶을 것이다. 그리고 기술의 발전은 스토리지 비용을 계속해서 낮춰가고 있다. 일부 의원들이 주장하는 대로 인터넷감시의 강화는 회피수단을 갖지 못하는 일반 시민들의 사생활에 대한 일상적 감시를 강화시킬 가능성이 높다. 이 점에 대해서는 2000년 이후 범죄나 테러의 예방, 색출 보다는 오히려 위장전입자와 쓰레기무단투기 등을 적발하는데 종종 통신내역감시가 활용되었던 영국의 사례가 실제로 보여주었고, 이러한 비판에 대해서 영국정부당국은 제대로 변명하지 못하고 있다. 『파이낸셜타임즈』의 동 칼럼은 '풀뿌리 프라이버시' 운동을 펼치고 있는 막스 슈렘스(Max Schrems)라는 사람의 이야기를 소개하고 있다. 그는 2011년 6월 당시 24세의 나이로 아일랜드의 국내법 절차를 통해 소셜네트워킹 회사인 페이스북(Facebook)에 그 회사가 쌓아두고 있는 자신에 대한 모든 정보를 보내줄 것을 요청했다. 그는 얼마 뒤 페이스 북으로부터 책자를 받았는데, 무려 1,200페이지에 달하는 자신의 정보가 수록되어 있었다.

한국의 경우, 영국과 달리 모든 개인들의 신원이 주민번호라는 숫자로 코드화되어 있다. 그리고 모든 상업용 사이트는 가입절차에 많은 정보를 요구한다. 그러한 정보들은 불법으로 팔려나가 우리들의 다음, 네이버 이메일 등으로 많은 광고성 스팸메일이 들어오도록 한다. 또한, 우리는 자신의 크레딧카드나 핸드폰으로 공공교통수단을 이용하고 있다. '동선'(動線)을 계속해서 남기고 있다는 이야기다. 인터넷 회사인 다음의 한메일은 한국인들이 가장 많이 사용하는 이메일이지만, 한메일의 수신-송신 내역을 누가 보고 있는지, 그리고 그 내용은 누가 접근하고 있는지 별로 사회적, 정치적 이슈가 되지 않고 있다. 반면, 수백 년간 투쟁을 통해 국가로부터 개인의 자유를 확보해온 영국은 국가가 주민등록증(National ID)을 발급하는 문제에서부터 인터넷에 대한 감시의 강화 문제까지 예민하게 반응하고 논의하고 있다. 영국인들이 개인의 자유를 지키는 노력을 유심히 지켜볼 필요가 있다. 위의 『스펙테이터』지는 다음과 같은 말로 결론을 짓는다.

> 우리 영국인들은 수 세기동안 국가의 감시통제 능력을 확대하려는 정치가와 관료들을 과도할 정도의 의심을 가지고 다뤄왔다. 18세기 이후 우리는 우리 정부를 프랑스 절대왕정, 군국주의 프로이센, 나치 독일, 공산주의 러시아에 비유해 오면서 경계해왔다. 이러한 비유는 나중에 보면 좀 거칠고 또 편집증적인 것이었다. 하지만, 이런 경계심과 의심이 있었기에 정부를 어느 한도 내에 가둬둘 수 있었던 것이다.

참고문헌

조지 오웰. 2009. 『1984』. 서울: 펭귄클래식코리아.

Hendricks, Evan. "American Online Snoops into Subscribers' Incomes, Children, Privacy", *New York Times* 1997년 12월 15일.

Marks, Paul. "Keep out of MySpace", New Scientist, vol. 190, no. 2555 (June 10-June 16, 2006), 30 *Businessweek*, 1998년 3월 16일자.

Mathiesen, Thomas. "The Viewer Society: Michel Foucault's 'Panopticon' Revisited", *Theoretical Criminology*, vol. 1, no. 2 (1997), 215-234.

Schwartz,Paul M. "Privacy and democracy in cyberspace", *Vanderbilt Law Review*, vol. 52, no. 6 (Nov 1999),

Schwartz, Paul M. "Privacy and democracy in cyberspace", 1631-1632.

"Analysis: Will the government's web 'snoop' plans work?", *BBC News* (인터넷판), 2012년 4월 2일.

"Data watchdog joins email 'snooping' row", *Financial Times* (인터넷판), 2012년 4월 2일.

"Former spy chief calls for laws on online snooping", *Financial Times* (인터넷판), 2012년 4월 24일.

"How did we allow Britain to become a Stasi state?", *Daily Mail* (인터넷판), 2008년 2월 6일.

"Internet surveillance - how officials may boost their powers", *BBC News* (인터넷판), 2012년 4월 6일.

"Nowhere to hide", *The Spectator*, 2012년 9월 15일.

"Snooper's charter delayed after last-minute coalition talks", *The Guardian* (인터넷판), 2012년 5월 9일.

"The snooping state", *Financial Times* (인터넷판), 2012년 4월 3일자.

"Warning over need for safeguards in email and web monitoring plan", *BBC News* (인터넷판), 2012년 4월 2일.

"Web surveillance plans create 'nation of suspects'", *BBC News* (인터넷판), 2012년 4월 19일.

현대 독일 민주주의에서 언론자유와 책임

한수경*

1. 서 론

인터넷 이용이 급속도로 늘어나면서 한국사회에서 표현의 자유가 확대되었다는 긍정적인 측면이 제대로 자리 잡기도 전에 부정적인 측면이 부각되어 왔다. 이는 표현의 자유를 제약(制約)하는 수단으로 악용되어 왔을 뿐만 아니라, 언론자유[1]가 민주주의 근간이 되는 필수불가결

* 인천대

1) 여기서 언론자유는 표현의 자유와 동일한 의미로 사용되었다. 표현의 자유의 구체적인 보호영역인 언론의 자유(Pressefreiheit)는 일반적으로 표현의 자유 의미로 사용되기도 한다. 따라서 이 논문에서는 이를 구별하기 위해 '언론자유'는 표현의 자유의 의미로 사용했으며, '언론의 자유'는 의견표명의 자유, 정보의 자유, 방송의 자유와 함께 표현의 자유의 구체적인 자유로 사용했다.

한 것임을 인정함에도 불구하고, '책임성 없는 언론자유'는 문제라는 단순한 논리가 설득력을 갖는다. 현 한국사회에서 벌어지고 있는 사이버상에서의 악플, 신상털기 등을 비롯한 인터넷의 역기능을 상세히 관찰한다면, 이러한 역기능들이 지나친 언론자유로 발생한 것이 아님을 알 수 있다. 특히 인터넷 이용자들이 누려야 마땅한 사이버상의 표현의 자유가 사회문제로까지 인식되면서 네티즌들의 사이버상의 표현행위들이 정당한 법적 근거 없이 규제를 당하고 있다.

'책임성'이라는 단어는 언론인들과 네티즌들의 정당한 정치, 사회적 발언의 규제까지 정당화시키는 표현의 자유를 침해하는 폭력적 의미를 내포하기도 한다. 언론자유와 관련해 '책임성'을 내세웠던 정권들이 대체로 독재정권이나 권위주의 정권이라는 사실을 상기한다면, '책임성 있는 언론자유'에 내재되어 있는 의미는 민주주의의 근간인 언론자유를 통제하는 구실로써 민주주의의 발전을 오히려 저해했던 요인이었다. 한국사회에서 '자유'와 '방종'을 일반 시민들이 제대로 구분하지 못함으로 인해 타인의 사생활까지 침해하는 책임성 없는 표현들이 난무하는 것은 사실이지만, 한국의 교육과정을 살펴본다면, 인성교육엔 관심이 없었던 한국정부와 사회가 문제발생의 모든 근원을 항시 표면에 보이는 것에서 찾고 있다는 것을 알 수 있다. 네티즌들의 올바른 뉴미디어 이용을 위한 기술교육에 동반되어야 할 윤리교육의 부재와 공급자들의 윤리의식 결여에 대해선 함구하고 있는 실정이다. 건전한 미디어 환경을 조성해야 할 책무를 방기(放棄)한 정부와 사회가 자신들의 책임을 네티즌들에게 지우고 있는 것과 같다.

또한 언론자유가 책임과 한계를 내포한다는 것은 논의의 여지가 없다. 서구국가들도 언론자유의 '자유'의 의미를 무한한 것으로 인식하지 않는다. 언론, 출판의 자유를 대한민국 헌법 제21조가 보장한 1948년 이래 동시에 책임 또한 명시해 왔다. 그럼에도 불구하고 시민들의 표현행위를 새로운 법적 규제를 통해 제약(制約)하려는 한국정부의 시도는 민주주의가 발달한 서구국가들의 경우를 볼 때 언론과 시민들의 목소리를 통제하는 수준으로까지 치닫고 있다. 다른 서구의 민주주의 국가보다, 심지어 아프리카 나미비아 혹은 말리 등의 국가들보다도 언론자유가 보장되지 못한 한국에서 언론자유가 민주주의의 문제로까지 논의되는 것은 표현의 자유, 즉 언론자유의 의미를 제대로 파악하지 못한 데서 오는 인식의 오류이며, 그것이 아니라면 시민들의 정치적 발언권과 사회적 비판을 의도적으로 통제하려는 힘이 작용하고 있다 할 것이다.

그렇다면 표현의 자유가 왜 '문제'라는 부정적인 인식이 한국사회에서 확산되었는지 그 까닭을 되짚어 볼 필요가 있다. 이 논문에서는 독일의 언론자유에 대한 법적 보장과 한계를 살펴보고, 인터넷 뉴미디어의 등장으로 야기되는 문제가 무엇이며, 이를 어떻게 해결하고 있는지에 대해 살펴 봄으로써 현재 '언론자유에 대한 책임성' 논란에 어떤 문제가 있는지를 논하고자 한다.

2. 독일 언론자유의 헌법적 보장과 제한

1) 언론자유의 헌법적 보장

독일은 표현의 자유, 즉 언론자유를 국내법과 국제법을 바탕으로 헌법인 기본법(Grundgesetz : GG) 제5조에서 보장하고 있다. 기본법 제5조

1항에 따르면,

> (1) 누구나 자신의 의견을 말, 글과 그림으로 자유로이 표명하고 전파하며, 그리고 일반적으로 접근할 수 있는 출처를 통해 방해 받지 않고 알 권리가 있다. 언론자유와 방송과 영화를 통한 보도의 자유가 보장된다. 검열은 시행되지 않는다.[2)]

기본법 제5조 1항은 의견표명(의사표현)의 자유(Meinungsfreiheit)와 정보의 자유(Informationsfreiheit), 그리고 언론의 자유(Pressefreiheit)와 방송의 자유(Rundfunkfreiheit)를 보장으로써 표현의 자유를 보장하고 있다.[3)] 첫째로, 의사(표현)의 자유(Meinungsfreiheit)[4)]는 '발언의 자유'(Redefreiheit)라고도 하며, 기본법 제5조 1항에서 언급하듯이, 모든 가능한 전달수단을 이용해서 누구나 자신의 의견을 자유로이 표명하고 전파할 수 있는 권리이다. 의사표현의 자유는 '인권'으로 헌법에 보장된 국가에 대항하는 기본권의 하나로 '대국가 방어권'이다. 이는 국가가 여론과 그와 관련된 정부와 입법자들과의 논쟁을 방해하거나 금지하는 것을 막기 위함이다. 특히 독일연방헌법재판소(BVerfG)는 1958년 류트-판결(Lüth-Urteil)로 의사표현의 자유를 강조하고 있는데, 즉 "의견표명의 자유에 대한 기본권은 사회에서 인격권의 직접적인 표현으로 요컨

2) 기본법 제5조의 독일어 원본은 다음과 같다. Grundgesetz(GG) Artikel 5. "(1) Jeder hat das Recht, seine Meinung in Wort, Schrift und Bild frei zu äußern und zu verbreiten und sich aus allgemein zugänglichen Quellen ungehindert zu unterrichten. Die Pressefreiheit und die Freiheit der Berichterstattung durch Rundfunk und Film werden gewährleistet. Eine Zensur findet nicht statt."

3) 이 이외에도 영화의 자유(Filmfreiheit)를 별도로 구분하기도 한다.

4) 의사의 자유(Meinungsfreiheit)는 의사표현 또는 의견표명의 자유(Meinungsäußerungsfreiheit)를 줄인 말이다.

대 가장 고결한 인권"으로 파악하고 있으며, "자유민주주의적 국가질서를 위해서 특별히 헌법에 제정되어"[5] 있음을 분명히 하고 있다. 따라서 표현의 자유는 언론인뿐만 아니라 모든 '인간'에게 주어진 권리로, 즉 시민권이 없는 외국인 또는 국적이 없는 사람들을 포함해 모두가 누리는 권리라 하겠다.

여기서 '의견'(Meinung)의 개념은 그 내용이 옳은지 그른지, 또는 감정이나 이성에 근거한 가치판단에 달려 있지 않다. 이에 관련하여 연방헌법재판소는 1972년 한 판결에서 한 "다양한 조직과 자유민주주의에 기초한 국가구조에선 모든 의견, 즉 대부분의 관념에서 벗어나는 의견도 보호받을 가치가 있다"[6]라고 판결을 내림으로써 표현의 자유에 대한 가치를 높게 인정하고 있다. 뿐만 아니라 일반적으로 '의견'의 의미는 당시의 입장표명과 생각 등을 나타내는 모든 형태의 의견의 표명으로 직접적인 표현뿐만 아니라 포스터 등 간접적으로 표현되는 의견도 포함된다. '사실주장'(Tatsachenbehauptung)은 의견과 구별하고 있으나, 사실주장이 의견표현의 전제조건일 경우에 분리해서 생각할 수 없음으로 전체적으로 보호받을 수 있으며, 정치적 발언의 논쟁일 경우가 특히 이에 해당된다.[7] 의견표명과 사실주장을 분리하기 어려울 경우 사실주장의 경우 그에 해당하는 증거제시가 요구되며, 반대로 의견표명의 경우 가치판단에 해당함으로 증거제시는 불필요하다. '허위사실'의 경우 근본적으로 의견에 해당되지 않아 보호받지 못함으로 명확한 구분이

---

5) BVerfGE 7, 198(208) - Lüth

6) BVerfGE 33, 1(15) - Strafgefangene

7) 한국의 경우 '의견'이냐 '사실주장'이냐에 관계없이 처벌하고 있는 실정이다. 독일 및 서구구가들에서 일반적인 것과는 달리 언론자유에서 가장 보호받아야 할 '정치적 발언'일 경우 더욱 조심해야 하는 상황이다.

요구되나, 실제상황에선 그 구분이 명확하지 않아 정확한 측정이 불가피하다.

둘째로, 정보의 자유(Informationsfreiheit)는 중요한 정보의 접근을 보장하는 것으로, 정보의 자유로운 접근 없이는 비판적인 의사형성은 가능하지 않기 때문에 의견표명의 자유와 밀접한 상관관계에 있다. 따라서 정보의 자유는 '의사형성의 전제조건'으로 인정되며, 표현의 자유의 중요한 요소이다. 정보의 자유는 한국에서 흔히 사용되는 '알 권리'(right to know)와 같은 의미로 정보에의 접근, 수집, 처리와 전달까지를 포함한다. 또한 의사표현과 정보가 국가에 의해 통제되는 것을 막기 위해 사전검열을 금지한다.

독일은 여러 국제법에 기초하여 표현의 자유, 즉 언론자유의 기본권을 마련하는 중요한 기준을 세우고 있으며, 특히 유럽인권협약[8] 제10조와 유엔의 세계인권선언 제19조에 명시된 '표현의 자유'에 근거한다. 이 둘 모두 언론자유를 직접적으로 명시하고 있지는 않지만, 의견표명의 자유와 정보의 자유를 언급함으로써 표현의 자유, 즉 언론자유를 보장하고, 이는 간섭을 받지 않고 또 국경과 무관하게 보호되어야 함을 명시하고 있다.

> 모든 사람은 표현의 자유에 대한 권리를 가진다. 이 권리는 의견을 가질 자유와 공공당국의 간섭을 받지 않고 국경에 관계없이 정보 및 사상을 주고받는 자유를 포함한다.(인권 및 기본적 자유의 보호에 관한 유럽협약 10조1항 : Convention for the Protection of

8) 유럽인권협약(European Convention on Human Rights: ECHR)의 공식적인 명칭은 "인권 및 기본적 자유의 보호에 관한 유럽협약(Convention for the Protection of Human Rights and Fundamental Freedoms)이다.

Human Rights and Fundamental Freedoms Article 10. 1)

유럽인권협약 제25조는 표현의 자유가 침해 받을 경우 모든 시민에게 유럽법원에 탄원할 권리를 부여하고 있다. 다시 말하면, 표현의 자유는 언론인과 방송인뿐 아니라 모두에게 해당하는 인간의 권리, 즉 인권인 것이다. 마찬가지로 유엔의 세계인권선언도 제19조에서 의사표현 혹은 의견표명의 자유가 모든 사람에게 부여된 인권임을 강조하고 있다. 세계인권선언 19조에서 다음과 같이 명시하듯이 표현의 자유의 의미는 단순히 표현하는 방식의 범위를 넘어선다.

> 모든 사람은 의견과 표현의 자유에 관한 권리를 가진다. 이 권리는 간섭 받지 않고 의견을 가질 자유와 모든 매체를 통하여 국경에 관계없이 정보와 사상을 추구하고, 접수하고, 전달하는 자유를 포함한다.(세계인권선언 제19조 : The Universal Declaration of Human Rights Article 19)

즉, 표현의 자유는 한 개인의 정보수집에서부터 정보와 사상 및 의견을 소유하고 유포하는 과정까지를 포함한다. 따라서 정보수집을 위해선 정보의 접근이 자유로워야 하며, 정보를 청구할 권리인 정보청구권이 언론자유에 필수불가결한 요소로 인정되며, 정보의 자유가 보장되어야 한다. 표현의 자유엔 정보취득을 통한 '알 권리'뿐만 아니라 정보나 사상 및 의견을 '알릴 권리'도 포함된다.[9] 다른 나라와는 달리 독일연방

9) 한수경, 나꼼수 블랙코미디 "닥치고 여성은 정치!" 미디어스 (2012.02.15.), http://www.mediaus. co.kr/news/articleView.html?idxno=23238/

헌법 기본법 제5조에서 '정보의 자유', 즉 '알 권리'를 명문화하고 있어 그 중요성이 더욱 강조되고 있다. 한국의 경우 대한민국 헌법에 '정보의 자유'에 대한 명문규정을 두고 있지는 않지만, 학설과 판례에 따라 '알 권리'의 헌법적 보장을 인정하고 있다. 국민의 알 권리는 민주적인 국정 참여와 국정운영의 투명성 그리고 인격발현과 인간다운 생활을 보장하기 위해 '공공기관의 정보공개에 관한 법률'(정보공개법, 1996.12.31. 제정)을 두고 있다.[10)]

셋째로, 언론의 자유(Pressefreiheit)는 기본법 제5조 2항 2문에 의거하며, 언론법(Presserecht)은 헌법, 연방법 그리고 각 주(Land)의 언론법에 기초한다. 광의의 언론법엔 언론과 관련된 모든 법규들, 즉 노동법, 민법, 형법, 경쟁법, 카르텔법, 저작권법과 출판법 등이 이에 포함된다. 협의의 언론법은 언론과 직접 연관된 언론특별법규들을 말한다. '언론'(Presse)의 개념은 발행부수와 발행범위에 관계없이 공중에 발행되는 것에 적합한, 배포를 전제한 모든 인쇄물을 칭할 뿐만 아니라, 언론 종사자와 기술적, 경제적, 조직적인 구성을 갖춘 언론기업도 포함한다. 언론자유는 국가와 경제권력에 대항하는 방어권(Abwehrrecht)으로, 언론업에 종사함에 있어 개인적 권리로 이해될 뿐 아니라, 언론의 제도적인 독립성을 내포하고 있다. 따라서 기본법 제5조 1항에 의거한 언론자유의 보호영역은 언론과 관련된 모든 업무, 즉 정보수집에서 뉴스와 의견을 공표하고 전파하는 모든 범위를 포함한다.[11)] 언론의 자유로운 업무는 사전검열을 금지함으로써 또한 보호되고 있으며, 보호영역에 속하는

10) 임병국, 『언론법제와 보도』 (서울: 나남출판. 1999), 79, 109. 김명전, 『미디어법』 (서울: 박영사. 2010), 37.

11) Reinhart Ricker, *Medienrecht. Fischer Lexikon Publizistik Massenkommunikation* (Frankfurt am Main: Fischer, 1994), 244 & 248.

인쇄물은 정치, 문화, 세계관을 다루는 보도나 논평 등을 담은 여론형성에 기여하는 것으로 제한된 것이 아니라, 오락 및 광고부분을 포함한 모든 정신적 내용의 공표물이 언론자유 보호영역에 해당된다.12)

언론의 자유로운 역할을 바탕으로 한 언론의 책무는 1) 정보의 기능, 2) 의사형성의 기능, 3) 비판과 감시의 기능과 4) 공적 책무의 수행이다. 언론의 기능은 정보를 생산하고, 수집, 선별해 전달할 뿐만 아니라, 정확하고, 완전한 혹은 충분한 정보를 제공함으로써 공중이 이해하고 또 의견형성을 할 수 있도록 돕는다. 언론은 정보제공과 공론의 장으로써 기능을 하며, 어떤 사안이나에 따라 입장을 밝히고, 비판하는 기능을 한다. 언론인들은 사회의 비판적 관찰자이며, 비판적 기술자로서 '감시견'(Watchdog)의 역할, 즉 '민주주의의 감시견' 역할을 한다. 언론은 법적 지시에 따라 사회의 비판적 또 감시기능을 수행하는데, 즉 사회의 부정과 폐해를 밝혀내고, 사실을 캐묻고, 또 비판하는 것이다.13)

특히 '공적 책무'(Öffentliche Aufgabe) 수행을 헌법적 명령으로 의무화하고 있으며, 각 주(Land) 언론법에 규범화하고 있다. 공적 책무의 수행은 개인과 민주주의 이익을 위해 요구되는 언론발행으로 사회의 '공익'(Gemeinwohl)이 우선되어야 한다. 공공의 복리나 공익에 관한 문제를 국가가 독점할 수 없으며, 따라서 개인의 책무이행이 국가기관의 행위에 우선된다. 민주주의에 필요한 의사형성과정은 '국민에서 국가로' 진행되기에 언론에게 이러한 본질적인 책무를 지운다. 언론은 공개적인 토론을 주도하고 대변자의 역할을 함으로써 여론을 형성하고 여론을

---

12) Udo Branahl, Medienrecht. Eine Einführung. 2.Auflage, (Berlin: Westdeutscher Verlag, 1996), 21-22.

13) Die Zeit, *Öffentliche Aufgabe der Medien, Medienkunde* 2010/11, 146.

반영하여야 한다. 다시 말해, 공적 책무는 일반적인 여론시장을 형성하여 공개적 소통과정과 의사형성과정을 이루고, 개인의 자유로운 의사형성을 돕고, 또 언론을 통한 정치적 포럼으로 시민과 대표자들 간의 정치적 발언과 소통을 가능하게 하는 통로역할을 함으로써 이행된다.[14)]따라서 언론의 공적 책무의 핵심은 국민의 '정치적 의사형성'을 돕는 일이다. 정부와 의회 의원들은 국민들이 생각과 의견을 언론과 방송, 즉 미디어를 통해서 알게 되며, 반대로 국민은 정부와 의회에서 어떤 일이 벌어지고 있는지 언론을 통해 알게 된다. 언론, 즉 미디어는 국민의 대변자이며, 동시에 권력의 감시자로 비밀에 붙이거나 은폐하고 싶어하는 정보를 밝혀내 알림으로써 민주주의의 '감시견'(Watchdog) 역할을 하는 즉, '제4의 권력'이다.[15)] 말하자면 '권력을 감시하는 권력'이라 할 수 있다.

특히 언론자유를 보장하기 위해 언론인에겐 다양한 특권이 주어진다. 즉, 언론사 설립과 직업에 대한 허가는 허용되지 않는 '허가로부터의 자유'(Zulassungsfreiheit), 관공서에 대한 '정보청구권'(Informationsanspruch)과 취재원 보호를 위한 '증언거부권'(Zeugnisverweigerungsrecht), 언론서류의 압수 및 언론사 수색의 경우에 있어 특권을 누리며, 언론내용 위반의 경우엔 짧은 법적 '시효'(Verjährung)와 경영협의회의 언론내용에 대한 영향을 제한하는 '경향성보호'(Tendenzschutz) 등이 이에 해당된다. 특히 내부적 언론의 자유(Innere Pressefreiheit)를 보장하기 위해 언론사의 발행인, 편집국장과 편집국 직원들 간의 관계를 법적으로 보호하는

---

14) Reinhart Ricker, *Medienrecht*, 246-248.

15) Udo Branahl &, Patrick Donges, "Warum Medien wichtig sind: Funktionen in der Demokratie. Bundeszentrale für politische Bildung." 2011.06.08.http://www.bpb.de/izpb/7492/warum-medien- wichtig-sind-funktionen-in-der-demokratie?p=all

것으로, 언론발행의 권한과 인사 및 경영의 규율에 대한 참여권한을 구별한다. 또한 기본법의 객관적 법적 내용에 있어 법원은 '자유로운 언론을 보호하는 것을 국가의 의무'로 간주한다.[16] 반면에, 언론인들에게는 보도함에 있어 면밀한 검토를 해야 하는 '세밀함의 의무'(Sorgfaltspflicht)가 요구된다.

이렇게 우선적으로 보호되는 언론의 자유는 제5조 2항에 의거해, 즉 다른 중요한 법의 보호를 위한 경우를 제외하고는 공격받을 수 없으며, 언론의 자유를 침해하는 특별법의 제정은 허용되지 않는다.[17] 언론의 자유를 위협하는 상황을 방지하기 위해 언론의 자유가 자유민주주의 기본질서의 중요한 가치임을 인정하고, 언론자유에 대한 제약은 곧 민주주의의 가치를 부정하는 것으로 언론자유와 민주주의는 동전의 양면과 같이 뗄래야 뗄 수 없는 관계로 '언론자유의 제약에 대한 제약'으로 그 중요성을 강조하고 있다. 언론자유는 독일연방의 모든 16개 주의 언론법(Landespressegesetz : LPG)에 근거를 두고 있다.

넷째로, 방송의 자유(Rundfunkfreiheit)는 언론의 자유와 마찬가지로 표현의 자유에 대한 구체적인 구성요서로서 '개인의 인격발현의 수단'으로 기본법 제5조 2항 2문에서 방송을 통한 보도의 자유를 보장하고 있다. 여기서 방송은 전자파의 형태로 내용을 공중에 전달하는 모든 것을 말하며, 수용공간이 제한되지 않아야 한다. 라디오와 텔레비전 모두 방송에 해당된다.[18] 공적 책무는 언론의 자유에만 해당되는 것이 아니라, 언론과 방송을 비롯한 대중매체의 책무이다. 따라서 정보전달, 의사

16) Reinhart Ricker, *Medienrecht*, 249-250.

17) Reinhart Ricker, *Medienrecht*, 249.

18) Udo Branahl, *Medienrecht*. 23.

형성, 비판 및 공적 책무의 역할은 여기서도 유효하다. 방송의 자유는 국민의 사적, 공적 의사형성을 통한 민주주의 기본질서형성의 전제조건으로 이해하며, 특히 16개의 주로 구성된 연방국가로서 문화적 동질성에 기여하는 문화적 요소로도 파악된다. 현재 독일의 방송구조는 공영방송과 민영방송의 이원적 방송체제(Duales Rundfunksystem)로 운영되며, 수신료로 운영되는 공영방송은 오늘날 국민에게 라디오 및 TV 프로그램을 제공해야 하는 기본공급(Grundversorgung)의 의무를 지닌다.

방송법(Rundfunkrecht)은 주(Land)간방송협약(Rundfunkstaatsvertrag : RfStV)과 헌법적 보장에 근거하여 주로 연방헌법재판소의 판결을 통해 보장된다. '방송' (Rundfunk)의 개념은 모든 종류의 말, 음향과 사진으로 표현되는 상연 등을 전자파를 이용해 전송하는 모든 것을 의미한다.[19) 위에서 언급한 것처럼, 국가는 언론의 자유뿐만 아니라 방송의 자유에 대한 법적인 보호를 위해 기본법 제5조 1항 1문에 의거 특별한 보장을 해야 한다.

방송의 자유에 대한 내용은 '국가로부터의 자유'(Staatsfreiheit), '프로그램 편성권의 자율'(Programmautonomie)과 '다원(양)성의 확보'(Pluralismus) 등으로 나뉜다. 특히 방송은 근본적으로 국가에 의해서나 또는 어떠한 사회적 그룹의 압력에 의해서도 장악되어서는 안 됨을 강조하고 있다. 더욱이 방송은 여론에 미치는 영향력을 감안하여 사회의 모든 그룹에게 자유로운 의견표명의 장으로 기능해야 하며, 헌법이 보호하는 의사형성과정의 매개자 역할을 수행해야 한다.[20) 특히 중요한 것이 "자유로

---

19) 방송의 개념은 기술적인 요소뿐 아니라, 문화적, 제도적인 요소, 즉 방송은 조직구조와 프로그램기능을 포함한 대중매체의 도구로 이해된다. Reinhart Ricker, *Medienrecht,* 257.

20) Reinhart Ricker, *Medienrecht,* 257-258.

운 의사형성에 필수불가결한 조건은 국가의 영향력으로부터의 자유"[21] 이며, 즉 '국가로부터의 자유'(Staatsfreiheit)의 원칙에 따라 국가가 방송 프로그램에서의 인물 선별뿐만 아니라 프로그램의 내용에 미치는 영향을 금지하고 있다.[22] 말하자면, 프로그램(편성)의 자유가 결국 방송의 자유의 본질적인 측면이기 때문이다. 미디어의 공적 책무의 궁극적인 목적은 정치적 의사형성을 돕는 일에 있으며, 이를 위해서는 민주주의에서 미디어의 자유에 대한 보장이 전제되어야 한다. 즉, 언론자유는 민주주의의 전제조건인 것이다.[23]

직접민주주의가 불가능한 대의제를 실시하고 있는 현대국가에서는 '국가' 자체가 목적이 아니라 국가는 "국민의 기본권과 권리를 보호하고 개개 국민의 인격권의 발현이라는 목적을 지향하는 수단적인 운명공동체"[24]로 규정할 수 있다. 따라서 국가통치권의 정당성은 주기적으로 실시되는 선거제도를 통해 이루어지지만, 지속적인 정당성의 부여라는 측면에서 볼 때 결함을 안고 있으며, 이것을 보충하는 것이 매스미디어를 통한 국민의 의사를 국정운영에 반영할 수 있도록 하는 것이다.[25] 즉, 대의민주의제에서 국가권력의 정당성부여는 언론과 방송 등 매스미디어를 통해 이루어진다 할 것이다. 언론의 자유와 방송의 자유는 의사표현 자체를 구체적으로 보호하는 것이 아니라, 자유로운 언론을 위한 제도적 기능을 보장함으로써 표현의 자유를 보장하고 "국가권력의 정당성 부여의 통로역할"[26]을 하는 것이다.

---

21) *Ibid.*, 258.

22) *Ibid.*, 258.

23) Udo Branahl &, Patrick Donges, "Warum Medien wichtig sind."

24) 최우정, "주요국가의 방송통신법제에 관한 비교법적 연구 – 독일." (서울: 한국법제연구원, 2009), 41.

25) Reinhart Ricker, *Medienrecht*, 258.

뿐만 아니라 표현의 자유, 즉 언론자유에 대한 법적인 보장은 헌법의 수호자인 독일연방재판소(BVerfG)의 판결에 의해 특별히 보호되며 발전되어 왔다. 특히 류트-판결(1958), 슈피겔-판결(Spiegel-Urteil, 1962)과 최근에 있었던 키케로-판결(Cicero-Urteil, 2007) 언론자유의 수호에 중요한 의미를 지닌다.

2) 언론자유의 한계

위에서 언급한 것처럼, 언론자유, 즉 표현의 자유가 인권으로 인간의 인격발현과 민주주의 기본질서형성을 위해 국내법과 국제법적으로 보장되고, 특히 국가권력의 침해에 대항하는 '방어권'의 성격을 지닌다. 하지만 표현의 자유, 언론자유는 다른 기본권을 침해 할 때 그에 따른 제약을 받는다. 보호받을 가치가 높은 다른 기본법과 충돌할 시에 각 법의 중요성 측정을 통해 판결이 이루어진다. 기본법 제5조 2항은 표현의 자유의 제약[27]을 다음과 같이 명시하고 있다.

> (2) 이 권리는 일반법의 규정, 청소년보호를 위한 법적 규정과 개인의 명예에 관한 법규에 의해 제약될 수 있다.[28]

---

26) *Ibid.*,

27) 한국의 헌법 제21조 언론, 출판의 자유는 독일과 마찬가지로 타인의 권리를 침해할 경우 제약되며, 독일과는 달리 "공중도덕이나 사회윤리를 침해"할 때 제약될 수 있다고 명시하고 있어, 그 구체적 범위가 불분명해 논란의 여지가 있다. 독일의 경우 한국과는 달리 청소년보호를 위해 표현의 자유는 제약될 수 있다고 명시하고 있어, 한국과 독일이 무엇에 더 가치를 두고 있는지 그 차이를 알 수 있다.

28) 독일어 원본은 "(2) Diese Rechte finden ihre Schranken in den Vorschriften der all-

독일은 나치시대에 언론과 방송이 선전도구로 악용되었던 역사적 경험을 통해 언론과 방송에 대한 국가의 영향력에 대해 상당히 민감하게 반응한다. 1933년 나치독일의 언론은 나치에 대해 비판할 수 없었으며, 민주주의자, 평화주의자, 외국인, 유대인, 동성연애자, 장애인 등 나치의 세계관에 맞지 않는 기사는 보도할 수 없었다.[29] 뿐만 아니라 언론인들은 나치에 의해 선별되어 언론직업을 수행하는데 많은 제약이 따랐다. 이러한 언론자유에 대한 제약의 결과가 나치독일과 같은 극단적인 전체주의로 형상화되었던 역사를 되풀이 하지 않기 위해 언론인들의 자유로운 언론활동이 최고수준으로 보장되어야 함은 말할 나위 없다. 따라서 일반법(allgemeine Gesetze)[30]에 의한 언론의 제약도 학계에서는 문제를 삼고 있다. 청소년보호와 개인의 명예와 같은 인격권 침해에 대한 표현의 자유는 제약 받을 수 있다. 하지만 인격권 침해의 경우 공적 영역과 사적 영역을 구분하며, 사적 영역에서 다시 내밀영역을 구분한다. 명예훼손의 경우 주로 일반인들의 관심이 높은 유명인이 주로 침해의 대상이라 공적 영역과 사적 영역의 구별이 불분명해 문제가 되기도 한다. 또한 언론에 대항한 유명인들의 사생활침해와 명예훼손 고소사례가 지나쳐 언론인들의 자유로운 활동을 저해한다는 불평의 목소리도 높다.

gemeinen Gesetze, den gesetzlichen Bestimmungen zum Schutze der Judend und in dem Recht der persönlichen Ehre."이다.

29) Die Zeit, *Medienkunde*. November 2010, 146.

30) '일반법'은 특별히 보호되어야 할 법적 대상으로 인간 개인의 이익이나 사람으로 기본법도 법에 의해 제약되는 형태이다.

3. 언론의 공적 책무 수행의 문제점

위에서 서술한 것처럼, 독일은 표현의 자유, 즉 언론자유를 헌법이 보장하는 가장 중요한 민주주의의 요소로 인정하지만, 2001년 9/11 사태 이후에 벌어진 테러와의 전쟁은 언론자유 혹은 미디어의 자유를 상당히 위축시키는 효과를 가져왔다. 또한 언론사들의 경제적 압박과 광고 수익으로 인한 간접적인 광고주의 영향으로 언론인들이 공적 책무를 수행함에 있어 부정적인 영향을 감내해야 하는 실정이다. 1962년 슈피겔-사태(Spiegel-Affäre)에 이어 2005년에 발생했던 키케로-사태(Cicero-Affäre)는 독일의 언론자유가 또 다시 심각한 위기에 처해 있음을 나타내는 사건이었다. 다행히 2007년 연방헌법재판소의 키케로-판결(Cicero-Urteil)로 슈피겔-판결에 이어 언론의 자유가 재차 강조되었지만, 언론사의 압수수색으로 저널리스트들의 업무상의 제약과 그로 인해 파생되는 자유로운 언론행위의 위축효과로 비판의 목소리가 상당히 높다.

더욱이 2002년부터 '국경없는 기자회'(Reporters Without Borders)가 매년 시행하고 있는 세계 언론자유 지수를 살펴보면 독일의 언론자유가 얼마나 위축되어 왔는가를 알 수 있다. 2002년 6위에서 2011년엔 사이프러스, 자메이카와 함께 공동 16위에 머무르고 있다. 물론 영국, 프랑스, 이태리, 미국 등에 비하면 좋은 성적이지만, 스칸디나비아 국가들과 이웃나라인 네덜란드, 스위스와 비교해도 낮은 수준이며, 심지어 공산국가였던 이웃의 체코(14위)보다도 낮아 서방국가들의 언론자유 수호가 중요한 이슈가 되고 있다. 더욱이 언론자유와 민주주의를 외쳤던 서방국가들이 낮은 수준의 언론자유 지수를 기록하고 있어 체면이 말이 아니다. 독일의 언론자유에 대한 현 상황을 언론인들은 2006년 기사들 중 하나에서처럼 "볼리비아의 언론자유가 독일보다 높아"[31] 등 스스로 비꼬고 있으며, 여전히 언론자유가 보장되긴 하지만 '충분치 않다'라는 것이 대부분 언론인들의 견해이며, 언론자유 수호에 대한 대책마련을 촉구하고 있다. "독일과 같은 민주주의, 또 세계에서 가장 부유한 국가 중의 하나인 독일에게 이러한 언론자유 수준은 충분하지 않다. 나치시대와 차후 동독 등 언론자유 탄압과 관련해 독일은 직접 나쁜 경험을 쌓았다."[32] 그래서 독일 언론인들은 어떤 국가들보다도 독일이 언론자유를 가장 높은 수준으로 수호해야 하는 당위성을 지닌다고 인식한다.

그러나 현실적으로는 다양한 요소들이 언론자유를 위협하고 있는데, 언론자유에 가장 위협적인 요소들은 여전히 국가권력과 경제권력의 영향이다. 물론 권위주의나 독재국가처럼 언론인들이 목숨을 위협받는 일은 없지만 은폐된 형태로 나타나는 언론침해가 훨씬 위험하다고 인식되고 있다. 그 이유는 독재정권은 정권이 무너지면 해결될 일이지만 민주주의 국가에서 은밀하게 자행되는 언론자유 침해를 막는 것은 더욱 어렵기 때문이라는 것이다. 특히 2001년 9/11 사태로 인해 서방국가들이 취해온 다양한 테러방지법 등은 언론자유 침해를 합법화시켜 왔으며, 독일의 경우 반테러법(Anti-Terror-Paket)의 일환으로 다양한 법규들이 입법화되어 언론자유를 위협하고 있다. 특히 테러범죄 발생시 경찰과

31) Spiegel, "Mehr Pressefreiheit in Bolivien als in Deutschland," Spiegel-Online 24 October 2006, http://www.spiegel.de/politik/deutschland/0,1518,444291,00.html/

32) Bern Hilder, "Gut ist nicht gut genug," *The European*. 06 May 2011, http://www.theeuropean.de/ hilder-bernd/6582-pressefreiheit-in-deutschland/

국가정보원들의 정보접근을 쉽게 하겠다는 발상으로 전 시민을 '잠재적 테러분자'로 규정하는 법률로 비판을 받았던 온라인상의 검열허용이 문제가 되었다. 저널리스트들의 경우 정보원 및 취재원의 관계가 노출될 우려가 있어 정보원들이 제보를 꺼려해 탐사보도와 질 높은 언론보도를 통한 공적 책무 수행은 더욱 제약 받고 있다. 언론자유를 제약하는 것들로 온라인 검열을 통한 정보원 겁주기, 저널리스트 감시, 정보의 자유의 부재, 경제적 압박과 기업의 요구와 취재시간의 부족 등 언론인들의 공적 책무 수행을 방해하는 요소로 작용한다는 진단이다.

먼저 테러와 범죄를 막기 위해 독일정부는 통신사들의 고객 데이터 저장(최소 6개월)을 의무화하는 법안(Vorratsdatenspeicherung)을 계획했는데, 실제로 저널리스트들의 대화내용까지 담긴 통신정보가 테러 색출을 위해 담당기관에 넘겨졌다는 사실이 언론에 폭로되면서 큰 파장을 일으켰다. 물론 연방헌법재판소가 개인 데이터 저장을 통신의 비밀을 보장하는 기본권 제10조의 침해를 근거로 헌법위반으로 판결을 내려 정보저장 금지조치가 취해지기는 했으나, 취재에 중요한 정보원과 취재원들이 통신상의 검열을 우려해 저널리스트들의 취재를 어렵게 만들고 있다.

1962년 나토(NATO)작전을 상세히 보도했던 『슈피겔』(*Spiegel*)이 국가기밀누설로 거의 초토화되는 상황에 이르렀던 사건처럼, 2005년에 검찰은 다시 정치시사월간지 『키케로』(*Cicero*)를 기밀누설공모로 편집국 수색을 허가했다.[33] 이로 인해 자료들이 압수당하는 사태가 벌어졌으며,

---

33) Henrik Schmitz, "Die Pressefreiheit ist auch in Deuschland bedroht," 2010, http://www2.evangelisch.de/themen/medien/die-pressefreiheit-ist-auch-in-deutschland-bedroht16869/

언론자유가 다시 위협당하는 상황에 이르렀다. 문제의 기사는 "세계에서 가장 위험한 인물"(Der gefährlichste Mann der Welt, Bruno Schirra, 2005 April, p. 24)로 키케로 기자가 요르단 출신의 테러리스트에 대해 보도하면서 연방범죄국(Bundeskriminalamt : BKA)의 서류를 인용한 것이다.[34] 슈피겔 사건 이후 30년 만에 발생한 언론자유에 치명타를 입힌 사건으로 독일의 언론자유가 그간 얼마나 위축되었는가를 간접적으로 보여주는 것이기도 했다. 이 사건으로 언론자유의 침해란 비난과 함께 연방헌법재판소는 2007년 키케로-판결을 통해 기밀누설의 경우에도 저널리스트들이 처벌 받지 않음을 슈피겔 사건에 이어 다시 한 번 확인시켜 주었다. 언론자유가 승리했다는 기사들이 쏟아져 나왔으며 언론인들은 안도의 한숨을 돌렸다.

그럼에도 불구하고 압수수색으로 인한 언론업무의 방해 및 자료들이 압수당한 사실에 대해 그에 합당한 공권력의 책임을 묻지 않아 비판을 받고 있으며, 언론인들은 키케로-판결 내용은 기대에 미치지 못한 것으로 여전히 실망감을 드러내고 있다. 슈피겔-사태처럼 편집국이 6시간 동안이나 수색되었던 심각한 사건이었으며, 2007년 헌법재판소의 키케로-판결을 계기로 언론자유 보장이 더욱 개선될 것으로 기대되었지만, 실제로 그렇지 못하다는 것이다. 저널리스트들이 아닌 공무원 내부고발자들의 처벌을 강화시켜 저널리스트의 탐사보도를 어렵게 하고, 저널리스트들을 간접적으로 처벌할 수 있기 때문이다. 슈피겔은 다시 19세기 "카이저 빌헬름 시대로 돌아가는가?"라며 법관들의 불명확한 판

34) 키케로 저널리스트인 브르노 쉬라(Bruno Schirra)는 2004년 9월 6일 392개의 각주가 달린 125페이지에 해당하는 인터폴에서 찾고 있었던 테러리스트(Abu Musab az-Zarqawi)에 대한 연방범죄국 기밀보고서를 분석해 보도한 것이다.

결내용으로 언론에 큰 힘을 실어주지는 못했음을 지적했다.[35] 하지만 반대로 저널리스트들도 방법은 있다는 것이다. "이제 우리는 알고 있다, 저널리스들에 대해 기본법에 무엇이 들어 있는지 : 저널리스트들은 원하는 만큼 직무상의 기밀을 위반해도 된다. 단지 위반할 시에 걸리지만 않으면 된다."[36]

저널리스트들의 업무에 대한 국가권력의 방해는 저널리스트들을 감시해 왔던 연방정보부인 일명 '연방뉴스서비스'(Bundesnachrichtendienst : BND)를 통해 이루어져 왔음이 시사주간지 포커스 사건으로 밝혀졌다. 연방정보부의 해외첩보 활동에 대해 보도했던 시사주간지 『포커스』 *(Focus)*는 반대로 연방정보부에 의해 감시 당했던 것으로 알려졌으며, 또한 슈피겔의 언론업무와 저널리스트를 감시해온 것으로도 밝혀졌다. 몇몇 내부의 저널리스트들이 연방정보부와 연통하면서 몇몇 특정 보도를 암암리에 방해하는 수법도 동원되었다는 것이다. 연방정보부는 해외(첩보)업무, 즉 국제적 테러조직, 범죄, 무기 및 마약 밀매, 기술유출, 돈세탁 등을 담당하는데, 국내에서의 정보수집활동은 금지하고 있다. 그럼에도 불구하고 이러한 사태들이 터져 나오고 있으며, 연방정보부가 해외에서 수집한 정보를 미국에 넘겨준 사실도 언론에 보도되면서 언론과의 관계가 적대적인 측면이 없지 않지만, 국가공권력에 의한 언론자유에 대한 위협은 어떤 것으로도 정당화 될 수 없으며, 이것이 독일 언론환경에서 일상화가 되어가는 현상이라 언론인들의 경각심이 높다.

뿐만 아니라 관공서 및 공공기관은 언론인들에게 정보를 제공해야

35) Thomas Darnstädt, "Lass dich nicht erwischen, Journalist." 2007, http://www.spiegel.de/kultur/gesellschaft/cicero-urteil-lass-dich-nicht-erwischen-journalist-a-468964.html

36) Thomas Darnstädt, "Lass dich niccht erwischen, Journalist."

할 주언론법(Landespressegesetz)에 명시된 법적 의무를 진다. 그 내용은 또한 언론인들의 프레스카트 뒷면에도 명시되어 있다. 즉, "언론은 주언론법에 의거 공적 책무를 수행한다. 관공서는 언론과 방송의 대표자들에게 공적 책무를 수행하는데 필요한 정보를 주어야 할 의무가 있다."[37] 또한 "연방정부 및 주정부의 공적 행정기관, 경찰, 검찰과 의회에 대한 정보청구권이 있으며, 관공서는 진실을 적절한 시기와 적당한 분량으로 답변해야 할 의무를 지며, 따라서 언론인들은 공중에게 정확한 정보를 제공할 수 있다."[38] 정보의 자유는 위에서도 서술했듯이, 기본법 제5조로 엄연히 보호받아야 함에도 언론인들이 일상업무에서 체험하는 것은 정보의 자유에 대한 관공서들의 인식이 여전히 미흡하며, 이로 인해 투명성이 존재하지 않는다는 불평들이 나온다.

자유로운 언론보도를 방해하는 것으로는 국가권력 이외에 경제적 압박과 기업들이 언론에 직, 간접적으로 요구하는 기업의 이익에 부합하는 보도이다. 언론의 경제적 독립이 위협받고 있는 현 상황에서 광고주들인 기업의 영향력이 증가해 기업의 요구가 언론보도에 막대한 영향을 미치고 있기 대문이다. 일반적으로 언론인들이 일상업무에서 가장 많이 부딪히는 것으로 이러한 경제적 압력을 지목하고 있으며, 이로 인해 보도를 유보하거나 거절당하는 일도 발생하며, 프리랜서 저널리스트의 경우 이러한 압력을 견디기 어렵다는 평가이다. 또한 민영기업에 대한 정보접근의 어려움이 많았는데 다행히도 기업의 소유구조가 공공영역이 50% 이상일 경우엔 정보청구를 할 수 있다는 판결로 기업에 대한 취재가 좀 쉬워진 긍정적이 측면도 있다. 하지만 기업들의 요구는 여전

---

37) 이 문구는 독일 언론협회에서 발행한 필자의 프레스카드에 명시된 문구이다.
38) Die Zeit, *Medienkunde*, 146.

히 언론보도에 악영향을 미치고 있는데, 슈피겔에서 조차 '껄끄러운' 기사가 제대로 보도되지 못한다는 비판이 나오고 있다.

이렇게 언론자유가 여러모로 위축되고 있는 반면에, 인격권 즉 프라이버시 및 명예훼손에 대한 언론의 책임은 강화되고 있어 유명인들의 인격권 침해로 인한 고소고발은 잦아져 언론자유를 한층 더 위축시킨다는 불만들도 나오고 있다. 뿐만 아니라 언론인들에게 취재할 시간이 점차 적어져 언론의 책무인 '면밀한 검토'가 간과되고 심층취재와 탐사보도는 축소되어 점차적으로 통신사 뉴스들과 비슷해지는 '통조림' 보도들이 많아지고 있다는 지적이다.

4. 인터넷 사이트 차단과 법적 근거

1) 인터넷 사이트 차단 유형

독일에서 웹사이트의 내용으로 인한 인터넷 사이트 차단은 인터넷이 대중적으로 잘 알려지기도 전인 1991년으로 거슬러 올라간다. 지금까지 인터넷 사이트가 차단된 이유는 내용적으로 극우 사이트와 아동포르노 사이트 등이 주를 이룬다. 2009년 인터넷 사이트 특히 아동포르노 사이트 접근을 차단하기 위한 명확한 법적인 근거마련을 위한 움직임이 활발했고, 또한 상당한 논란을 불러일으켰다. 인터넷 공급자들이 차단할 수 있는 법적 근거에 대한 요구와 함께, 당시 가족부 장관 우줄라 폰 데어 라인(Ursual von der Leyen)을 필두로 독일 정부는 아동포르노 사이트 접근을 차단하기 위해 텔리미디어법(Telemediengesetz) 개정,

즉 '액세스블로킹'(Access Blocking)이 촉구되었다. 가족부 장관은 '아동포르노 데이터아우토반'(Datenautobahn der Kinderpornografie)을 끊어놓겠다는 의지를 표명했다.[39] 인터넷 접속의 약 75%를 책임지고 있는 5개 인터넷 서비스업체가 연방범죄국과 아동포르노 사이트 차단 합의서에 서명하고 협조할 것을 다짐했다.[40]

지금까지 '접근을 어렵게 하는 법'(Zugangserschwerungsgesetz)이 시행되기 2009년 이전에 차단된 사이트를 살펴보면 다음과 같다.

- Usernet(1991/92) : 차단 원인은 포르노그라피로, 대학의 네트워크인 유저넷에 올라온 포르노그래피에 대해 여성잡지인 '에마'(Emma)가 '유저넷-포르노-스캔들'로 보도하면서 불거진 사건이다. 세금으로 운영되는 대학의 네트워크를 교수와 학생들이 포르노를 소비하는 것으로 악용하고 있으며, 여성 이용자를 불쾌하게 만들고 있다는 내용으로 차단시켜야 한다고 주장했다. 타츠(TAZ)와 같은 언론들 또한 이에 대해 비슷한 논조로 보도해 언론과 대학 관계자들 및 이용자들간의 싸움으로까지 번졌다. 대학의 남성 이용자들이 과장된 언론보도로 인해 마치 포르노나 보는 잠재적 성폭행범으로 비춰졌다는 비난들이 쏟아지기도 했다.[41]
- www.xs4all.nl(1996/97) : 테러 의혹 사이트 차단으로, 독일연구네

39) Torsten Kleinz, "Kinderpornografie: Der Traum von der Internetsperrung," 2009, http://www.focus.de/digital/internet/kinderpornografie-der-traum-von-derinternetsperrung_aid_376961.html

40) Stefan Tomik, "Provider schließen Vertrag für Internet-Sperren," 2009, http://www.faz.net/aktuell/politik/inland/kinderpornografie-provider-schliessen-vertrag-fuer-internet-sperren-1782671.html/

41) TAZ, "Hardcore-Pornos im Computer-Raum," 1992, http://www.toppoint.de/~stenner/emma.html

트워크인 DFN이 네덜란드서버의 IP 주소를 몇 일간 차단한 사건이다. 원인은 테러조직을 만들려는 의혹을 받아온 잡지 '라디칼'(Radikal)을 올렸기 때문이다. 이 잡지는 1984-1997년 사이에 210건이나 조사를 받아온 것으로 알려져 범죄행위를 도왔다는 검찰의 판단에 기인한다. 1996년엔 독일 인터넷경제협회(ECO)의 자율규제단체인 ICTF(Internet Content Task Force) 등도 이 사이트 차단을 권고한 바 있다.[42)]

- 노트라인-베스트팔렌(2001) : 폭력사이트 차단으로, 노트라인-베스트팔렌 주 총리의 주도로 56 개의 인터넷 공급자들에게 미디어법에 근거한 극우내용을 담은 세 개의 사이트들과 테러, 잔인한 살인, 자살 및 성폭력을 담은 웹사이트 rotten.com 접근 차단을 요구해 시작되었다.[43)]
- 포르노그래피 사이트(2007) : 청소년보호법에 저촉됨을 근거로 인터넷 공급자인 아코르(Acor)에 의해 자발적으로 연령대를 표기하지 않은 포르노그래피 사이트들인 *sex.com, youporn.com* 혹은 *privatamateure.com.* 등이 차단되었다.[44)] 하지만 이러한 문제의 해외사이트들이 구글을 통해 여전히 여과 없이 보여지고 있어 구글에게도 이러한 사이트 차단이 요구되었다.

이처럼 차단된 인터넷 사이트들은 (아동)포르노와 극우사이트 및 폭

42) Wikipedia, 2012, "Sperrungen von Internetinhalten," http://de.wikipedia.org/wiki/Sperrungen_von_ Internetinhalten_in_Deutschland/

43) *Ibid.*

44) Heise.de, "Arcor sperrt Zugriff auf Porno-Seiten," 2007, http://www.heise.de/newsticker/meldung/ Arcor-sperrt-Zugriff-auf-Porno-Seiten-173460.html, & Konrad Lischka, "Jugendschutz Abmahnwelle drängt Internetanbieter zur Web-Zensur," 2007, http://www.spiegel.de/netzwelt/web/0,1518,512821,00. html/

력적 사이트들이다. 이외에도 2008년 작센-안할트(Sachsen-Anhalt)의 극우사이트, 폭력사이트, 음악산업 대표자들이 요구하는 지적재산권보호법에 근거한 저작권을 침해하는 사이트, 또 금지된 도박사이트 차단이 요구되었다. 2008년 사민당(SPD)은 학교나 교육 및 청소년 관련 기관과 공공기관에서 231개의 극우사이트들에 대한 접근 차단을 요구했는데, 반민주주의적인 사이트들에게 '프로파간다'로 이용될 공간을 공공영역에서 허용할 수 없다는 것이다.[45)]

2002년에 문제사이트 차단이 거론되자 '정보의 자유 침해 반대 선언서'와 함께 인터넷검열 반대 서명운동도 진행되었다.[46)] 2009년에 인터넷 사이트 차단을 할 수 있는 법안마련이 제기되었으나, 여러 단체들은 인터넷 차단법의 기본권 침해를 들어 연방헌법재판소에 제소했으며, 2011년 4월 집권당인 우익보수 정당연정(CDU-FDP) 정부는 결국 인터넷 차단법을 포기해야만 했다.

2) 아동포르노 사이트 차단 논란과 문제점

인터넷의 확산으로 아동포르노가 점차 문제가 되면서 해결방안으로 인터넷 사이트 차단이 거론되었으나 법적인 근거가 부족해 어렵다는 입장이다. 또한 인터넷상에서 불건전한 정보의 유통은 국내에서의 차단

---

45) SPD, "Sperrung von 231 Internetseiten in öffentlichen Gebäuden," 2008, http://www.focus.de/politik/deutschland/spd-sperrung-von-231-internetseiten-in-oeffentlichen-gebaeuden_aid_354643.html/

46) ODEM, "Erklärung gegen die Einschränkung der Informationsfreiheit," 2012, http://odem.org/informationsfreiheit/erklaerung.html/

만으로 해결될 문제가 아니기 때문에 그 실효성이 문제로 제기되게 마련이다. 실제로 독일에서 법적으로 금지되는 포르노사이트, 특히 연령규제를 무시한 아동포르노에 해당되는 사이트들을 포함해 포르노그래피의 80% 정도가 다른 나라 서버를 통해 유포되고 있는 것으로 알려져 있다. 독일에서 시행하려는 것과 마찬가지로 북유럽 스칸디나비아 국가들의 경우 아동포르노의 접근을 차단하고 대신 '스톱'(Stop) 푯말을 세우고 아동포르노 사이트에 접속했음을 경고하고 있다. 아동보호단체인 유니세프(Unicef), 세이브더칠드런(Save the Children) 등은 이러한 법적 규제의 필요성을 강조하지만, 해적당을 비롯한 많은 단체들은 아동포르노 사이트의 외형적 접근차단이 아니라 근본적으로 아동포르노를 막을 방책을 세워야 한다는 의견이다. 하지만 기술적으로 볼 때 완전한 차단이 어려워 접근을 어렵게 만들 수밖에 없다는 문제가 있었다.

2009년 4월 17일 독일연방은 아동포르노 접근을 어렵게 만드는 법률(Zugangsers-chwerungsgesetz)을 통과시켰고, 그 후 아동포르노 이외에 그 동안 논란이 되었던 사이트들을 차단시킬 수 있는 법적 근거를 마련했다. 하지만 그것으로 문제가 해결된 것은 아니다. 인터넷 사이트 접근을 차단한다고 해서 극우단체의 프로파간다와 아동포르노와 같은 문제가 해결되지 않을 것이라는 목소리가 큰 반면에, 이 법을 근거로 수많은 사이트들이 피해를 볼 수 있어 기본법 제5조 '정보의 자유'를 침해한다는 문제로 대두되었다. 이렇게 인터넷 사이트 차단문제에 예민하게 반응하는 것은 근본적인 문제를 해결하는 대책이 아니라 단지 접근을 어렵게 할 뿐이며, 이러한 조치는 결국 아무런 효과가 없다는 것이다. 기술적으로도 이러한 문제의 사이트들은 얼마든지 차단을 피할 수 있기 때문에 의미가 없으며, 단순히 보여주기 위한 정부의 정치적 행위일 뿐이라는 것이 일반적인 여론이다. 그 대신에 이러한 법규는 인터넷검열로 악용될 소지가 크다며 비판의 목소리만을 키웠다. 이 법을 강력하게 추진했던 가족부 장관은 우줄라(Ursula)가 아닌, 검열이란 의미인 '첸주어'(Zensur)와 이름의 '우줄라'(Ursula)를 조합해 만든 '첸주어줄라'(Zensursula)라는 별명을 얻었다.

이러한 문제의 해결을 위해선 인터넷 공급자들로 하여금 사이트 접근을 표면상으로 차단하게 하는 방식이 아닌, 문제의 근원인 사이트 저작자들에게 그 책임을 물어야 하며, 근본적인 해결을 위해 정치적인 대책 마련이 필요하다는 것이다. 많은 논란을 불러 일으켰던 아동포르노 사이트 차단의 경우 실제 피해자들이 설립한 단체인 모기스(MOGiS e.V.)가 적극적으로 인터넷 사이트 접근차단 법안에 반대하고 있다. 모기스는 연방범죄국의 자료를 근거로 들며, 문제의 해결방안이 아님을 지적하고 있다. 즉, 아동성범죄의 경우 조직적으로 이루어지는 것이 아니라, 대부분이 주변 사람들에 의해서 이루어지고 있으며, 이 수치는 94%에 달하며, 그 중에서 45%는 이미 범죄를 저질러 혐의를 받고 있는 용의자들이며, 18.5%는 알코올로 인해 이루어지고 있다는 것이다. 뿐만 아니라 아동포르노를 제작 유포한 경우의 76%가 조직적인 범죄가 아닌 개인들이 저지른 경우이며, 또한 40%의 범행자는 이미 경찰에 알려져 있다는 것이다. 이 단체가 제시한 연방범죄국의 통계자료에 의하면, 놀라운 사실은 아동성범죄의 경우 4분의 1이 18세 미만의 미성년자들에 의해 이루어지며, 6분의 1은 16세 미만, 심지어 8% 정도가 아이들에 의해 저질러진 경우라는 사실이다. 또한 밝혀지지 않은 경우를 제외하고, 아동포르노를 제작, 배포 혹은 범행을 저지른 경우의 70%가 알고 있는 주변 사람들과 친인척에 의해 행해지고 있다는 점이다.[47]

---

47) Christian Bahl, "Wovon reden wir eigentlich in dieser Debatte - Oder Zahlen und

따라서 이 단체의 주장은 단순히 인터넷 접근을 차단한다고 해서 주변 인물들에 의해 발생하는 아동성범죄가 해결될 수 없다는 것이다. 아동성범죄를 해결하려는 정부당국의 진정한 노력이 부족하다는 것이다. 이 '위험한 상징정치'(MOBiS, 2009) 대신에 실적으로 아동성범죄 문제를 해결할 수 있는 방책이 더 필요하다는 것이다. 즉, 피해자 혹은 희생자를 위한 진정한 도움, 은폐된 성범죄를 줄이는 것, 유포된 내용을 단지 차단하는 대신에 범죄자를 쫓는 것, 소아성애자인 페도필들이 범죄자가 되지 않도록 심리치료를 제공하고, 또한 아이들에게 접근해 범죄에 이용되지 않도록 아이들을 강하게 교육하는 것 등의 방책이 더 효과적인 해결책이라는 것이다.[48] 인터넷 차단법안에 찬성해야 될 것 같은 피해자단체가 오히려 반대하고 있는 아이러니한 상황이다. 이 법안이 얼마나 실효성이 없는지를 간접적으로 말해주고 있다.

이 법안을 반대하는 입장은 이처럼 실질적 효과도 없으면서, 결국에 인터넷상의 정보의 자유만을 규제하는 법으로 악용될 소지만이 높기 때문이다. 또한 이러한 사회적 문제는 기술적으로 해결될 수 없으며, 차단을 할 뿐 내용은 사이버상에 그대로 남아 있고, 또 이러한 차단을 피해 일반인들도 쉽게 아동포르노에 접근할 할 수 있다는 것이다. 말하자면, 이 법안 반대자들이 모두 아동포르노를 찬성하는 것이 아니다. 스웨덴의 해적당 설립자인 릭 팔크빙에(Rick Falkvinge)의 올 9월 초 아이들을 범죄자로 만들고 또 인터넷검열의 확산을 근거로 앞으로 10년 후엔 '아동포르노 소지의 합법화'[49] 되어야 한다는 주장을 했다가 아동보호

Fakten," 2009, http://mogis-verein.de/2009/04/29/kern-der-debatte/

48) Christian Bahl, "Wovon reden wir eigentlich in dieser Debatte,"

49) Rickard Falkvinge, "The three reasons possessions of child porn must be re-legalized in coming decade". Falkving & Co. on, http://falkvinge.net/2012/09/07/

단체뿐[50] 아니라, 독일과 오스트리아의 해적당내에서까지 정치적 행위자로서의 자질까지 의심받는 처지가 되었다. '일반적으로 사회에서 규칙이 필요하듯 디지털 공동체도 잘 어우러져 살 규칙과 제대로 작동하는 법치시스템이 필요하다'[51]는 것이다. 그럼에도 불구하고 아동포르노를 빙자한 인터넷검열을 합법화시키려는 의도는 여전히 비판 받고 있다.

사실상 새로운 인터넷 접근차단 법안이 없이도 독일 현행법에 의해 아동포르노는 처벌받을 수 있으며, 연방범죄국 및 경찰청에서 아동성범죄를 퇴치를 위해 다양한 캠페인을 벌이고 있다. 아동포르노는 "14세 미만의 아이들의 성적 악용(학대)으로 보여지는 묘사"로 정의된다. 또한 청소년포르노는 "14세부터 18세까지의 청소년"의 경우에 해당된다. 경찰청의 자료에 따르면, "아동포르노는 다양한 형태로 유통되고 있다 : 영화, 비디오, 데이터전송, 그림, 사진, 녹음테이프, 인쇄 등은 전통적인 방법으로 전송 혹은 손에서 손으로, 무엇보다 인터넷을 통해 세계적으로 확산되고 있다."[52] 또한 오늘날 현대기술로 일반인들도 손쉽게 아동포르노를 생산, 유포할 수 있다는 점이다. 따라서 아동포르노 제작 및 유포에 대해 경찰의 특별단속도 종종 이루어져 왔다. 아동포르노의 경우 형법 §184b에 따라 아동포르노를 유포, 소지 또는 취득한자, 혹은 청소년포르노의 경우 형법 §184c에 따라 청소년포르노 유포, 소지 또는 취

three-reasons-child-porn-must-be-re-legalized- in-the-coming-decade/

50) Katja, "Straffreiheit für den Besitz von Kinderpornografie," 2012, http://www.gegen-missbrauch.de/blog/straffreiheit-fur-den-besitz-von-kinderpornografie/

51) Nachrichten.at. "Kinderpornografie: Auch Österreich Piraten kritisiert Falkvinge," 2012, http://www.nachrichten.at/nachrichten/politik/innenpolitik/art385,964074/

52) Polzeipräsident Berlin, "Bekämpfung der Kinder-und Jugendpornografie," 2012, http://www.berlin. de/polizei/kriminalitaet/kinderpornographie.html#rechtslage

득한 자는 5년에서 10년까지의 자유형에 처한다.[53] 독일뿐만 아니라 오스트리아 연방범죄국에서도 아동포르노와 아동섹스관광 제공하는 웹사이트나 뉴스그룹을 발견할 경우 신고를 받고 있다.[54] 또한 청소년보호법과 기본법 제2조에 의해서도 아동포르노와 성적학대를 처벌할 수 있는 법적 근거를 찾을 수 있다. 따라서 아동포르노를 빌미로 인터넷규제와 검열을 정당화시키려는 의도로 밖에 볼 수 없다.

4. 결론

위에서 살펴본 바와 같이, 독일의 언론자유 수준은 한국에 비해 훨씬 보장되어 있음에도 불구하고 많은 제약들이 따른다. 독일연방재판소는 '국가기밀'로 규정된 문서의 폭로보도에 대해서도 언론인들이 처벌받지 않는다는 판결을 내림으로써 독일연방재판소가 헌법의 수호자 역할을 다하고 있음을 슈피겔 사건에 이어 키케로-판결을 통해 재차 확인시켜 주었다. 그럼에도 불구하고 언론인들이 공적 책무를 수행함에 있어 국가권력과 경제권력의 간섭이 다양한 형태로 시도되어 언론자유가 크게 위협받고 있다는 경고의 목소리가 높으며, 언론자유를 제대로 보장할 법적 대책이 시급함을 역설하고 있다. 반면에, 인격권의 보장이 유명인들에게 종종 악용되어 언론을 고소고발하는 사례들은 증가하고

53) Polzeipräsident Berlin, "Bekämpfung der Kinder-und Jugendpornografie,"
54) Bundesministerium für Inneres-Bundeskriminalamt/Österreich, 2012, "Meldestelle Kinderpornographie und Kindersextourismus," http://www.bmi.gv.at/cms/BK/meldestellen/kinder/start.aspx

있어 언론역할을 더욱 힘들게 한다는 비판이 늘어나고 있다.

한국의 경우 인터넷의 역기능을 들어 네티즌들의 행위들을 비윤리적으로 규정하고 악법시행을 위한 빌미로 이용하고 있는 반면에, 독일에서는 네티즌들이 문제시 되는 것이 아니라 국가권력의 지나친 기본권 침해에 대한 비판이 크다. 따라서 정치적 선전으로 법규를 만들어 국민들의 정보의 자유를 막기보다 더 근본적이 문제해결 방안이 필요함이 강조되고 있다. 독일에서 인터넷상의 표현의 자유는 인격권의 침해가 아닐 경우를 제외하고는 거의 제약이 없는 것으로 볼 때, 한국의 인터넷규제로 인해 '인터넷감시국'의 딱지가 붙여졌음에도 불구하고, 해외사례를 들어 표현의 자유에 대한 규제책을 정당화하려는 의도가 짙게 드러난다.

독일의 인터넷 사이트 차단법안에 대한 논의를 살펴보았듯이, 새로운 법안의 필요성보다는 사회적 문제를 근본적으로 해결하려는 당국의 의지가 더욱 필요하며, 이러한 사회적 문제가 시민들을 감시하는 도구로 악용되어서는 안될 것임을 재차 각인시키고 있다. 현재 한국사회에서도 문제가 되고 있는 아동성폭력의 경우 경악을 금치 못하는 수준이다. 하지만 사회적 폐해의 근본원인이 무엇인가를 분석해 본다면, 인터넷을 사용하는 일개 개인에게 책임을 물을 것이 아니라, 유흥과 퇴폐적 사회 분위기와 미디어가 광고를 통해 생산, 유포하는 수많은 성적욕구를 자극하는 내용들이 언론의 공책 책무수행과 관계가 있는지, 또 그에 따른 사회의 폐해를 밝히고 비판해야 할 언론의 윤리적 책임은 없는지 되물어야 할 것이다. 인간의 존엄적 가치를 한국의 미디어 속에서는 찾아보기 힘들다. 언론관계자들 스스로의 자정노력 없이 선정적 보도로 시민들을 자극하고 있음에도, 윤리적 책임에 대해선 논의가 거의 없다. 대신에 오히려 네티즌들의 정당한 정치적 행위까지 문제삼고 있으며,

사회적 폐단의 근본적인 해결보다 법의 강화로 처벌에만 초점을 맞추고 있다.

독일은 언론자유를 민주주의의 최고의 가치로 인정하고 한국과 비교해 여전히 높은 수준으로 보장함에도 지난 2001년 9/11 사태 이후 언론자유가 심각한 수준으로 위협을 받고 있다고 언론인들과 일반인들이 인식하고 있다. 한국의 언론자유에 대한 책무와 문제를 단지 언론인들과 네티즌들에게 돌리기 보다 우선적으로 국가권력과 경제권력으로부터의 자유로운 언론이 보장되어야 하며, 현재에도 여전히 자행되고 있는 언론장악과 탄압을 막아야 할 것이다. 헌법의 수호자로 기능하는 독일연방헌법재판소의 판결은 '기밀폭로'로 국가안전을 위협한다는 국가의 자의적 해석보다 언론자유를 민주주의의 근본적 가치로 재차 인정하고 있다. 또한 독일연방헌법재판소의 언론자유 수호의 역할을 관찰하면서, 한국의 언론자유 탄압, 인터넷상에서의 검열로 인한 표현의 자유 제약과 국민들의 기본권 침해에 대한 헌법재판소의 기능이 무엇인가를 숙고할 필요가 있으며, 언론인들의 공적 책무에 대한 성실한 수행뿐 아니라 언론자유의 수호자로서의 헌법재판소의 '정상적인' 역할을 촉구하는 바이다.

참고 문헌

김명전. 2010. 『미디어법』. 서울: 박영사.

임병국. 1999. 『언론법제와 보도』. 서울: 나남출판.

최우정. 2009. "주요국가의 방송통신법제에 관한 비교법적 연구 – 독일." 한국법제연구원.

한수경. 2012. 나꼼수 블랙코미디 "닥치고 여성은 정치!" http://www.mediaus.co.kr/news/articleView.html?idxno=23238/

AFP. 2008. "SPD: Sperrung von 231 Internetseiten in öffentlichen Gebäuden" http://www. focus.de/politik/deutschland/spd-sperrung-von-231-internetseiten-in-oeffentlichen- gebaeuden_aid_354643.html/

Bahls, Christian. 2009. "Wovon reden wir eigentlich in dieser Debatte. Oder Zahlen und Fakten." http://mogis-verein.de/2009/04/29/kern-der-debatte/

Bundesministerium für Inneres–Bundeskriminalamt/Österreich, "Meldestelle Kinderporno- graphie und Kindersextourismus." http://www.bmi.gv.at/cms/BK/meldestellen/ kinder/start.aspx/

BVerfGE 7, 198(208)–Lüth

BVerfGE 33, 1(15)–Strafgefangene

Branahl, Udo. & Donges, Patrick. 2011. "Warum Medien wichtig sind: Funktionen in der Demokratie." Bundeszentrale für politische Bildung. http://www.bpb.de/izpb/7492/warum-medien-wichtig-sind-funktionen-in-der-demokratie?p=all/

Branahl, Udo. 1996. *Medienrecht. Eine Einführung.* 2.Auflage. Berlin: Westdeutscher Verlag, 23.

Darnstädt, Thomas. 2007 "Lass dich niccht erwischen, Journalist." http://www.spiegel.de/kultur/gesellschaft/cicero-urteil-lass-dich-nicht-erwischen-journalist-a-468964.html/

Die Zeit, *Öffentliche Aufgabe der Medien, Medienkunde* 2010/11, 146.

Falkvinge, Rickard. 2012. "The three reasons possessions of child porn must be re-legalized in coming decade." http://falkvinge.net/2012/09/07/three-reasons-child-porn-must-be-re-legalized-in-the-coming-decade/

Heise.de, 2007. "Arcor sperrt Zugriff auf Porno-Seiten." http://www.heise.de/news ticker/meldung/Arcor-sperrt-Zugriff-auf-Porno-Seiten-173460.html/

Hilder, Bern. 2011. "Gut ist nicht gut genug." http://www.theeuropean.de /hilder-bernd/ 6582-pressefreiheit-in-deutschland

Kleinz, Torsten. 2009. "Kinderpornografie: Der Traum von der Internetsperrung." http://www.focus.de/digital/internet/kinder pornografie-der-traum-von-der internet sperrung_aid_376961.html/

Lischka, Konrad. 2007. "Jugendschutz Abmahnwelle drängt Internetanbieter zur Web-Zensur." http://www.spiegel.de/netzwelt/web/0,1518,5128 21,00.html/

Nachrichten, at. 2012. "Kinderpornografie: Auch Österreich Piraten kritisiert Falkvinge."http://www.nachrichten.at/nachrichten/politik/innenpolitik/art385,964074/

ODEM. "Erklärung gegen die Einschränkung der Informationsfreiheit." http://odem.org/informationsfreiheit/erklaerung.html/

Polzeipräsident, Berlin. 2012. "Bekämpfung der Kinder-und Jugendpornografie." http://www.berlin.de/polizei/kriminalitaet/kinderpornographie.html#rechtslage/

Ricker, Reinhart. 1994. *Medienrecht. Fischer Lexikon Publizistik Massenkommunikation.* Frankfurt am Main: Fischer.

Schmitz, Henrik. 2010. "Die Pressefreiheit ist auch in Deuschland bedroht."

http://www2.evangelisch.de/themen/medien/die-pressefreiheit-ist-auch-in-deutschland-bedroht16869/

Ler,hen,dpa, 2006. “Mehr Pressefreiheit in Bolivien als in Deutschland.” http://www.spiegel. de/politik/deutschland/0,1518,444291,00.html

TAZ, 1992. “Hardcore-Pornos im Computer-Raum.” http://www.toppoint.de/~stenner/emma.html/

Tomik, Stefan. 2009. “Provider schließen Vertrag für Internet-Sperren.” http://www.faz.net/aktuell/politik/inland/kinderpornografie-provider-schliessen-vertrag-fuer-internet-sperren-1782671.html/

Wikipedia, 2012. “Sperrungen von Internetinhalten.” http://de.wikipedia.org/wiki/Sperru-ngen_von_Internetinhalten_in_Deutschland/

신자유주의 시대 언론 자유의 위기: 프랑스의 경우

이기라*

1. 들어가며: 끝나지 않은 언론 자유의 문제

2002년부터 '국경 없는 기자회'(Reporters sans frontière)가 매년 발표하는 세계 언론자유지수 순위에서 2010년 '국경 없는 기자회'의 본부가 있는 프랑스가 44위를 차지했다. 2002년 첫 조사 때 11위였던 프랑스의 언론자유 순위는 행정부와 의회를 모두 우파가 장악한 가운데 계속 하향 추세였는데, 특히 사르코지 대통령이 취임한 이후에는 2007년 31위, 2008년 35위, 2009년 43위, 2010년 44위로 매년 강등해 제3세계 수준으로 떨어진 것이다.[1)]

---

* 경희대

1) 작년 순위 발표에서는 38위로 다소 상승했다. 노르웨이, 핀란드, 스웨덴, 덴마크, 아

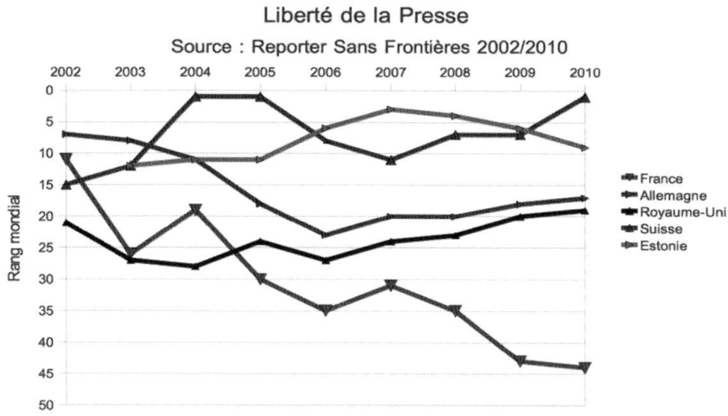

프랑스와 함께 언론자유의 불명예 대상에 오른 서유럽 국가는 언론 재벌 실비오 베를루스코니가 작년 말까지 총리로 있던 이탈리아이다. '국경 없는 기자회'는 두 나라 모두 수년 간 "미디어 집중이 심화됐고 정치권력은 기자와 기자들의 활동을 경멸적인 언사로 공격했으며, 기자들을 사법처리하고 취재원 보호의 원칙을 불법적으로 위반했다"고 지적했다. 특히 사르코지 대통령이 2007년 집권당인 UMP 의원들의 대선 정치자금 의혹을 폭로한 『르몽드』의 뉴스 취재원을 뒷조사하고, 이 사건을 처음 폭로한 인터넷신문 『메디아파르』(*Mediapart*)에 대해 "정치자금 취재를 위해 파시스트 수법을 동원했다"며 위협적이고 모욕적인 언사로 공격한 사실 등이 언론자유 순위를 강등시키는 감점요인이 되었다고 발표했다.

다른 한편으로, 미국의 비정부 인권단체 프리덤하우스(Freedom

이슬란드, 네덜란드 등 북유럽 국가들과 스위스가 매년 최상위를 유지하고 있다. http://en.rsf.org

House)가 매년 발표하는 언론자유지수도 프랑스가 2000년대 들어 언론자유가 지속적으로 축소되고 있음을 보여주고 있다. 프리덤하우스의 언론자유지수는 총 23개 항목을 평가해서 0부터 100점까지 점수로 매겨지는데, 점수가 낮을수록 언론자유가 보장된다는 의미이다. 2002년 17이었던 프랑스 언론자유지수는 조금씩 나빠져서 사르코지 대통령 집권 이후 2008년에는 22로 세계 40위로 내려앉았고, 2012년 발표에서는 24로 세계 43위까지 추락했다. 국경없는 기자회와 프리덤하우스가 발표하는 세계 언론자유지수는 그 기준과 신뢰성에 관해서 의문을 제기하는 이들이 있지만, 그보다 객관적이라 할 만한 자료가 있는 것도 아니므로 참고할만한 자료임에는 분명하다. 더구나 개별 국가의 언론자유 정도에 대해 두 단체의 평가가 크게 다르지 않다면 왜 그런 결과가 나왔는지 충분히 고찰해볼 필요가 있다.

언론의 자유는 민주주의와 서로 분리될 수 없는 관계이다. 민주주의가 현실에서 실제로 기능하기 위해서는 주권을 가진 시민들이 공적인 판단과 의사결정을 하기 위한 객관적인 정보가 충분히 제공되어야 하기 때문이다. 프랑스는 세계적으로 민주주의가 가장 잘 발전된 나라들 중 하나로 알려져 있다. 다양한 정치세력들이 제도권 안팎에서 각자의 정치적 의견을 자유롭게 피력하면서 비교적 공정하게 경쟁할 수 있는 시스템을 가지고 있으며, 대체로 시민의식과 정치참여율도 높은 편이다. 더구나 오랜 시위문화의 발달로 의회 민주주의를 보완하는 직접 민주주의적 요소가 정치문화에 포함되어 있다. 이렇게 선진적인 민주주의 국가로 인식되어온 프랑스, 볼테르의 나라 프랑스의 언론자유지수가 최근 몇 년간 지속적으로 추락하고 있는 원인은 무엇일까? 이 글에서 우리는 우선 프랑스의 언론 자유와 그 한계를 규정하는 기본적인 법제를 간략히 살펴보고, 주로 최근 언론 자유의 위기와 관련된 흐름과 그 성격을 프랑스의 신문, 방송, 인터넷을 중심으로 고찰하고자 한다. 아울러 이러한 언론 자유의 위기에 대응하여 어떤 방식의 대안이 논의되고 있는지 알아보고자 한다.

2. 언론 자유와 위배에 관한 법적 규정

근대 이후 표현의 자유는 인간의 보편적 권리이다. 1789년 프랑스혁명 당시 반포된 『인간과 시민의 권리선언』은 제11조에서 '인간의 기본권으로서 표현과 출판의 자유'를 명시하고 있다.[2] 또한 1953년 유럽인권협약 제10조는 "모든 사람은 표현의 자유 권리를 가진다"고 되어 있다. 민주주의의 근간인 표현의 자유의 집단적 확장이 바로 언론의 자유이다.

프랑스에서 언론에 관한 가장 기본적이고 근원적인 법률은 1881년에 제정된 『언론·출판의 자유에 관한 법률』(*Loi du 29 juillet 1881 sur la liberté de la presse*)이다. 이 법은 지난 130여 년 동안 수십 차례 개정을 거치면서 오늘날까지 언론 활동 전반에 대한 원칙을 확립하고 세부 사항을 규제하는 기본법으로 기능하고 있다. 이 법은 『인간과 시민의 권리선언』 제11조에 명시된 '인간의 기본권으로서 언론 자유의 권리'를 완전히 성문화시킨 것이라는 헌법적 가치를 지닌다. 또한 18세기 말부

2) 제11조의 전문은 다음과 같다. "사상과 의견의 자유로운 교환은 인간의 가장 소중한 권리들 중 하나이다. 따라서 모든 시민은 이러한 자유의 남용에 대하여 법으로 명시된 있는 경우를 제외하면, 자유롭게 말하고 쓰고 출판할 수 있다."

터 지속된 근대 국가와 언론의 갈등에 대하여 프랑스 사회가 내놓은 최종 해법이라는 의의를 가진다고 평가된다. 이 법에 의거하여 현재 프랑스에서는 언론 자유를 침해할 가능성이 있는 어떤 법률의 제정도 불가능하다.[3)]

그러나 자유에는 그것의 남용을 막기 위한 한계가 필요한 법이다. 언론의 상업주의적 성격에 따른 선정적이고 무책임한 보도, 사생활 침해 등 언론이라는 '제4의 권력'[4)]으로부터 발생할 수 있는 공적, 사적 피해를 최소화해야 하기 때문이다. 1881년 『언론 · 출판의 자유에 관한 법률』은 언론 자유에 관한 원칙뿐만 아니라 그것의 한계가 무엇인지에 관한 기본 규정들을 포함하고 있다. 이 법은 언론자유의 남용을 제한하는 두 가지 형태의 규정을 제시하고 있다. 하나는 반론권과 정정권의 형태로 독자들이 언론 보도에 이의를 제기할 수 있도록 하는 제도적 장치들이며, 다른 하나는 '언론 자유의 위배'에 해당하는 사항들을 구체적으로 명시한 것이다.

우선, 언론보도에 따른 피해구제책은 한마디로 말해서 '사법원칙'에 기초한다. 언론보도를 둘러싼 모든 갈등은 전적으로 사법부의 판단에 맡긴다는 것이다. 이는 설사 언론이 실수나 잘못을 저지른다 하더라도, 그것을 규제하기 위해 정부가 개입함으로써 발생할 수 있는 자유의 침해를 막기 위한 확고한 원칙이다. 다음으로, 이 법은 앞부분에서 언론의 자유에 관한 선언적인 총론을 규정한 다음[5)] 그에 위배되는 세부조항들

---

3) 박진우, "프랑스의 언론법제: '언론 자유의 위배'에 대한 법적 규정", 『언론중재』 겨울(2007). 이하 1881년 언론법에서 언론 자유의 위배에 대한 규정들은 주로 이 논문을 참조했다.

4) 프랑스에서는 언론을 서로 견제와 균형이 필요한 입법권, 행정권, 사법권 다음으로 '네 번째 권력'이라고 부른다.

을 구체적으로 명시함으로써, 여기에 명시되지 않는 사항들에 대해서는 일체의 자유를 허용해 주는 형태로 구성되어 있다. 언론 자유의 위배에 해당하는 조항은 다음과 같다.

1) 명예훼손(diffamation)

1881년 언론법 제29조는 명예훼손에 대하여 다음과 같이 규정한다. "어떤 사실에 대하여 개인 혹은 법인을 비난함으로써 그의 명예나 평판을 침해하는 모든 주장과 비난은 명예훼손에 해당한다. 이러한 주장 혹은 비난을 직접 출판하거나 인용의 형태로 출판하는 것은 설사 그것이 의혹을 제기하는 형태로 이루어진다 하더라도, 또는 명시적으로 당사자의 이름을 거론하지는 않지만 … 그 당사자에 대한 추론이 가능한 경우에도 처벌 가능하다." 여기서 사실과 가치 판단의 엄격한 분리 원칙이 적용된다는 점이 중요하다. 즉, 명예훼손은 엄격히 '사실'을 왜곡하는 언급에 대해서만 적용되며, "특정 인물은 국회의원이 될 자격이 없다"와 같은 형태의 가치 판단에 대해서는 명예훼손이 적용되지 않는다.

---

5) 1881년 언론법 제1조는 "인쇄와 배포는 자유롭다"이며, 제2조는 "공중에게 정보를 제공하는 임무를 수행하는데 있어서 기자들의 취재원 비밀은 보호된다"고 규정하고 있다.

2) 중상(injure)

제29조는 명예훼손만이 아니라 중상(injure)에 대해서도 규정하고 있다. 다음과 같은 경우가 중상에 해당한다. 즉, 모욕적인 표현, 경멸적이거나 욕설에 해당하는 표현이 식별 가능한 대상을 향하는 경우이다.

3) 모독(offense)

제26조와 제36조에 따르면, 프랑스 대통령, 외국의 국가원수 및 행정수반, 외국 정부의 외무부 장관에 대한 모독 행위는 처벌받게 된다. 이는 외국 정부와의 우호적인 외교관계를 유지하기 위한 것이다. 그러나 프랑스 대통령에 대한 모독 금지는 1981년 미테랑 대통령의 집권 이후 사실상 행사가 중단되었다. 반면에 외국의 수반에 대한 프랑스 언론의 보도에 대해서는 정정 보도를 요구하고 모독에 대한 소송을 하고 있다. 그러나 이 또한 유럽인권협약 제10조에 규정된 언론자유에 관한 규정과 충돌한다는 논란이 지속되면서 제36조는 2004년에 폐기되었다.

4) 거짓 정보의 전달

제27조에는 일체의 수단을 통한 거짓 정보나 의도적인 목적을 가지고 조작된 정보를 전달함으로써 공공의 안녕을 해치거나 해칠 우려가 있는 경우에는 해당 언론사에 45,000유로의 벌금을 부과할 수 있다고

규정하고 있다. 하지만 현실에서 이 조항은 거의 집행되고 있지 않다. 언론 현장에서 거짓 정보와 오보를 구별하거나 조작된 정보의 의도를 법적으로 판별해 내기가 쉽지 않기 때문이다.

5) 전달이 금지된 정보

현재 진행 중인 재판에 관한 일체의 정보나 이미지, 그리고 현저히 반사회적인 내용을 담은 이미지는 '전달이 금지된 정보'로 규정되어 있다. 좀 더 구체적으로는 다음과 같은 것들이다.

1) 게재가 금지된 이미지(사진 및 영상)는 무죄로 추정되는 사람이 수갑이 채워져 있거나 포박되어 있는 이미지, 범죄 희생자의 존엄성이 심각하게 훼손된 내용을 담고 있는 이미지, 사법 재판 시 청중석에서 촬영한 이미지 등이다.
2) 재판 및 수사 정보를 담고 있는 정보의 전달 금지하고 있는데, 그것은 첫째, 현재 진행 중인 사건 수사나 재판 과정에서 공식 자료(경찰 수사기록이나 검사 송고장 등)의 일부 또는 전체를 언론사가 전재 보도하는 것, 둘째, 사법위원회(Conseil supérieur de la Magistrature)의 활동 및 결정 일체에 대한 보도, 셋째, 군, 경찰, 세관 등의 일부 행정조직에 종사하는 인원들의 인적 사항에 관한 정보들이다.

6) 표명이 금지된 의견

1) 범죄 및 일탈 선동
2) 공공질서나 개인의 신변에 대한 위협적 행위에 대한 변호 (유럽인권협약과 충돌)
3) 반인도적 범죄의 옹호 (유럽인권협약 제10조 2항에도 추가 됨), 즉 인종차별 및 인종적 증오에 대한 선동, 타 인종에 대한 모욕 및 상해에 해당하는 언론 보도

언론으로 인한 갈등 해결에 대한 사법원칙에 따라 프랑스에서는 대략 연간 4-5천 건의 언론관련 재판이 상시적으로 이루어진다. 이에 따라 언론관련 소송이 너무 많다는 인식이 오래 전부터 이어져오고 있다. 따라서 과도한 소송으로 인한 사회적 비용을 줄이고, 언론인들이 직업윤리를 엄수할 수 있게 만드는 일종의 중재기관을 설립해야 한다는 주장이 있어왔다. 다른 한편으로, 1918년 제1차 세계대전 종전 직후에 설립된 프랑스 기자노조(Syndicat national des journalistes)는 스스로 『프랑스 기자들의 직업적 의무 헌장』(*La Charte des devoire professionnels des journalistes français*)라는 일종의 기자윤리강령을 마련했다. 기자들이 직무 수행에 있어서 지켜야할 자체적인 규약을 정한 것이다. 처음에는 13개 조항이었던 것이 1938년 한 차례 개정되면서 한 개 조항이 추가되어 지속되어 오다가, 2011년 3월 재개정되면서 총론과 함께 한 개 조항이 다시 추가되어 총 15개 조항이 되었다.[6)]

---

6) 1938년 강령의 원문은 http://www.snj.fr/article.php3?id_article=65, 2011년 개정된 강령의 원문은 http://www.snj.fr/spip.php?article1032을 보라.

1881년 언론법과 1918년 기자윤리강령의 전통에 따라, 오늘날 프랑스는 여론과 언론인 스스로가 언론의 자유와 책임에 관해서 무언의 실력을 행사하고 있는 것으로 보인다. 예를 들면, 미테랑 대통령의 시신 사진이 유출되어서 『Paris Match』에 실렸을 때도 개재한 잡지와 유출자에게 비난이 쏟아졌고, 다이애나비의 사고 사진도 파파라치들이 열심히 돌렸지만 잡지사들이 거부했다. 언론 자유의 폐단의 하나가 황색 언론이라고 본다면, 자주 문제가 되는 영국에 비해 프랑스는 상당히 얌전한 편이다.[7)]

하지만 프랑스의 언론자유는 사르코지 대통령 집권 이후 다시 심각한 문제가 되고 있다. 2009년 6월 인터넷 신문 *Rue89*의 기자인 오귀스탱 칼베르(Augustin Scalbert)가 공영방송 *France3*와의 인터뷰에 앞서 무례하게 행동하는 사르코지 대통령의 비디오를 올린 것에 대하여 '은닉죄'(recel)로 기소되었다. 여기서 주목할 만한 것은 언론사 기자가 명예훼손이나 대통령에 대한 모독이 아니라 은닉죄로 조사를 받았다는 점이다. 방송시작 전에 촬영된 비디오의 공개는 '사실' 그대로를 보여줄 뿐이므로 명예훼손이나 중상이 될 수 없으며, 국가원수에 대한 모독으로 보기에도 애매할 뿐만 아니라 앞서 지적했듯이 미테랑 대통령이 이후 사실상 사문화된 조항이다. 그래서 그것이 무엇이든 처벌하기 위해 찾아낸 것이 방송되기 이전에 촬영한 비디오테이프를 빼내서 감추었다는 '은닉죄'였던 것이다. 같은 해 11월에는 사르코지의 참모인 클로드 게앙(Claude Guéant)과 국내 정보국장 베르나르 스카르

---

7) 한 예로 프랑스의 국가대표급 축구선수들이 영국 프리미어리그에 진출하면 가장 힘들어 하는 것 중에 하나가 바로 영국판 타블로이드지들의 비난이다. 그래서 수비수 엠마누엘 쁘띠나 골키퍼 파비앙 바르테즈 같은 선수들이 상당히 고생을 했다.

치니(Bernard Squarcini)는 『메디아파르』*(Mediapart)*와 『묶인 오리』*(Le Canard Enchaîné)*가 몰래 감시하고 전화통화를 추적했다는 혐의로 각각 고소한 일도 있었다.

또 다른 사례는 기자의 취재원(source) 보호와 관련된 것들이다. 2010년 1월 기자의 취재원 보호를 위한 새로운 법이 발효되었다. 이 법은 심각한 범죄가 일어나서 그에 대한 조사를 위해 필요한 경우가 아니라면, 기자들이 그들의 취재원을 밝히지 않을 수 있도록 했다. 그러나 프리덤하우스의 2011년 보고서에 따르면, 이 새로운 법은 엄격하게 지켜지지 않고 있다. 2010년 1월에는 스테판 문카(Stéphane Munka)와 크리스토프 고티에(Christophe Gautier)라는 두 기자가 억류되어 살인혐의자인 장피에르 트레이버(Jean-Pierre Treiber)의 사진들을 어떻게 얻었는지 조사를 받았다. 당국에 의해 문카의 집과 노트북 컴퓨터가 수색되었다. 다른 한편으로, 『르몽드』가 2010년 9월과 10월에 취재원 보호를 위반한 엘리제궁을 고소한 일도 있었다. 첫 번째 소송은 베텐쿠르-웨르트(Bettencourt-Woerth) 사건에 관한 보도 때문에 국내방첩기구가 신문사를 조사하는 것을 허용한 것에 대한 소송이었다. 베텐쿠르-웨르트 사건은 사르코지 대통령과 노동부 장관 에릭 웨르트(Eric Woerth)가 로레알(L'Oréal)의 상속녀 릴리안 베텐쿠르(Liliane Bettencourt)로부터 불법자금을 받았다는 혐의를 받아 기소된 사건이다. 두 번째 소송은 경찰이 동일한 사건에 대해 취재 중이던 두 기자들의 전화사용내역을 요청하자 정부를 상대로 소송을 제기한 것이다. 아울러 프랑스의 언론취재 환경은 일반적으로 기자들에게 안전하지만, 몇몇 기자들은 정부정책을 비판하는 거리시위를 취재할 때 어려움을 토로한다. 2010년 10월 연금법 개혁안에 대한 시위에서 유료 방송채널 『카날 플뤼스』*(Canal+)*의 한 기자는 시위진압경찰대(CRS) 요원에게 반복적으로 폭행당했다고 주장하기도 했다.

정리하자면, 현재 프랑스 언론의 상황은 자유의 남용을 걱정해야 하는 것과는 거리가 있다. 오히려 자유의 침해가 최근에 다시 심각한 문제가 되고 있는 것이다. 그렇다면 구체적으로 어떤 문제들이 발생하고 있는지, 그것의 근본적인 원인과 성격은 무엇인지 살펴보자.

3. 신자유주의와 프랑스 언론의 위기

민주주의가 확립된 이래 언론은 권력의 남용에 맞서는 시민들의 수단이었다. 전통적인 삼권, 즉 입법권, 행정권, 사법권은 부패할 수도 있고 실수를 저지를 수도 있다. 특히 권위주의적이거나 독재적인 국가에서 권력의 부패나 남용은 비일비재하며, 이러한 정치권력은 모든 인권침해와 자유의 억압에 책임이 있다. 그러나 민주주의 국가들에서도 심각한 권력의 남용이 발생할 수 있다. 법률이 민주적으로 채택되고, 보편선거를 통해 정부가 구성되고, 이론상 사법권이 행정권으로부터 독립적이라고 할지라도 말이다. 예를 들면, 프랑스의 드레퓌스 사건처럼 사법권이 무고한 사람에게 유죄선고를 내리는 일, 미국에서 한 세기 이상 아프리카출신 흑인들에게 했던 것처럼, 그리고 오늘날 *Patriot Act*를 통해 이슬람출신자들에게 하는 것처럼 의회가 특정 범주의 사람들을 차별하는 법안을 통과시키는 일, 현재 대다수 유럽 국가들이 미등록 이주민들에게 하는 것처럼 정부가 사회의 한 부분인 누군가에게는 치명적일 수도 있는 정책들을 추진하는 일이 일어날 수 있다.

이러한 상황에서 민주주의의 언론들은 그와 같은 권리의 침해를 고발하는 것을 중대한 의무라고 여겼다. 그런 언론들은 때로는 비싼 대가를 치러야 했다. 기자가 실종되기도 하고, 테러를 당하기도 하며, 심지어 죽임을 당하기도 한다. 이 때문에 프랑스에서는 오랫동안 언론을 '제4의 권력'(quatrième pouvoir)이라고 불렀다. 언론의 공적인 의미와 용감한 기자들 덕분에 가능한 이 '제4의 권력'은 시민들이 무고한 사람들을 향한 부당하고 불법적인 결정들을 비판하고, 거부하고, 저항하기 위해서 꼭 필요한 것이었다.

하지만 최근 20년 간 신자유주의적 세계화가 가속화되면서 이런 '제4의 권력'은 그 의미를 거의 상실해가고 있다. 언론이 권력을 감시하고 비판하는 자신의 핵심적인 기능을 점점 상실해가고 있기 때문이다. 1990년대 지구적으로 확산된 신자유주의적 세계화의 작동을 면밀히 살펴본다면, 그리고 새로운 형태의 자본주의, 즉 금융자본주의가 어떻게 산업을 넘어 비약적인 발전을 해왔는지 관찰해본다면, 언론이 제 기능을 다 하지 못하게 된 배경이 드러날 것이다. 이러한 세계화의 국면에서 우리는 시장과 국가, 사적 영역과 공공 서비스, 개인과 사회, 이기주의와 연대의식 간의 심각한 대립을 경험하고 있다. 이제 진정한 권력은 초국적인 경제그룹과 다국적 기업들이 소유하게 되었다. 세계적인 비즈니스에 있어서 그들의 무게는 정부나 국가의 일들보다도 더 중요한 것이 되었다. 매년 다보스에서 열리는 세계경제포럼에 모이는 그들이야말로 '새로운 세계의 주인들'이며, IMF, 세계은행, WTO 등 3대 세계 경제기구의 정책들에 영향을 주고 있는 상황이다.

전 세계적인 자본의 지배는 정치권으로의 진입 또는 유착을 넘어 언론장악으로까지 나타나고 있다. 언론은 대중을 자기편으로 만들거나 최소한 적이 되지 않도록 하는 가장 강력한 수단이기 때문이다. 실비오 베를루스코니가 작년 말까지 총리로 있던 이탈리아의 경우가 가장 대표적이다.[8] 베를루스코니는 2005년 『포브스』(*Forbes*)지가 발표한 개인 자산순위에서 이탈리아 1위, 세계 25위의 갑부이면서, 이탈리아 최대의 미디어그룹 미디어셋(*Mediaset*)의 소유주이자 유명 축구구단 AC밀란의 구단주이다. 그는 이탈리아 최대의 출판사 아르놀도 몬다도리 에디토레(Arnoldo Mondadori Editore)와 최고 인기의 뉴스잡지 *Panorama*를 소유하고 있다. 이탈리아 최대의 보험 및 은행 그룹 중 하나인 메디오라룸(Mediolarum)을 세웠고, 영화 및 홈비디오 배급(Medusa Film, Penta Film)에도 손을 대고 있다. 그의 동생과 처는 신문사 *Il Gionale*를 소유·경영하고 있으며, 이탈리아에서 가장 영향력 있는 신문 중 하나인 *Il Foglio*의 지분도 가지고 있다. 미디어재벌 베를루스코니의 언론을 통한 정치, 그리고 총리가 된 이후의 언론 장악은 이미 전 세계적으로 유명하다. 2004년까지 이탈리아의 방송시장은 공영방송 RAI가 45%, 베를루스코니가 소유한 미디어셋의 3개 민영채널이 44%를 점유하고 있었다. 베를루스코니는 RAI 이사의 3분의 2를 정부 및 여당이 선임하도록 법을 바꾸어 RAI마저 장악함으로써 전체 방송시장의 90%를 점유하게 되었다. 이러한 방송 장악은 2008년 총선에서 베를루스코니가 승리하는데 결정적인 역할을 했다. 그렇다면 이제 2000년대 이후 프랑스의 언론 상황은 어떤지 신문, 방송, 인터넷을 중심으로 살펴보자.

---

8) 베를루스코니는 1990년대 중반에 우파연정 집권으로 처음 총리가 되어 연정의 붕괴로 7개월 만에 물러났으나, 2001년 6월부터 두 차례에 걸쳐 총 8년 동안 이탈리아의 총리를 지내다가 작년 11월 12일 유로존 부채위기에 대한 책임으로 총리직을 사임하고 17년간의 정계생활에서 은퇴했다.

1) 2000년대 프랑스 신문의 위기와 자본잠식

전체 미디어 산업의 지속적인 성장에도 불구하고, 현재 프랑스 신문은 전에 없던 위기 상황에 놓여 있다. 특히 2000년대 이후 경기침체와 더불어 인터넷과 무료 일간지 등 새로운 매체들의 등장으로 전국 일간지들의 판매 부수가 매년 감소했다. 판매 부수가 감소하자 광고 수익도 줄어들었다. 광고 수익이 감소하자 신문의 지면 수와 편집부의 규모를 축소하게 되었고, 그 결과 신문의 콘텐츠는 줄어들었다. 문제는 프랑스 일간지들의 가격이 다른 유럽 국가들에 비해서 비싸다는 점이다.[9] 결국 독자 수는 더 줄고 광고 수익은 또다시 감소하였다. 더구나 종이 가격은 2002년 이후 꾸준히 상승한데다 프랑스의 인쇄비용 역시 유럽 평균보다 30-40% 높은 편이다. 따라서 신문 제작비용은 계속 늘어나고 수익성은 하락했다.[10]

월간 『르몽드 디플로마티크』(*Le monde diplomatique*)는 2005년 1월호 커버스토리로 '미디어의 위기'(Média en crise)를 다루면서, 그 중에서도 프랑스 언론의 위기를 부각시켰다.[11] 앞서 기술한 대로 프랑스 신문이 당면한 위기는 신문의 판매부수가 떨어지고 광고 수입이 줄어들고 있다는 사실에서 시작된다. 그러나 그것은 단순한 경영상의 위기에 머무르는 것이 아니라 더 큰 위기로 이어졌다. 2000년대 들어 판매부수가

---

9) 『르몽드』한 부의 가격은 1.5유로(약 3천원)이며, 정기구독을 해도 한 달에 40유로(약 8만원)를 내야 한다. 인터넷판 정기구독의 경우 한 달에 15유로(약 3만원)이다.

10) 프랑스 신문의 재정적 위기와 적자상태를 벗어나기 위해 시도한 다양한 노력에 대해서는 송영주, "위기에 처한 프랑스 언론", 『신문과 방송』 2009년 1월호를 보라.

11) Ignacio Ramonet, "Média en cris", *Le monde diplomatique,* janvier 2005; http://www.monde-diplomatique.fr/2005/01/RAMONET/11796.

급격히 추락하면서, 조금씩 신문사와 잡지사들이 소수 대기업의 손에 넘어가고 있는 것이다. 그리고 그 기업들은 서로 연합을 맺으면서 다양성을 위협하고 있다.

미사일과 에어버스 제작사로 유명한 방산재벌인 라가르데르(Lagardère) 그룹은 민영 라디오 방송 *Europe 1*과 *La Province, Nice Matin, Corse-Presse* 등 지방 일간지와 일요신문인 *Journal du Dimanche*, 그리고 *Paris March, Elle, Parents, Première* 등 47개의 잡지를 가지고 있는 거대 출판그룹인 *Hachette*를 소유한 '미디어 제국'이다. 2004년 7월에는 프랑스 우파신문을 대표하는 *Le figaro*가 세계적인 전투기 제작사로 유명한 또 하나의 무기재벌 세르주 다쏘(Serge Dassault)[12]에게 넘어갔다. 다쏘는 중앙 일간지 *Le figaro*뿐만 아니라 주간지 *L'Express*, 월간 경제지 *L'Expansion*, 그리고 *Le Progrès*, *voix du Nord*를 비롯한 10여개의 지방 일간지 등 70여개의 신문과 잡지를 거느리고 있는 소크프레스(Socpresse)의 지분 82%를 장악함으로써 일약 프랑스 제1의 신문재벌로 부상한 것이다. 그로부터 불과 몇 개월 후인 2004년 11월에는 은행가 에두아르 드 로칠드(Edouard de Rothschild)가 2,000만 유로를 투자하는 대가로 리베라시옹의 지분 37%를 확보해서 대주주가 되었다. 『리베라시옹』은 『르몽드』와 함께 프랑스를 대표하는 좌파 정론지이기 때문에 금융자본과의 만남은 프랑스 지성인들에게 큰 충격이었다.

이렇게 무기재벌과 금융자본이 언론계에 진출하는 이유는 무엇일까? 프랑스 제1의 신문재벌이 된 세르주 다쏘는 '건전한 생각'(idée saine)을 전파하기 위해서 신문을 이용하고 싶다고 이야기한 바 있다.

---

12) 매거진 『Forbes』에 따르면, 2011년 그의 재산은 930만 달러 이상으로 세계에서 96번째 부자이다.

여기서 '건전한 생각'이란 신자유주의 이데올로기를 의미하는 것으로 여겨진다. 그러나 부유세와 상속세 폐지를 주장하는 그의 '건전한 생각'은 프랑스의 전경련 격인 메데프(Medef)도 지지하지 않을 정도로 프랑스에서는 시대착오적이라는 점이 문제이다. 그는 『르피가로』 회장에 취임한 직후 편집국 기자들에게 다음과 같이 선언했다. "나는 가능한 한 신문이 기업의 가치를 더 중시하기를 바란다... 이익을 주기보다 손해를 끼치는 보도가 있다. 우리나라의 상업적 이익이나 산업의 지위를 위태롭게 할 위험이 있는 뉴스가 있다는 것을 알아야 한다." 그는 기업가이면서 전 대통령 자크 시락(Jacques Chirac)과 가까운 가문 출신의 우파 정치인이기도 하다. 1995년부터 2009년까지 파리 남쪽 근교도시 코르베이-에쏜느(Corbeil-Essonne)의 시장을 역임했으며, 2004년에 집권당 UMP의 상원의원이 되었고 2011년 재선에 성공했다. 그는 2000년대 이래 프랑스의 정경언 유착을 보여주는 상징적인 인물이라고 할 수 있다.

『리베라시옹』의 경우, 대주주가 된 로칠드는 기존 사장에게 2012년까지 사장직을 보장하고, "편집노선에 절대 개입하지 않겠다"고 선언했지만, 그것이 사실이라면 자본가가 돈이 되지 않는 신문시장에 막대한 자금을 들여가며 뛰어든 이유를 찾을 수 없다. 그러므로 당장은 기자들과 일반 시민들의 강한 반발을 비껴가기 위한 유보로 보는 것이 보다 합당할 것이다.

그나마 프랑스 최고의 정론지 『르몽드』는 사정이 나은 편이다. 2000년대 들어 심각한 재정난에 시달려온 『르몽드』는 무기재벌이나 금융자본이 아닌 좌파 컨소시엄에 인수되었다. 르몽드의 정기구독수는 2002년까지 40만 부를 유지했으나, 2003년 38만 부로 하락하기 시작해서 2009년에는 32만 부까지 떨어졌다. 정기구독률이 하락하면서 적자 규모도 매년 증가하여 2010년 총 부채가 1억 유로가 넘게 되면서 결국 새로운 인수자를 구하게 되었다.

2010년 6월 르몽드가 새로운 인수자를 찾는다고 발표하자 여러 곳에서 관심을 표명했다. 첫 번째 후보는 은행 사업가이자 음악잡지 *Les Inrockuptibles* 사장 마티유 피가스(Matieu Pigassse), 인터넷 회사 Free의 설립자인 자비에 니엘(Xavier Niel), 동성애자들을 위한 잡지 *Têtu* 소유자이자 『리베라시옹』 주식을 보유한 사업가 피에르 베르제(Pierre Bergé)를 비롯한 3인의 좌파 성향 컨소시엄이다. 두 번째 후보는 주간 매거진인 『누벨 옵세르바퇴르』*(Le Nouvel Observateur)* 그룹을 소유하고 있으며 프랑스텔레콤(Orange) 지분 20%를 소유한 클로드 페르디엘(Claude Perdiel)이다. 이 외에 스페인의 El Pais 그룹, 이탈리아의 언론출판그룹 L'Espresso, 스위스의 Ringier 등 해외 기업들도 『르몽드』 인수에 관심을 나타냈다.

『르몽드』 인수자 선정 과정에서 사르코지 대통령의 개입 논란이 있었다. 사르코지 대통령이 르몽드 사장을 엘리제궁으로 불러 자신이 선호하는 후보를 거명했다는 것이다. 사르코지는 자신의 친구인 프랑스텔레콤 사장과 절친한 클로드 페르디엘을 지지한다고 밝혔다고 한다. 그리고 만일 이 후보를 선정하지 않을 경우 『르몽드』에 대한 정부 지원을 중단하겠다고 협박했다는 것이다.

그러나 결국 『르몽드』는 피가스-니엘-베르제 컨소시엄을 선택했다. 페르디엘은 기자협회의 기자 수를 줄이겠다고 발표한 반면, 피가스-니엘-베르제로부터는 편집권의 독립을 좀 더 보장받을 수 있다고 판단했기 때문이다. 『르몽드』는 프랑스 언론 중에서도 *AFP*와 함께 기자의 권한이 가장 강한 곳이다. 『르몽드』의 기자협회는 30% 정도의 지분을 가지고 있는 최대주주이며, 그래서 회사 경영이나 조직 구성 등에 참여할 수 있기 때문이다.[13] 2007년에는 장 클로드 콜롬바니의 경영대표직 임명을 거부하기도 했다. 인수자 선정과정에서도 각 후보들은 기자들 앞에서 르몽드 인수계획을 발표해야 했다. 그리고 제출된 서류는 기자협회의 60% 이상의 찬성과 감독위원회(Conseil de surveillance)[14]의 과반수 의결로 최종 확정되었다.

2) 사르코지 대통령과 프랑스 방송의 위기

프랑스의 지상파 TV채널은 공영방송사 *France Television* 소속 채널인 *France2, France3, Arte*와 채널을 공유하는 *France5*, 그리고 민영방송 *TF1*과 *M6*로 구성되어 있다. 이외에는 유료 방송 *Canal+*와 케이블 방송 *TNT, Direct8* 등이 있다.

취임 초기부터 방송을 개혁하겠다고 공언한 니콜라 사르코지 대통령은 2008년 6월 공영방송의 광고금지와 공영방송사 사장임명권을 행사하겠다는 내용을 발표했다. 이후 방송노조의 파업과 야당들의 반대가 이어졌으나 그해 12월 18일 개정된 방송법안이 의회를 통과했고, 그 내용은 크게 두 가지이다. 2009년 1월 5일부터 저녁 8시 이후 황금시간대 모든 공영방송의 광고를 금지하고, 미테랑 정부가 도입한 고등방송영상위원회(Conseil supérieur de l'audiovisuel, CSA)가 가지고 있던 공영방송

---

13) 기자협회에 간부협회, 고용인협회, 직원공동기금, 직원협회 등이 포함된 사원조합의 지분을 합치면 40%에 달한다. 독자협회도 약 10%의 지분을 가지고 있다.

14) 르몽드의 감독위원회(Conseil de surveillance)는 내부위원 10명과 외부인사 10명으로 구성되며, 두 달에 한번 르몽드의 운영에 관한 회의를 한다. 20명의 위원 가운데 회사 경영진이 16명이며 기자협회 소속 기자 2명이 참여한다.

사 사장임명권을 대통령이 가지겠다는 것이다. 공영방송의 광고금지는 단계적으로 확대되어 2013년까지 전 시간대에 광고가 금지되어야 한다. 명분은 미디어 경쟁력의 강화와 방송의 다양성 확보였다. 그러나 그것을 그대로 믿는 프랑스인은 거의 없다. 이 방송법 개정으로 민영방송 *TF1*, *M6*, 케이블 방송 *TNT*, *Direct8* 등으로 광고가 몰려 반사이익을 얻게 된다. *TF1*의 사주이자 그 그룹을 장악하고 있는 건설재벌 마르탱 부이그[15]와 *Direct8*를 소유한 언론재벌 뱅상 볼레로는 사르코지 대통령의 절친한 친구들로 잘 알려져 있다.[16]

사르코지 대통령은 2009년에 이미 공영 라디오방송사인 *Radio France의* 사장으로 장뤽 이스(Jean-Luc Hees)을 임명했다. 새로운 사장이 취임한 이후 친정부 보도나 정권 봐주기에 대해 기자들이 항의하는 사건이 자주 발생했다. 장뤽 이스 사장은 2010년 6월 계열 방송사인 『프랑스 엥테르』(*France Inter*)에서 사르코지 대통령을 비롯한 고위 정치인들을 실랄하게 비판해 온 코미디언이자 정치풍자가인 스테판 기용과 디디에 포트르를 해고했다. 『프랑스 엥테르』의 사장은 사르코지 대통령의 부인인 카를라 부르니의 친구이다. 2010년 8월 사르코지 대통령은 개정된 방송법에 따라 공영방송사 *France Television*의 사장으로 레미 플림렝(Remy Pflimlin)을 임명했는데, 같은 날 플림렝은 대통령에 대해 비판적인 방송을 한 기자를 해임했다.

이처럼 사르코지 대통령은 자신이 싫어하는 방송인을 퇴출시키는데

15) 마르탱 부이그는 *TF1*의 사주이면서 동시에 그 그룹(*LCL*, *Euro sports France*, *Euro sports International*, *TF6*, 세리 클럽, TV 브레그, *Odysée Histoire*, 위솨이아 TV, *TMC*) 까지 장악하고 있다.

16) 니콜라 사르코지 대통령의 구체적인 방송관련 언행들에 대해서는 미셀 팽송, 모니크 팽송-샤를로, 장행훈 옮김, 『부자들의 대통령』 (서울: 프리뷰, 2012)를 보라.

개입했다는 의혹을 자주 받아왔다. 2008년 7월 TF1의 인기 뉴스 앵커인 파트릭 푸아브르 다르보르(Patrick Poivre d'Arvor, PPDA)를 축출시켜 큰 논란이 일었다. TF1 경영진은 PPDA에게 갑자기 저녁뉴스 앵커를 그만두라고 요구했던 것이다. PPDA가 사르코지가 처음으로 G8정상회담에 참석했을 때, 텔레비전 회견을 하면서 "어린애처럼 흥분되지 않았느냐?"고 무례한 질문을 던진 것이 화근이었다. 그랬다고 대답할 수밖에 없는 질문이었기에 당사자가 몹시 불쾌해 했다는 것이다. 프랑스는 사르코지 대통령의 집권 이래 끊임없이 표현의 자유와 언론에 대한 정치적 개입에 대한 논란이 일었다.

3) 'HADOPI' 법과 인터넷 규제

인터넷은 1990년대에 새로운 표현 매체로 등장했다. 일반 시민의 미디어 접근이 쉽지 않은 언론 출판 환경 속에서 인터넷은 모든 시민에게 열려있는 대안적 표현 매체로 자리매김하고 있다. 그러나 정보의 무제한적인 복제를 통한 급속한 확산이 가능한 디지털 매체의 특성상 최근 인터넷도 각국 정부의 감시와 통제 대상이 되고 있으며, 프랑스에서도 통제 및 처벌의 방법, 범위, 수위 등에 대한 논란이 끊이지 않고 있다.

2010년 9월부터 '인터넷상의 창조물 유포와 보호 촉진법'(Loi n°2009-669 du 12 juin 2009 favorisant la diffusion et la protection de la création sur internet) 일명 Hadopi법이 발효되었다. 2009년 5월에 의회를 통과했으나 헌법재판소의 위헌 판결로 수정되어 9월에 다시 통과된 이 법은 동영상 및 음원의 불법 다운로드를 단속하고 처벌하기 위한 법이다. 우선 그것을 위한 담당기구로 Hadopi(Haute authorité pour la diffusion des oeuvres et la protection des droits sur Internet 인터넷상의 저작물 유포와 권리보호를 위한 고등기관)를 설치하고, 이메일과 등기우편을 통한 두 번에 걸친 단계적 경고 이후에도 법이 지켜지지 않으면 해당 네티즌의 인터넷 사용을 중지시키는 것을 골자로 한다. 이 과정을 좀 더 구체적으로 살펴보면, 우선 Hadopi는 불법 다운로드를 한 인터넷 사용자에게 경고메일을 보낸다. 해당 인터넷 사용자가 6개월 안에 다시 불법 다운로드를 하게 되면 새로운 이메일과 함께 경우에 따라서 등기로 경고우편을 발송한다. 두 번의 단계적 경고에도 불구하고 불법 다운로드 재발이 행해질 경우 1년 이하로 인터넷 사용을 중지시킨다. 또한 이 법은 "합법적인 제공"을 활성화하기 위해 영화관 상영 후 DVD 출시가 가능한 기간을 기존 6개월에서 4개월로 단축시켰다.

법안이 처음 발의되자, 인터넷 단체, 시민단체, 유럽의회 및 프랑스 국회 의원들, 변호사 등 많은 프랑스인들의 반대가 있었다. 그들은 주된 비판은 인터넷 접근을 중지시키는 것은 "온라인상의 사회적 죽음"을 의미할 정도로 지나치게 과도하므로 법의 형평성에 어긋난다는 것이다. 유럽의회차원에서는 이미 2008년 4월에 "유럽연합 구성원 국가들과 위원회들은 시민적 자유와 인권, 그리고 형평성, 효율성, 억제의 원칙에 어긋나는 수단들을 채택하는 것을 피해야 한다"는 결의안을 통과시킨 바 있다.

정부기관인 CNIL(Commission nationale de l'informatique et des libertés 정보산업 및 자유 국가위원회)과 ARCEP(Autorité de régulation des communications électroniques et des postes)에서도 세 가지 '단계적 대응'이 기존의 여러 법률들(예컨대 "긴급한 서비스에 대한 지속적인 접근보장"의 의무)과 충돌한다는 의견과 함께 반대를 표명했다. CNIL의 경우 법적으로 이 법은 사적 생활의 침해(IP 주소의 대중적 수집, 인터넷 접근의 차단)과 재산권의 존중(소유권의 보호) 간의 형평성의 문제를 제기한다고 보았다. 또 다른 문제는 사적인 사람들에 의해서 '인터넷 해적'들이 추적되어야 한다는 사실이다. 즉 인터넷 저작물의 생산자나 저작권을 가진 사람들이 웹에서 법을 위반한 네티즌을 찾아서 Hadopi에 고발해야 한다는 점이다. 이러한 조사는 사실상 사법부의 권한에 속한다. 마지막으로 한 가지 기술적인 문제도 있는데, 인터넷 서비스 공급자들이 아직 전체 네트워크를 필터링 할 수 있는 능력이 없다는 점이다. 그러나 '인터넷 해적'들의 연락처를 얻으려면 인터넷 서비스 공급자가 그것을 제공할 수 있어야 한다. 또한 인터넷 서비스 가입자가 아니라 다른 사람이 해당 컴퓨터나 IP주소를 사용하는 경우, 엉뚱하게도 서비스 가입자가 피해를 입게 된다.

헌법재판소의 위헌판결 이후 수정된 법안에서 가장 크게 달라진 내용은 법집행의 마지막 단계에서 정부기구인 Hadopi가 아니라 법원이 인터넷 사용중지를 명령할 수 있게 되었다는 점이다. 개인의 자유를 제한하는데 있어서 '사법원칙'이 적용된 것이다. 사용이 중지된 사용자가 다른 인터넷 서비스에 가입하는 경우 3만 유로의 벌금이나 2년 이하의 징역에 처해질 수 있다. 하지만 반대자들이 제기해온 여러 가지 문제들에 대해서는 대부분 여전히 논란이 되고 있다.

2011년 3월에는 '국가안보 실현을 위한 기본 계획에 관한 법'(Loi d'orientation et de programmation pour la performance de la sécurité intérieure, LOPPSI 2)이 발효되었다. 이 법은 2002년에 만들어진 LOPSI 법을 기초로 수정, 보완된 것이기 때문에 LOPPSI 2라고 불린다. 이 법에서 새롭게 추가된 내용들 중 중요한 것은 사이버범죄와 인터넷에 대한 통제를 법제화 한 것이다. 그 주요 내용은 다음과 같다. 우선 인터넷상에서 다른 사람을 사칭하면 1년 이하의 징역이나 15000유로의 벌금을

물 수 있다. 둘째, 인터넷 서비스 공급자에게 어린이를 성적대상으로 하는 포르노그라피를 유포하는 웹사이트를 차단하게 할 수 있다. 이외에도 행정당국은 웹사이트들의 비공개 블랙리스트를 만들 수 있다. 또한 내무부 시행령에 의해 지정된 IP주소들을 필터링할 의무가 있다. 마지막으로 경찰은 사법부의 허가를 받아 심각한 범죄(아동성범죄, 살인 등)로 나아가는 다양한 사안들의 경우, 무기 및 마약 거래, 돈세탁뿐만 아니라 조직적으로 이루어지는 외국인의 입국, 이동, 체류를 돕는 범죄 등에 대해서는 컴퓨터 소유자의 동의를 얻지 않고도 해당 컴퓨터 안으로 들어가서 자료를 빼내기 위한 모든 수단(물리적 혹은 원격으로)을 사용할 수 있다. 예를 들면, 경찰은 해당 컴퓨터에 스파이웨어를 설치하거나 제거할 수 있다.

1989년 월드 와이드 웹의 하이퍼텍스트 시스템을 개발하여 인터넷의 아버지라고 불리는 인물들 중 하나인 티머시 존 버너스리(Sir Timothy John Berners-Lee)는 이 법을 포함하여 "정부와 인터넷 서비스 공급자에게 사람들을 접속하지 못하게 하는 권리와 의무를 제공하는 법제정의 물결"을 "재앙의 씨앗"이라고 비판한다. 국경 없는 기자회도 권한 남용의 가능성을 제기하면서 비슷한 우려를 표하고 있다. 아직까지는 심각한 범죄와 관련된 영역으로 제한되고 있기는 하지만, 정부의 인터넷 통제가 점점 더 심해져서 표현의 자유를 포함한 개인의 자유가 위축될 것에 대한 우려이다.

결국, 국경 없는 기자회가 지난 3월에 발표한 『2012년 인터넷 적대국』(*Enemies of the internet*) 보고서에 따르면, 프랑스는 한국, 호주, 이집트, 러시아, 말레이시아 등 12개국과 함께 '인터넷 감시국'(countries under surveillance)에 포함되었다. 인터넷 감시국이란 온라인상 표현의 자유, 인터넷 접근의 자유 등을 기준으로 '인터넷 적대국'보다는 한 단계 높지만 어느 정도 자유가 제한되는 단계를 의미한다.

4. 나가며 : '공적 시민의 힘'을 통한 언론감시

언론의 자유와 관련해서 최근의 프랑스 사례가 우리에게 주는 시사점은 민주주의가 정착되고 경제성장이 이루어진다고 해서 언론자유가 자연적으로 보장되거나 유지되지 않는다는 점이다. 언론은 끊임없이 권력을 감시하고 비판해야할 뿐만 아니라, 국민은 언론이 그 사명을 다하도록 언론을 부단히 감시하고 격려해야만 언론의 자유가 유지될 수 있다. 특히 시민들이 자신의 정치적 자유와 참여를 실행해야 하는 민주주의 체제 하에서 언론의 핵심적인 역할은 시민들의 비판적 감각을 발전시키고, 그들의 대표자들과 행정가들을 평가하여 각자의 정치적 판단을 구성하는 수단을 제공하는 것이다. 이것이야말로 언론의 진정한 책임라고 할 수 있다. 언론의 책임은 자유주의에서 말하는 단순하고 좁은 의미의 '자유에 대한 책임'이 아닌 것이다. 그렇다면 언론의 독립과 자유는 언론의 책무를 다하기 위한 전제조건이다. 즉, 언론은 자신의 책임을 완수하기 위해서 불쾌한 사실들을 숨기지 않고 신중함을 가지고 적절한 정보들을 제공할 수 있어야 한다. 더구나 정보제공의 자유는 민주주의에 핵심적이므로, 모든 시민들의 정치적 권리를 위험에 빠뜨리지 않는 한 제한되어서는 안 된다. 그것을 정당하게 제한하기 위해서는 그보다 더 중요한 이유가 있어야 하는 것이다.

2000년대 이래 프랑스 언론자유의 위기는 이제 언론이 경계해야할 권력이 정치권력뿐만 아니라 자본권력임을 분명하게 보여주고 있다. 신자유주의의 물결과 함께 언론이 정치권력뿐만 아니라 경제적 권력에 의해서도 장악되어가고 있다면, 그러한 언론의 활동은 누가 어떻게 통제할 것인가? 언론의 사회적 책임은 어떻게 담보할 것인가? 이러한 문제에 대한 대안으로 『르몽드 디플로마티크』의 발행인 이냐시오 라모네(Ignacio Ramonet)의 제안은 경청할 만하다. 그는 새로운 정치·경제·언론 지배연합에 맞서는 공적 시민의 힘이 '제5의 권력'이 되어야 한다고 주장한다. 그래서 이 제5의 권력이 신자유주의적 세계화에 공모하고 확산시키는 거대 언론 기업들의 막강한 권력을 고발하는 기능을 해야 한다는 것이다. 이런 언론들은 상황에 따라 시민들의 대변하기를 멈출 뿐만 아니라, 종종 인민 전체에 반하여 행동하기 때문이다. 라모네는 시민들이 주요 언론들에게 더 많은 윤리, 진실, 존중을 요구할 수 있는 방법으로 기자, 학자, 독자 및 일반시민으로 구성된 국제적인 미디어 감시기구(Observatoire international des média/Media Watch Global)를 설치할 것을 제안한다.

국경 없는 기자회가 발표한 언론자유 순위에서 한국은 2002년부터 2007년까지 노무현 정부시절 3-40위권에서 부침을 거듭했다.[17] 이명박 대통령 취임 이후에는 광우병 파동이 있었던 2008년 47위, 방송법 파동이 있었던 2009년에는 69위까지 떨어졌다가, 2010년 다시 42위로 상승하여 작년에는 44위를 기록했다. 이는 한국의 언론자유 수준이 프랑스와 거의 비슷하다는 것을 의미한다.

그러나 프리덤하우스의 언론자유지수를 통해 본 한국 언론자유의

---

17) 구체적으로는 2002년 39위, 2003년 49위, 2004년 48위, 2005년 34위, 2006년, 31위, 2007년 39위였다.

위상은 프랑스보다 훨씬 더 위태롭다. 2010년까지 언론 '자유국'(free)이었지만 2011년부터 '부분적 자유국'(partly free)으로 강등되었기 때문이다. 프리덤하우스 보고서에 따르면 한국의 언론자유지수는 1990년경부터 29-30으로 좋아져 30까지만 분류되는 자유국 지위를 유지했지만, 2011년부터 32점으로 떨어져 부분적 자유국이 되었다. 순위로 보면 2011년 홍콩과 함께 70위를 차지했으며, 올해 3월에 발표한 2012년 순위에서는 나미비아와 함께 68위를 차지했다.[18)]

이 결과를 그대로 받아들인다면 노태우 정부시절에 비해서도 지금이 한국의 언론자유가 후퇴했다고 볼 수 있다. 프리덤하우스는 "세계적으로 자유롭고 독립적인 언론을 접할 수 있는 사람들의 숫자가 최근 10년 사이에 가장 낮은 수준으로 떨어졌다"며 언론자유의 퇴보를 경고했다. 특히 한국은 이집트, 온두라스, 헝가리 등과 함께 언론 자유의 상당한 퇴보를 겪고 있는 나라로 꼽혔다. 이 단체는 한국의 언론자유가 감소한 이유에 대해 "새로운 통신수단(위성TV, 인터넷, 모바일)에 대한 정부의 통제가 강화되고 온라인 콘텐츠의 검열이 증가했기 때문"이라고 분석했으며, "지난 몇 년간 친북 또는 반정부 성향의 온라인 글이 삭제되었고, 보수정부가 대형방송사의 경영에 개입해온 점"을 지적했다.[19)]

최근 한국은 대통령 측근 인사들의 방송사 사장 임명으로 사상 유례 없이 방송 3사 노동조합이 동시에 파업을 하고 있는 동안 제19대 총선을 치러야 했다. 정보가 심각하게 제한된 상황에서 치러진 선거가 민의를 충분히 대변한다고 보기 어렵다. 따라서 한국의 민주주의도 창가

---

18) 2011년은 세계 196개국, 2012년은 197개국을 대상으로 했다.

19) 권오성, "한국 '부분적 언론자유국'으로 강등", 『한겨레』, 2011년 5월 3일. http://www.hani.co.kr/arti/society/society_general/476079.html

의 촛불처럼 위태롭다. 우리도 '공적 시민의 힘'을 어떻게 조직할 것인지 진지하게 고민해야 하는 이유이다.

참고문헌

김세은, 이상길. 2008. "서유럽 방송의 공정성 원칙과 규제: '불편부당성', '다원주의와 정직성'을 위한 영국과 프랑스의 사례." 『방송연구』 제67호.

미셸 팽송, 샤를로, 모니크 팽송. 장행훈 옮김, 2012. 『부자들의 대통령』 서울: 프리뷰.

박진우. 2007. "프랑스의 언론법제: '언론 자유의 위배'에 대한 법적 규정." 『언론중재』.

박태순. 2009. "프랑스 언론의 위기와 정책적 대응." 서울: 한국언론학회.

송영주. 2009. "위기에 처한 프랑스 언론." 『신문과 방송』.

Ignacio Ramonet. 2003. "Le cinquième pouvoir." *Le monde diplomatique.*

____________. 2005. "Média en cris." *Le monde diplomatique.*

Dilhac, Marc-Antoine. "Il faut défendre la liberté de la presse" *Le Monde*, 17 July 2010

국경없는 기자회 http://en.rsf.org

프리덤하우스 http://www.freedomhouse.org

프랑스기자협회 http://www.snj.fr

미국 언론의 언어투쟁과 미국 (국제)정치현실의 사회언어적 구성

정성원*

1. 서론

민주주의는 자유로운 언론의 존재를 필요로 한다. 언론의 자유가 부재한 곳에서는, 즉 언론이 특정 인물이나 집단에 의해 직접적으로나 간접적으로 통제되는 곳에서는 사실관계가 왜곡되기 쉽고 민의가 조작되기 쉽다. 언론의 자유가 부재하거나 제한받는 상황에서라면 인민주권이라는 민주주의의 대원칙 또한 훼손되기 십상이다. 이런 측면에서 미국 3대 대통령이었던 토머스 제퍼슨(Thomas Jefferson)은 1787년 자신이 쓴 한 편지에서 자유로운 언론의 중요성에 주목하면서, 우리가 신문이 없는 정부를 가져야 할지 아니면 정부 없는 신문을 가져야 할지가 자신의

* 뉴욕시립대

결정에 맡겨진다면 조금도 주저하지 않고 후자를 선호할 것이라는 유명한 언급을 남기기도 했다.[1] 이처럼 근대 민주주의의 성립 이래 언론의 자유는 일방적이고 자의적인 권력에 대한 일종의 통제 장치로서 민주주의를 구성하는 핵심적 요소 중 하나로 자리 잡았다. 오늘날 민주주의가 제대로 작동하는 국가에서일수록 언론의 자유 또한 잘 보장되고 있음을 볼 수 있으며, 민주주의가 위협받는 곳에서는 언론의 자유도 위협에 처해 있음을 쉽게 목도할 수 있다. 언론의 자유란 사상의 자유, 양심의 자유, 집회 및 결사의 자유 등과 함께 현대 민주주의에서 빼놓을 수 없는 핵심적 원칙들을 구성한다.

그러나 언론의 자유가 초래하는 부작용은 없을까? 언론의 자유 아래서 언론 매체들은 구체적으로 어떤 자유를 누리는 걸까? 언론 매체들은 언론의 자유를 이용하여 대중들에게 어떤 영향을 어떻게 미치는 걸까? 이런 영향은 어떠할 때 부정적이라 할 수 있을까? 또 이런 언론의 부정적 영향이 있다고 해서 이를 모두 언론 자유 탓으로 돌릴 수 있을까?

언론의 자유가 제도적으로 잘 보장되고 있다고 할 수 있는 2000년대 미국의 언론 상황은 이 질문들에 대한 답을 구하는 데 시사하는 바가 크다. 왜냐하면, 2001년 9월 11일의 테러리스트 공격 이후 개시된 미국의 대외 군사작전들이 미국 대중의 지지에 힘입어 이라크를 비롯하여 다른 지역으로까지 확산될 수 있었고, 또 지금까지 지속되고 있는 데는

---

1) 영어 원문은 다음과 같다. "...and were it left to me to decide whether we should have a government without newspapers or newspapers without a government, I should not hesitate a moment to prefer the later." 원문은 http://oll.libertyfund.org/?option=com_staticxt&staticfile=full_quote.php%3Fquote=302& Itemid=275에서 찾아볼 수 있다.

미국 언론 매체들의 책임이 크다고 할 수 있기 때문이다. 많은 미국인들에게, 특히 자신의 가족이나 친지를 테러로 인해 잃은 미국인들에게 탈레반 집단에 대한 미국의 군사적 보복은 필연적인 조치로 여겨질 수도 있을 것이다. 그러나 이를 빌미로 2003년부터 시작된 이라크 전은 분명 그렇지 못한 것이었다. 사실, 미국 내부로부터 또 미국 외부로부터 이라크 전의 정당성에 대한 많은 의문들이 제기되었다. 그럼에도 불구, 이라크에서의 군사작전은 상대적으로 높은 미국 대중들의 지지를 업고 시작될 수 있었다.[2] 주류 언론 매체들 덕분이었다. 자유로운 미국 언론 매체들은 9/11의 배경을 분석하고 그 해결책을 제시하는 데 있어서 이 같은 의문들을 제대로 전달하지 않았던 것이다. 오히려 이들은 아프가니스탄에서의 즉각적인 군사작전으로부터 이후 이라크에서의 군사 활동에 이르기까지 부시 행정부의 입장만을 대중들에게 충실히 전달했다고 할 수 있다. 결국 수많은 인적 물적 자원의 낭비를 가져오고 지금의 전 세계적 경제위기에 대처할 수 있는 미국의 힘을 약화시켜온 바로 그 전쟁으로 미국을 몰고 들어가는 데 이들이 자신들의 언론보도를 통해 상당부분 일조했던 것이다.

이런 측면에서 당시 미국 언론의 상황은 언론의 자유에 대한 비판적인 성찰을 요구한다. 왜냐하면 자유를 누리는 언론 매체들이 민주주의를 기반으로 수립된 공동체 전체에 항상 이익만을 가져다주지는 않는 것으로 보이기 때문이다. 이 글은 언론의 자유가 상대적으로 잘 확립되

2) 물론 이라크 전에 대한 미국 대중들의 여론은 전쟁이 지속되면서 부정적으로 변한다. 하지만 2003년도 개전 연도에 Gallup사가 진행한 여론조사는 이라크 전에 대한 지지가 무려 75%에 달하며, 다음해인 2004년도에도 60% 수준을 유지함을 보여준다. 지지도 변화 도표는 http://www.gallup.com/poll/1633/Iraq.aspx 에서 찾아볼 수 있다.

어 있는 2000년대 미국에서 미국 주류 언론 매체들이 어떤 자유를 누렸으며, 이 자유를 통해 무슨 역할을 수행했는가를 고찰해 봄으로써 언론의 자유에 대한 비판적 성찰을 수행해 보고자 한다.

2. 미국 언론자유의 의미와 2000년대 추세: 편견 표출의 자유와 보수주의 매체의 득세

언론의 자유는 오늘날 민주주의를 위해서 뿐만 아니라 좋은 통치(governance)를 위해서도 꼭 필요한 제도로 인정된다. 세계은행(World Bank)이 각 국가의 통치를 평가하기 위해 사용하는 지표에서도 알 수 있듯이, 좋은 통치는 시민들의 목소리 또는 발언권과 책임성이 보장되는 통치이며, 그렇기에 자신들의 정부를 선택하는 데 참여할 수 있는 시민들의 권리뿐만 아니라, 표현과 결사의 자유, 그리고 언론의 자유를 요구한다.[3)]

미국도 상대적으로 좋은 통치를 자랑하는 민주주의 국가로서 언론의 자유가 보장되며, 이는 1791년 채택된 미국 수정헌법 제1조(the First

3) 세계은행은 각 국가의 통치(governance)에 대한 지표를 발표하는데, 이를 위해 사용하는 6가지 기준 – 발언권과 책임성 (voice and accountability), 정치적 안정과 폭력의 부재 (political stability and absence of violence), 정부의 효율성 (government effectiveness), 규제의 질 (regulatory quality), 법치 (rule of law), 부패 통제 (control of corruption) – 중 첫 번째인 발언권과 책임성이라는 차원은 실제로 한 국가의 시민이 얼마나 자신의 정부를 선택하는데 참여할 수 있는가와 더불어 언론의 자유, 결사의 자유, 그리고 언론자유의 정도를 가지고 측정된다. 이 지표에 대한 보다 자세한 정보를 위해서는 info.worldbank.org/governance/wgi/index.asp를 참조할 것.

Amendment)가 종교, 표현, 언론의 자유와 함께 결사와 청원에 대한 권리를 보장한 이래, 미국 민주주의를 지탱하는 가장 중요한 헌법적 가치 중 하나이기도 하다.[4] 더군다나 미국은 언론의 자유에 특별한 헌법적 지위를 부여하기도 했다. 이미 1938년 미국 연방대법원은 언론의 자유나 출판의 자유와 같은 근본적인 자유를 제한하려고 시도하는 법률은 다른 대부분 유형의 법률보다 더 엄격한 법적 검토를 받아야 한다고 판

〈표 1〉 미국 출판 자유도 순위 (2002-2012)

연도	순위	
	국경 없는 기자회	프리덤 하우스
2002	17	16
2003	31	17
2004	23	13
2005	44	17
2006	53	16
2007	48	16
2008	36	17
2009	20	18
2010	20	19
2011	47	17
2012	47	18

출처: 국경 없는 기자회 순위는 en.rsf.org에서 각 연도별 순위를 취합한 것임. 프리덤 하우스 순위는 http://www.freedomhouse.org/sites/default/files/FOTP%20Scores%20and%20Status%201980-2012.xls에서 취합한 것임.

단했던 것이다.[5] 실제로 미국의 법원은 기자, 편집자, 언론사의 권리에

4) 미국 헌법에 대한 소개를 위해서는 www.archives.gov/exhibits/charters/constitution.html을 참조할 것.

5) 당시 이 소송은 탈지유에 원래 유지방이 아닌 다른 지방을 첨가한 치환유(filled milk)의 주간(interstate) 유통을 금지한 연방법을 둘러싸고 캐롤린사가 이 법의 위헌성을 주장하면서 벌어진 것이었다. 이 소송이 헌법적 중요성을 갖게 된 것은 다름

관한 분쟁이 생길 때마다 언론의 자유를 미국 민주주의의 필수불가결한 권리로 확인하면서 언론의 자유를 옹호해 왔다. 표 1이 보여주듯이, 국경 없는 기자회(Reporters without Borders)의 기준에 따르면 2000년대 초부터 2008년까지 부시 집권기 동안 미국의 출판자유가 상대적으로 많이 후퇴했다고 할 수도 있겠지만, 그래도 프리덤 하우스(Freedom House)의 언론자유 평가에 따르면 미국은 분명히 언론자유에 대한 가장 강력한 법적보호 시스템을 가지고 있는 나라중 하나이다.

그렇다면 이처럼 제도화된 언론의 자유를 통해 각 언론 매체들이 누리는 자유란 실제로 어떤 자유를 의미하는 것일까? 미국에서의 언론자유는 오늘날 각 매체들이 자신들이 가진 세상 또는 현실에 대한 편견(bias)을 자유로이 표출할 수 있는 자유를 의미한다고 할 수 있다. 원칙적으로 미국 언론 매체들은 국가 권력으로부터의 자유 또는 자율성을 제도적으로 보장 받는다. 하지만 이들이 그렇다고 해서 정치적으로 공평하거나 중립적인 사실이나 정보를 대중들에게 기계적으로 전달하는 일에만 집중하는 것은 아니다. 이들은 다양한 뉴스거리들 중 자신들이 중요하다고 믿는 바에 따라 하나를 선별하여 뉴스 방송의 첫머리에 배치하거나 아니면 신문 첫 면에 늘어놓음으로써 세상에서 벌어지는 많은 일들에 각기 중요성을 부여하고, 또 해설이나 사설 등을 통해 이 일들이 갖는 정치적, 사회적, 경제적, 문화적 의미 등을 해석하기도 한다. 그렇기에 각 언론 매체들이 내놓는 뉴스들은 뉴스를 취합하고 보도하

아닌 판결문에 딸린 4번 각주(Footnote Four) 때문이었는데, 이 각주에서 경제적 규제에는 최소한의 법적 검토만이 적용되지만 미국 수정헌법 조항을 표면상 위반하거나, 정치과정을 왜곡시키거나, 소수자에 대한 차별 등에 관한 법률의 경우 보다 높은 수준의 법적 검토가 필요하다고 제안되었다. 보다 상세한 내용에 대해서는 United States v. Carolene Products Company, 304 U.S. 144 (1938)를 참조할 것.

고 해석하는 언론 매체 종사자들의 사고나 가치관 등을 반영하는 것이다.

많은 학자들이 언론이 갖는 이 같은 특성에 주목하면서, 미국 언론 매체들이 특정한 편견을 보여주고 있음을 주장해 왔다. 기실 각 매체들이 진보적이니 보수적이니 하는 평가를 받고 있는 데서 알 수 있듯이, 동일한 사건도 매체에 따라 전달되는 방식이나 해석되는 방식이 달라지기 마련이다. 미국 언론 매체들이 갖는 편견에 주목하고 있는 학자들은 언론 매체 종사자들이 평균적인 미국인들보다 자유주의적 성향을 가지고 있으며, 이들이 가진 자유주의적 편견이 직접적이든 간접적이든 기사의 보도를 통해 드러나고 있음을 이미 주장했다.[6] 이 추세는 그로시클로즈(Groseclose)와 밀리오(Milyo)의 연구가 보여주었듯이 최근까지도 지속되고 있는 듯하다. 이들이 보수적이긴 하지만, 폭스뉴스(*Fox News*)와 워싱턴 타임즈(*Washington Times*)를 제외한 거의 모든 언론 매체들이 상대적으로 강력한 자유주의적 편견(liberal bias)을 보여주고 있다는 이들의 주장은 여러 가지 중요한 정치적 사회적 경제적 이슈들에서 이 매체들이 보여주었던 입장들로 볼 때 크게 과장된 것이라 폄하할 수만은 없지 싶다.[7] 이들이 측정해낸 미국 주요 언론 매체들이 보여주

---

6) 대다수의 미국 언론종사자들은 일반 미국대중들의 평균적 자유주의 성향보다도 훨씬 더 자유주의적이며, 이런 편견이 기사보도에도 반영된다는 연구로는 S. Robert Lichter, Stanley Rothman, and Linda S. Lichter, *The Media Elite: America's New Powerbrokers* (New York: Hastings House, 1986); Elaine Povich, *Partners and Adversaries: The Contentious Connection Between Congress and the Media* (Arlington, VA: Freedom Forum, 1996); 그리고 D.H. Weaver and G.C, Wilhoit, *American Journalist in the 1990s* (Mahwah, NJ: Lawrence Erlbaum, 1996) 등을 볼 것.

7) Tim Groseclose and Jeffrey Milyo, "A Measure of Media Bias," *The Quarterly Journal of Economics, Vol.120, No.4* (2005), 1191-1237. 그로시클로즈는 이 논문에서의 주장을 확장시켜 책으로 출판했다. Tim Groseclose, *Left Turn: How Liberal Media Bias*

는 정치적 편견 지수는 표2에 정리되어 있으며, 이 편견에 따라 이 매체들을 좌우로 늘어놓으면 그림 1에서 보이는 것과 같다.

〈그림 1〉 미국 주요 언론매체의 상대적 정치적 지향성

좌																우
WSJ	NYT / CBS -N	LAT	CBS -S / WP	NW/ NPR	UNW	TM	NBC -T	UT	NBC -N	ABC -W	DR	ABC -G	CNN	NJL	FOX	WT

하지만, 설사 자유주의적 또는 좌파적 편견이 미국 주류 언론 매체들에 광범위하게 침투해 있다하더라도, 2000년대 미국에서의 언론 상황은 미국 대중들이 주로 좌파적 편견만을 수동적으로 수용하고 있다고 말해주지는 않는다. 2000년대 들어와 보수주의적 편견이 더 강력하게 또 더 광범위하게 미국 대중들을 상대로 표출되기 시작했던 것이다. 그 한 가지 대표적인 예로 2000년대 최고의 인기를 누렸던 라디오 프로그램 중 하나인 러쉬 림보 쇼(The Rush Limbaugh Show)를 들 수 있다.[8] 1984년 프리미어 라디오 네트워크(Premiere Radio Networks)를 통해 방송되기 시작한 이 프로그램은 서서히 인기를 끌면서 1988년부터 미국 전역으로 송출되기 시작했고, 결국 1500만 명의 청취자를 자랑하는 명실상부한 최고의 청취율을 자랑하는 라디오 토크쇼로 성장했다. 림보는 자신의 라디오 쇼를 보수적인 정치이념과 보수주의 정치후보들에 대한

Distorts the American Mind (New York: St. Martin's Press, 2011).

8) 림보와 그의 쇼에 대한 보다 자세한 정보는 www.rushlimbaugh.com을 볼 것.

〈표 2〉 미국 주요 언론매체들의 정치적 편견
(0에 가까울수록 보수, 100에 가까울수록 진보)

언론매체	편견 지수
ABC Good Morning America (ABC-G)	56.1
ABC World News Tonight (ABC-W)	61.0
CBS Early Show (CBS-S)	66.6
CBS Evening News (CBS-N)	73.7
CNN NewNight with Aaron Brown (CNN)	56.0
Drudge Report (DR)	60.4
Fox News' Special Report with Brit Hume (FOX)	39.7
Los Angeles Times (LAT)	70.0
NBC Nightly News (NBC-N)	61.6
NBC Today Show (NBC-T)	64.0
New York Times (NYT)	73.7
Newshour with Jim Lehrer (NJL)	55.8
Newsweek (NW)	66.3
NPR Morning Edition (NPR)	66.3
Time Magazine (TM)	65.4
U.S. News and World Report (UNW)	65.8
USA Today (UT)	63.4
Wall Street Journal (WSJ)	85.1
Washington Post (WP)	66.6
Washington Times (WT)	35.4
Average	62.6

출처: Tim Groseclose and Jeffrey Milyo, "A Measure of Media Bias," *The Quarterly Journal of Economics, Vol.20, No.4* (2005), 1212에서 취합한 것임.

지지를 동원하고 자유주의적 이념과 진보적인 정치인들을 비판하는데 이용해 오면서 청취자 수를 늘리는 데 성공할 수 있었던 것이다.

하지만 그의 쇼는 동시에 많은 논란을 미국에서 야기하기도 했다. 예를 들어 그는 2007년 9월 21일 송출된 자신의 토크쇼에서 이라크전에 반대하는 참전군인들을 "가짜 군인들(phony soldiers)"이라고 지칭함으로써 큰 논란을 일으켰으며, 2009년 1월 16일자 쇼에서는 "그[오바마]가

〈표 3〉 2002년도에서 2011년도까지 미국 주요 케이블 뉴스방송사별 황금시간대 시청자 수 중간값 (단위 1000명)

연도	CNN	MSNBC	Fox News	HLN
2002	889	354	1,139	
2003	832	287	1,345	
2004	815	341	1,474	
2005	725	336	1,600	307
2006	710	361	1,376	302
2007	736	489	1,406	353
2008	1,052	767	1,793	434
2009	891	786	2,134	525
2010	564	747	1,909	434
2011	655	773	1,856	386

출처: Nielsen Media Research. 이 자료는 다음 웹사이트를 통해 받은 데이터를 토대로 작성된 것임.
http://stateofthemedia.org/2012/cable-cnn-ends-its-ratings-slide-fox-falls-again/cable-by-the- numbers/

실패하기를 희망한다 (I hope he fails)"라고 말함으로써 다른 논란을 일으키기도 했다. 이런 논란은 당연히 그가 가진 보수주의적 편견이 여과되지 않은 채 표명됨으로써 촉발된 것이라고 할 수 있겠다.

또한 표 3이 보여주듯이 2000년대 들어와 보수적인 폭스뉴스채널(*Fox New Channel*)이 경쟁사인 *CNN*이나 *MSNBC*, *HLN* 등을 제치고 9/11과 이라크 전을 틈타 확산된 애국주의를 배경으로 2000년대 들어와 최고의 시청률을 자랑하는 뉴스방송사로 성장하기도 했다. 일반 시청률에서 이미 역전당하긴 했지만, 그래도 2000년대 초반까지는 중도라 할 수 있는 *CNN*이 그래도 속보(breaking news)를 전할 때면 다른 채널보다 더 많은 시청자들을 끌어들이는 대표적인 케이블뉴스 방송채널이었다. 그러나 이라크전이 발발하던 2003년을 기점으로 속보 시청률마저도 역전당했다. 이라크 전 개시 첫날 790만의 시청자가 폭스뉴스를 730만이

*CNN*을 시청했으며, 사담 후세인이 체포되었을 때는 200만 명이 CNN 채널을 시청한 반면 230만 명이 폭스채널을 시청한 것으로 추정된다.[9] 실제로 폭스뉴스채널의 성장배경에는 이들의 표출하는 강력한 보수주의적 편견이 자리했다고 할 수 있다. 이는 미국의 많은 케이블뉴스 채널 시청자들이 폭스사가 전하는 보다 직설적인 보수주의적 목소리에 더 끌리게 되었음을 의미하는 것이기도 하다. 결국 폭스뉴스 채널의 성장은 2000년대 미국에서 보수주의적 편견이 득세하게 되었음을 입증해 주는 지표가 된다고도 하겠다.

사실 그 어떤 시대 그 어느 나라에서도 편견에서 완전히 자유로운 기사나 언론 매체를 찾아볼 수는 없을 것이다. 각 언론 매체들은 각자의 편견을 가지고 현실을 재단하며, 이들과 같은 편견을 공유하는 시청자나 구독자들이 많아질수록 대중적 호소력도 생겨나기 마련이다. 그런 면에서 2000년대 미국 언론 매체들은 전통적으로 자유로운 언론이 하는 일을 했다고 볼 수 있다. 다만 한 가지 명시적으로 드러난 변화는 보수주의적 또는 우파적 매체들의 영향력이 증대되었다는 점이다. 우파적 매체들의 존재 때문에 미국 사회가 전체적으로 우경화되었다거나, 또는 이들의 성장이 미국 사회의 우경화를 단순히 반영하고 있다거나 하는, 그 인과관계를 여기서 상세히 논할 수는 없다. 그러나 폭스뉴스 채널과 같은 보수주의 매체의 성장과 미국 사회의 우경화에 상관관계가 분명히 존재함은 거의 직관적으로도 알아챌 수 있는 사실이라 할 수 있다. 아직도 다수의 주류 매체가 중도나 자유주의적 편견을 표출하는

---

9) 이 분석에 대해서는 "2004 Annual Report-Cable TV Audience: Cable News and the War with Iraq in 2003," (March 15, 2004)를 볼 것. http://www.journalism.org/node/761

상황에서 우파적 또는 보수주의적 가치에 더 편안함을 느끼는 대중들이 채널을 이런 매체들에 맞추기 시작한 것으로 볼 수 있기 때문이다. 궁극적으로는 보수주의적 매체의 성장 또한 다양한 편견의 표출을 제도적으로 보장하는 언론의 자유가 작동했기에 가능한 것이었다고 평가할 수 있다.

3. 미국 언론의 역할과 영향 : 언어투쟁을 통한 현실의 사회언어적 구성과 그 정치적 함의

자유를 누리는 언론은 구체적으로 현실에서 어떤 역할을 수행하며 대중의 삶에 어떤 영향을 미칠까? 전통적으로 언론의 구체적 역할은 의제설정(agenda setting)이라는 차원에서 이해된다. 자유를 누리는 언론은 자신의 편견에 따라 기사를 선별하고 뉴스표제 등을 작성함으로써 자신의 관점을 대중들에게 호소한다. 언론 매체들의 호소가 대중들에게 잘 먹혀들어갈 수록 이들은 자신의 편견에 따라 선별한 문제들을 이슈화할 수 있는 능력을 갖게 된다. 그리고 이슈화가 성공하면 할수록 이들은 정책을 위한 의제설정에까지 영향력을 행사할 수 있게 되는 것이다. 이런 면에서 에드워즈(Edwards)와 우드(Wood)는 미국 언론이 미국 대통령보다 더 큰 의제설정(agenda setting) 능력을 보유하고 있다고 주장하기도 했다. 일반적인 기대에 따르면 대통령제 하에서는 대통령이 의회나 언론보다 더 큰 의제설정 능력을 갖기 마련인데, 미국에서는 대외정책이나 국내정책 결정을 위한 의제설정에 언론이 대통령이나 의회

보다 더 큰 영향을 발휘해 왔다는 것이다.[10] 언론은 이처럼 의제설정 능력을 통해 대중들의 삶에 직접적인 영향을 미칠 수 있다.

또한 미국 민주주의 하에서 언론은 자신의 편견을 보다 직접적으로 표출함으로써 대통령 선거를 비롯한 각종 선거의 결과에 결정적인 영향을 미칠 수 있다고 이해되기도 한다. 미국정치 과정에서 선거기간 중 각 언론 매체들은 자신들이 지지하는 후보자들에 대한 공개적인 지지(endorsement)를 사설 등을 통해 표명하고는 하기 때문이다.[11] 이 같은 언론 매체들의 지지가 투표인단에 미치는 영향에 관한 연구들에 따르면 공개적으로 표명된 언론사들의 지지를 받은 후보들은 투표에서 약 1에서 5 퍼센트 정도를 더 득표하는 것으로 나타난다.[12] 이는 후보자들 간의 지지율의 차이가 경미할 때 선거의 승패를 사실상 결정할 수도 있는 것인 만큼, 미국의 언론이 자신의 편견을 표출할 수 있는 자유는 때때로 결정적인 정치적 차이를 만들 수 있는 힘을 의미하는 것이라고도 할 수 있다.

언론의 역할에 대한 이 같은 전통적인 이해는 분명 경험적 연구와 데이터를 근거로 축적되어온 것이다. 언론은 의제설정에 영향을 미칠

---

10) 이러한 주장에 대해서는 George C. Edwards III and B. Dan Wood, "Who Influences Whom? The President, Congress, and the Media," *American Political Science Review, Vol.93, No.2* (1999), 327-344.

11) 이에 대한 연구로, Russell J. Dalton, Paul A. Beck, and Robert Huckfeldt, "Partisan Cues and the Media: Information Flows in the 1992 Presidential Election," *American Political Science Review, Vol.92, No.1* (1998), 111-126. 보다 최근의 연구로 Stephen Ansolabehere, Rebecca Lessem, and James M. Snyder, Jr., "The Orientation of Newspaper Endorsements in U.S. Elections, 1940-2002," *Quarterly Journal of Political Science, Vol.1, No.4* (2006), 393-404.

12) 언론의 공개지지가 후보자 득표율에 미치는 영향의 정도에 대한 연구들에 대해서는 Ansolabehere, Lessem, and Snyder, "The Orientation of Newspaper Endorsements in U.S. Elections," 394, 각주 2번을 볼 것.

수 있고, 또 이를 통해 궁극적으로 실제 정책에까지 영향력을 행사할 수 있다. 더더구나 언론은 특정 후보자에 대한 공개적 지지 표명을 통해 선거결과까지 좌우할 잠재력도 지닌다. 쿡(Cook)이 표현하듯 언론 매체들은, 특히 미국 정치적 맥락에서, 또 하나의 "정치제도(political institution)"라고 할 수 있다.[13)]

그러나 언론의 역할에 대한 이 같은 전통적 이해가 언론이 일반 정치과정 또는 미국정치과정에서 어떤 식으로 작동해서 이런 영향들을 만들어 내는지에 대한 충실한 이해를 도와주고 있는 것만은 아니다. 왜냐하면, 이는 언론 매체들의 활동과 의제설정이나 선거결과에 대한 영향이라는 인과성을 단지 상정하고 그것이 존재함을 그저 증명하고자 할 뿐이기 때문이다. 다시 말해, 전통적 이해는 대부분 어떻게 해서 언론 매체들의 인과성이 정치적 과정 속에서 발현될 수 있는지, 그 기제에 대한 설명이 필요할 수도 있다는 인식조차 상대적으로 결여하고 있다. 언론 매체들이 정치과정에서 갖는 인과성을 보다 충실히 이해하려면 언론과 그 언론에 노출되는 인간 사이의 관계에 대한 고찰과 설명이 요구된다고 할 수 있다. 실제로 언론 매체들이 가질 수 있는 의제설정 능력이나 선거결과를 결정할 수 있는 능력은 이들이 전달하는 기사나 해석에 노출되고 또 이를 수용하는 대중들에 달려있기 때문이다.

언론을 정치과정으로 매개해 주는 일반 독자나 시청자들이 되어주

13) Timothy Cook, *Governing with the News: The News Media as a Political Institution* (Chicago: University of Chicago Press, 1997). 미국정치에서 언론의 역할에 대한 연구들로는 Stephen Ansolabehere, Roy Behr, and Shanto Iyengar, *The Media Game: American Politics in the Television Age* (New York: Macmillan, 1993)과 R. Douglas Arnold, *Congress, the Press, and Political Accountability* (Princeton: Princeton University Press, 2004) 등을 참조할 것.

는 대중들이 없다면, 즉 방송사나 신문사의 뉴스를 소비해 주는 이들이 없다면, 언론이 말하는 것들은 정치과정에 직접적으로 전달되기 어려울 것이다. 또 대중들이 각 언론 매체들이 전달하는 바에 동조해 주지 않는다면, 역시 뉴스시간이나 신문지상을 통해 각 매체들이 표명하는 편견들은 공염불에 지나지 않게 될 것이다. 결국 우리가 관찰할 수 있는 언론의 인과적 힘은 이를 소비하는 대중들의 매개가 없다면 발휘될 수 없는 것이다. 그렇기에 언론이 대중들에게 어떤 식으로 영향을 주는가에 대한 이해가 선행되어야 할 필요가 있다. 다시 말해, 언론 매체들이 기사를 전달하고 또 자신의 편견을 표명함으로써 대중들이 세상 또는 현실을 보는 방식에 어떤 식으로 영향을 주는지를 먼저 이해해야 한다는 것이다.

언론 매체들은 TV에서이든, 라디오에서이든, 또는 지면을 통해서이든, 세상이 어떤 식으로 돌아가고 있는지를 기본적으로 말을 통해 전달하기에, 이들의 역할은 현실의 사회언어적 구성(sociolinguistic construction)이라는 측면에서 더 잘 이해된다고 할 수 있다. 언론 매체들은 세상에 대한 소식, 또는 현실을 자신의 편견에 얹어 이를 말로써 대중들에게 전달한다. 이를 보다 많은 수의 대중들이 수용하게 될 때 바로 언론은 이들의 머릿속에서 현실을 사회적으로 구성하게 되는 것이다. 특히, 편견표출의 자유로 특징지어질 수 있는 미국의 언론자유 하에서 미국의 언론 매체들은 필연적으로 말싸움 또는 언어투쟁(verbal fighting)에 참여하기 더 용이하고, 그럼으로써 현실의 사회언어적 구성에 더 적극적으로 관여할 수 있게 된다.

현실은 사전적 의미에서 이 세상에 지금 실제로 존재하는 일련의 사실이나 상태로서 우리의 의식과는 독립적으로 존재하는 미리 주어진(pre-given) 객관적(objective)인 실재(the real)를 의미한다고 할 수 있다.

그러나 우리의 감각이나 지각능력의 한계 때문에 우리의 의식이 이런 객관적 또는 실재적 현실을 완벽히 반영하고 있거나 또는 할 수 있을 것이라고 기대하기는 어렵다. 존재론적으로 말해, 세상은 우리가 그것을 알고 있든 모르든 상관없이 우리의 의식과는 독립적으로 존재한다. 문제는 우리가 우리의 제한적인 인식작용을 통해 얻는 이 세계에 대한 지식이다. 그렇기에 우리 인간이 가진 현실에 대한 지식은 그 경험적 인식의 한계 때문에 항상 오류가능성(fallibility)을 내포한다고 할 수 있다.[14)]

무수히 많은 다양한 사건과 사실들로 가득 차 있는 현실 또는 실재는 그 인식상의 오류가능성에도 불구하고 우리 인간의 의식에 수용되기 위해서 먼저 해석되고 정리되어야 할 필요가 있다. 인간이 아닌 오직 신만이 해석과 정리 작업 없이도 이 모든 것을 다 정확히 알 수 있기 때문이다. 사실 언론의 주된 역할은 사건의 보도라기보다는 바로 이처럼 복잡한 현실을 인간을 위해 해석하고 정리하는 일이라고 볼 수도 있다. 문제는 언론 매체들이 언론의 자유를 누리기에, 현실에 대해 자신들이 수행하는 해석과 정리 작업에 자신들이 가진 편견을 자유로이 투사함으로써 그 편견의 수만큼이나 다양하고 또 차이가 뚜렷이 드러나는 해석들을 만들어 낼 가능성이 있다는 점이다. 위에서 제시된 표2에

14) 실재와 인식간의 차이와 인식론의 한계를 강조하는 이러한 입장은 비판적 실재론(critical realism)이라고 불린다. 비판적 실재론자의 선구자로는 바스카를 들 수 있다. 바스카의 철학에 대해서는 Roy Bhaskar, *A Realist Theory of Science* (London: Berso, 1997)와 그의 *Possibility of Naturalism: A Philosophical Critique of the Contemporary Human Sciences* (London: Routledge, 1998) 등을 참조할 것. 또한 Andrew Collier, *Critical Realism: An Introduction to Roy Bhaskar's Philosophy* (London: Verso, 1994)와 Andrew Sayer, *Realism and Social Science* (London: SAGE, 2000) 등도 참조.

서 보이듯, 사실 미국의 주요 언론매체들이 그처럼 다양한 또 차이가 명확한 해석을 만들어 낸다고 보기는 어렵지만, 그래도 미국의 주요 언론매체들은 각각의 정치적 편견에서 일정한 차이를 보여주는 것도 부인할 수 없는 사실이다.

일반적으로 현실에 대한 다양한 해석과 정리는 사회에서 필연적으로 발생할 수밖에 없는 인간들 사이의 의사소통 과정(communicative process)을 통해 궁극적으로 하나 또는 소수의 사회적으로 정당하게 여겨지는 해석으로 수렴되는 과정을 거친다. 그 사회에 속한 많은 사람들이 이 수렴과정을 통해 살아남은 현실에 대한 특정한 해석을 수용하고, 이 해석에 따라 현실을 이해하고 또 그 이해에 따라 행동하게 될 때, 이 해석은 구성원들의 의식 속에서 현실을 구성하게 된다. 결국 현실은 사회적으로 구성된다는 것이다. 우리가 서로에게 언어를 통해 전하는 현실이란 우리 인간이 가진 인식론적 한계 때문에 우리의 의식으로부터 독립된 그런 객관적 실재가 되기 어렵다. 현실이란 엄밀히 말 해, 단지 우리를 포함한 우리 사회의 다수 구성원들이 "실질적 진실(real truth)"로서 집단적으로 수용한 실제로 발생한 사실들(facts)에 대한 어느 한 해석에 다름 아니다. 이러한 의사소통을 통한 수렴과정이 기본적으로 언어를 매개로 진행되기 때문에, 현실은 또한 언어적으로도 구성된다. 바로 이런 의미에서 현실을 궁극적으로는 사회언어적(sociolinguistic) 구성물로 볼 수 있는 것이다.[15] 그렇다면, 미국 대중들이 이해하고 또

---

15) 현실에 대한 이러한 정의는 매턴(Mattern)에게서 빌려온 것이다. Janice Bially Mattern, "Why 'Soft Power' Isn't So Soft: Representational Force and the Sociolinguistic Construction of Attraction in World Politics," *Millennium: Journal of International Studies, Vol.33, No.3* (2005), 585. 현실이 사회적 구성이라는 초기 주장으로는 Peter L. Berger and Thomas Luckmann, *The Social Construction of Reality: A*

그 이해를 기반으로 행위를 하게 되는 현실의 많은 부분은 미국 언론 매체들의 말을 통해 구성되었다고 볼 수 있겠다.

하지만, 언론과 대중의 관계를 전자가 후자에게 일방적으로 영향을 미치는 그런 단선적인 관계로만 해석하기도 곤란하다. 2000년대 당시 다수의 미국 주류 언론 매체들이 바라보던 현실과 다수의 미국 대중들이 바라보던 현실에 약간의 간극이 존재하기 때문이다. 표 2에 따르면 대다수 주류 매체들은 거의 일관되게 자유주의적 또는 중도적 편견을 가지고 현실을 보고 해석했다고 할 수 있다. 그러나 표 3이 보여주듯 2000년대 들어와 다수의 자유주의적 매체들을 제치고 보수주의적 편견을 내세운 폭스뉴스가 최고의 시청률을 자랑하는 채널이 되었음은 미국 대중들이 자유주의적 편견만을 일방적으로 수용하고 있지 않음을 의미한다. 대중들이 언론 매체들의 편견을 일방적으로 수용하기만 했다면, 당연히 상대적으로 자유주의적 편견을 보유한 다수의 매체가 보다 높은 시청률을 자랑하고 폭스뉴스 채널 같은 보수주의적 매체는 낮은 시청률만을 기록했어야 할 것이다. 그렇지만 2000년대에 들어와 미국 대중들이 폭스뉴스 채널에 눈과 귀를 더 기울이게 되었다는 사실은 폭스뉴스 채널이 전하는 현실을 진실로 수용하게 된 대중들이 그만큼 증가했고, 동시에 다른 중도 또는 자유주의적 매체들이 호소력을 그만큼 상실하게 되었음을 시사한다. 이는 언론과 대중의 관계가 반드시 일방적이지만은 않으며, 대중들이 자신의 취향에 따라 언론 매체를 취사선택할 수 있음을 의미하는 것이기도 하다.

현실의 사회언어적 구성이 일방적으로만 수행되지 않는 근본적인 이유는 바로 언론 매체들이 전하는 것들이 대중들이 각자 정의하고 있

Treaties in the Sociology of Knowledge (Garden City, NY: Anchor Books, 1966).

는 존재론적 안정(ontologcial security)-기든스(Giddens)의 정의를 빌면 "질서와 지속성이라는 감각(a sense of order and continuity)"-을 뒷받침 해줄 수도 아니면 위협할 수도 있기 때문이다.[16] 사실 누구의 현실에 대한 해석에 "진실"이라는 사회적 지위를 부여할 것인가를 결정하는 수렴과정은 누구도 부인할 수 없는 절대적인 객관성에 기초하지 않는다. 진실로의 수렴과정이 항상 하버마스(Habermas)가 말 하는 공론장에서 객관적인 증거에 근거한 합리적 의사소통과 토론, 설득, 합의 등을 통해서만 이루어지는 것만은 아니라는 의미이다.[17] 많은 경우에서 현실에 대한 어떤 특정한 해석이 진실이라는 지위를 얻을 때는, 그것이 현실을 보다 객관적으로 또는 정확하게 반영할 때가 아니라 상이한 다른 해석을 누르고 승리를 거두었을 때이다.

상이한 해석들은 말로써 제시되기에 이들 간의 충돌과 경쟁은 말싸움의 형태를 띤다. 그리고 말싸움 또는 언어투쟁은 현실에 대한 서술적

---

16) 사회과학 분야에서 존재론적 안정 또는 존재론적 안보를 최초로 적용한 연구자가 바로 기든스이다. 이에 대한 보다 상세한 설명을 위해서는 Anthony Giddens, *Modernity and Self-Identity: Self and Society in the Late Modern Age* (Stanford: Stanford University Press, 1991)과 *The Construction of Society: Outline of the Theory of Structuration* (Berkley, CA: University of California Press, 1984) 등을 참조할 것.

17) 국제정치 구성주의 틀 내에서 하버마스로부터 영감을 얻어 합리적 토론과 설득의 가능성에 대한 연구도 진행되고 있다. 하버마스의 저작으로는 Jürgen Habermas, *The Theory of Communicative Action, Vol.1: Reason and the Rationalization of Society, translated by Thomas McCarthy* (Boston: Beacon Street, 1981); *The Theory of Communicative Action, Vol.2: Lifeworld and System: A Critique of Functionalist Reason, translated by Thomas McCarthy* (Boston: Beacon Press, 1987); 그리고 *Moral Consciousness and Communicative Action* (Cambridge: MIT, 1990) 등을 들 수 있다. 국제정치에서의 논의로는 대표적으로 Thomas Risse, "Let's Argue!: Communicative Action in World Politics," *International Organization, Vol.54, No.1* (2000), 1-39; 그리고 Richard Ned Lebow, "Power, Persuasion and Justice," *Millennium: Journal of International Studies, Vol.33, No.3* (2005), 551-581 등을 들 수 있다.

묘사(narrative representation) 또는 서술구조(narrative structure)를 통해 행사되는 구상적 힘(representational force)의 행사를 그 특징으로 한다. 이 같은 구상적 힘이 언어투쟁에 참여하는 화자들 간에 작동하기에 이들 사이에 합리적 토론이나 설득은 쉽지 않게 되는 것이다. 왜냐하면 화자들은 자신들에게 교수, 학생, 또는 기자 등의 정체성을 부여하는 자신들이 진실이라고 믿는 사회언어적으로 구성된 현실 속에서 스스로의 자아(the Self)나 주체(subject)를 규정하고, 거기서 존재론적 안정을 추구하는 경향을 갖기 때문이다.[18] 이 경우, 자신이 진실이라고 믿는 현실에 대한 해석을 어떤 식으로든 포기함은 결국 자신의 자아 또는 주체를 손상시키게 되는, 즉 존재론적 안정을 뒤흔드는 결과를 초래하게 된다. 그렇기에 우리 인간이 사회언어적으로 구성된 현실 속에서 자신의 주체나 자아에 대한 존재론적 안정(ontological security)을 추구하는 한, 자신이 이해하는 현실에 대한 양보나 타협은 힘든 일일 수밖에 없고, 또 상대로부터 그 같은 양보나 타협을 기대하기도 어렵게 된다. 결국 대화나 토론 설득의 노력 보다는, 누가 제시하는 현실이 진실 또는 실재에 보

18) 존재론적 안정 또는 존재론적 안보에 대한 관심이 최근 정치학, 특히 국제정치 분야에서 기든스의 연구에 영감을 받아 대두하고 있는 중이다. 그의 연구에 영감을 받아 1990년대 들어와 물리적 안보 개념만으로는 설명되지 않는 국가행위들을 존재론적 안보 개념으로 설명하는 연구들로는 Jef Huysmans, "Security! What Do You Mean?: From Concept to Thick Signifier," *European Journal of International Relations, Vol.4, No.2* (1998), 226-255; Bill McSweeney, *Security, Identity and Interests: A Sociology of International Relations* (New York: Cambridge University Press, 1999); Ian Manners, "European [security] Union: from existential threat to ontological security," *IIS Working Paper* (2002); Jennifer Mitzen, "Ontological Security in World Politics: State Identity and the Security Dilemma," *European Journal of International Relations, Vol.12, No.3* (2006), 341-370; 그리고 Brent J. Steel, *Ontological Security in International Relations: Self-identity and the IR State* (New York: Routledge, 2008) 등을 참조.

다 부합하는 것인가 - 실제로 부합하든 안하든 - 를 놓고 구상적 힘의 행사를 통해 상대의 완전한 굴복을 목적으로 하는 언어투쟁이 오히려 더 효율적인 의사소통의 전략으로 선호되게 된다.[19]

이러한 언어투쟁, 또는 누구의 이해를 현실에 대한 진실로 받아들일 것인가를 결정하기 위한 말싸움은 다분히 정치적 성격마저 띤다. 왜냐하면 이 투쟁의 결과로 싸움에서 패배한 측은 승리한 측의 구상적 힘에 굴복함으로써 승자측이 해석하고 있는 현실에 순응하게 되는데, 이런 굴복과 순응을 통해 궁극적으로는 승자 측의 통제(control)에 직접적으로나 간접적으로 종속되기 때문이다.[20] 이런 과정을 거친 통제와 복종은 분명 상대의 행동에 직접적으로 또 폭력적으로 가해지는 강제적 권력(compulsory power)이나 제도를 통해 간접적으로 행사되는 제도적 권력(institutional power)의 결과라 할 수는 없다. 이보다는 패자측이 승자의 현실에 순응하게 됨으로써 자신의 구조적 위치를 승자가 대표하는 현실에 맞추어 자연스러운 것으로 정의하거나 또는 스스로의 주체(subject)를 이에 맞추어 합리적인 것으로 규정하게 된다는 측면에서, 구조적 권력(structural power) 내지 생성적 권력(productive power)의 결과라 할 수 있는 것이다.[21] 말싸움이 단순한 말싸움이 될 수 없는 이유가

---

19) 구상적 힘에 대한 보다 자세한 논의와 이 개념을 적용한 연구로는 Mattern, "Why 'Soft Power' Isn't So Soft"과 Janice Bially Mattern, *Ordering International Politics: Identity, Crisis and Representational Force* (New York: Routledge, 2005) 등을 참조할 것.

20) 정치를 권력 또는 인간행위에 대한 통제로 본 입장은 Karl W. Deutsch, "On the Concepts of Politics and Power," *Journal of International Affairs, Vol.21, No.2* (1967), 232-241을 볼 것.

21) 권력개념 자체가 매우 논쟁적이긴 하지만, 그 작동 방식이 직접적인가 간접적인가, 또 인과적인가 구성적인가에 따라 4가지, 강제적, 제도적, 구조적, 생성적 권력으로 구분될 수 있다. 이러한 구분법은 바넷과 듀발의 문헌에서 찾아볼 수 있다.

바로 여기에 놓여있다 하겠다.

이런 맥락에서 보수 언론의 성장으로 대변되는 2000년대 미국 언론의 상황은 무엇보다도 보수주의적 편견이 자유주의적 편견과의 언어투쟁에서 승리를 거두었음을 한편으로 증명한다 하겠다. 폭스뉴스 채널의 성장 자체는 분명 다수의 미국 대중들이 보수주의적 편견을 수용하고, 이를 기반으로 현실을 이해하게 되면서 가능했다는 것이다. 어쩌면 1980년대부터 꾸준히 점진적으로 진행된 미국 사회의 우경화나 2001년의 9/11 사태가 보수주의 매체의 성장을 설명해 줄 수도 있겠다.[22] 그러나 보수주의 매체들 또한 이 시기를 기점으로 보수주의적 편견을 보다 강력하고 직접적인 형태로 토설함으로써 대중들에게 호소하기 시작했다. 당연히 보수주의적으로 세상과 자신을 이해하는 이들에게 자유주의적 편견을 담은 언론 매체가 전하는 소식은 불편하게 느껴졌을 것이다.

미국의 언론매체 중 폭스뉴스채널이 특히 이러한 구상적 힘의 구사와 말싸움에 상대적으로 적극적인 자세를 보였다. 최근의 예를 하나 들어 본다면, 폭스뉴스사의 유명 방송인 중 하나인 글렌 벡(Glenn Beck)이 방송에서 내뱉은 말들을 들 수 있다. 그는 2010년 가을 자신의 토크쇼에서 세계적인 거부 조지 소로스(George Soros)가 미국 공영방송인 NPR(National Public Radio)에 약 180만 달러정도를 기부했다는 것을 근

Michael Barnett and Raymond Duvall, "Power in International Politics," *International Organization*, Vol.59, No.1 (2005), 39-75.

22) 미국 사회가 어떻게 바로 한 세대 만에 전반적으로 우경화되었는지를 잘 보여준 논의로는 John Micklethwait and Adrian Woodridge, *The Right Nation: Conservative Power in America* (New York: The Penguin Press, 2004)를 들 수 있다. 보다 학술적인 저작으로는 Richard M. Abrams, *America Transformed: Sixty Years of Revolutionary Change, 1941-2001* (Cambridge: Cambridge University Press, 2006)과 James T. Patterson, *Restless Giant: The United States from Watergate to Bush vs. Gore* (Oxford: Oxford University Press, 2005) 등을 참조.

거로 그를 오바마 정권의 충실한 후원자이자 사회주의자라고 비난했다. 2009년에는 "Fox & Friends"라는 아침 쇼에 게스트로 출연하여 뜬금없이 오바마(Obama) 대통령이 백인 또는 백인의 문화에 대한 뿌리 깊은 증오를 가진 인종주의자라고 믿는다고 말하기도 했다.[23] 이는 객관적인 기준으로 볼 때 진실과는 완전히 거리가 먼 얘기지만, 어떻게 특정 편견이 세계 최고의 거부 중 한명이 사회주의자일 수 있고 또 반은 백인인 한 정치인이 백인을 증오하는 인종주의자일 수 있는 현실을 언어투쟁 속에서 구성해 낼 수 있는지를 잘 보여준다 하겠다. 그리고 이런 말도 안되는 비난에도 불구하고 그가 주요 방송인으로 남을 수 있었던 것은 그만큼 그와 유사한 방식으로 세상을 보는 이들이 미국에 많다는 사실을 증언하는 것이기도 하다.

4. 2000년대 미국 국제정치 현실의 사회언어적 구성과 언론

미국인들이 미국 바깥의 세상과 현실에 대해 가지고 있는 이해의 정도는 결코 높다고 할 수 없다. 양차 세계대전에의 참전과 한국전, 그리고 베트남 전 등 전 세계에서 미국이 벌였던 군사작전과 거기에 파병되고 심지어 목숨까지 잃었던 미국인들이 있음에도 불구하고 보통의 미국 대중들은 미국 외부의 소식에 별다른 관심조차 기울이지 않는다. 그

23) www.cbsnews.com/stories/2009/07/29/politics/main5195604.shtml

렇다고 해서 미국인들이 국내정치에 대해서 잘 알고 있는 것도 아니다. 한 연구에 의하면, 응답자의 오직 25%만이 자신들을 대표하는 상원의원 두 명의 이름을 그리고 오직 29%만이 자신들 지역의 하원의원 이름을 댈 수 있었으며, 응답자의 절반 미만이 처음 10개의 미국 헌법수정조항들이 권리장전(the Bill of Rights)이라고 불린다는 사실조차 모르고 있을 만큼 미국인들은 전반적으로 정치에 대해 무지하다.[24)]

왜 미국인들은 국내정치나 국제정치 할 것 없이 정치에 대해 무지할까? 사실 민주주의 제도와 발달된 지방자치제도를 보유하고 있는 미국의 평균적인 대중들이 왜 이렇게 무지할 수 있는지는 이해가 잘 가지 않을 정도이다. 이들은 지역수준에서 연방수준에 이르기까지 각종 선거를 주기적으로 치러야 하기에 싫든 좋든 각종 정치적 캠페인에 노출되기 마련이다. 또 일반적인 미국인들은 미국의 안과 밖에 대한 여러 가지 정보를 자신들의 안방까지 배달해 줄 수 있는 인터넷에서부터 위성 TV에 이르는 다양한 수단을 가지고 있기도 하다. 더구나 냉전의 종식 후 등장한 미국 중심의 '일극적' 국제체제와 그 속에서 미국의 역할을 강조한 미국 지도자들의 다양한 레토릭,[25)] 세계 각지의 미군기지에 파병되어 나간 미군들을 가족 구성원으로 두고 있을 여러 가정들을 고려해 보면, 국제문제에 무지한 미국인들을 상상하기란 쉽지 않은 일이다.

그럼에도 불구하고, 미국인들이 정치적으로 무지하다는 점은 오래전부터 이미 아몬드(Almond)나 리프먼(Lippman) 등에 의해 제기되었던 문

---

24) Michael X. Delli Carpini and Scott Keeter, *What Americans Know about Politics and Why It Matters* (New Haven: Yale University Press, 1996), 307-328.

25) 일극체제에서의 미국의 역할에 대해서는 Ethan B. Kapstein and Michael Mastanduno, eds., *Unipolar Politics: Realism and State Strategies after the Cold War* (New York: Columbia University Press, 1999).

제였다.[26] 혹자는 미국의 발전된 언론 매체들과 평균적인 교육수+준으로 보아 이런 주장은 좀 과장된 것이라는 의문을 제기할 수도 있을 것이다. 그러나 실제로 최근의 한 연구가 보여주듯, 최소한 다른 선진국 대중들에 비교해 미국인들이 상대적으로 국제문제에 무지함은 사실이라 할 수 있다.[27] 오랫동안 미국 정치에서도 첨예한 정치적 쟁점이 되었던 전쟁과 세계적인 경제위기에도 불구하고 이런 추세가 크게 변화한 것 같지도 않다. 2012년 2월 8일 공영방송인 PBS의 PBS NewsHour에 등장한 브레진스키(Brzezinski)는 민주주의에서 좋은 대외정책은 국제문제에 대한 대중의 이해에 달려있다면서, 미국 대중의 국제문제에 대한 이해는 "최저(abysmal)"라고 한탄하기까지 했다.[28]

하지만, 이러한 미국인들에게도 2001년의 9/11은 충격적인 사건이었다. 이는 평범한 미국인들이 가지고 있던 국제정치적 현실에 커다란 인식론적 충격을 가했다. TV를 통해 지속적으로 보여 지던 무역센터 빌딩에 대한 비행기의 돌진과 폭발, 그리고 붕괴, 거의 모든 신문매체 첫머리를 장식했던 충격적 사진들은 많은 미국인들에게 왜 이러한 일이 생겨났는지 의문을 품게 했고 이들의 시선을 미국 바깥으로 돌리게 만들었다. 태평양 전쟁의 시발점이 되었던 일본의 진주만 기습을 제외하고는 - 당시에는 하와이가 미국의 공식적인 주도 아니었다 - 미국 영토에 대한 직접적인 물리적 위협을 겪어보지 못했던 미국인들에게 9/11은 커

26) Gabriel Almond, *The American People and Foreign Policy* (New York: Harcourt, Brace, 1950); Walter Lippman, *Public Opinion* (New York: Mcmillan, 1949).

27) Shanto Iyengar, Kyu S. Hahn, Heinz Bonfadelli, and Mirko Marr, "Comparing International Affairs Knowledge in Switzerland and the United States," *Communication Research, Vol.36, No.3* (2009), 341-358.

28) http://www.pbs.org/newshour/bb/business/jan-june12/brzezinski_02-08.html에서 동영상과 스크립트가 접근이 가능하다.

다란 심리적 충격을 주었던 것이다. 그런 만큼 이후 2000년대 미국인들의 국제정치적 현실에 대한 인식은 이 사건을 중심으로 구성될 수밖에 없었다. 지난 10여 년간의 미국 대외정책을 돌아보면서 시행된 최근의 한 여론조사는 9/11당시 미국인들이 자신들의 조국에서 새로이 발견된 취약점에 충격을 받아 안보관련 사항들에 대한 정부지출의 확대와 명백한 테러리스트 위협에 대항한 군사적 행동에 찬성했음을 보여준다.[29] 이 조사에서 드러나듯, 2002년의 91%를 기점으로 비록 감소하긴 했지만 아직껏 여전히 60% 이상의 미국인들이 테러리즘을 미국에 대한 중요한 위협이라고 인식하고 있다. 테러리즘을 중요한 위협으로 인식하는 미국인들의 비율은 아래 그림 2에서 보이는 바와 같다.

〈그림 2〉 테러리즘 위협 인식 비율

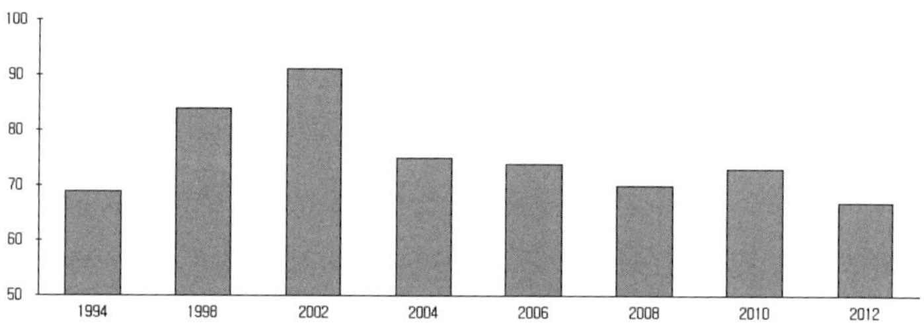

출처: Chicago Council, Foreign *Policy in the New Millennium*, 7에서 조합

미국이 테러리즘이라는 새로운 위협을 이용하여 구성한 국제정치적 현실은 규범적 성격을 갖는 것이었다. 이러한 현실은 무고한 시민들까

29) The Chicago Council on Global Affairs, *Foreign Policy in the New Millennium: Results of the 2012 Chicago Council Survey of American Public Opinion and U.S. Foreign Policy* (2012), 5.

지 살상하는 사악하고 비겁한 테러리스트들과 이들을 제거함으로써 보다 많은 이들을 테러리즘이라는 위협으로부터 구원하는 정의로운 미국으로 구성되었다. 그래야만 미국이 보복을 위해 벌일 군사작전이 "정의의 전쟁(just war)"으로서 정당화될 수 있기 때문이었다.[30] 부시 대통령이 우선 국제정치적 현실을 이런 식으로 구성할 수 있는 프레임(frame)을 제시했다.[31] 그는 9/11로부터 5일 후인 9월 16일 대통령 별장인 캠프 데이비드(Camp David)에서 십자군이라는 용어를 불러오면서 "war on terrorism"이라는 용어를 끄집어내었으며, 9월 20일 TV로 중계된 상하원 합동회의 연설에서 "war on terror"라는 말을 공식화 했다. 곧 10월부터 아프가니스탄에서의 군사 활동이 "Operation Enduring Freedom"이라는 이름으로 시작되었고, 같은 이름하에 2002년 1월 필리핀과 같은 해 10월 아프리카 북동부 소말리아 지역(Horn of Africa)에서도 무장반군과 군사집단들을 대상으로 군사 활동이 개시되었다. 그리고 마침내 2003년 3월 "Operation Iraqi Freedom"이라는 작전명하에 미국의 이라크 침공이 시작되었다. 이러한 전쟁들이 진행되면서 많은 미국인들이 자유와 정의를 수호한다는 착각 하에 미군에 자원입대했고 또 파병되었다.

당시 미국의 언론 매체들은 좌우를 가리지 않고 얼마나 미국이 위험에 처해있는가, 또 왜 미국은 전쟁을 필요로 할 수밖에 없는가에 대한 기사와 논설들을 쏟아 내었다. 이들은 매일 TV나 신문 지상을 통해 미

30) 보다 구체적으로 미국이 어떻게 대테러전을 정당화했는가에 대한 연구로는 Colin Flint and Ghazi-Walid Falah, "How the United States justified its war on terrorism: prime morality and the construction of a 'just war'," *Third World Quarterly, Vol.25, No.8* (2004), 1379-1399.

31) 언어에서 프레임 또는 개념적 구조에 대한 논의는 George Lakoff, *Don't Think of an Elephant!: Know Your Values and Frame the Debate* (White River Junction, VT: Chelsea Green, 2004).

국 국토안전부(Department of Homeland Security)에서 발하는 안보경고를 시각화된 이미지로 제시했으며, 뉴스의 가장 앞부분이나 신문의 첫 장을 당연히 전쟁에 대한 뉴스로 장식했다. 카이퍼스(Kuypers)가 자신의 책 *Bush's War : Media Bias and Justifications for War in a Terrorist Age* 에서 시사한 것처럼, 미국의 주류 언론 매체들은 이런 식의 보도양식을 통해 미국의 대중들이 국제정치 현실을 부시가 만든 프레임 속에서 바라보고 이해하도록 만드는 데 커다란 역할을 했던 것이다. 카이퍼스는 당시 언론 매체들의 보도 행태에서 이들이 공통적으로 표출한 편견을 구분해 내었는데, 상황의 특수성도 있었겠지만 뉴욕타임스 같은 상대적으로 진보적인 매체조차 부시의 주장을 충실히 되풀이 했다는데서 이들이 보여준 편견은 좌우를 포괄하는 것이었다고 할 수 있다. 그의 평가에 따르면 약 2달 후 대다수의 매체들이 냉정을 찾기는 했다. 하지만, 이들은 초기 단계에서 국제정치에 대한 부시의 해석을 그대로 수용하고 확산함으로써 이후 미국 대중들이 국제정치적 현실을 부시의 프레임에 따라 이해하도록 허용했던 것이다.[32]

이러한 미국 대중들의 국제정치 현실에 대한 이해는 미국의 군사작전에 대한 높은 지지율을 결과했다. 예를 들어 이라크 전이 개시되기 한해전인 2002년 실시된 퓨리서치 센터(The Pew Research Center)여론조사는 총 62%의 대상자가 이라크에서의 군사작전을 지지하고 오직 28%만이 반대함을 보여준다.[33] 표 4는 당시 이라크 전에 대한 지지도가 흑인과 민주당 당원, 그리고 2000년도 대통령 선거 당시 고어에 투표했

32) Jim A. Kuypers, *Bush's War: Media Bias and Justifications for War in a Terrorist Age* (Rowman & Littlefield, 2006).

33) The Pew Research Center for the People and the Press, *Midterm Election Preview: Americans Thinking about Iraq, but Focused on the Economy* (October 10, 2002), 12.

던 이들을 제외한 거의 모든 대상에서 50% 이상 나오고 있음을 보여준다.

〈표 4〉 이라크에서의 군사행동에 대한 지지도

	찬성(%)	반대(%)	모름(%)
총	62	28	10
남성	68	24	8
여성	56	32	12
30세 미만	65	27	8
30-49세	66	26	8
50-64세	61	28	11
65세 이상	50	34	16
공화당원	80	10	10
민주당원	49	43	8
무소속	61	30	9
2000년도 대선			
부시 투표자	79	12	9
고어 투표자	45	45	10

출처: The Pew Research Center for the People and the Press, *Midterm Election Preview: Americans Thinking about Iraq, but Focused on the Economy* (October 10, 2002), 12.

이렇게 구성된 현실 속에서 폭스채널은 성장할 수 있었다. 미국 대중들이 일단 부시의 프레임으로 국제정치 현실을 보게 됨에 따라 냉정을 찾은 다른 매체에 비해 지속적으로 부시의 프레임에 일치하는 편견을 표출하는 폭스채널이 이들이 이해하는 현실과 더 잘 부합했기 때문이었다. 그 결과 뉴스방송 화면 좌측 상단 한 구석에 펄럭이는 성조기를 집어넣기 시작한 폭스뉴스 채널은 이 시기 시청자를 비약적으로 늘릴 수 있었고, 결국 2003년을 기점으로 전통의 *CNN*을 모든 뉴스 영역에서 추월한 최고의 시청률을 자랑하는 뉴스채널이 될 수 있었다. 폭스사의 일관되고 공격적인 애국주의 우파적 편견의 표출이 미국 대중들이 이해하는 현실에 더 잘 들어맞는 것처럼 보였고 그렇기에 더 많은 시청자들을 끌어들일 수 있었던 것이다.

물론 이런 식으로 구성된 국제정치적 현실이 객관적 진실을 정확히 반영한 것이라고는 할 수 없다. 러스틱(Lustick)이 자신의 연구에서 보여주었듯 미국의 주류 언론 매체들이 보여주었던 편견이 진실에 기초한 것은 아니었기 때문이다. 사실 이후에 밝혀졌듯이 대량살상무기를 핑계로 한 이라크전은 정당화되기 어려운 것이었다. 2006년 방송과의 한 인터뷰에서 부시조차 "내 일 중 가장 어려운 부분 하나는 이라크를 대테러전과 연계시키는 것"[34]이라고 토로했던 것이다. 그러나 주류 언론 매체들은 자신들의 보도행태를 통해 미국을 둘러싼 국제정치적 현실을 미국에 대한 과장된 위협을 중심으로 구성하는 데 분명 일조했다. 이렇듯 과장된 위협이 미국인들이 이해하는 현실을 구성함으로써 미국의 이라크 침공은 정당화될 수 있었으며, 대중의 지지를 얻을 수 있었던 것이다.[35]

당시의 대외정책에 대한 맹목적인 지지와 객관적인 국제정치적 현실에 대한 무지 사이에는 일정정도의 연관성이 존재하는 듯하다. 왜냐하면 2002년의 퓨리서치 센터 여론조사가 어떤 유형의 응답자들이 이라크 전에 대해 반대하는가에 대한 분석을 통해 보여주었듯이, 평소 국제문제에 관심이 더 많았던 이들일 수록 전쟁에 반대하는 의견을 표명했기 때문이다. 이 조사에 따르면, 이라크에서의 군사작전을 강력하게

34) 부시는 "...one of the hardest parts of my job is to connect Iraq to the war on terror"라고 2006년 9월 6일 CBS News의 Katie Couric과의 인터뷰에서 말했다. 이 스크립트는 http://www.cbsnews. com/2100-500923_162-1980074.html 에서 볼 수 있다.

35) Ian S. Lustick, *Trapped in the War on Terror* (Philadelphia: University of Pennsylvania Press, 2006).

지지하는 자들의 비율(49%)이 강력하게 반대하는 자들의 비율(17%)보다 3배 정도 높지만, 실제로 이 이슈에 더 높은 수준의 관심도와 관여도를 보여주는 이들은 반대자들이라는 것이다. 이들은 대체로 군사행동과 관련된 정치논쟁을 전하는 뉴스에 훨씬 더 많은 관심을 기울이고, 또 선거유세에서 후보자들이 군사 활동 이슈에 대해 토론하는 것을 더 듣고 싶어 하는 집단이다. 이런 반면, 이라크에 대한 군사 활동에 찬성하는 대부분의 지지자들은 9/11을 계기로 형성된 국제정치적 현실에 대한 자신의 주관적 인식을 기초로 자신의 의견을 형성한 듯하다. 퓨리서치 센터의 보고서가 보여주듯, 이들은 대부분 이라크 체제와 테러리즘을 연계시키고 있으며, 또 이라크가 미국이나 세계에 대해 제기하는 위협이라는 아주 일반적인 인식을 주된 근거로 미국의 군사 활동에 대한 지지를 표명하고 있기 때문이다.[36] 결국 명분 없는 군사 활동에 대한 맹목적인 지지의 배경에는 탈레반과 후세인 정권이 과거에는 미국의 실질적인 동맹 파트너였다는 맥락은 탈각된 채 오직 9/11만을 중심으로 구성된 국제정치적 현실이 자리한다고 할 수 있겠다.

미국에 대한 과장된 위협을 주축으로 구성된 현실은 여러 수준에서 미국 대중들의 일상생활을 중심으로 한 실제 현실에도 나쁜 영향을 미치기 시작했다. 9/11 이전까지 미국 공항들에서의 보안 검색은 각 항공사나 이들과 계약을 맺은 민간 기업들에 의해 진행되었다. 하지만 9/11을 계기로 미국은 강화된 보안 검색을 위해 그해 11월 교통안전국(the Transportation Security Administration)을 설치했으며 2003년에는 이를 국토안보부(the Department of Homeland Security) 산하로 이관시키기도 했

36) The Pew Research Center for the People and the Press, *Midterm Election Preview*, 12-14.

다. 이로 인해 여행객들은 과거보다 더 일찍 공항에 도착해야 했으며 기내로 반입할 수 있는 수하물에도 엄격한 제한이 가해지게 되었다. 이처럼 강화된 검색조처는 많은 불평과 불만을 여기저기서 야기했으며, 결국 2010년 한 여행객으로 하여금 자신을 검색하는 교통안전국 요원에게 "당신이 내 거기를 건드리면 당신이 체포당하도록 할 거요"라는 말까지 하도록 만들었다.[37] 또한 2001년 9월 이후 공항 보안검색 과정에서 현저히 증가한 회교도나 남아시아계 또는 중동계로 보이는 여행객들을 주된 대상으로 한 인종 프로파일링(racial profiling)도 그 실효성과 적법성에서 많은 논란을 야기하기도 했다. 하지만, 여전히 미국에 대한 위협을 중심으로 구성된 국제정치적 현실은 대다수 미국인들로 하여금 여전히 인종 프로파일링에 우호적인 입장을 보이게 하고 있다.[38]

딱히 미국의 대외정책에 비판적이지 않고, 안전을 위해 약간의 불편을 감소할 자세가 되어 있는 미국인이라면 이렇듯 변화된 관행을 그리 심각한 문제로 인식하지 않을 수도 있다. 그러나 심지어 메이저 리그 야구장에서도 7회가 끝날 때마다 God Bless America라는 노래가 울려 퍼지는 그런 분위기 속에서 사상의 자유, 양심의 자유, 표현의 자유 등과 같은 미국 민주주의의 핵심적인 가치들은 분명 위험에 처하게 되었다. 9/11 직후 미국의 주류 언론 매체들에 의해 전해진 소식과 해석을

---

37) 2010년 샌디에고 공항에서 존 타이너(John Tyner)라는 승객이 "If you touch my junk, I'm going to have you arrested"라고 내 뱉은 말로, 당시 미국에서 공항에서의 보안검색 방식을 두고 큰 논란을 야기하기도 했다.

38) 2010년 실시된 USA Today와 Gallup에 의한 공동 여론조사에 따르면 공항에서의 인종 프로파일링에 찬성하는 비율은 71%, 반대하는 비율은 21%로 나타났다. 이에 대해서는 Susan Page, "Poll: Most support ethnic profiling in air security," *USA Today*, 13 January 2010) 기사를 참조.
http://usatoday30.usatoday.com/news/nation/2010-01-12-poll-terrorism-obama_N.htm?csp=24&RM_ Exclude=Juno.

기초로 국제정치적 현실을 구성한 다수의 미국인들이 자신들과는 상이한 방식으로 현실을 이해하는 다른 미국인들에게 다양한 경로를 통해 구상적 힘을 구사하기 시작한 것이다. 이와 관련된 한 가지 잘 알려진 사례로서, 텍사스 출신의 3인조 여성으로 구성된 미국의 컨트리음악 밴드인 딕시 칙스(Dixie Chicks)가 겪은 사건을 들 수 있다. 이들은 이라크 침공이 시작된 2003년 당시 런던에서 콘서트를 하고 있었는데, 그 중 한 멤버인 내털리 메인스(Natalie Maines)가 "우리는 미국 대통령이 텍사스 출신이라는 게 창피하다"라는 언급을 공연 중에 내뱉고 말았다. 이 언급이 미국에 알려지자마자 이들은 곧 논란의 중심에 서게 되었다. 그 결과 이들의 음반에 대한 보이콧이 시작되었고 이들의 음악이 청취자들의 항의 때문에 라디오 방송에서 사라지게 되면서 대중적 인기가 급락했다.[39] 결국 메인스는 이 언급에 대한 공식적인 사과를 표명해야만 했다.[40] 실제로 이들이 자신들의 견해를 바꾸었다고 생각되지는 않지만, 이는 사회언어적으로 구성된 정치 현실이 개별적인 미국인들의 현실 속에서 실제로 어떻게 부정적으로 작동할 수 있는지를 보여주는 좋은 예라 할 것이다.

미국과 많은 미국인들이 9/11을 계기로 구성한 국제정치적 현실은 자기 충족적(Self-fulfilling)예언이라 할 수 있는 것이었으며, 이 현실을 뒷받침하기 위해 고안된 대외정책은 자기파괴적인 것이었다. 왜냐하면, 우선 자신들이 상정한 위협에 대처하기 위해 벌였던 해외 군사작전 등을 포함한 많은 조처들에도 불구하고, 미국은 오히려 실제 현실 속에서

39) www.cnn.com/2003/SHOWBIZ/Music/03/14/dixie.chicks.reut.

40) articles.cnn.com/2003-03-14/entertainment/dixie.chicks.apology_1_children-and-american-soldiers-dixie-chicks-singer-huge-anti-amercan-sentiment?_s=PM:SHOWBIZ.

자신이 벌인 일들이 재생산해 낸 더욱 더 도전적인 위협에 시달리게 되었다고 할 수 있기 때문이다. 실제로 2003년 3월 19일 시작된 이라크에서의 전쟁은 공식적으로는 불과 2달도 채 안되어 끝이 났다. 그 해 5월 1일 부시 대통령 자신이 미국 항공모함 USS Abraham Lincoln호에 직접 비행기를 몰고 착륙한 뒤 승전을 선언했던 것이다. 그러나 현실은 그의 선언처럼 진행되지 않았다. 미국은 그 이후에도 아프가니스탄과 이라크, 또 그 외에 9/11 테러공격 단체인 알카에다가 은신하고 있다고 믿어지는 여러 지역들에서 군사작전을 지속적으로 진행해야 했다. 이로 인해 미국에 대한 우호적인 감정은 심지어 가장 가까운 미국의 동맹국들에서조차 감소했으며,[41] 지속되는 미국의 군사적 활동은 안정을 가져오기는커녕 미국에 대한 물리적 위협을 재생산하는 역할을 했다. 당연히 이런 위협이 재생산 되면서 미국이 발을 뺄 시기는 점점 더 늦추어질 수밖에 없었다. 미국 스스로가 자신이 사회언어적으로 구상된 현실 속에 인식되던 위협을 군사적 개입을 통해 실질적인 위협으로 전화시켰던 것이다.

또한 미국이 구성한 국제정치적 현실은 자기파괴적이기까지도 했다. 왜냐하면 미국은 자기들이 재생산한 위협에 대처하기 위해 엄청난 규모의 물질적 비용을 지불함으로써 스스로의 물리적 힘을 잠식했기 때문이다. 2011년에 나온 한 보고서에 따르면 2001년부터 2011년까지 아프가니스탄, 이라크, 파키스탄 등지에서의 군사작전을 통해 총 22만 5

41) 퓨리서치 센터가 제시한 자료에 따르면, 미국에 우호적인 여론은 2002년을 기점으로 2006년까지 영국, 프랑스, 독일, 터키, 일본 등 거의 전 동맹국에서마저 감소했다. 보다 상세한 수치는 Pew Research Center, "America's Image Slips, But Allies Share U.S. Concerns over Iran, Hamas," http://www.pewglobal.org/2006/06/13/americas-image-slips-but-allies-share-us-concerns-over-iran- hamas/ 에서 확인할 수 있다.

천명이 희생되었으며, 3조 2천억 달러에서 4조 달러 이상으로 추정되는 비용이 지출되었다.[42] 이 비용은 미국이 대처해야 할 실제 위협이 지속적으로 재생산되는 한 계속 늘어날 운명을 갖는 것이기도 하다. 같은 해 나온 한 미국 의회 보고서는 2011년 미국 의회가 총 1조 2천8백3십만 달러를 군사작전을 위한 예산으로 통과시켜 주었는데, 이 중 8천 6십억 달러가 이라크에 4천 4백 4십억 달러가 아프가니스탄에서의 군사작전을 위해 사용될 것이라고 추정하기도 했다.[43] 어느 식으로든 군사작전들이 빨리 마무리될 필요가 있는 것이다. 안 그러면 미국은 더 큰 곤란에 직면하게 될 수도 있다. 왜냐하면 2008년 촉발된 세계적 금융위기로부터 시작되어 아직까지 진행 중인 전 지구적 규모의 경제위기가 그 극복을 위해 역시 엄청난 규모의 자금과 미국의 지도력을 필요로 하고 있기 때문이다. 그러나 패권국(hegemon)의 지도력이 그 어느 때보다도 요구되는 이 때 이미 많은 자원을 전쟁에 쏟아 부은 미국은 패권국으로서 무엇을 할 수 있을까?[44]

---

42) Eisenhower Study Group, "The Costs of War Since 2001: Iraq, Afghanistan, and Pakistan – Executive Summary," *Eisenhower Research Project* (June 2011). http://costo2.files.wordpress.com/2011/07/costs- of-war-2001-2011.pdf.

43) Amy Belasco, "The Cost of Iraq, Afghanistan, and Other Global War on Terror Operations Since 9/11," *Congressional Research Service 7-5700, RL33110* (29 March 2011). http://www.fas.org/sgp/crs/ natsec/RL33110.pdf.

44) 패권안정 이론의 논리에 따르면 국제경제체제의 안정성과 국제체제의 안정성에는 상관관계가 있으며, 그렇기에 국제경제체제가 위기에 처했을 때 최후의 대부자로서 패권국의 역할은 국제체제의 안정성을 위해서라도 매우 중요하다고 할 수 있다. 이런 논리에 대해서는 Charles P. Kindleberger, *The World in Depression, 1929-1939* (Berkley: University of California Press, 1973)와 Robert Gilpin, *The Political Economy of International Relations* (Princeton: Princeton University Press, 1987) 등을 참조할 것.

5. 결론 : 언론 자유의 긍정적 가치와 성찰하지 않는 언론

언론의 자유는 긍정적으로 이해될 수밖에 없다. 언론의 자유는 분명 근대 민주주의를 위해 절대적으로 필요한 가치이다. 그러나 이러한 언론자유의 긍정적 측면이 민주주의에서 자유로운 언론이 초래할 수도 있는 부작용을 모두 정당화할 수는 없고 또 그래서도 안 된다. 특히 자유를 누리는 언론이 자유라는 미명하에 우리의 실제 삶에 구체적으로 어떤 작용을 하는지를 제대로 이해하지 못한다면, 우리는 자칫 언론의 자유를 향유하는 언론 자체에 대한 비판적인 시각을 유지하지 못하게 될 가능성이 크다.

그럼에도 불구하고, 언론자유가 제도적으로 보장받고 있는 민주주의 체제에서 언론의 자유가 항상 긍정적일 수만 있는지에 대한 반성이나 체계적인 논의는 정치학계에서 찾아보기 힘들다. 다시금 강조하지만, 언론의 자유는 민주주의를 위해 결코 손상되어서는 안 될, 반드시 지켜져야 할 가치이자 원칙이다. 하지만 언론자유가 바람직스러운 긍정적인 가치로 계속 인정되기 위해서는 그런 자유를 누리는 언론이 민주주의에서 구체적으로 무슨 일을 하며 또 무엇을 가능하게 하는지에 관한 비판적인 고찰이 수행되어야 한다. 그래야 자유를 누리는 언론 매체들이 스스로 반성할 수 있게 되기 때문이다. 우리가 이러한 작업 없이 무조건적으로 언론의 자유만 되뇐다면 우리의 현실에 대한 이해는 의식적으로든 무의식적으로든 언론 매체들이 자신들의 편견을 근거로 해석한 현실에 종속될 위험이 커질 것이다.

이 연구는 이러한 맥락에서, 언론자유가 가장 잘 제도화되어 있는 나라중 하나인 미국의 사례, 특히 2000년대 미국 언론 상황을 중심으로 언론자유를 비판적으로 검토해 보았다. 당시 미국의 사례가 시사하는 바는 언론자유가 항상 긍정적이고 바람직한 기능만 하는 것은 아니라는 점이다. 미국에서의 사례에서처럼, 민주주의에서 언론자유는 곧 편견 표출의 자유로 시현되기 마련이다. 이 자체가 민주주의에서 굳이 문제가 된다고 주장하기는 힘들다. 여하튼 민주주의란 표현의 자유(freedom of expression)를 보장하는 체제이기 때문이다.[45] 하지만 현실에 대한 하나의 특정한 편견이 거대자본으로 뒷받침되는 언론매체에 의해 말싸움 또는 언어투쟁(verbal fighting) 속에서 구상적 힘(representational force)으로 작동한다면, 또 그럼으로써 "진실"이라는 사회적 지위를 취득하고, 이를 토대로 현실을 그 편견에 맞추어 사회언어적(sociolinguistic)으로 구성한다면 문제가 될 수도 있다. 이 경우 다른 편견 내지 현실에 대한 상이한 의견이나 해석 또는 비판 등이 현실과 동떨어진 것 내지 진실에 반하는 것이라는 식으로 묵살될 가능성이 있기 때문이다. 이런 가능성이 존재할 때 언론자유는 민주주의에 해를 끼치게 될 수도 있다. 게다가 특정 집단의 세계관이나 이익을 대변하여 거짓 정보를 전달하고, 이에 근거하여 그릇된 세상에 대한 해석을 담은 어느 한 편견이 언론의 자유를 이용하여 전파되고 하나의 객관적 진실로서 우세한 지위를 얻게 될 때, 언론자유의 부정적 역할은 실제 생활에서 파괴적인 결과까지 초래할 수 있다.

45) 예를 들어 로버트 달의 폴리아키 개념을 보라. Robert A. Dahl, *A Preface to Democratic Theory* (Chicago: The University of Chicago Press, 1956)과 Robert A. Dahl, *Polyarchy: Participation and Opposition* (New Haven: Yale University Press, 1972).

그렇다고 해서 이 모든 문제를 언론의 자유 탓으로 돌리면서 언론의 자유 자체에 그 책임을 물을 수는 없다. 미국에서는 언론 자유가 문제가 아니라 언론 매체들이 문제였던 것이다. 이들은 실제로 이라크가 알카에다와 관련성이 없으며 또 대량살상무기도 이미 폐기해서 보유하고 있지 않다는 객관적 현실을 파헤치고 전달하기 보다는, 이 반대를 주장하는 부시 정부의 거짓 주장을 마치 진실인양 전했다. 이들은 리이더(Reider)의 표현을 빌면 "이빨 빠진 감시견 (toothless watchdogs)"에 불과했던 것이다.[46] 어쩌면 이들은 이미 군부나 군수산업, 그리고 연예산업과 이미 결탁하여 군산복합체가 발전한 "군산언연 네트워크(military-industrial-media-entertainment network)"의 한 부분이 되었는지도 모르겠다.[47] 점점 심화되고 있는 언론 매체들 간의 경쟁 속에서 진실의 전달보다는 생존과 성장이 이들에게는 더 중요한 문제가 되었기에 이들이 그랬을 수도 있다.

오늘날의 미국 뉴스 프로그램들을 보면 별다른 비판적 시각이 크게 드러나지 않음을 느낄 수 있다. 일단 프로그램의 첫 부분은 여러 명의 사회자들이 나와 인사를 전하면서 서로 환한 웃음을 띤 채 농담들을 주고받으며 시작한다. 사회문제에 대한 고발이나 비판이 전혀 없는 것은 아니지만 대부분이 현상적인 수준에서 그칠 뿐, 보다 깊은 구조적 수준에서의 논의나 비판으로는 거의 나아가지 않는다. 전체적으로 이들이 전하는 현실은 결코 여러 문제로 가득한 심각한 세상이 아니다. 이들이 항상 진지하고 엄숙하며 또 날을 세운 비판만을 전달해야 한다는 것은

46) 이 표현에 대해서는 Rem Rieder, "Toothless Watchdogs: The Media, and Abu Ghraib," *American Journalism Review, Vol.26, No.4* (2004), 6.

47) 이 개념에 대해서는 James Der Derian, *Virtuous War: Mapping the Military-Industrial-Media- Entertainment Network,* (2nd ed.) (New York: Routledge, 2009).

아니다. 그러나 이들 매체들이 전하는 세상은 너무 말랑말랑한(soft) 경향을 보인다. 한 예로 2009년 4월 13일부터 19일까지 일주일 동안 전해진 뉴스 보도에 대한 퓨리서치 센터의 분석에 따르면, 이 한 주 동안 5명의 미군 사상자를 가져온 이라크에서의 자살폭탄 사건이나, 핵 사찰단원들에게 떠날 것을 요청한 북한정부의 결정이나, 아프가니스탄에서 심화되고 있는 전쟁들보다도, 에드워드 케네디(Ted Kennedy) 상원의원으로부터 선물로 받은 오바마 대통령의 애완견 얘기가 톱뉴스의 지위를 더 많이 차지했던 것이다.[48] 이렇게 볼 때, 바움(Baum)의 주장처럼 대외문제에 대한 미국 대중들의 무지나 무관심은 상당부분 미국 언론 매체들이 뉴스를 전하는 방식에 기인한다고 하겠다. 이 매체들, 특히 TV 방송국들이 더 많은 시청자들을 확보하기 위해 정치적 이슈들을 수많은 연예오락성을 지향하는 뉴스 프로그램과 토크쇼들을 통해 다루어 왔다는 것이다.[49] 이처럼 말랑말랑하게 다루어진 현실이 더 많은 시청자들을 불러 모으는 데는 도움이 되겠지만, 중요한 이슈들에 대한 객관적 정보까지 정확히 전달할 수 있을 거라는 기대까지는 품기 힘들다.

2000년대 미국의 언론 상황은 언론의 자유가 아무런 성찰 없이 시행될 때 언론 자유의 순기능이 심각하게 저해될 수 있음을 잘 보여주었다. 9/11 당시 많은 미국인들이 대외문제에 관해 무지했음은 사실일 것이다. 아마 그랬기에 9/11이 미국인들의 마음에 더 큰 충격이 되었을 것이다.

---

48) 이라크 전 소식은 16회, 북한 소식은 23회, 아프가니스탄 소식은 12회인 반면 오바마 대통령의 애완견인 보(Bo) 소식은 24회나 톱뉴스로 다루어졌다. 이에 대한 분석은 *Project for Excellence in Journalism,* "The Dog Days of Spring," http://www.journalism.org/TheDogDaysofSpring.

49) Matthew A. Baum, *Soft News Goes to War: Public Opinion and American Foreign Policy in the New Media Age* (Princeton: Princeton University Press, 2003).

또 중간에 8년에 걸친 민주당의 집권이 있었다 해도 이미 많은 미국인들이 어느 정도 보수주의적 편견을 이미 수용하고 있었다고 인정할 수 있다. 하지만 그럼에도 불구하고 만약 주류 언론 매체들이 자기 성찰을 통해 현실을 다르게 전하고 보다 비판적으로 해석했더라면, 부시 정부가 자신의 네오콘적 세계관을 대외정책을 통해 그런 식으로 용이하게 투사할 수는 없었을 것이다. 그러나 이들 언론 매체들은 그렇게 하지 못했다. 상대적으로 자유주의적이고 진보적이라는 매체들마저 9/11이라는 상황 속에서 자기성찰을 잊어버렸다. 그 결과는 천문학적인 물적 자원의 낭비와 인적 희생이었으며, 테러 위험의 세계적 확산이었다. 결국 부시 행정부가 바라는 식으로 국제정치적 현실을 사회언어적으로 구성해준 미국 언론 매체들이 없었더라면 2000년대 미국의 대외정책과 이에 대한 미국 대중들의 지지는 나타나기 어려웠을 것이다.

참고 문헌

Abrams, Richard M. 2006. *America Transformed: Sixty Years of Revolutionary Change, 1941-2001*. Cambridge: Cambridge University Press.

Almond, Gabriel. 1950. *The American People and Foreign Policy*. New York: Harcourt, Brace.

Ansolabehere, Stephen, Roy Behr, and Shanto Iyengar. 1993. *The Media Game: American Politics in the Television Age*. New York: Macmillan.

__________, Rebecca Lessem, and James M. Snyder, Jr. 2006. "The Orientation of Newspaper Endorsements in U.S. Elections, 1940-2002." *Quarterly Journal of Political Science*, Vol.1, No.4. 393-404.

Arnold, R. Douglas. 2004. *Congress, the Press, and Political Accountability*. Princeton: Princeton University Press.

Barnett, Michael and Raymond Duvall. 2005. "Power in International Politics." *International Organization*, Vol.59, No.1. 39-75.

Baum, Matthew A. 2003. *Soft News Goes to War: Public Opinion and American Foreign Policy in the New Media Age*. Princeton: Princeton University Press.

Belasco, Amy. 2011. "The Cost of Iraq, Afghanistan, and Other Global War on Terror Operations Since 9/11," *Congressional Research Service 7-5700, RL33110* (March 29). http://www.fas.org/sgp/crs/natsec/RL33110.pdf

Berger, Peter L. and Thomas Luckmann. 1966. *The Social Construction of Reality: A Treaties in the Sociology of Knowledge*. Garden City, NY:

Anchor Books.

Bhaskar, Roy. 1997. *A Realist Theory of Science*. London: Berso.

__________, 1998. *Possibility of Naturalism: A Philosophical Critique of the Contempo- rary Human Sciences*. London: Routledge.

Carpini, Michael X. Delli and Scott Keeter. 1996. *What Americans Know about Politics and Why It Matters*. New Haven: Yale University Press.

Collier, Andrew. 1994. *Critical Realism: An Introduction to Roy Bhaskar's Philosophy*. London: Verso.

Cook, Timothy. 1997. *Governing with the News: The News Media as a Political Institution*. Chicago: University of Chicago Press.

Dahl, Robert A. 1956. *A Preface to Democratic Theory*. Chicago: The University of Chicago Press.

__________, 1972. *Polyarchy: Participation and Opposition*. New Haven: Yale University Press.

Dalton, Russell J., Paul A. Beck, and Robert Huckfeldt. 1998. "Partisan Cues and the Media: Information Flows in the 1992 Presidential Election." *American Political Science Review*, Vol.92, No.1. 111-126.

Derian, James Der. 2009. *Virtuous War: Mapping the Military-Industrial-Media-Entertainment Network*, 2nd ed. New York: Routledge.

Deutsch, Karl W. 1967. "On the Concepts of Politics and Power." *Journal of International Affairs*, Vol.21, No.2, 232-241.

Edwards, George C. III and B. Dan Wood. 1999. "Who Influences Whom? The President, Congress, and the Media." *American Political Science Review*, Vol.93, No.2. 327-344.

Eisenhower Study Group. 2011. "The Costs of War Since 2001: Iraq, Afghanistan, and Pakistan – Executive Summary," *Eisenhower Research Project* (June). http://coto2.files.wordpress.com/2011/07/costs-of-war-

2001-2011.pdf

Flint, Colin and Ghazi-Walid Falah. 2004. "How the United States justified its war on terrorism: prime morality and the construction of a 'just war'." *Third World Quarterly*, Vol.25, No.8. 1379-1399.

Giddens, Anthony. 1984. *The Construction of Society: Outline of the Theory of Structuration.* Berkley, CA: University of California Press.

__________, 1991. *Modernity and Self-Identity: Self and Society in the Late Modern Age.* Stanford: Stanford University Press.

Gilpin, Robert. 1987. *The Political Economy of International Relations.* Princeton: Princeton University Press.

Groseclose, Tim. 2011. *Left Turn: How Liberal Media Bias Distorts the American Mind.* New York: St. Martin's Press.

__________ and Jeffrey Milyo. 2005. "A Measure of Media Bias." *The Quarterly Journal of Economics,* Vol.120, No.4. 1191-1237.

Habermas, Jürgen. 1981. *The Theory of Communicative Action, Vol.1: Reason and the Rationalization of Society*, translated by Thomas McCarthy. Boston: Beacon Street.

__________,. 1987. *The Theory of Communicative Action, Vol.2: Lifeworld and System: A Critique of Functionalist Reason*, translated by Thomas McCarthy. Boston: Beacon Press.

__________, 1990. *Moral Consciousness and Communicative Action.* Cambridge: MIT.

Huysmans, Jef. 1998. "Security! What Do You Mean?: From Concept to Thick Signifier." *European Journal of International Relations*, Vol.4, No.2. 226-255.

Kapstein, Ethan B. and Michael Mastanduno, eds. 1999. *Unipolar Politics: Realism and State Strategies after the Cold War.* New York: Columbia University Press.

Kindleberger, Charles P. 1973. *The World in Depression, 1929-1939.* Berkley: University of California Press.

Kuypers, Jim A. 2006. *Bush's War: Media Bias and Justifications for War in a Terrorist Age.* Rowman & Littlefield.

Lakoff, George. 2004. *Don't Think of an Elephant!: Know Your Values and Frame the Debate.* White River Junction, VT: Chelsea Green.

Lebow, Richard Ned. 2005. "Power, Persuasion and Justice." *Millennium: Journal of International Studies,* Vol.33, No.3. 551-581.

Lichter, S. Robert, Stanley Rothman, and Linda S. Lichter. 1986. *The Media Elite: America's New Powerbrokers.* New York: Hastings House.

Lippman, Walter. 1949. *Public Opinion.* New York: Mcmillan.

Lustick, Ian S. 2006. *Trapped in the War on Terror.* Philadelphia: University of Pennsylvania Press.

Manners, Ian. 2002. "European [security] Union: from existential threat to ontological security." *IIS Working Paper.*

Mattern, Janice Bially. 2005. *Ordering International Politics: Identity, Crisis and Represen- tational Force.* New York: Routledge.

__________, 2005. "Why 'Soft Power' Isn't So Soft: Representational Force and the Sociolinguistic Construction of Attraction in World Politics." *Millennium: Journal of International Studies.* Vol.33, No.3. 583-612.

McSweeney, Bill. 1999. *Security, Identity and Interests: A Sociology of International Relations.* New York: Cambridge University Press.

Micklethwait, John and Adrian Woodridge. 2004. *The Right Nation: Conservative Power in America.* New York: The Penguin Press.

Mitzen, Jennifer. 2006. "Ontological Security in World Politics: State Identity and the Security Dilemma." *European Journal of International Relations,* Vol.12, No.3. 341-370.

Page, Susan. 2010. "Poll: Most support ethnic profiling in air security," *USA*

Today,(Jan.13).http://usatoday30.usatoday.com/news/nation/2010-01-12-poll-terrorism- obama_N.htm?csp=24&RM_Exclude=Juno.

Patterson, James T. 2005. *Restless Giant: The United States from Watergate to Bush vs. Gore.* Oxford: Oxford University Press.

Pew Research Center. 2006. "America's Image Slips, But Allies Share U.S. Concerns over Iran, Hamas," http://www.pewglobal.org/2006/06/13/americas-image-slips-but-allies- share-us-concerns-over-iran-hamas/

Pew Research Center's Project for Excellence in Journalism. 2004. "2004 Annual Report- Cable TV Audience: Cable News and the War with Iraq in 2003," (March 15). http://www.journalism.org/node/761

Povich, Elaine. 1996. *Partners and Adversaries: The Contentious Connection Between Congress and the Media.* Arlington, VA: Freedom Forum.

Project for Excellence in Journalism. 2012. "The Dog Days of Spring." http://www.journalism.org/TheDogDaysofSpring.

Rieder, Rem. 2004. "Toothless Watchdogs: The Media, and Abu Ghraib." *American Journalism Review,* Vol.26, No.4. 6.

Risse, Thomas. 2000. "Let's Argue!: Communicative Action in World Politics." *International Organization,* Vol.54, No.1. 1-39.

Sayer, Andrew. 2000. *Realism and Social Science.* London: SAGE.

Steel, Brent J. 2008. *Ontological Security in International Relations: Self-identity and the IR State.* New York: Routledge.

The Chicago Council on Global Affairs. 2012. *Foreign Policy in the New Millennium: Results of the 2012 Chicago Council Survey of American Public Opinion and U.S. Foreign Policy.*

The Pew Research Center for the People and the Press. 2002. *Midterm Election Preview: Americans Thinking about Iraq, but Focused on the Economy* (October 10).

United States v. Carolene Products Company, 304 U.S. 144 (1938).

Weaver, D.H. and G.C, Wilhoit. 1996. *American Journalist in the 1990s.* Mahwah, NJ: Lawrence Erlbaum.

〈인터넷 사이트〉

articles.cnn.com/2003-03-14/entertainment/dixie.chicks.apology_1_children-and-americansoldiers-dixie-chicks-singer-huge-anti-amercan-sentiment?_s=PM:SHOWBIZ en.rsf.org

info.worldbank.org/governance/wgi/index.asp

statofthemedia.org/2012/cable-cnn-ends-its-ratings-slide-fox-falls-again/cable-by-the-numbers/

www.archives.gov/exhibits/charters/constitution.html

www.cbsnews.com/2100-500923_162-1980074.html

www.cbsnews.com/stories/2009/07/29/politics/main5195604.shtml

www.cnn.com/2003/SHOWBIZ/Music/03/14/dixie.chicks.reut

www.freedomhouse.org/sites/default/files/FOTP%20Scores%20and%20Status%201980-2012.xls

www.gallup.com/poll/1633/Iraq.aspx

www.pbs.org/newshour/bb/business/jan-june12/brzezinski_02-08.html

www.rushlimbaugh.com

제4부
언론의 위기와 책임

언론자유의 상대성에 관한 고찰 : 학문 · 사상 · 양심의 자유, 그리고 언론시장의 독과점 방지와 관련하여

김재홍*

1. 들어가며 : 국가권력으로부터 억압받지 않을 언론 자유

언론의 자유는 민주정치가 이루어지는데 있어 근본 바탕으로서 불가침의 국민 기본권이다. 국가권력으로부터 간섭받거나 침해받지 않을 권리다. 우리 헌법 제21조 1항은 이를 "모든 국민은 언론 출판의 자유와 집회 결사의 자유를 가진다."고 규정했다. 헌법 제21조는 이어 2항에서 "언론 출판에 대한 허가나 검열과 집회 결사에 대한 허가는 인정되지 아니한다."고 명기해 국가권력의 개입 여지를 배제했다.

그럼에도 불구하고 언론의 자유는 과거 권위주의 정권들에 의해 반

* 경기대

복적으로 짓밟혀 왔다. 반민주적 헌정으로 국민의 지탄을 받은 박정희 유신체제 아래서 언론사의 편집·제작 과정이 국가 정보기관인 중앙정보부의 파견관에 의하여 감시당하고 '조정'이라는 이름 아래 간섭받았다.

유신체제는 그 강행 과정이 당시 헌법상 아무런 근거규정이 없는데도 대통령 박정희가 국회 해산을 선언하고 또 헌법 개정 의결권이 없는 비상국무회의에 헌법안을 회부하는 등 여러 측면에서 위헌이고 불법이었지만 특히 그 헌법이 국민기본권의 본질적 내용을 제한할 수 없게 한 명문규정을 삭제한 것이 문제였다. 즉 언론 출판 집회 결사의 자유 등 국민기본권에 대한 본질적 내용을 제한할 수 없다는 헌법 조항을 삭제함으로써 국가가 침해할 수 없는 자연권이라 할 수 있는 국민기본권을 법률로서 제한할 수 있게 된 것이다. 그 결과 1980년 전두환 등의 내란 정권이 입법한 언론기본권이나 국가보안법의 경우 언론 자유를 비롯해서 자연권인 국민기본권을 상당 부분 제한함에도 불구하고 위헌 제소로도 구제받을 수 없는 상황에 이르렀다. 전두환에 의한 5공화정과 노태우에 의한 6공화정이 비록 헌법을 단계적으로 고치긴 했으나 본질적인 면에서 유신체제였으며 '박정희 없는 박정희 체제'라 규정할 수 있는 근거가 바로 그것이다.

그런 부당한 국가권력의 횡포에 저항하며 언론자유 운동을 벌인 기자들은 정권 측의 강압에 의해 강제해직을 당했다. 유신체제 시기 1975년 봄, 신문사 편집국에 상주하던 중앙정보부 기관원의 출입을 거부하는 등 자유언론 실천운동을 전개한 동아일보 기자들 다수가 강제해직 당한 것이 그런 사례다. 당시 자유언론 운동을 벌이던 조선일보 기자들도 직장에서 쫓겨났다.

또 1980년 전두환 노태우 등 하나회 신군부의 정권 찬탈을 위한 내란 과정에 저항하던 언론인들도 권력에 의해 강제해직을 당했다. 당시 내란집단의 비상계엄 조치 아래서 광주 시민항쟁이 사전검열로 보도되지 못하자 검열을 거부하고 신문제작에 반대한 언론인들은 합동수사본부와 국보위가 제시한 명단에 따라 거리로 쫓겨났다.[1]

독재정권의 가장 특징적인 공통점 중 하나가 언론탄압이다. 권력의 언론 탄압은 언론인 강제해직, 언론사 통폐합, 기사와 방송 프로그램의 검열, 유언비어 과잉단속 등의 형태로 자행됐다. 언론인 해직과 투옥은 커뮤니케이터 통제, 언론사 통폐합은 미디어 통제, 그리고 기사와 프로그램의 검열은 메시지 통제, 유언비어 단속은 언론수용자 통제로 분류된다. 1961년 5.16 군사쿠데타 이후 박정희 정권[2]과 1980년 전두환 하나회 집단은 정권찬탈을 위한 내란과정에서 똑같이 이같은 모든 형태의 언론 탄압을 동원했다.

5.16 쿠데타정부가 형식적으로나마 민정이양 하기 전인 1962년 부산일보와 부산 MBC의 소유주였던 김지태는 구속 수감돼 신체가 자유롭지 못한 상태에서 정권측이 강압하는 언론사 포기각서에 서명하지 않을 수 없었다. 사유재산의 강탈 행위일 뿐 아니라 민주헌정의 기본권인 언론 자유의 침해였다.

독재정권 아래서의 국민 기본권을 무시한 언론 탄압은 자유당 정부 아래서 민족일보와 경향신문이 폐간을 당했고, 1970년대 박정희 정권 아래서 비판논조가 강한 시사월간지 사상계가 폐간된 것이 대표적인 사례다. 국민의 기본권인 언론자유, 그것을 효율적으로 실천하기 위한

1) 1980년 당시 언론인 해직의 현장은 다음 자료에 경험적으로 묘사돼 있다. 김재홍, 『군부와 권력』(서울: 나남, 1992), 149-171.

2) 1961년 박정희의 5.16 군사쿠데타와 정권찬탈, 반민주 행위 등에 관해서는 다음 책을 참조. 김재홍, 『누가 박정희를 용서했는가』(서울: 책보세, 2012).

제도로서 언론인 직분과 언론사를 선별적으로 말살한 반민주 행위였다.

독재정권 아래서 일어난 언론탄압 행위는 민주주의 국가에서 상상하지 못할 비행이었지만 아직 국가기관의 개입 내용과 그 주도자가 가려지지 않았다. 관련 언론사 사주 측의 책임도 제대로 밝혀지지 않았다. 그런 가운데 언론인 강제해직 과정에서 독재정권 측에 협력했다는 의혹을 받아 온 언론사가 거꾸로 민주화와 언론자유 운동에 앞장선 것처럼 주장하기도 했다. 이는 마치 일제 강점기 친일 부역했던 언론사가 민족운동을 한 것처럼 국민을 속여 온 것과 똑 같은 역사왜곡이며 사회정의에 반하는 행태가 아닐 수 없다.

역사적 진실이 은폐된 상황에서 정의롭지 못한 독재 부역자들이 시민사회의 주류로 계속 행세하는 현실에서는 과거와 같은 언론탄압이 언제 또 다시 재발하지 않을 것이라고 보장할 수 없는 일이다. 언론의 자유를 유린하는 반민주 행위는 어떤 경우에도 재발되지 않도록 그 보장 장치를 확립해야 한다.

2. 남의 언론자유를 침해하지 않는 상대성과 사회적 책임: 언론의 외적 자유와 내적 자유

1987년 6·10 시민항쟁의 성과로 언론 자유가 확대되자 이번에는 언론사 간에 무한 경쟁이 전개되면서 언론의 전횡과 사회적 책임문제가 대두됐다. 이는 언론자유 발전사에서 다른 나라의 경험과도 비슷한 현상이다. 언론 자유의 천국이라 일컬어지는 미국에서도 1940년대 허친스위원회의 활동 이후 언론의 자유 못지않게 사회적 책임이 강조됐다. 1947년 발간된 허친스위원회 보고서는 제목을 '자유롭고 책임 있는 언론'이라 정함으로써 언론의 자유와 함께 책임이 중요함을 인식시켰다. 이는 언론의 자유를 확립하는 단계를 넘어 그 사회적 책임으로 지평을 넓히고 전환시킨 이정표인 것으로 평가돼 왔다.

1960년대 서독에서 귄터위원회의 활동도 허친스위원회와 동질적이었다. 특히 귄터위원회는 언론자유가 남의 자유를 침해하여서는 안되며 시장독과점 방지에 관한 기준을 마련한 점에서 큰 공헌을 남겼다. 귄터위원회 보고서는 한 언론미디어그룹이 전체 언론시장의 20% 이상을 점유하면 남의 언론 자유를 위협한다고 보았다. 이어 25% 이상을 차지할 경우 그것은 남의 언론 자유를 침해하는 것으로 규정했다. 이는 언론자유의 '상대성'(relativity) 개념을 명확히 한 것이다.

언론의 자유는 언론상품의 시장독과점 문제 뿐 아니라 다른 시민적 자유를 억압하거나 침해해서는 안되는 상대성도 중요하다. 월터 리프만은 언론의 자유만을 떼어내서 강조하지말고 국민기본권으로서 전반적 자유 체계(the whole system of liberties)를 수호해야 한다고 강조한다. 언론 자유에 대한 리프만의 다음과 같은 성찰은 그것을 특권화하거나 방패막이로 삼아 동료시민의 기본권을 억압할 수 있는 위험성에 대한 경고로서 매우 가치있는 지적이다.

> 제1수정헌법은 의회가 언론 자유를 제한하는 입법을 할 수 없도록 금지하고 있다. 그러나 그것이 언론으로 하여금 다른 모든 시민들이 즐거워하지 않는 어떤 특권과 면책권(privilege and immunities)도 보장하는 것은 아니다.
> …미국에서 언론의 자유는 수정헌법에 의해서 뿐만 아니라 모든

> 개인들에게 주어진 모든 헌법상의 보장들에 의해 훨씬 더 본질적으로 보호된다. 모든 개인들의 기본권인 전반적 자유 체계에 대한 보호가 지속적으로 지켜져야 한다.[3]

우리 헌법도 언론 자유의 상대성 원칙을 명확히 규정했다. 헌법 제21조 4항 '언론 출판은 타인의 명예나 권리 또는 공중도덕이나 사회윤리를 침해하여서는 아니된다.'고 규정한 것이 그것이다. 언론이 상대성 원칙을 지키지 않을 경우 언론 자유와 종종 충돌하는 시민적 기본권이 학문, 사상, 양심의 자유다.[4]

첫째, 언론 자유가 다른 시민의 학문의 자유를 침해해서는 안된다. 예컨대 보수신문이 언론의 자유를 내세워 어떤 진보적 학자의 논문을 분석, 이념적으로 문제가 있다고 비판하고 사회 고발하는 보도를 했다면 이는 학문의 자유를 침해한 것이다. 어느 사회과학자가 공산주의나 북한 정치를 연구하기 위하여 공산주의 문헌을 소지했다고 해서 그를 용공으로 매도하는 언론이 있다면 이는 언론 자유를 이용하여 남의 학문 자유를 침해하는 행위가 될 것이다. 언론 자유가 그 상대성을 준수하지 않으면 시민적 기본권에 대한 억압으로 돌변한다는 예증으로서 특히 한국의 보수 신문들이 저지르는 일탈이 여기에 해당한다.

둘째, 언론의 자유가 사상의 자유를 침해하는 것도 마찬가지 경우다. 사상의 자유는 그것을 실현하기 위하여 대중 선동이나 폭력적 방법을

---

3) Walter Lippmann, "Notes on the Freedom of the Press," *Today and Tomorrow,* 25 April 1936.; 이 칼럼은 다음 책에 실려 있다. Clinton Rossiter & James Lare, eds., *The Essential Lippmann* (New York : Vintage Books, 1963), 409-411.

4) 언론 자유가 양심의 자유와 학문의 자유 등 다른 기본권을 억압하는 문제에 대해 다음 글을 참조. 김재홍, "언론 자유 앞서 양심의 자유를," 『한겨레』, 2001년 8월 1일.

쓰지 않는 한 보장돼야 한다. 개인이 신봉하는 정치이념에 대해서 언론이 나서서 비판하고 여론 몰이로 압박하는 현상은 언론 권력의 횡포로서 민주주의 규범에 어긋난다. 언론의 전횡으로서 여론몰이가 있으면 뒤이어 공안 검찰이 국가보안법 위반 혐의라는 올가미를 씌워 수사하고 기소하는 일이 다반사다. 이는 언론의 자유가 상대성 규범을 지키지 않고 다른 시민의 사상의 자유를 침해함으로써 인권탄압까지 야기하는 결과다.

셋째, 언론의 자유를 내세워 남의 양심 자유를 침해하는 일은 특히 언론사 내부에서 심각한 문제다. 국가로부터 억압받지 않는 것을 언론의 외적 자유라고 하고, 언론사 내부 조직구조로부터 직업적 양심을 침해받지 않는 것을 내적 자유로 분류할 수 있다.

언론자유의 발전과정에서 국가권력으로부터 외적 자유가 확립되면 그 다음에 이 내적 자유가 중요한 문제로 대두된다. 직업 언론인의 양심을 지키는 내적 자유가 보장되지 않으면 언론의 공공성과 사회적 책임이 위협받을 개연성이 커진다. 이는 특히 편집권 독립과 공정보도를 둘러싸고 기자집단과 이른바 족벌사주 체제가 충돌하는 현상 때문에 아직 미결과제로 남아있다.

더구나 언론보도가 그 기사를 작성한 기자나 논설위원의 양심에 반해서 수정돼 나갔거나, 또는 취재대상자의 양심을 침해하는 내용일 때는 바로 양심의 자유나 인격권에 대한 침해로 이어진다. 언론 자유를 내세워 남의 양심 자유를 침해하는 것은 시민적 기본권의 충돌 문제를 야기한다. 한국의 언론 상황은 언론사의 사주, 편집인, 주필, 편집국장들의 방침과 지시에 의해서 기자나 논설위원의 양심에 반하는 보도와 논평이 양산되고 있어서 문제다.[5)]

오늘날 한국의 언론은 그 자유 측면이 발전한 것에 비하여 사회적 책임문제가 균형있게 정립되지 못했다.[6] 김대중 정부와 노무현 정부 시기 언론개혁을 둘러싸고 많은 논란이 일었으나 언론의 사회적 책임에 대하여 미국의 허친스위원회나 서독의 귄터위원회가 마련했던 것만큼 효력있는 합의를 도출하지 못했다.

언론 자유의 본질을 따지고 보면 개인 차원의 표현의 자유와 함께 사회적 차원의 공공성과 책임을 제대로 하기 위한 것이 목표라고 할 수 있다. 외적 자유를 내세우는 언론사 경영자들과 내적 자유를 강조하는 직업언론인, 그리고 언론의 횡포와 특권에 반대하는 언론 수용자가 함께 수긍할 수 있는 사회적 합의가 마련돼야 할 것이다.

3. 언론의 내적 자유와 편집권 독립

1) 언론사 논조와 편집권의 소수 독과점

과거 포괄적으로 민주화를 요구하던 시기에는 독재권력으로부터의 자유가 주요 문제였다. 그러나 1987년 6.10 시민항쟁 이후 정당, 기업, 노조, 대학 등에서 실질적 내부 민주화가 화두로 대두했으며 그런 차원에서 상당히 성과도 거두었다. 이런 실질적 민주화를 외면해 온 유일한

---

5) 언론사의 소수 간부에 의한 편집권 독과점 문제에 대해서는 다음 글을 참조. 김재홍 "사주, 편집인, 주필들이여," 『한겨레』, 2001년 7월 11일.

6) 언론 자유와 사회적 책임의 균형 문제에 대해서는 다음 글을 참조. 김재홍, "사회적 책임 '나 몰라라…' 언론 자유만 목청, 시대착오: 언론의 길 안 지키는 언론에 언론 자유 없다," 『신문과 방송』, 2006년 5월.

사회집단이 언론계라는 지적이 많았다. 거대 보수신문사의 사주와 소수 고위간부들이 언론 논조와 편집권을 독과점한 채 사내 노조의 공정보도 활동이나 자율적 논의기구인 편집위원회를 무시하기 일수였다.[7)]

이런 언론 내부 권력의 비민주적 소수독과점은 1993년 문민정부 이후 언론의 외적 자유가 크게 진전되면서 언론사간 무한경쟁이 시작됨으로써 더욱 심화돼 왔다. 무한경쟁은 언론사의 경영마켓팅을 비롯, 조직논리를 강화시켰다. 기업으로서 언론의 경영과 조직 논리가 강화되는 것은 그 소속원인 기자와 논설위원에 대한 통제력이 강화됨을 뜻한다. 외적 자유의 확대가 내적 자유를 억압하는 역설적 현상이 파생되는 것이다.

그 결과 언론 수용자인 국민들은 직업언론인의 편집권이 약화되고 언론사 경영자인 사주의 입김이 강화된 언론상품을 접할 수밖에 없게 됐다. 언론의 내적 자유와 편집 제작과정의 다양한 의견은 점차 사라지고 사주와 소수 편집간부가 의사결정을 독과점했다. 이렇게 만들어진 신문과 방송이 자유언론의 상품으로서 가치를 인정받을 수는 없는 일이다.

2) 여론시장의 독과점과 다양성 파괴

내부적으로 논조와 편집권이 1인 사주나 소수 고위간부에 독과점된 거대 신문과 방송 몇 개가 또 밖으로는 언론 시장을 독과점하고 있다.

---

7) 김재홍, "편집권 민주화가 더 긴요하다," 『한겨레』, 2001년 8월 22일.

이는 언론의 중층적 독과점 현상이다. 압축적으로 말한다면 이런 문제 구조 속에서 한국의 여론 형성과정은 언론 사주 몇 명이 지배하고 있다 해도 과언이 아니다.

예컨대 조중동 3대 신문이 각기 20% 안팎의 중앙일간지 시장을 점유하고 있는 현실에서 언론 독과점은 심각한 문제가 아닐 수 없다. 시장 점유율 20%는 서독의 귄터위원회가 '남의 언론 자유를 위협한다'고 규정한 수준이다. 시장 지배를 통해 남의 언론 자유를 위협하거나 침해하는 것은 '다양한 의견의 시장'으로 표현되는 언론의 역할을 파괴하는 결과다.[8)]

다양성의 파괴는 언론의 내적 자유 억압과 과도한 시장 점유 외에도 거대 미디어들이 한결같이 보수이념에 사로잡혀 있기 때문에 특정 이념의 편향적 지배에 의해서 심각한 문제를 야기한다. 언론과 문화, 정신적 가치와 사상의 다양성이 존재하지 않는다면 이는 민주주의 정치체계를 키울 수 있는 토양이 아니라는 의미임을 아무도 부인하지 못할 것이다.

조중동 3대 보수신문이 일간지 판매시장을 점유하는 비율은 70%를 넘는다. 이는 3대 신문의 사주 3인이 국민여론을 독과점하고 있다고 말하지 않을 수 없는 지표다. 그런 가운데 서울 아파트 단지마다 '신문을 6개월 구독하면 10만원짜리 가전제품을 드립니다'는 경품선전이 지금도 버젓이 행해지고 있다. 발행부수가 많고 영향력이 큰 신문일수록 그 자본력에 바탕하여 판매 마케팅이 공격적으로 이루어진다. 이는 엄연히

---

8) 언론의 다양성이 중요함을 강조한 다음 자료 참조. 김재홍, "문화 다양성과 공공성 창달을 위한 미디어 소유규제와 시장규제: 방송통신 융합의 방향설정을 위한 모색," 『방통위해외제도조사보고서』(국회 문화관광위원회, 2006)

공정거래법 위반이며 언론계가 자율적으로 만든 신문고시를 무시하는 행위다. 일반 상품을 생산하는 기업의 경우라면 당장 공정거래법 위반으로 직권조사가 이루어지고 징벌이 가해진다. 그러나 언론의 힘 때문에 정부의 규제당국은 거의 단속하지 못하고 있다. 언론 시장에서 공정거래법 위반행위가 그대로 방치되고 있는 것이다. 이같은 판촉행위 또한 거대 언론의 시장 독과점과 다양성 파괴의 주범 중 하나다.

국민이 언론의 자유를 향유하기 위해서는 언론인과 언론사가 내적 자유와 편집권 독립 등으로 올바른 역할을 정립해야 한다.

3) 탈법 언론사의 언론 자유와 사교집단의 종교 자유

언론사의 탈법 불법 행위는 단지 '끼워 팔기'와 같은 불공정 마케팅에 그치지 않았다. 가장 심각한 문제는 2001년 김대중 정부가 조사해 밝힌 언론사들의 탈세 행위였다. 이로 인해 주요 신문사의 사주들이 조세법 위반으로 구속 기소돼 실형 선고를 받았으며 이때 해당 신문사들은 정부가 언론의 자유를 침해한 정치탄압이라는 식으로 반발했다.[9]

심지어 외부의 필진을 동원해 언론의 본령을 의심하게 하는 칼럼을 게재하기도 했다. 보수신문에 정기적으로 기고하는 한 교수는 칼럼에서 "비리가 없으면서 비판도 함께 없어진 언론보다 차라리 비리가 있으면서 비판기능이 살아 있는 언론이 국민에게 더 유익하고 유용하다"는 논

9) 사주가 탈세죄로 사법처리된 언론사의 반발과 당시 김대중 정부에 대한 적대적 논조는 다음 논문을 참조. 김재홍, "김대중 정부의 대북포용정책에 대한 언론논조와 국민여론의 비교분석," 『한국정치학회보』, 제37집 2호 (2003).

리를 폈다.[10)]

언론사 내부 노조들도 대부분 사주의 상속세와 증여세 탈세에 대한 처벌을 언론 탄압행위라고 비판했다. 이에 대해 언론인들이 언론 자체를 살리려는 의식보다도 사주와 공동운명체라는 의식으로 불명예의 길을 선택했다는 지적이 많았다.

보수신문 측은 자신들에 가해지는 불이익들을 언론 자유에 대한 탄압이라고 반발했다. 언론의 자유를 잘못 해석하거나 절대시함으로써 자신들의 비행 비리에 대한 사법적 징벌 조차도 탄압이라는 식으로 항변했다. 이는 마치 사교집단이 종교의 자유를 방패로 내세우는 것과 똑같은 양태가 아닐 수 없다. 언론의 자유에 대한 개념규정과 그 상대성 원칙을 제대로 인식하지 못한 탓이라 할 수 있을 것이다.

언론의 자유란 국민의 의사표현 자유와 다양한 의견의 시장 보호를 뜻한다. 국민의 언론 자유를 효율적으로 보장하고 활성화시키기 위해서 직업언론인의 활동과 언론사 경영의 자유가 존재하는 것이다. 국민의 언론 자유가 본질적 목표가치라면 언론인 활동이나 언론사 경영의 자유란 그것을 구현하기 위한 수단가치라고 보아야 할 것이다.

---

10) 송복, “비리와 비판,” 『조선일보』, 2001년 7월 19일.

4. 언론 자유의 본질을 침해하는 언론사 경영의 자유

1) 언론사 사주체제의 제 문제

언론사가 국민의 언론 자유에 부응하고 사회적 책임을 다하기 위해서는 직업언론인들의 편집권 독립과 자율적 편집위원회 제도를 보장해야 한다. 언론사 경영의 자유란 국민의 언론 자유에 우선하지 못한다.

언론사 경영의 자유에서 뿌리내린 것이 사주체제다. 언론사의 사주체제는 특정 개인과 가족이 영향력 있는 언론사를 독점적으로 소유하는 형태다. 소유권은 경영권으로, 그리고 경영권은 편집권으로 직결되며 실질적으로 분리되지 않는 것이 사주체제 언론사의 내부 구조다. 즉 1인 사주와 그 가족이 언론사의 편집권을 장악하고 언론사가 여론 시장을 지배함으로써 한국 사회는 소수의 언론 사주가 국민 여론형성 과정을 독과점하는 비민주적 정치체계로 전락하고 만 것이다.

이 때문에 언론시장 점유율이 높아서 영향력이 강한 언론사의 경우 1인 사주와 족벌이 지배해서는 안된다는 여론이 학계와 정치권의 진보진영에서 대두됐다.[11] 그러나 소유지분 제한에 대해 주로 보수적인 언론학자들 사이에 재산권을 제한하는 것이어서 위헌소지가 있다는 반대

---

11) 특히 노무현 정부 시기, 제17대 국회의 언론개혁 입법과정에서 사주체제의 해체를 위해 시장점유율이 높은 언론사에 대한 1인의 소유지분을 제한하자는 논의가 일었다. 소유지분이 여러명의 대주주로 분산되어 있지 않으면 편집권의 독립은 사실상 불가능하다는 것이 중론이었다. 이런 논의는 재산권 침해라는 점에서 위헌소지가 지적돼 입법화되지 못했다.

의견이 나왔다. 이런 반대의견은 미국과 유럽을 비롯한 모든 자유주의 시장경제 국가들이 채택하고 있는 '반독과점 규제법'을 도외시한 것이다. 언론에 대한 반독과점 규제는 시장지배 제한과 함께 시장지배율이 높은 언론사에 대한 소유지분 분산으로 이루어지는 것이 특히 유럽의 추세다.[12)]

2) 언론사 소유지분의 제한에 대한 논쟁

모든 나라에서 반독과점 법제는 언론에도 예외가 아니다. 특정 언론이 여론 시장을 독과점적으로 지배할 때는 더 이상 확대하지 못하도록 규제하는 것은 물론, 그 언론사를 1인 족벌이 소유하지 못하게 제한하고 있다.[13)]

이는 유럽에서 개인이 토지를 무한정으로 소유하지 못하도록 제한하는 것이 자유주의적 재산권에 어긋나지 않는다는 인식과 같은 논리다. 우리도 재벌기업이 당장 사용하지 않는 토지를 무한정 매입하지 못하게 토지공개념을 제도화한 것은 같은 맥락이다. 이는 유한한 토지를 무한한 인간의 소유 욕망에 맡겨서는 안되기 때문에 토지소유를 제한해야 한다는 존 스츄어트 밀의 소유권 사상에 기초한 것이기도 하다.

또 일각에서 토지는 유한하지만 언론사 설립은 자유이므로 사안이 다르다는 지적도 나왔다. 그러나 언론사 설립이 자유라고 해도 누구나

12) 김재홍, "문화 다양성과 공공성 창달을 위한 미디어 소유규제와 시장규제: 방송통신 융합의 방향설정을 위한 모색," 『방통위해외제도 조사보고서』.

13) 같은 논문.

언론사를 세우고 경영하기란 현실적으로 불가능하기 때문에 기존의 언론사가 지나치게 비대해질 경우 그것이 남의 언론활동 공간을 차지해 버리게 된다. 따라서 언론사의 소유지분 문제를 헌법이 규정하고 있는 다음과 같은 국민복리와 공익의 개념으로 다룰 수 있을 것이다.

헌법 제23조 2항 '재산권의 행사는 공공복리에 적합하도록 해야 한다.'

헌법 제119조 1항 '국가는 … 경제주체간의 조화를 통한 경제의 민주화를 위하여 경제에 관한 규제와 조정을 할 수 있다.'

언론사의 소유지분 제한은 모든 언론사에 적용하는 것이 아니다. 시장 지배율이 일정한 선을 넘어서 사회적 영향력이 비대해진 언론사에만 연계해서 적용한다. 사회적 공공성이 커진 언론사에 대해 소유지분을 분산시키는 것은 그 공공성을 보호하기 위한 장치로 위헌적 규제라는 지적은 옳지 않다. 소수 언론족벌의 재산권 보호로 여론독과점을 방조하는 것보다는 언론의 공익성을 보호하고 다수 국민의 언론 자유를 창달하는 편이 더 우선시돼야 하는 것은 당연하다.

현실적으로 특정 신문의 시장 점유율이 20% 정도(현재 발행부수 약 1백만부 선으로 추정)[14]를 넘어서면 그 신문사의 소유지분을 특정인이 20% 또는 25% 이상 갖지 못하게 제한하는 것이다. 이렇게 해야 언론의 내적 자유와 편집권 독립이 보장되고 시장지배로 인하여 여론이 소수

---

14) 신문의 발행부수는 공인기관인 ABC제도가 도입됐지만 일방적 신고에 그치기 때문에 공신력이 부족하다. 현재 조선, 중앙, 동아는 각기 80~100만부를 발행해 20% 안팎의 신문시장 점유율을 보이고 있으며 그 다음 순위에 해당하는 한겨레, 경향신문, 한국일보, 매일경제는 대체로 30~50만부인 것으로 평가된다.

사주들에 의해서 독과점되는 것을 방지할 수 있다.

5. 결어 : 언론 자유의 새로운 영역 SNS와 그 한계

기존 언론매체들의 내부 구조와 시장 독과점으로 언론의 사회적 공공성이 크게 위협받고 있었음에도 그것을 바로잡기 위한 노력은 별 성과를 거두지 못했다. 기존 언론의 기득권 고착이 강고했으며 또 정치권이 언론 개혁을 실행하는데는 민주주의 규범 상 많은 장애가 내재하고 있기 때문이다. 언론개혁 시민운동단체들도 나섰으나 국회 입법과정을 움직일만큼 조직화되지 못해 크게 성공하지 못했다.

거대 언론사에 의한 여론 독과점 현상은 최근 새로운 의사소통의 기제로 떠오른 SNS(Social Network Service)에 의해 해소돼 가는 양상이다. 트윗과 페이스북, 그리고 카카오톡 같은 인터넷 소통망에는 수천만명의 회원 사용자들이 가입해 있으며 이들은 기존의 커뮤니케이션 채널인 신문이나 방송을 통하지 않고 SNS의 채팅방에서 자유로운 의사소통으로 여론을 만들어낸다.

2011년 10.26 서울시장 보궐선거에서는 야권의 박원순 후보가 당선되는데 소셜 미디어의 막강한 영향력이 확인됐다. 트윗을 통한 '투표 인증 샷'이 확산돼 젊은 층의 투표율을 크게 높인 것으로 모든 언론들은 분석했다, 그 후 2012년 4.11 국회의원 총선거에서도 SNS는 소선거구의 경계선이 장애였지만 상당한 영향력과 유용성을 다시 입증했다. SNS뿐아니라 모든 인터넷 기제는 소선거구 보다도 전국 단위의 선거운동일 때 유용성을 발휘한다. 그렇기 때문에 2012년 12월 대통령선거에서는 SNS의 위력이 더욱 커질 것으로 예상되며 이때 전통적 언론매체인 신문과 방송은 그만큼 역할이 축소될 것이다.

그러나 SNS의 소통과 여론형성의 역할에도 보완해야 할 문제가 있다. 특히 언론 자유의 상대성과 사회적 책임을 고려하지 않는다면 SNS 자체의 발전에 큰 장애가 형성될 위험성이 크다.

첫째, SNS는 기존의 언론처럼 허위사실과 커뮤니케이터 개인의 주관적 왜곡을 여과하는 체계적인 게이트키핑(gatekeeping) 기능을 갖추지 못했다. 사용자 개인들의 주관적이고 즉흥적인 의사표현이 공공의 공간에 그대로 전파되는 것이다. 이는 신뢰의 위기를 초래할 위험성이 있다.

둘째, SNS 사용자는 누구나 다른 가입자 다중을 상대로 근거 없는 선동과 중상모략을 할 수 있다. 이같은 선동은 즉각 검증하기도 어려운 특성을 갖는다. 이 문제를 해결하지 못할 경우 SNS는 소통의 편의성에도 불구하고 커뮤니케이션의 본래 기능인 사회를 통합시키는 시멘트로서 보다는 분열과 갈등을 부추기는 역기능이 더 커질 위험성도 작지 않다.

셋째, 역시 SNS도 파워 트위터리안 같은 채팅방의 큰 손에 의해서 독과점적으로 사용되는 것을 막을 수 없다. 파워 트위터리안은 한 명의 큰 손이 수십만에서 1백여만명의 팔로워 네트워크를 거느리고 있는 일이 허다하다. 최근 전문가들 분석에 따르면 파워 트위터리안 3%가 트위터의 채팅 공간의 60%를 지배한다고 한다. 이 역시 거대 언론사의 시장 독과점이나 다름 없는 문제를 제기하는 것이다.

그러나 제도권의 거대 언론사가 고착된 기득권 구조 속에서 소수 독과점을 조금도 해소시키지 않고 있는 점을 고려하면 SNS의 이같은 문제들은 그다지 심각한 것은 아니다. 이런 판단 아래 언론수용자의 절대다수를 차지하는 SNS 가입 사용자들이 기존 언론을 버리고 SNS 쪽으로

쏠리는 경향은 더욱 심화될 것이다. 그것이 궁극적으로 사회적 소통 확대를 통한 언론 발전에 긍정적으로 작용할지 아니면 또 다른 문제들을 파생시킬지는 아직 정확히 예견하기 어렵다.

참고문헌

관훈클럽. 2000.『한국언론의 좌표: 한국언론2000년위원회 보고서』. 서울: 관훈 클럽.

권혁남. 1997.『한국언론과 선거보도: 정치커뮤니케이션의 현실논리』. 서울: 나남.

김재홍. 2012.『누가 박정희를 용서했는가』. 서울: 책보세.

______. 2007.『우리시대의 정치와 언론』. 서울: 한울.

______. 1992.『군부와 권력』. 서울: 나남.

______. 2003. "김대중 정부의 대북포용정책에 대한 언론논조와 국민여론의 비교분석,『한국정치학회보』37집 2호.

______. 2000. "1980년의 야만적 권력과 자유언론 운동" 한국기자협회 편.『언 론자유와 기자의 날』. 서울: 한국기자협회.

______. "21세기에 17세기 자유 논하지 말라: 언론의 생명인 공공성과 다양성을 지켜야."『미디어오늘』, 2006.4.4.

______. 2006. "문화 다양성과 공공성 창달을 위한 미디어 소유규제와 시장규제: 방송통신 융합의 방향설정을 위한 모색." 국회 문화관광위원회 편.『방통위해외제도조사 보고서』.

______. "동북아 지역협력을 위한 언론의 역할."2003.10.30. 세종연구소 주최 한중일 심포지엄 주제발표논문.

______. "언론개혁 촛불도 광장으로," 한겨레』, 2003.1.8.

______. "시민사회로 내동댕이쳐진 '언론개혁':「정간법」개정을 위한 입법청 원의 촛불을 켜자."『오마이뉴스』, 2003.1.12.

______. "개혁정권다운 언론개혁을,"『한국일보』, 2003.2.24.

______. 2002. "한국 정치과정에서 언론의 역할에 관한 사례 연구: 정치평

론과 선거보도를중심으로.” 『한국사회정책』 9집 통권호.
_____. 2002. “대북 포용정책에 대한 주요신문의 논조변화 분석.” 경기대논문집』 46집 1호.
_____. 2002. “공약중심 보도 어떻게 할 것인가.” 『저널리즘비평』 33호.
_____. 2002. 『대통령비서실 용역 보고서 : 대통령 메시지의 언론수용도와 전문 가 평가에 관한 조사연구』
_____. 2001. “정당 국회 취재보도 관행의 문제점 진단.” 김진홍 편. 『한국저 널리즘의 쟁점』. 서울: 법문사.
_____. 2000. “김대중 정부의 남북화해정책과 정치커뮤니케이션.” 『통일안보논 총』 3호.
_____. “전직 대통령 보도 어떻게 할 것인가.” 『신문과 방송』, 1999. 6.
_____. “박정희 전두환 재평가와 언론.” 『관훈저널』, 1999. 여름호.
_____. 1998. “국가정보기관과 언론.” 『언론연구’98』.
_____. “독일 통일후 언론의 역할.” 『신문과 방송』, 1997.9.
브라이언 맥내어. 김무곤· 안민호· 양승찬 역. 2001. 『정치커뮤니케이션의 이해』. 서울: 한울.
에리자베스 노엘레-노이만. 이태건· 방영준 역. 1990. 『여론의 정치사회학』. 서울: 문우사.
테오 좀머. “나의 정치보도 유형.” 『신문연구』, 1997. 가을호.
Rossiter, Clinton. & Lare, James. 1963. *The Essential Lippmann.* New York : Vintage Books.

프로테스탄트 종파와 미국의 민주적 토론정신*

이현휘**

정치 경험이 전혀 없는 안철수 전 서울대 융합대학원 교수가 2012년 9월 19일 서울 충정로 구세군 아트홀에서 대선 출마 선언을 했다. 12월 19일 대선을 불과 3개월 앞둔 시점이었다. 대선 출마 선언 후 5일이 지난 23일 현재 무소속의 안철수는 한국 양대 정당의 대권 후보들을 모두 제치고 지지율 선두를 달리고 있다.[1] 이후 안철수의 대권 프로젝트는 결국 실패했지만, 그렇다고 안철수가 한국 정치에 제기한 문제까지 해소된 것은 아니다. 어떻게 이런 일이 가능할 수 있는가? 1945년 해방 이후 미국으로부터 민주주의가 도입된 이후 반세기 이상의 세월이 흘

---

* 논문을 읽고서 유익한 논평을 해 주신 서울대학교 언론정보학과 박승관 교수님에게 감사의 말씀을 드린다.

** 경희대

1) "지지율, 안철수>박근혜>문재인 … 야권, 누구로 단일화해도 이겨," 『중앙선데이』 2012년 9월 23일.

렀고, 1987년 민주화 이후부터 계산해도 20년 이상의 짧지 않은 시간이 흘렀다. 그런데도 한국 정치의 존재이유를 총체적으로 부정하는 위와 같은 사건이 한국 정치의 변방이 아닌 심장부에서 공공연하게 발생한 까닭은 무엇인가?

이 글은 미국 민주주의를 다시 읽으면서 한국 민주주의에 숨겨진 문제점을 선명하게 이해할 수 있는 안목을 마련해 보려는 것이다. 특히 한국 정치에서 현저하게 취약한 모습을 보이는 민주적 토론이 미국에서는 어떤 조건에서 운영되는지를 집중적으로 고찰할 것이다. 먼저 프로테스탄트 종파를 배경으로 형성된 미국 민주주의의 토양을 검토하고, 그런 토양에 뿌리를 둔 미국의 민주적 토론의 실상을 살핀다. 이어서 민주적 토론이 미국에서 안정적으로 운영되는 까닭을 밝히고, 그것이 한국 민주주의의 문제점 해결에 던지는 시사점을 탐색한다.

1. 제도와 관습

안철수가 대선에 출마한 까닭은 안철수의 출마 선언에서 어느 정도 유추해 볼 수 있다. 안철수는 출마를 결심하기 전 많은 사람들을 만나 의견을 경청했다고 했다. 그런데 그가 만난 사람들은 한결같이 "정치가 이래서는 안 된다," "문제를 풀어야 할 정치가 문제를 만들고 있다," "국민들의 삶을 분열시키고, 국민을 무시하고, 서로 싸우기만 하는 정치에 실망하고 절망했다"고 말했다 한다. 그러면서 출마 여부를 놓고 고민하는 안철수에게 "이제 좀 정치를 다르게 해보자," "새롭게 출발해 보자"라고 말하면서 출마를 권유했다고 했다. 안철수 역시 그가 만난 국민들과 생각이 다르지 않았다. 그는 출마 선언 직후 기자들의 질문에 답하는 과정에서 다음과 같이 말했다. "… 지금 현재 사회문제의 모든 해법은 국회가 가지고 있다. 헌법도 보면 국민이 나오고 국회가 나오고 다음이 대통령이다. 중요한 순서대로 국민의 민의를 받들어 제대로 문제를 해결하는 것은 국회고 대통령은 실행할 따름이다. 그렇게 문제 해결의 키를 쥐고 있는 국회가 지금처럼 가다가는 절대로 못한다." "… 민주주의 체제에서 정당정치의 중요성은 책에서도 언급했듯이 정말 중요하다. 문제는 국민기대에 부응을 못한다는 게 문제다." 결국 안철수는 한국 정치개혁을 열망하는 국민의 기대에 부응하기 위해 출마를 결심했다고 말했다. " … 여러분이 제게는 스승입니다. 그 분들이 저를 한걸음 더 나아가게 했습니다." "… 저는 이제 이번 18대 대통령 선거에 출마함으로써 그 열망을 실천해내는 사람이 되려 합니다. 저에게 주어진 시대의 숙제를 감당하려고 합니다."[2)]

안철수의 출마 선언은 한국 정치의 독특한 성격이 강제한 것으로 이해할 수 있다. 정치학 교과서에서 정치란 보통 가치의 권위적 배분(an authoritative allocation of values)으로 소개된다. 이 개념을 제시한 데이빗 이스튼은 정치 공동체 구성원이 한정된 가치를 놓고서 전개하는 갈등은 저절로 해결되지 않는다고 봤다. 따라서 정치의 권위를 빌어 가치를 인위적으로 배분하면서 사회의 특정 그룹에 국한된 사적 이익이 아니라, 사회 구성원 전체를 아우르는 공적 이익을 창출할 필요가 있다고 역설했다. 하지만 한국 정치는 그 자체에 허용된 권위를 사회의 공익이

2) "안철수 대선 출마 선언문 전문," http://www.facebook.com/ahnspeaker. "대선출마 선언한 안철수, '정치권 변화·혁신 필요"(질의응답 전문), 『뉴스웨이』 2012년 9월 19일.

아니라 특정 그룹의 사익을 배타적으로 증진시키는 수단으로 주로 활용했다. 다시 말해서 가치의 권위적 배분이라는 정치의 교과서적 책임을 방기하고, 가치의 권위적 파탄(an authoritative bankruptcy of values)을 습관적으로 반복하는 '자기배반'의 길을 장기간 걸었다. 가치의 권위적 배분을 열망하는 국민 다수가 한국 정치를 외면하고, 사회의 공적 가치에 헌신하는 삶을 살았다고 판단하는 안철수에 주목하는 배경이 여기에 있었다.[3)]

그러면 한국 정치가 민주주의의 외형을 갖추고 있으면서도 가치의 권위적 파탄을 습관적으로 반복하는 까닭은 무엇인가? 또한 한국 정치가 가치의 권위적 배분이라는 정치의 원론적 책무를 충실하게 수행할 수 있으려면 무엇을 어떻게 개선해야만 하는가? 이 문제에 답하려면 한국에 민주주의를 '수출한' 미국을 다시 성찰할 필요가 있다. 주지하듯 토크빌은 1830년 7월 혁명 이후에도 프랑스 민주주의가 제대로 뿌리를 내리지 못하자 미국 민주주의의 원천을 성찰하기 위해 약 9개월간의 미국 여행을 떠났다. 미국 민주주의는 프랑스가 직면한 문제를 이미 60여 년 이전에 해결했다고 판단했기 때문이다. 베버 역시 1904년 약 13주에 걸쳐 미국 전역을 둘러보면서 독일 민주주의와 자본주의의 지체 요인을 선명하게 파악할 수 있었다.

토크빌과 베버가 미국을 관찰하면서 얻은 결론은 민주주의나 자본주의의 제도보다 그 제도를 근저에서 떠받치는 관습(custom), 습속(mores), 에토스(ethos), 정신(spirit) 등이 훨씬 더 중요하다는 것이었다.[4)]

---

3) 자세한 내용은, 이현휘, "한국정치와 가치의 권위적 파탄," 『정치와 평론』 제9집 (2011), 189-196.

4) 화이트헤드는 관습의 구조를 합리적으로 해명한 바 있다. 자세한 내용은, 이현휘, "미국 혁명의 종교적 기원 (I): 화이트헤드와 탈근대 역사학의 새로운 지평," 『화이

예컨대 토크빌은 "국가의 관습에 뿌리를 두지 못한 법률은 항시 불완전하다. 관습만이 국민의 삶에서 지속적으로 저항하는 힘을 갖고 있기 때문이다"라고 말했다.[5] 그러면서 "오직 미국 국민만이 민주주의 제도를 안정적으로 운영할 수 있었던 까닭은 미국인의 관습이 그 제도를 지지하기 때문이다"라고 분석했다.[6] 따라서 자신의 연구의 궁극적 관심은 '관습'이며, 만일 독자가 그것의 중요성을 간파하지 못한다면 자신의 연구는 실패한 것이라고 역설했다. "내가 미국을 관찰하면서 가장 주목한 것은 관습이라고 할 수 있으며, 따라서 그것은 나의 모든 연구의 종착점이다. 나는 바로 그 점을 가장 중요하게 생각했기 때문에 만일 내가 실제적 경험, 습관, 의견, 요컨대 미국인의 관습이 그들의 민주주의 제도를 운영하는데 행사하는 중요한 영향력을 여태껏 독자가 느낄 수 없도록 서술했다면 내 연구의 주요한 목적을 달성하지 못한 것이다."[7] 베버 역시 미국에서 자본주의 제도가 자리 잡기 이전에 자본주의 정신(the capitalist spirit)이 먼저 존재했다는 사실을 강조했다. "즉 벤저민 프랭클린의 출생지(매사추세츠)에서는 의심의 여지없이 '자본주의 정신'이 … '자본주의 발전' **이전에** 존재했으며 …."[8]

한편, 관습에 내장된 강력한 관성은 그것에 뿌리를 둔 제도의 안정적 운영을 가능케 하는 긍정적 측면도 있지만, 변화된 환경에서 새로운 제도를 도입하고자 할 때 강력하게 저항하는 부정적 측면도 있다. 일찍

트헤드연구』 제11집 (2005), 9-40.

5) Alexis de Tocqueville, *Democracy in America*, Vol. I. (New York: Vintage Books, 1990), 284.

6) *Ibid.*, 322.

7) *Ibid.*, 322-323.

8) 막스 베버, 김덕영 옮김, 『프로테스탄티즘의 윤리와 자본주의 정신』 (서울: 길, 2010), 79.

이 베버는 비서구 사회에서 서구의 자본주의 제도를 도입하고자 할 때 비서구 사회의 고유한 관습 내지 전통의 강력한 반발이 있을 것으로 예측한 바 있다. "현재 이러한 (비서구) 사람들은 모두 자본주의를 서구에서 생산한 가장 중요한 '상품'으로 간주해서 수입하고자 한다. 그런데 수입을 방해하는 요인은 비서구 사람들의 능력이나 의지의 부족이 아니라, 서구 사회에서 존재하는 중세의 유산처럼 비서구 사회 내부의 완고한 전통에서 유래할 것이다."[9)]

토크빌과 베버의 진단을 참고할 때 한국 정치가 가치의 권위적 파탄을 습관적으로 반복하는 까닭은 두 가지 차원에서 유추해 볼 수 있다. 첫째, 한국 정치는 미국으로부터 민주주의의 제도만을 수입했을 뿐, 미국에서 그것의 근저를 지지하는 관습은 수입하지 못했다. 둘째, 미국으로부터 수입한 민주주의 제도는 한국 사회의 고유한 관습의 강력한 저항으로 뿌리를 내리지 못한 채 계속 겉돈다. 이런 관점을 수용할 경우 예컨대 민주화 20년의 열망을 좌절로 전락시킨 궁극적 까닭은 김대중과 노무현 정부의 '무능'이 아니라 한국 사회의 강고한 관습에서 찾아야만 했다.[10)] 김대중과 노무현 정부의 통치기간을 '잃어버린 10년'으로 매도하면서 출범한 이명박 정부가 종국에는 안철수의 대선 출마를 초래한 궁극적 까닭 역시 그곳에서 찾아야만 한다. 따라서 한국 정치가 가치의 권위적 배분을 성실하게 실천하는 길로 들어서기 위해서는 먼저 미국 민주주의 제도의 안정적 운영을 가능케 하는 미국의 독특한 관

---

9) Max Weber, *Economy and Society: An Outline of Interpretive Sociology*, eds. by Guenther Roth and Claus Wittich (New York: Bedminster Press, 1968), 630.

10) 민주화 20년의 열망을 좌절로 전락시킨 '주범'을 김대중과 노무현 정부에 전가시킨 사례로는, 경향신문 특별취재팀, 『민주화 20년의 열망과 절망: 진보·개혁의 위기를 말하다』 (서울: 후마니타스, 2007).

습의 실상을 정확하게 파악할 필요가 있다. 아울러 우리에게 지극히 친숙한 관습의 모습을 가시적 형태로 드러낸 다음, 그것을 미국의 관습과 비교하면서 한국 민주주의의 공고화를 강력하게 방해하는 요소를 철저히 가려낼 필요가 있다. 그랬을 때 한국 민주주의의 공고화를 가능케 하는 관습의 개혁 방안을 모색하는 게 가능할 것이기 때문이다. 하지만 이 글에서는 주로 미국 민주주의의 관습을 추적하고, 그것이 한국 사회의 관습의 개혁에 던지는 함의를 간략하게 검토하는 제한된 목적을 추구하고자 한다.[11)]

2. 프로테스탄트 종파와 미국 민주주의의 관습

토크빌의 주장처럼 미국 민주주의를 제대로 이해하기 위해서는 가장 우선적으로 미국 사회의 독특한 관습을 정확하게 이해해야 한다. 그러면 그런 관습은 미국에서 어떻게 형성된 것일까? 다양한 측면에서 분석이 가능하겠지만, 미국 민주주의를 지배하는 관습의 특성을 선명하게 파악하기 위해서는 특히 종교적 관점에 착안할 필요가 있다. 토크빌은 "미국만큼 기독교가 인간의 영혼에 커다란 영향력을 행사하는 곳은 세상에서 존재하지 않는다"고 주장했고,[12)] 페리 밀러 역시 "퓨리턴이즘을 어느 정도 이해하지 않고서는 … 미국을 이해할 수 없다"고 단언한

11) 한국 정치의 관습에 관해서는, 이현휘, "정당 대변인의 '말'과 한국 정치의 관습," (사) 한국정치평론학회 편, 『미디어와 공론정치: 정치평론이란 무엇인가?』 (서울: 인간사랑, 2011), 173-213.

12) Tocqueville, *Democracy in America*, Vol. I., 303.

바 있다.[13] 실제로 17세기 유럽에서 등장한 다양한 프로테스탄트 종파(Protestant sects)는 미국으로 건너와 수많은 자발적 결사체(voluntary associations)가 약동하는 시민사회를 만들어냈다. 그리고 그 시민사회의 토양에서 미국 민주주의의 관습이 육성되었다.[14] 따라서 미국 민주주의의 관습을 이해하기 위해서는 먼저 프로테스탄트 종파를 배경으로 형성된 시민사회의 독특한 성격을 자세히 살펴볼 필요가 있다.

프로테스탄트 종파를 배경으로 형성된 미국 시민사회의 특성을 연구한 학자는 베버가 거의 유일하다고 할 수 있다.[15] 따라서 이 절에서는 베버의 논의를 중심으로 미국 시민사회의 특성을 파악해 보기로 한다. 1904년 미국을 처음 방문한 베버는 유럽에서는 확인할 수 없었던 미국 시민사회의 독특한 성격에 주목하면서 몇 가지 일화를 소개했다. 먼저 기차 여행 중 우연히 만난 사람과 나눈 대화 경험을 다음과 같이 소개했다.

> 나는 (당시) 인디언 영토를 통과해 긴 기차 여행을 하는 과정에서 우연히 출장 다니며 '장의업자의 철물'(Undertaker's hardware, 철로된 묘비명)을 판매하는 순회 세일즈맨과 같은 차실(車室)에 앉아 가게 되었는데, 그때 (일시적으로나마) 여전히 눈에 띌 만큼 강력한 교회주의를 감지할 수 있었다. 그 세일즈맨이 다음과 같이 말했기

13) Perry Miller, ed., *The American Puritans: Their Prose and Poetry* (New York: Anchor, 1956), ix.

14) Max Weber, "Voluntary Associational Life (Vereinswesen)," *Max Weber Studies* 2:2(2002), 199-209. Sung Ho Kim, "Max Weber and Civil Society: An Introduction to Max Weber on Voluntary Associational Life (Vereinswesen)," *Max Weber Studies* 2:2 (2002), 186-198.

15) Stephen Kalberg, "Max Weber's Analysis of Unique American Civic Sphere," *Journal of Classical Sociology* 9:1 (2009), 121.

때문이다. "신사 양반, 저로서는 누구든 자기 좋을 대로 믿을 수도 있고 믿지 않을 수도 있다고 봅니다. 그러나 아무 교회에도 소속되지 않은 농민이나 상인을 본다면, 저는 그에게 단돈 50센트도 외상으로 줄 수가 없답니다. –**그가 아무런 신앙도 없다면, 그에게 무슨 동기가 있어 외상을 갚겠습니까?**"[16]

두 번째로 소개한 일화는 오하이오 강변의 대도시에 정착한 독일 태생의 이비인후과 전문의가 자신의 첫 환자한테서 들은 얘기다.

환자는 의사가 시키는 대로 코 반사경으로 검사를 받기 위해 소파에 누웠다. 그런데 다시 한 번 일어나 앉더니 품위 있게 힘주어 말했다. "선생님, 저는 무슨무슨 스트리트(street)에 있는 무슨무슨 침례교의 구성원입니다." 이러한 사실이 콧병과 그 치료에 도대체 무슨 의미를 가질 수 있는가 어리둥절한 나머지, 그(의사)는 아는 사이인 미국 동료에게 은밀히 물어보았다. 그러자 그는 빙긋이 웃으면서 그것은 단지 다음을 뜻할 뿐이라고 말해주었다. "**치료비** 걱정일랑 하지 마십시오."[17]

도대체 교회 멤버십과 치료비는 어떤 관계가 있는 것일까? 세 번째 일화를 보면 쉽게 파악할 수 있다.

---

16) 막스 베버, 김덕영 옮김, "프로테스탄티즘의 종파들과 자본주의 정신," 베버, 『프로테스탄티즘의 윤리와 자본주의 정신』 (서울: 길, 2010), 425. 논문을 번역한 김덕영은 'sect'를 분파로 번역했는데, 이 논문에서는 '종파'로 수정해서 인용하기로 한다. 후자가 종교적 성격까지 아우르는 적절한 번역어라 판단되기 때문이다.

17) 같은 논문, 426.

10월 초 어느 쾌적하고 청명한 일요일 오후에 나는 몇몇 친척들과 … 침례교인들의 침례식에 참석했다. … 내 옆에 서 있던 한 친척은 … 젊은 사람들 가운데 한 명이 물속으로 잠기는 것에 주목했다. 그리고 내게 이렇게 말했다. "저 사람 좀 보세요. –제가 그렇게 말했죠!"– 나는 (의식이 끝난 후) 그 친척에게 이렇게 물었다. "어떻게 그 사람이 침례를 받을 것을 예견할 수 있었나요?" 그러자 그는 이렇게 대답했다. "그가 M시에서 은행을 개업하려고 하니까요." – 나는 재차 물었다. "그렇다면 이 지역에 그가 먹고살 수 있을 만큼 침례교인들이 많은가요?" – "천만에요. 그렇지만 이제 침례를 받았기 때문에 그는 인근 지역 전체에서 고객을 확보할 수 있고 모든 사람과의 경쟁에서 이길 수 있답니다." 이에 '어째서' 그리고 '어떻게'라는 질문을 던지자 다음과 같은 사실이 드러났다. 즉, 아직도 엄격히 종교적 전통을 고수하는 곳에서 침례교 회중(congregation)의 일원으로 받아들여지려면 반드시 아주 면밀한 '시험'을 거쳐야 하며 또한 '품행'에 대한 몹시 까다로운 조사를 받아야 하는데, 이 조사는 유년 시절까지 소급된다('풍기문란 행위'? 술집 출입? 춤? 연극? 카드놀이? 채무 지급 지연? 그 밖의 천박한 품행?). 그렇지만 회중에게 받아들여진다는 것은 신사의 윤리적 자질, 특히 사업 세계에서 요구되는 윤리적 자질의 절대적인 보증으로 간주되기 때문에, 당사자는 아무런 경쟁도 없이 주변 지역 전체의 예금과 무제한적인 신용을 확보할 수 있다. 그는 '만들어진 사람'(a 'made man')인 것이다. 나는 계속된 관찰을 통해 이러한 아니면 이와 매우 유사한 현상이 아주 다양한 지역에서 되풀이되고 있음을 확인할 수 있었다. 감리교나 침례교 또는 다른 **종파** (혹은 종파의 성격을 띠는 집회, sectlike conventicles)에 속하는 사람들이 (일반적으로 **오직** 그들만이) 사업에 성공할 수 있었다. 종파의 어떤 구성원이 다른 곳으로 이사를 가거나 또는 여행하는 세일즈맨인 경우, 그는 자신이 속한 회중의 증명서(certificate)를 지니고 갔으며, 또한 그럼으로써 종파 동료들과 접촉할 수 있었을 뿐만 아니라, 특히 어디서나 신용을 얻을 수 있었다. … 그가 사업 세계에서 성공할 수 있는 기회에 궁극적으로 결정적인 것은 … **오직** 다음과 같은 사실, 즉 그의 '품행'을 보면 **윤리적 자질을 갖추었다는 것**에 의심의 여지가 없는 사람만이 상당히 명망 있는 종파의 구성원으로 받아들여진다는 사실이 오히려 결정적이었다. 다시 말해 종파의 구성원이 된다는 것은 – 사람들이 '태어나면서 그 안에 속하며' 의로운 자들과 의롭지 못한 자들 모두 위에 은총의 빛이 비추도록 하는 '교회'의 구성원이 되는 것과 대조적으로 – **개인**이 윤리적 자질, 특히 사업 세계에서 요구되는 윤리적 자질의 증명서를 획득했음을 의미한 사실이 결정적이었다.[18)]

종파는 전적으로 종교 및 윤리의 기준을 엄격하게 충족한 사람들만으로 구성된 자발적 결사체이다. 반면 교회는 은총의 빛으로 의로운 자들과 의롭지 못한 자들을 모두 포용하기 때문에 구성원 개개인의 자질을 크게 따지지 않는다. 따라서 종파는 교회와 달리 모두에게 개방된 보편적 멤버십을 거부하며, 구성원 모두의 자유로운 동의에 따라 종교적 자질을 갖춘 사람만을 엄선해서 수용하는 대단히 배타적이고 귀족적인 단체이다. 종파의 특정 구성원이 윤리적 과실로 추방된다는 것은 경제적으로 신용을 상실하고, 사회적으로는 매장된다는 것을 의미했다.[19)]

---

18) 같은 논문, 426-428.

19) 같은 논문, 428-429. Max Weber, "'Churches' and 'Sects' in North America: An Ecclesiastical Socio-Political Sketch," trans. by Colin Loader, *Sociological Theory* 3:1 (1985), 9. Sung Ho Kim, *Max Weber's Politics of Civil Society* (Cambridge:

프로테스탄트 종파의 배타적 멤버십 전통은 미국 시민사회에 거의 그대로 이식되었다. 우선 시민사회를 구성하는 다양한 단체들의 조직 원리가 자발적 결사체의 형식을 취했다는 점에서 그러하다. 그곳의 구성원 역시 윤리적 자질을 엄격하게 테스트한 후 투표를 통해 선발되었다. 따라서 베버는 시민사회의 자발적 결사체를 프로테스탄트 종파의 세속화된 형태로 파악했다. "먼저 우리에게 관심이 있는 것은 투표에 의해 그 구성원을 보충하는 세속적 클럽과 단체의 현대적 위치는 전반적으로 이들 자발적 결사체의 원형, 즉 **종파**가 이전에 가졌던 훨씬 더 배타적인 의미가 **세속화**된 과정의 산물이라는 사실이다."[20] 더욱 정확하게 말하자면 미국 문명의 요람인 뉴잉글랜드 지역에서 진행된 세속화 과정의 산물이었다. "식민지 시기 뉴잉글랜드의 중심지에서, 특히 매사추세츠에서 교회의 회중에 참여할 수 있는 완전한 성도의 자격은(full citizenship status in the church congregation) 주에서 완전한 시민권을 획득하기 위한 전제조건(the precondition for full citizenship in the state)이었기 때문이다."[21]

프로테스탄트 종파를 배경으로 탄생한 미국 시민사회의 자발적 결사체들의 배타적 멤버들이 바로 시민적 중간 계층의 원형이었다. 그리고 그들이 견지한 엄격한 금욕주의적 윤리가 정치 영역에서 실천될 때 미국 특유의 민주주의를 탄생시킬 수 있었고,[22] 경제 영역에서 실천될

Cambridge University Press, 2004), 75-84.

20) 베버, "프로테스탄티즘의 종파들과 자본주의 정신," 437.

21) 같은 논문, 437-438. Max Weber, "The Protestant Sects and the Spirit of Capitalism" in *From Max Weber: Essays in Sociology*, trans. and ed. by H. H. Gerth and C. Wright Mills (New York: Oxford University Press, 1946), 311-312.

22) 베버, "프로테스탄티즘의 종파들과 자본주의 정신," 436-437.

때 자본주의를 탄생시킬 수 있었다.[23] 따라서 미국 민주주의나 자본주의의 성격을 제대로 이해하기 위해서는 먼저 프로테스탄트 종파를 배경으로 탄생한 자발적 결사체의 구조와 성격을 자세히 살펴볼 필요가 있다.

첫째, 프로테스탄트 종파와 자발적 결사체의 멤버는 혈연, 학연, 지연 등과 같은 인간 사회의 강고한 사적 유대로부터 해방된 존재였다.[24] 종파와 결사체의 멤버십은 인간의 출신 성분, 상속 재산, 공직 및 졸업 증서 등과 같은 세속적 가치가 아니라[25] 오직 초월적 신에 헌신하는 종교적 윤리의 철저한 준수 여부에 따라 결정되었기 때문이다. 바로 여기에서 인간의 다양한 사적 유대를 떨쳐내고 신 앞에서 단독자로 자립하는 종교적 개인주의(religious individualism)가 성립할 수 있었다.[26] 베버가 지적한 것처럼 그는 새롭게 '만들어진 사람'이었다. 그리고 종교적 개인주의의 세속화된 표현이 미국의 자유주의라고 할 수 있다.[27] 따라서 미국에서 표방하는 자유는 인류 보편의 자유가 아니라, 프로테스탄트 종파와 자발적 결사체의 배타적 멤버십에 '한정된' 자유라는 점에 유의할 필요가 있다. 자유의 나라 미국에서 노예문제와 인종문제 등이 장기간 병존했던 까닭이 여기에 있었다.

---

23) 같은 논문, 432, 434.
24) Randall Collins, *Weberian Sociological Theory* (Cambridge: Cambridge University Press, 1986), 267. Stephen Kalberg, "Cultural Foundations of Modern Citizenship" in Bryan S. Turner, ed., *Citizenship and Social Theory* (London: Sage Publications, 1993), 101. Kalberg, "Max Weber's Analysis of Unique American Civic Sphere," 120.
25) 베버, "프로테스탄티즘의 종파들과 자본주의 정신," 436.
26) 같은 논문, 451. Kalberg, "Cultural Foundations of Modern Citizenship," 104-107.
27) 이현휘, "미국 혁명의 종교적 기원(II): 자유주의, 공화주의, 그리고 캘빈주의," 『화이트헤드연구』 12 (2006), 91-92.

둘째, 미국 민주주의는 모래더미(sandpile)로 전락하지 않는다.[28] 얼핏 생각하면 사적 유대로부터 해방된 개인은 모래알처럼 이합집산을 거듭할 것처럼 보인다. 하지만 프로테스탄트 종파의 멤버들은 성약(covenant)을 통해 신 앞에서 평등한 질서를 유지한다. 시민사회의 자발적 결사체의 멤버들 역시 사적 유대(a personal relationship)가 아니라 그들 다수의 동의로 제정한 비인격적 조직원리(an impersonal rule and binding principle)를 철저히 준수하는 가운데 평등한 질서를 유지한다.[29] 따라서 종파와 결사체의 질서는 페르디난트 퇴니스가 제시한 시민사회(Gesellschaft)의 성격을 지닌다.[30]

셋째, 프로테스탄트 종파와 자발적 결사체는 직접 민주주의(direct democracy)를 요구한다. 종파와 결사체의 멤버는 모두 신 앞에 평등한 존재로 자임한다. 따라서 그들은 신과 자신들 사이에서 존재하는 일체의 세속적 권력을 부정한다. 종파와 결사체의 리더가 필요할 경우 멤버들 다수가 참여하는 선거를 통해 선출한다. 따라서 그렇게 선출된 리더는 중세 교황이나 유럽 절대군주처럼 하향식 권력을 행사하는 권위적 존재가 아니라, 멤버의 권리와 복리에 헌신하는 종복(servants)이 된다.[31] 미국이 유럽의 위계적 정치질서를 일관되게 비판하고, 자발적 참여(self-participation) 내지 자치(self-government)를 토대로 정치적 민주주

---

28) 베버, "프로테스탄티즘의 종파들과 자본주의 정신," 436. Weber, ""Churches' and 'Sects' in North America," 10. Max Weber, "Sect, Church and Democracy" in Weber, *Economy and Society*, 1207. Stephen Kalberg, "Tocqueville and Weber on the Sociological Origins of Citizenship: The Political Culture of American Democracy" in *Max Weber, Democracy and Modernization*, ed. by Ralph Schroeder (London: Macmillan Press, 1998), 97.

29) Kalberg, "Cultural Foundations of Modern Citizenship," 101.

30) Weber, ""Churches' and 'Sects' in North America," 11.

31) Weber, "Sect, Church and Democracy," 1208.

의를 추구한 배경이 여기에 있었다.[32]

넷째, 미국 민주주의에서 개인의 자유와 공동체의 가치는 공존한다. 통상 서양 정치사상사에서 개인의 자유와 공동체 전체의 가치는 상호 배타적인 관계로 파악된다. 개인의 권리를 강조하는 자유주의자와 공동체의 덕성을 강조하는 공동체주의자 간의 논쟁이 대표적인 사례라고 할 수 있다. 그러나 미국 민주주의에서 양자 간의 긴장은 성립하지 않는다는데 유의할 필요가 있다. 프로테스탄트 종파와 자발적 결사체의 멤버는 인간의 사적 유대로부터 해방된 존재이기 때문에 자신이 속한 사적 유대에 국한된 사적 이익을 추구하는 대신, 종파 및 결사체에서 요구하는 윤리적 자질을 엄격히 유지하는 가운데 종파 및 결사체에서 추구하는 종교적 가치 내지 공적 가치에 헌신할 수 있게 된다.[33]

다섯째, 프로테스탄트 종파 및 자발적 결사체를 배경으로 탄생한 미국 민주주의는 일종의 귀족적 민주주의(aristocratic democracy)라고 할 수 있다. 이는 종파 및 결사체의 배타적 멤버십을 고려하면 쉽게 이해할 수 있는 성격이다.[34] 다만 미국 민주주의를 귀족적 민주주의로 파악할 때 하나의 단서가 따른다. 우리가 사용하는 귀족이란 용어는 보통 '신분적으로 세습된 존재'를 의미한다. 하지만 미국에서 신분적 귀족은 성립할 수 없는 개념이다. 미국의 종파 및 결사체의 멤버십 자체가 신

32) Tocqueville, *Democracy in America*, Vol. I., 32, 35. Charles Borgeaud, *The Rise of Modern Democracy in Old and New England* (New York: Charles Scribner's Sons, 1894), 104-116.

33) 이현휘, "미국 혁명의 종교적 기원(II)," 82-84. Kim, *Max Weber's Politics of Civil Society*, 57-67.

34) C. H. Firth, "Preface" in Borgeaud, *The Rise of Modern Democracy in Old and New England*, ix. A. D. Lindsay, *The Modern Democratic State* (New York: A Galaxy Book, 1962), 12.

분적 귀족과 같은 세속적 특권을 해체하면서 성립했기 때문이다. 따라서 귀족적 민주주의라고 표현할 때 귀족의 의미는 신분적 특권보다는 특정의 윤리적 자질을 갖춘 소수 엘리트를 뜻하는 것으로 이해할 필요가 있다.[35)]

미국은 연방헌법 제정 후 각 주의 비준을 얻는 과정에서 이른바 연방파와 반연방파 간의 치열한 비준논쟁을 치러야만 했다. 연방파는 제헌의회에서 제정한 연방헌법 만으로도 개인의 자유를 충분히 보장할 수 있다고 주장한 반면, 반연방파는 그것만으로는 부족하기 때문에 개인의 자유를 확고하게 보장할 수 있는 별도의 장치가 마련되어야 한다고 역설했다. 논쟁은 반연방파의 주장을 수용해서 개인의 자유를 헌법으로 보장하는 이른바 권리장전을 수정조항으로 추가하는 방식으로 종결되었다. 하지만 권리장전을 헌법에 명시했다고 해서 곧바로 100% 실천된 것은 아니었다. 여전히 노예제가 존속했고, 여성의 참정권 등이 제한되었기 때문이다. 권리장전이 현실에서 보편적으로 실천되기까지는 20세기 중반까지 기다려야만 했다. 그런데 바로 그 즈음부터 미국 사회의 정체성 위기 논쟁이 대두되기 시작했다.[36)] 이런 현상은 여러 가지 측면에서 분석할 수 있지만, 미국 민주주의가 귀족적 민주주의에서 출발했다는 사실을 예증한다고도 볼 수 있을 것이다.

---

35) Weber, "'Churches' and 'Sects' in North America," 12-13.

36) Diane Ravitch and Joseph P. Viteritti, "Introduction" in *Making Good Citizens: Education and Civil Society*, ed. by Ravitch and Viteritti (New Haven: Yale University Press, 2001), 1-14.

3. 프로테스탄트 종파와 민주적 토론정신

미국의 월스트리트저널(WSJ)은 '2010년 올해의 사진' 157장을 선정해서 인터넷 홈페이지에 게시한 바 있는데, 그 중에는 한국 관련 사진 두 장이 포함되어 있었다. 한 장은 북한의 연평도 포격으로 검은 연기가 치솟는 연평도를 시민들이 배 위에서 바라보는 모습을 담은 사진이고, 다른 한 장은 한국 국회의원이 예산안 처리 문제를 놓고 격렬하게 몸싸움 하는 모습을 담은 사진이었다.[37] 사진을 확인하지 않더라도 한국 국회에서 몸싸움 하는 장면은 그리 어렵지 않게 상상할 수 있다. 그것은 우리가 일상적으로 접할 수 있는 모습이기 때문이다. 하지만 한국 국회에서 습관적으로 반복되는 몸싸움은 한국 민주주의의 실종을 가장 적나라하게 예증하는 사례라고 할 수 있다. 국회는 민주주의에서 가장 중요한 국민의 자치 정신(the spirit of self-government)을 대의제 형태로 구현한 기관이기 때문이다. 그런 국회에서 민주적 토론이 번번이 격렬한 몸싸움으로 전락한다는 사실은 민주적 토론의 안정적 운영을 가능케 하는 조건을 다시 검토해 볼 필요성을 제기한다. 그러면 민주적 토론은 어떤 조건이 충족될 때 안정적 운영이 가능한 것일까?

많은 사람들이 민주적 토론은 자유로운 분위기에서 가능한 것으로 이해한다. 그래서 자유로운 대화와 토론을 제약하는 어떤 요인이 있다면 모두 제거되어야 할 대상으로 간주한다. 오직 대화와 토론의 완전한

---

37) "연평도 포격, 여야 몸싸움 장면 … WSJ '올해의 사진,'" 『조선일보』 2010년 12월 2일.

자유만이 민주주의의 발전을 약속할 수 있다고 믿기 때문이다. 그래서 수많은 이론을 동원해서 자유로운 대화와 토론의 중요성을 끊임없이 강조한다. 예컨대 미하일 바흐찐의 다성악 이론(theory of polyphony)을 동원해서[38] 다양한 목소리의 완전한 개방을 역설하는가 하면, 위르겐 하버마스의 공론장 개념을 동원해서[39] 인간의 자유로운 사적 대화를 강조하기도 한다. 그러나 이들의 얘기는 모두 현실과 동떨어진 문학적

---

38) M. 바흐찐, 김근식 옮김, 『도스또예프스끼 詩學: 도스또예프스끼 창작의 제문제』(서울: 정음사, 1988). 주지하듯 바흐찐은 톨스토이의 작품을 지배하는 정신을 '독백주의'(molologism) 내지 '단성악'(monophony)으로, 도스또예프스끼의 작품을 지배하는 정신을 '다성악'(polyphony)으로 각각 평가한 다음, 후자의 시각에서 전자를 비판한다. 그러나 막스 베버에 따르면 톨스토이의 작품과 도스또예프스끼의 작품을 지배하는 정신은 다르지 않다. 양자 모두 러시아 특유의 '신비주의'(mysticism)가 지배하기 때문이다. 베버가 얘기하는 신비주의란 금욕주의(asceticism)와 정반대의 성격을 지닌 종교적 정신을 의미하는데, 전자의 경우 인류 보편의 형제애(universal brotherhood)를 추구하는 반면, 후자는 제2절에서 검토했듯이 배타적 멤버십을 강조한다. 전자를 실천하는 인간은 신의 뜻을 자신의 내면에서 품을 수 있는 그릇(God's vessel)이 되고자 하는 반면, 후자를 실천하는 인간은 신의 뜻을 지상에서 적극적으로 펼치는 도구(God's tool)가 되고자 한다. 전자는 행동보다 사변을, 후자는 사변보다 행동을 중시하는 차이가 있다. 특히 신비주의에서 만들어 내는 정치윤리는 베버의 이념형으로 표현할 때 '신념윤리'(the ethic of conviction)가 되는데, 주지하듯 신념윤리는 정치윤리로서 '최악의' 윤리이다. 또한 베버에 따르면 서양 민주주의는 신비주가 아니라 '금욕주의'를 배경으로 탄생한 것이었다. 그렇다면 도스또예프스키의 다성악과 민주주의를 피상적으로 유비시키는 관점은 지양해야만 할 것이다. 베버의 논점을 좀 더 구체적으로 확인하려면, Kim, *Max Weber's Politics of Civil Society*, pp. 77-79. Edith Hanke, "Max Weber, Leo Tolstoy and the Mountain of Truth" in Sam Whimster, ed., *Max Weber and the Culture of Anarchy* (London: Macmillan Press, 1999), 144-161. Charles Turner, "Weber and Dostoyevsky on Church, Sect and Democracy" in Whimster, ed., *Max Weber and the Culture of Anarchy*, 162-175. 베버의 신비주의와 금욕주의를 각각 상술한 사례로는, Christopher Adair-Toteff, "Max Weber's Mysticism" *European Journal of Sociology* 43:3(2002), 339-353. Christopher Adair-Toteff, "Max Weber's Notion of Asceticism," *Journal of Classical Sociology* 10:2 (2010), 109-122.

39) 위르겐 하버마스, 한승완 옮김, 『공론장의 구조변동: 부르주아 사회의 한 범주에 관한 연구』(서울: 나남출판, 2001).

픽션이나 추상의 지평에서 자신이 신봉하는 맹목적 신념을 무책임하게 반복한 사례에 지나지 않았다. 인류의 역사는 목소리의 완전한 개방이나 인간의 사적 대화의 활성화를 통해서 민주주의가 실현된 사례를 지금까지 보여준 적이 없기 때문이다.

자유로운 대화와 토론 그 자체가 민주주의를 약속하지 못한다는 사실은 헨리 M. 로버트의 회고를 잠시만 확인해도 쉽게 이해할 수 있다. 그는 미국에서 민주적 토론 규칙의 바이블로 평가되는 『로버트 의사진행 규칙』을 처음 집필한 저자인데, 의사 진행 규칙에 관심을 갖게 된 계기를 이렇게 회고했다. 그는 군 장교로 근무하던 시절 어느 날 갑자기 회의 주재를 요청 받았는데, 그 때 그는 회의 주재 방법을 전혀 모르고 있었다. 하지만 부탁을 거절하는 게 가장 좋지 않은 선택이라고 느껴 요청을 수락했다고 한다. "당시 나는 매우 당황했다. … 하지만 나는 신의 섭리에 따라 회의가 저절로 굴러갈 것으로 믿고서 회의에 뛰어 들었다. 그러나 회의에 뛰어들자마자 회의법(parliamentary law)에 관한 … 어떤 것을 알기 전까지는 다른 회의에 절대로 참여하지 않겠다고 결심했다."[40) 로버트가 회의에 참여해서 확인한 것은 회의란 결코 저절로 굴러가지 않는다는 것이었다. 이런 사실은 바흐찐의 다성악 이론이나 하버마스의 공론장 개념 등에서 주장하는 자유로운 대화나 토론만으로는 민주주의가 자연스럽게 실현될 수 없다는 사실을 단적으로 말해준다. 그렇다면 민주적 토론의 진정한 모습은 어떻게 성립한 것일까?

민주적 토론은 한마디로 프로테스탄트 종파를 배경으로 탄생한 것이었다. 다시 말해서 제2절(프로테스탄트 종파와 미국 민주주의의 관습)

---

40) Henry M. Robert III et al., "Introduction," *Robert's Rules of Order Newly Revised*, 11th ed. (Boston: Da Capo Press, 2011), xl.

에서 검토한 모든 항목을 충족한 토양에서 비로소 민주적 토론이 가능할 수 있었다. 따라서 민주적 토론은 대단히 엄격한 윤리적 자질과 규칙의 준수를 선결조건으로 요구하고 있었다. 이런 요건이 충족되지 못했을 때 민주적 토론은 쉽게 카오스로 전락해 버리기 때문이다. 한국 민주주의에서 민주적 토론이 제대로 이뤄지지 않는 단적인 이유가 여기에 있었다. 또한 마이클 셧슨이 '대화가 민주주의의 영혼이 될 수 없는 이유'를 천명하면서 다음과 같이 역설한 이유도 여기에 있었다.

> 민주주의에 실질적으로 기여하는 대화는 참여자의 평등성이 확보될 때 가능한 것이 아니라, 그들이 대화의 규범을 준수하고 공공정신을 함양하고 있을 때 비로소 가능할 수 있다. 그것은 대화 참여자의 자율성이 아니라 시민성이 확보될 때 비로소 가능할 수 있다. 그것은 언론과 미디어의 우선성과 우월성이 확보될 때 가능한 것이 아니라, 언론과 미디어가 대화의 규범, 공공 정신, 시민성 등을 철저히 준수할 때 비로소 가능할 수 있다. 따라서 나는 대화의 현장에 내장된 민주주의가 정치적 민주주의의 규범과 제도를 만들어내는 것이 아니라, 민주주의의 제도와 규범이 민주적 대화를 가능케 한다고 주장할 것이다.[41)]

---

41) Michael Schudson, "Why Conversation is Not the Soul of Democracy," *Critical Studies in Mass Communication* 14 (1997), 297. 셧슨의 논점을 프로테스탄트 종파의 맥락에서 해석한 것은 필자의 견해다. 한편, 김주환은 하버마스 시각에서 대화의 중요성을 옹호하면서 셧슨의 논점을 정면으로 비판했다. "셧슨은 '대화는 왜 민주주의의 핵심이 아닌가'라는 글에서 대화는 민주주의와 관계가 없고 '법칙지배적'이고 '문제해결적'인 민주적 대화만이 중요하다고 주장한다. 이 글은 하버마스의 의사소통행위와 공론장 이론, 그리고 기든스의 구조의 이중성 등의 개념에 의존하여 대화에 대한 셧슨의 도구적 관점을 … 비판한다." 김주환, "민주주의에 있어서 대화의 중요성: 공론장에서의 의사소통행위로서의 정치적 대화," 『언론과 사회』13:1 (2005), 75. 하지만 김주환은 셧슨이 하버마스 이론을 비판적으로 성찰한 후 위 논

미국의 민주적 토론의 역사를 성찰하면 셧슨의 견해가 타당하다는 사실을 쉽게 확인할 수 있다.

알렉산더 던롭 린드세이는 이른바 퍼트니 논쟁(the Putney Debates)에서 프로테스탄트 종파를 배경으로 성립한 민주적 토론의 원형을 찾아볼 수 있다고 주장한다.[42] 퍼트니 논쟁은 1647년 10월 28일부터 11월

문을 작성했다는 사실을 간과했다. 셧슨은 하버마스 시각에서 미국 시민사회의 역사를 전반적으로 서술하는 연구 계획을 세웠다. 하지만 연구를 진행하는 과정에서 하버마스 이론이 역사를 설명하는데 한계가 있다는 사실을 뒤늦게 깨달았다. 그러자 셧슨은 하버마스 이론을 포기하고 미국 시민사회의 역사를 서술하는 전략을 취했다. 자세한 내용은, Michael Schudson, "Good Citizens and Bad History: Today's Political Ideas in Historical Perspective," Paper presented at conference on "The Transformation of Civic Life." Middle Tennessee State University, Murfreesboro and Nashiville, Tennessee, November 12-13, 1999. 셧슨이 하버마스 이론을 포기하고 서술한 미국 시민사회의 역사는, Michael Schudson, *The Good Citizen: A History of American Civic Life* (New York: The Free Press, 1998). 셧슨이 하버마스 이론의 한계를 비판적으로 고찰한 논문으로는, Michael Schudson, "Was There Ever a Public Sphere? If So, When? Reflections on the American Case" in *Habermas and the Public Sphere*, ed. by Crag Calhoun (Cambridge, Mass.: The MIT Press, 1992), 143-163. Michael Schudson, "The 'Public Sphere' and Its Problems: Bring the State (Back) In," *Notre Dame Journal of Law, Ethics, and Public Policy* 8 (1994), 529-546. 하버마스 이론이 역사적 사실을 제대로 설명하지 못한다는 셧슨의 판단은 타당한 판단이라고 할 수 있다. 하버마스 이론은 '주체와 객체의 분리'(great divide)라는 서구 근대 세계관의 낡은 전제 위에서 구성된 낡은 이론이기 때문이다. 하버마스 이론이 무의식적으로 수용한 낡은 전제는 이미 100여 년 전에 붕괴되었으며, 따라서 그런 전제 위에서 구성된 하버마스 이론이 역사적 사실을 제대로 설명하지 못하는 것은 지극히 당연한 일이었다. 자세한 내용은, Bruno Latour, *We Have Never Been Modern*, trans. by Catherine Porter (Cambridge, Mass.: Harvard University Press, 1993), 55-59. 따라서 셧슨이 자신의 역사적 통찰을 통해 하버마스 이론의 철학적 한계를 간파한 사실은 높게 평가할 일이었다. 그런데도 김주환이 하버마스 시각에서 셧슨을 비판한 것은 낡은 이론으로 창의적 통찰을 비판한 '퇴행적' 행위였다고 할 수 있다.

42) A. D. Lindsay, "Foreword" in *Puritanism and Liberty: Being the Army Debates (1647-9) from the Clarke Manuscripts with Supplementary Documents*, selected and ed. with introduction by A. S. P. Woodhouse (London: J. M. Dent and Sons Limited,

19일까지 런던 근교 퍼트니의 세인트 메리 교회에서 크롬웰이 이끄는 영국혁명 지도부와 하급 장교들 사이에서 영국 헌정체제의 근본적 수정 방안 등을 놓고서 벌인 논쟁이다. 그런데 혁명군 지도부는 대체로 프로테스탄트 종파 중 독립파(the Independents) 소속이었고, 하급 장교들은 주로 수평파(the Levellers)에 소속되었다는 사실에 주목할 필요가 있다.[43)]

논쟁은 치열하게 전개되었다. 논쟁에 참여한 모든 사람들이 자신의 주장의 정당성을 역설하면서 한 치도 물러서지 않았기 때문이다. 당시 논쟁을 주재했던 크롬웰은 그 광경을 지켜보다 못해 다음과 같이 얘기했다.

> 우리는 이런 회의에서 신을 기다려야만 합니다. 그리고 신께서 우리들 중 누군가에 전하신 말씀을 귀를 기울여 들어야만 합니다. 저는 이것이 우리의 고귀한 의무라고 생각합니다. 하지만 (신께서) 어떤 말씀을 하셨을 때 제가 생각하는 바람직한 원칙은 이렇습니다. 각자가 판단케 하라! 신의 말씀 여부를 저는 저 나름의 방식으로 판단하고, 다른 사람은 그들 방식으로 판단할 수 있습니다. 그러나 저는 그 이상을 주장할 수는 없습니다. 저는 그것이 신의 말씀이 아니라는 부정적 결론을 저 혼자서 단정 짓지 않겠습니다. 대신 그것이 신의 말씀인지 아닌지를 분간하는 문제를 여러분 모두의 토론을 거쳐 결정하고 싶습니다. 제가 이런 방법을 선호하는 까닭은 다른 분들도 그렇게 하시는지를 모르기 때문입니다. … 저는 우리가

1951), 3.

43) A. S. P. Woodhouse, "Introduction" in *Puritanism and Liberty*, 16-18. A. D. Lindsay, *The Essentials of Democracy* (Philadelphia: University of Pennsylvania Press, 1929), 10-12.

신의 이름으로 얘기할 때는 크게 주의해야 한다는 사실을 다시 한 번 강조하고 싶습니다. … 우리 모두는 우리들 자신의 생각이나 개념을 마치 신의 생각이나 개념인 것처럼 얘기하지 않도록 주의해야 합니다. … 실제로 우리는 많은 말씀을 듣습니다. 그중에는 신께서 우리에게 전하신 말씀도 있다는 사실을 의심하지 않습니다. 그런데 우리가 들은 말씀 중에는 모순된 내용이 더러 있습니다. 그러나 신은 모순된 말씀을 하실 분이 결코 아니십니다. … 제가 볼 때 특정 사안에 대한 인간의 이해가 신의 뜻과 합치하는지 그렇지 않은지를 판단하는 방법은 매우 자명한 것처럼 보입니다. 인간의 이해가 신의 뜻과 부합한다는 사실을 구체적으로 입증할 증표가 수반되지 않았을 때, 우리를 분명하게 납득시키시는 신의 권능 중에서 가장 좋은 방법은 그런 이해가 우리들 내면에 새겨진 법률, 즉 신께서 추구하시는 목적과 신의 마음과 그리스도의 마음 등이 반영된 법률과 일치하는지 그렇지 않은지를 판단해 보는 것입니다.[44]

크롬웰이 파악한 토론의 진정한 목적은 토론 참여자 개개인의 신념을 관철시키는데 있는 것이 아니라 무언가를 '발견'하는데 있었다.[45] 그것은 먼저 토론 참여자 개개인의 양심의 목소리를 경청하는데서 출발한다. 그런 다음 솔직하고 개방된 토론을 통해 신의 뜻과 부합하는 목소리를 선별하는 형태로 진행된다. 이런 방식의 토론은 크롬웰이 프로테스탄트 종파의 민주적 토론에 참여하면서 터득한 것이었다. 프로테스탄트 종파의 모든 멤버는 신의 뜻을 전수받을 가능성이 있었다. 따라서 멤버 개개인의 상이한 견해를 존중하는 관용 정신과 그들 개개인의 견

44) Woodhouse, ed., *Puritanism and Liberty*, 101-105.
45) Lindsay, *The Modern Democratic State*, 12. Lindsay, *The Essentials of Democracy*, 19.

해를 진지하게 경청하는 문화가 자리를 잡을 수 있었다. 종파의 멤버는 각자가 보유한 지식과 경험을 총동원해서 자유로운 토론에 참여하는 가운데 자신의 의지를 강변하는 것이 아니라 신의 뜻을 발견하는 목적에 나름의 기여를 하게 된다.[46]

크롬웰이 역설한 토론 양식에서 주목할 필요가 있는 또 하나의 포인트는 토론에 참여하는 사람들이 토론 공동체 전체의 공적 가치에 헌신하는 토론정신(the sense of the meeting)이다. 토론 참여자는 토론에서 자신의 사적 유대에 국한된 사적 이익을 추구하는 대신, 신의 뜻의 확인이라는 토론 공동체 전체의 목적에 나름의 기여를 하고, 또 그 목적의 지배를 받으면서 토론정신을 진작시킨다.[47] 이런 토론정신이 부재하거나 토론 참여자 개개인의 사적 이해관계가 토론정신을 압도할 경우 성공적인 민주주의는 사실상 불가능하게 된다.[48]

크롬웰이 제시한 민주적 토론 양식은 퓨리턴이 주축이 되어 건설한 미국 문명에 거의 그대로 전수되었다. 예컨대 토크빌이 미국 민주주의의 요람으로 평가한 뉴잉글랜드의 타운미팅은 크롬웰이 제시한 민주적 토론 양식과 거의 유사한 방식으로 운영되었다. 미국은 연방국가가 부

---

46) Lindsay, *The Essentials of Democracy*, 18-19, 21, 36.

47) *Ibid.*, 45-46. Lindsay, *The Modern Democratic State*, 117.

48) Alexander Dunlop Lindsay, *The Churches and Democracy* (London: The Epworth Press, 1934), 50. Lindsay, *The Essentials of Democracy*, 49-50. 한편, 셧슨은 린드세이가 하버마스처럼 민주주의를 '토론을 통한 정치'(government by discussion)로 파악했다고 비판했다. Schudson, "Why Conversation is Not the Soul of Democracy,"297, 308. 그러나 본문에서 자세히 확인한 것처럼 린드세이가 퓨터니 논쟁에서 주목한 것은 토론 그 자체가 아니라 '토론정신'이었다. 이런 관점은 사실상 셧슨의 관점과 크게 다르지 않다고 할 수 있다. 그런데도 셧슨이 린드세이를 비판한 것은 린드세이의 다양한 저작을 충분히 검토하지 않은데서 연유한 것처럼 보인다.

재한 상태에서 독립전쟁을 승리로 이끌었는데, 그럴 수 있었던 비결 중 하나는 타운미팅의 민주적 운영이었다. 당시 식민지 미국의 13개 주는 매사추세츠 주가 이끌었는데, 매사추세츠 주를 이끈 것은 보스턴 타운미팅이었다. 그런데 보스턴 시민 대부분이 소속된 종파는 크롬웰이 소속되었던 독립파(Independents of Cromwell's type)였다.[49] 독립전쟁 시기 보스턴 타운미팅을 연구한 제임스 호스머는 당시 타운미팅을 지배한 정신을 다음과 같이 평가했다. "보스턴 타운미팅을 전반적으로 검토하면 거의 완벽한 민주주의를 구현했다는 사실을 확인할 수 있다. … 특히 타운미팅에 참여한 사람들의 공공정신(public spirit)이 거의 완벽하게 발휘되었다. 또한 그들은 자립심, 다양한 분야의 지적 능력, 자유에 대한 사랑 등을 충분히 함양한 사람들이었다는 사실에 주목할 필요가 있다."[50]

미국에서 민주적 토론의 전형은 보통 연방헌법을 마련한 제헌회의를 꼽는다. 하지만 그곳에서도 회의가 순조롭게 진행된 것은 아니었다. 로드아일랜드를 제외한 12개의 주에서 파견한 55명의 대표가 각자 자신의 주의 이해관계를 대변하면서 치열한 공방을 벌였기 때문이다. 1787년 6월 28일에는 회의가 교착상태에 빠지자 각 주의 대표자들이 회의를 포기하고 짐을 쌀 채비를 갖추는 지경까지 이르렀다. 그러자 대표자 중 가장 연장자였던 벤저민 프랭클린은 자리에서 일어나 다음과 같은 발언을 했다.

---

49) James K. Hosmer, *Samuel Adams: The Man of the Town-Meeting* (Baltimore: N. Murray, Publication Agent, Johns Hopkins University, 1884), 19-21.

50) *Ibid.*, 58.

우리가 지난 4–5주 동안 모여서 서로 치열하게 논의해봤지만 지금까지 거둔 성과는 지극히 미미한 것에 불과합니다. 우리는 거의 모든 문제에 관해서 서로 상이한 견해를 갖고 있습니다. 최근 논의에서는 찬성과 반대가 동수인 경우도 적지 않았습니다. 제가 볼 때 이런 현상은 인간의 불완전한 이해력을 우울하게 입증해주는(a melancholy proof of the imperfection of the Human Understanding) 사례라고 생각합니다. 우리는 우리들 자신의 정치적 지혜가 부족하다는 사실을 분명히 느끼는 것 같습니다. 우리는 그것을 찾기 위해 온갖 곳을 헤매고 다녔기 때문입니다. 우리는 좋은 정부의 모델을 찾기 위해 고대사로 거슬러 올라가보기도 했습니다. 그곳에서 상이한 형태의 공화국 정부를 검토했지만, 그것은 모두 붕괴의 씨앗을 품고서 수립된 불완전한 정부였기 때문에 지금은 더 이상 존재하지 않습니다. 또 우리는 유럽의 모든 근대 국가를 검토해 보기도 했습니다. 하지만 그 어떤 국가도 우리 실정에 맞는 헌법을 갖고 있지 않았습니다. 지금 우리는 어둠 속에서 더듬거리며 진리를 찾고 있지만, 정작 그 진리를 접했을 때 그것이 진리라는 것을 식별해낼 가능성도 거의 없습니다. 존경하는 의장님! 우리가 이처럼 어려운 상황에서 우리의 몽매함을 깨치기 위해 광명의 하나님 아버지께 겸허하게 문의할 생각을 지금까지 한 번도 하지 못한 까닭은 무엇일까요? 우리가 영국과 독립전쟁을 시작했을 때, 위험에 처한 상황에서는 바로 이 방에서 신의 보호를 요청하는 기도를 매일 드렸습니다. 존경하는 의장님! 신께서는 우리의 기도를 들어 주셨고, 자비롭게 응답해 주셨습니다. 지금 이 자리에서 치열한 논쟁을 전개하는 모든 사람들은 전능하신 신의 섭리가 우리를 위해 종종 임하시는 사례를 식별할 수 있어야만 합니다. 우리가 장래 국가의 행복을 보장할 헌법을 마련하기 위해 이처럼 편안하게 논의할 수 있는 행복한 기회를 갖게 된 것도 신의 섭리 때문입니다. 그런데 우리는 이제

그처럼 전능하신 신을 잃어버렸다는 말입니까? 아니면 그 분의 도움이 더 이상 필요하지 않다는 상상이라도 한다는 것입니까? 존경하는 의장님! 저는 오랫동안 살았습니다. 오랫동안 살면 살수록 다음과 같은 진리의 증거를 더욱 확신한다는 사실을 깨닫습니다. 즉 신은 인간사를 통치하신다(that God governs in the affairs of men)는 바로 그 진리를 말입니다. … 따라서 저는 다음과 같은 제안에 동의해 주시길 간청합니다. 앞으로 회의를 시작하기 전 매일 아침 이곳에서 신의 도움을 간청하고 우리의 논의에도 은총을 내려주시길 기도하고, 이 도시에서 한 분이나 몇 분의 목사님을 초빙해서 우리의 기도를 집전해 주시는 게 좋겠습니다.[51]

제헌의회는 목사에게 지급할 비용의 부재 등을 이유로 프랭클린의 제안을 수용하지 않았다. 하지만 많은 대표자들은 개별적으로 회의의 성공을 위한 기도를 드리기 시작했다. 그런 가운데 어떤 조화의 정신(a spirit of harmony)이 회의장에 다시 돌아왔고, 대표자들은 이전과 달리 대부분의 쟁점에 동의하거나 타협할 수 있었다.[52]

그런데 우리는 여기서 프랭클린의 발언이 100여 년 전 퓨터니 논쟁에서 크롬웰이 발언했던 내용과 거의 유사하다는 사실에 주목할 필요가 있다. 이로부터 우리는 토론 참여자 개인의 사적 이해를 넘어서서 토론 공동체 전체의 가치를 형성하는데 나름의 기여를 하는 방식의 토론이 민주적 토론 정신(the spirit of democratic discussion)의 요체라는 사실을 다시금 확인하게 된다. 아울러 민주적 토론은 오직 그러한 민주

51) James Madison, "Thursday June 28th" in *Notes of Debates in the Federal Convention of 1787* (New York: W. W. Norton & Company, 1966), 209-210.

52) John Eidsmoe, *Christianity and the Constitution: The Faith of Our Founding Fathers* (Grand Rapids, Michigan: Baker Books, 1987), 345-346.

적 토론 정신이 철저히 준수되는 경우에 한해서만 성립할 수 있다는 사실도 확인하게 된다.

4. 의사진행규칙

미국 민주주의 역사에서 민주적 토론 정신이란 무형의 자산은 이른바 의사진행규칙(rules of order)이란 유형의 자산으로 공식화된다. 의사진행규칙이란 원활한 토론 과정을 거쳐 토론의 궁극적 목적을 성취하고자 할 때 반드시 준수해야 할 토론의 규범 및 절차 등을 체계적으로 정리한 것이라고 할 수 있다. 하지만 의사진행규칙이 프로테스탄트 종파를 배경으로 출현한 것은 아니었다. 그것은 대체로 17세기 영국 의회를 배경으로 형성되어 미국에 전수되었기 때문이다. 또한 의사진행규칙이 민주적 토론 정신을 대체한다고도 볼 수 없다. 미국 민주주의가 정착하는 과정에서 자연환경보다는 법률이, 법률보다는 관습이 훨씬 중요한 역할을 했다는 토크빌의 지적을 상기할 때,[53] 의사진행규칙은 민주적 토론 정신의 구현을 돕는 보조적 수단으로 이해할 수 있기 때문이다.

미국의 연방헌법 제헌회의는 회의를 시작하면서 조지 위스(George Wythe), 알렉산더 해밀턴(Alexander Hamilton), 찰스 핑크니(Charles Pinckney) 3인으로 구성된 복무규정 및 의사규칙 준비 위원회(a committee to prepare standing rules & orders)를 먼저 구성했다.[54] 회의를 성공

53) Tocqueville, *Democracy in America*, Vol. I., 322.

54) Madison, "Friday 25 of May" in *Notes of Debates in the Federal Convention of 1787*,

적으로 운영하기 위해서는 운영방식에 관한 규칙이 필요하다고 판단했기 때문이다. 이들이 작성한 규칙은 대체로 다음과 같은 내용으로 구성되어 있다. 먼저 멤버 개개인을 존중하고, 모든 멤버에게 동등한 참여 기회를 제공할 것을 요구한 조항이 눈에 띤다. "모든 멤버는 자리에서 일어나 의장에게 발언해야 한다. 그가 발언하는 도중 다른 멤버들은 사람들 사이를 지나다닐 수 없으며, 옆 사람과 잡담하는 것, 책을 읽는 것, 프린트하거나 손으로 쓴 팸플릿이나 논문을 읽는 것도 금지한다." "어떤 멤버도 특별한 허락이 없는 한 동일한 문제에 관해서 두 번 이상 발언할 수 없다." 토론의 공적 이성을 통해 문제를 심사숙고 할 것을 요구한 조항도 있다. "복잡한 문제는 멤버의 요청이 있을 경우 나누어서 개별적으로 토론한 다음 종합할 수 있다." 또한 멤버의 시민성을 강조한 조항도 있다. "모든 멤버나 의장은 특정 멤버에게 의사규칙을 준수하도록 요구할 수 있으며, 그가 도덕적으로 비난받을 만한 행동이나 발언을 했을 경우에는 해명할 수 있는 기회를 줄 수 있다." 회의의 안정적 진행을 보장하기 위해 규정한 조항도 있다. "어떤 멤버도 특별한 허락이 없는 한 주 대표의 발언을 방해하기 위해 회의장을 떠날 수 없다."[55)]

미국에서 체계적인 의사진행규칙은 제퍼슨이 부통령 겸 상원의장으로 재임하면서 1801년에 출간한 『제퍼슨 매뉴얼』을 통해 최초로 마련되었다. 제퍼슨은 자신의 매뉴얼 서두에서 '의사진행규칙 준수의 중요성'(The Importance of Adhering Rules)을 다음과 같이 제시하고 있다.

24.

55) *Ibid*., "Monday May 28" & "Tuesday May 29," 25-28. Schudson, "Why Conversation in Not the Soul of Democracy," 306-307.

영국 하원 의장 중에서 가장 유능했던 온슬로 의장(Mr. Onslow)은 평소 다음과 같이 말했다. "그가 젊었을 때 경험이 풍부한 원로 의원들은 그에게 다음과 같은 금언을 종종 들려주었다. 의사진행규칙을 무시하거나 간과할 경우 거의 틀림없이 행정부나 하원의 다수파와 결탁한 사람들의 손아귀에 권력을 쥐어주게 된다. 우리 선조들이 도입한 의사진행규칙은 의회 다수파의 행동을 견제하거나 통제하는 수단이며, 많은 경우 소수파를 부당한 권력의 행사로부터 보호하는 피난처 역할을 한다." … 소수당은 의사진행규칙을 철저히 준수해야만 의사진행규칙이 통제하려는 권력의 자의적 행사와 남용으로부터 보호받을 수 있다. … 격조 높은 공적 기구에서 질서, 품위, 규칙을 지켜주는 수단이 바로 의사진행규칙이다.[56]

제퍼슨은 영국 의회의 의사진행규칙이 가장 현명하게 제정된 규칙이라고 판단했다. 그래서 주로 영국 하원 서기였던 존 햇셀의 『하원 회의 절차에 관한 선례집』을 참조하면서 『제퍼슨 매뉴얼』을 저술했다.

미국에서 의사진행규칙은 『제퍼슨 매뉴얼』 출간 이후 루터 커싱이 1845년 출간한 『커싱 매뉴얼』을 거쳐 『로버트 의사진행 규칙』을 통해 집대성되었다. 『로버트 의사진행 규칙』은 로버트가 1876년 처음 출간한 이후 약 100여 년 동안 수많은 독자의 피드백을 성실하게 반영하면서 점진적으로 완성되었다.[57] 그런데 제퍼슨이 참조한 영국 의회의 의사진행규칙, 『제퍼슨 매뉴얼』, 『로버트 의사진행 규칙』 등을 보면 모두 미국 제헌회의 의사진행규칙과 유사한 내용을 규정하고 있음을 확인할

56) Thomas Jefferson, *A Manual of Parliamentary Practice* (New York: Clark & Maynard Publishers, 1808), 13-14.

57) Robert III, "Introduction," *Robert's Rules of Order Newly Revised*, xxxvi-xlviii.

수 있다. 또한 토론할 때 인신공격을 금지하고, 토론 내용을 토론 주제로 한정할 것 등을 요구하는 토론 예절(decorum in debate)도 공통적으로 강조하고 있음을 확인할 수 있다. 예컨대 『로버트 의사진행 규칙』에서는 토론 예절을 다음과 같이 규정하고 있다.

> **토론을 계류 중인 문제의 쟁점에 한정할 것** –토론 멤버의 발언은 회의에서 논의하는 문제와 직접 관련이 있어야 한다. …
> **토론 멤버의 발언 동기를 공격하지 말 것**– 문제가 계류 중일 때 멤버는 제안된 방책의 성격이나 예상 결과를 심하게 비판할 수 있다. 하지만 그는 제안자의 인격을 공격해서는 안 된다. 아울러 그는 그 어떤 경우에도 다른 멤버의 동기를 공격하거나 문제 삼아서는 안 된다. 멤버가 아니라 방책이 논의의 주제이기 때문이다. 두 사람이 증언한 사건과 관련해서 한 사람이 다른 사람의 진술에 동의하지 않을 경우, 그는 논쟁에서 다른 사람의 진술이 '틀렸다'고 말할 수 없다. 하지만 그는 이렇게 말할 수는 있다. '나는 그의 실수를 입증할 강력한 증거가 있다고 확신합니다.' 의장은 논쟁 중에 어떤 멤버를 비난하는 단어로 '사기꾼,' '거짓말쟁이,' '거짓말' 등이 사용되는 것을 듣는 순간 즉시 그리고 단호하게 그 상황을 시정하고, 그것의 재발을 방지해야 한다.[58]

미국에서 의사진행규칙은 연방의회에서만 통용되는 것이 아니다. 그것은 교회 평의회, 기업체 회의, 타운미팅, 카운티 위원회, 도시 평의회 등 미국 사회 전반의 토론에서 통용된다.[59] 실제로 미국의 다양한 타운

58) *Ibid.*, 391-394.
59) 미국 사회 전역에서 사용할 목적으로 작성한 의사진행규칙의 사례로는, Charles

에서 자체의 타운미팅을 소개하는 안내문을 보면 거의 예외 없이 의사진행규칙을 확인할 수 있는데, 그것의 내용은 대체로 『제퍼슨 매뉴얼』이나 『로버트 의사진행 규칙』 등을 간략하게 요약한 형식을 취하고 있다.[60] 이런 사실은 의사진행규칙이 미국에서 일종의 사회 규범으로 정착했다는 사실을 의미한다. 다시 말해서 그것은 민주적 토론정신이라는 관습의 확실한 지지를 받고 있으며, 따라서 미국의 민주적 토론을 실질적으로 규율하는 힘을 갖고 있다. 반면, 한국 국회도서관에 소장된 『로버트 의사진행 규칙』의 번역본이[61] 한국 국회의 민주적 토론을 전혀 규율하지 못하는 까닭은 한국 국회와 한국 사회 전반에 민주적 토론 정신이 뿌리를 내리지 못했기 때문이었다.

미국은 앞에서 개관한 민주적 토론 정신과 의사진행규칙을 함양한 사람들이 민주적 토론을 전개하는 가운데 독립전쟁을 승리로 이끌었고, 독립선언서를 작성했으며, 각 주 헌법과 연방헌법을 성공적으로 마련할 수 있었다.[62] 다시 말해서 미국의 민주적 토론이 욕설과 고함과 몸싸움이 난무하면서 번번이 장외투쟁으로 전락하는 대신, 미국 역사의 빛나는 유산을 반복해서 생산할 수 있었던 비결은 민주적 토론 정신과 의사진행규칙을 확고하게 준수했기 때문이었다.

Martin Scanlan, *Rules of Order for Societies, Conventions, Church Councils, Corporations, Town Meetings, County Boards, City Councils, and Legislative Bodies* (Chicago, Ill.: T. H. Flood & Co., 1911).

60) 예컨대 "Citizen's Guide to Town Meetings, the Commonwealth of Massachusetts" (http:// www.sec.state.ma.us/cis/cistwn/twnidx.htm);"A Citizen's Guide To Vermont Town Meeting" (http://www.sec.state.vt.us/townmeeting/citizens_guide.html).

61) 헨리 M. 로버트, 한국회의법학회 옮김, 『로버트 회의진행법』(서울: 한국회의법학회, 2001).

62) Robert III, "Introduction," *Robert's Rules of Order Newly Revised*, xxxiv-xxxvi.

5. 한국 민주주의 공고화의 과제

미국의 민주적 토론 정신을 참고할 경우 한국 민주주의의 공고화를 저해하는 요인은 크게 3가지 유형으로 정리해 볼 수 있다. 첫째, 미국은 프로테스탄트 종파를 배경으로 혈연, 학연, 지연 등과 같은 인간의 강고한 사적 유대를 해체할 수 있었다. 하지만 한국 사회에서는 인간의 사적 유대가 여전히 강력하게 관철되고 있다. 그러다보니 사적 유대로부터 해방되어 자립한 개인이 성립할 수 없었고, 그런 개인이 부재한 상황에서 시민적 덕성을 함양한 시민 역시 탄생할 수 없었다.[63] 이런 사실은 시민의 자발적 참여와 자치에 기초해서 성립하는 민주주의가 한국에서는 아직껏 '불임' 상태에 있다는 것을 의미한다.

미국의 프로테스탄트 종파와 자발적 결사체는 종교 및 시민의 윤리적 자질에 따라 구성원 여부를 결정했다. 그곳의 윤리적 자질은 궁극적으로 초월적 신에 헌신할 것을 요구하는 규범이었다. 따라서 그것은 인간의 사적 유대로부터 독립한 공적(public) 성격을 지닌다. 이와 달리 한국 사회에 존재하는 각종 집단의 경계는 대부분 인간의 사적 유대의 친소(親疎) 관계에 따라 결정된다. 사적 유대가 친밀한 집단 구성원끼리는 가족의 형제애 윤리에 따라 상부상조하는 반면, 사적 유대가 소원한 집단 외부인에게는 형제애 윤리의 의무감을 느끼지 않게 된다. 그래서 집단 외부인은 더 이상 상부상조할 필요가 없는 '외계인'으로 간주된다.[64]

63) 박승관, "근대화 과정과 사회적 커뮤니케이션 세계," 『언론정보연구』 제41호 (2004), 137-186.

또 그들은 사안에 따라 무관심, 불신, 적개심 등을 쉽게 투사할 수 있는 대상으로 전락하기도 한다. 따라서 한국인의 행동을 지배하는 윤리는 사적 유대의 친밀성에 따라 결정되는 지극히 사적(private) 성격을 지닌 것이었다.

한국 사회에서 사적 유대의 친소 관계에 따라 설정된 집단의 안과 밖의 경계는 정통과 이단을 준별하는 조선 시대 신유학의 벽이단(闢異端) 사상과 착종되면서 더욱 고착되었다. 이후 집단 속의 나는 언제나 정통이 되었고, 집단 밖의 너는 언제나 이단이 되었다. 벽이단 사상으로 무장한 사적 유대가 서로 충돌할 때 조선시대 당쟁과 같은 극심한 분열이 한국 사회에서 고질적으로 반복되었다.[65] 일찍이 에드워드 와그너는 현대 한국 사회에서 건재한 조선 시대 당파주의의 유산을 다음과 같이 진단한 바 있다.

> 현대 한국에서 당파주의의 결과 또는 유산은 다양한 층위에서 찾아볼 수 있다. 가장 충격적인 결과는 아무리 좋게 말한다고 하더라도 정치의 실종이라고 요약할 수 있을 것이다. 정부의 운영이라는 차원에서 정치의 실종은 행정의 마비, 관료적 타성, 무책임성, 실책과 비효율성, 정부의 위기를 의미했다. 정치적 도덕성이란 영역에서 볼 때 정치의 실종이란 부정부패, 연고주의, 인신공격, 기회주의, 사대주의를 뜻하는 것이었다. 한국 가치체계 측면에서는 정치의 실종이 개인, 씨족, 학교, 애향심을 지나치게 강조하는 결과를 가져왔다. 당

64) 이재열, "민주주의, 사회적 신뢰, 사회적 자본," 『계간 사상』 (1998 여름), 79-80. Max Weber, *The Religion of China: Confucianism and Taoism*, trans. and ed. by Hans H. Gerth (New York: The Free Press, 1951), 88-89. Collins, *Weberian Sociological Theory*, 267-269. Kalberg, "Cultural Foundations of Modern Citizenship," 93-94.
65) 이현휘, "정당 대변인의 '말'과 한국 정치의 관습," 205-207.

파주의는 현안이 되는 논쟁보다는 사람에게 먼저 관심을 두며 실제 문제보다는 사소한 점에 먼저 관심을 두었다. 그리고 당파주의는 상대 당의 생각을 모반에 가까운 위험한 것으로 몰아붙이게 만들었다. 전통 한국의 정치생활에서 이러한 당파주의 특징의 일부, 다시 말해서 당파주의의 유산이 어느 정도 사라졌다고 하지만 오늘날까지도 그 후유증은 많이 남아 있어, 건전하고 근대화된 사회를 건설하려는 한국인들의 노력을 방해하고 있다.[66]

이처럼 극심하게 분열된 사회 구조에서 민주주의는 사실상 불가능하게 된다. "민주주의는 우리의 동료를 적극적으로 신뢰하는 신념을 요구하기 때문이다. 사회의 균열이 너무 깊게 뿌리를 내린 곳에서는 사실상 민주주의가 불가능하다."[67]

둘째, 미국은 프로테스탄트 종파를 배경으로 공적 가치의 창출을 가능케 하는 민주적 토론 정신을 정립했다. 그러나 사적 유대를 중심으로 다양하게 균열된 한국사회에서 그 균열을 가로지르는 소통은 사실상 불가능하게 된다. 사적 윤리로 무장한 사적 유대의 범주가 너무도 강고한 나머지 그 범주를 넘어선 소통을 번번이 와해시키기 때문이다. 따라서 진정한 소통은 언제나 사적 유대 내부로 한정되고, 그것을 넘어선 공적 지평에서 시도되는 소통은 형식적, 가식적, 의례적 성격을 벗어나

66) 에드워드 와그너, "한국의 근대화 과정에 대한 역사적 고찰," 와그너, 이훈상·손숙경 옮김, 『조선왕조 사회의 성취와 귀속』(서울: 일조각, 2007), 401. 미국 민주주의에서 통용되는 의사진행규칙의 토론 예절에서는 토론에서 제안된 방책의 성격이나 예상 결과를 놓고서 논쟁을 벌이되 제안자의 동기나 인격에 대한 공격은 철저히 금지하는 반면, 한국의 당파주의 유산에서는 전자 대신 후자를 중심으로 논쟁이 전개되는 정반대의 양상을 보인다는데 주목할 필요가 있다.

67) Lindsay, *The Churches and Democracy*, 46.

지 못한다. 박승관의 용어로 표현하면 한국 사회에서는 집단 내 소통인 커뮤니케이션 엔도가미가 집단 간 소통인 커뮤니케이션 엑소가미를 압도하며,[68] 사적 세계의 커뮤니케이션인 '보이지 않는 손'이 공적 세계의 커뮤니케이션인 '드러난 얼굴'을 지배하고 왜곡한다.[69] 하지만 커뮤니케이션 엔도가미와 보이지 않은 손이 지배하는 사회에서 민주주의가 들어설 여지는 없다. 그곳은 크롬웰과 프랭클린이 역설한 민주적 토론정신을 끊임없이 와해시키는 세계이기 때문이다.

셋째, 미국은 의사진행규칙을 수단으로 민주적 토론정신을 사회의 규범으로 정착시켰다. 그러나 한국 사회에는 의사진행규칙이란 개념 자체가 아예 존재하지 않는다. 4절에서 간략하게 검토한 의사진행규칙을 보면 토론 참여자의 감정을 상하게 할 수 있는 모든 종류의 욕설이나 무례한 태도를 철저히 금지하고 있다. 하지만 한국의 국회와 정당, 언론과 인터넷 공간 등에서는 언제나 신랄한 욕설이 넘쳐난다. 그리고 그런 욕설은 모두 '언론의 자유'의 이름으로 자행되고, 또 허용된다. 하지만 미국의 각종 의사진행규칙에서 한결같이 강조한 것처럼 욕설과 민주주의는 아무런 상관이 없다. 더욱이 욕설과 같은 언어폭력은 상대의 감정을 상하게 할 뿐만 아니라, 물리적 폭력처럼 인간의 신체에 직접적 타격을 가해서 각종의 신체적 장애를 유발한다.[70] 이런 언어폭력이 난무하는 문화적 토양에서 한국 사회의 공적 가치를 창출하는 민주적 토론이 가능할리는 만무하다.

68) 박승관, "한국 사회와 커뮤니케이션 엔도가미," 이 책, 제2장.

69) 박승관, 『드러난 얼굴과 보이지 않는 손: 한국 사회의 커뮤니케이션 구조』 (서울: 전예원, 1994).

70) Ellen W. Gorsevski, "The Physical Side of Linguistic Violence," *Peace Review* 10:4(1998), 513-516.

그러나 이상의 문제점이 한국인의 DNA에 어떤 결함이 있어 발생한 것은 아니다. 그것은 모두 문화적 산물일 뿐이며, 따라서 수정이 쉽지는 않지만 불가능하지도 않다. 미국 정치의 역사가 그것을 예증한다. 1798년 버몬트 출신 공화파 하원 의원 매슈 라이언은 코네티컷 주 출신의 연방파 로저 그리스얼드의 모욕적 언동에 격분해서 그의 눈에 침을 뱉었다. 그러자 그리스얼드가 지팡이로 라이언을 강타했고, 라이언은 화로 집게로 반격했다. 그리고 이내 뒤엉켜 바닥에 뒹굴면서 싸웠다. 당시 주 의회는 전쟁터를 방불케 했고, 연방 의회 역시 사정이 크게 다르지 않았다.[71] 그랬던 미국 정치가 지금처럼 개선되지 않았는가? 우리도 위에서 검토한 3가지 문제점을 꾸준히 개선해 나갈 때 민주주의 공고화 또한 점진적으로 실현할 수 있을 것이다.

71) 앨런 브링클리, 황혜성 외 옮김, 『있는 그대로의 미국사: 다양한 시작 – 식민지 시기부터 남북전쟁까지』 제1권 (서울: 휴머니스트, 2005), 302.

참고문헌

경향신문 특별취재팀. 2007. 『민주화 20년의 열망과 좌절: 진보·개혁의 위기를 말하다』. 서울: 후마니타스.

김주환. 2005. "민주주의에 있어서 대화의 중요성: 공론장에서의 의사소통행위로서의 정치적 대화." 『언론과 사회』 제13권 1호. 75-99.

박승관. 2004. "근대화 과정과 사회적 커뮤니케이션 세계," 『언론정보연구』. 제41호 137-186.

______. 1994. 『드러난 얼굴과 보이지 않는 손: 한국 사회의 커뮤니케이션 구조』. 서울: 전예원.

______. "한국 사회와 커뮤니케이션 엔도가미." 이 책, 제2장.

이재열. 1998. "민주주의, 사회적 신뢰, 사회적 자본." 『계간 사상』 (1998 여름). 79-80.

이현휘. 2005. "미국 혁명의 종교적 기원(I): 화이트헤드와 탈근대 역사학의 새로운 지평." 『화이트헤드연구』 제11집. 9-40.

______. 2006. "미국 혁명의 종교적 기원(II): 자유주의, 공화주의, 그리고 캘빈주의." 『화이트헤드연구』 제12집. 75-113.

______. 2011. "정당 대변인의 '말'과 한국 정치의 관습." 『미디어와 공론정치: 정치평론이란 무엇인가?』 (사)한국정치평론학회 편, 173-213. 서울: 인간사랑.

______. 2011. "한국 정치와 가치의 권위적 파탄." 『정치와 평론』 제9집. 189-196.

"대선출마 선언한 안철수, '정치권 변화·혁신 필요"(질의응답 전문), 『뉴스웨이』 2012년 9월 19일.

"안철수 대선 출마 선언문 전문." http://www.facebook.com/ahnspeaker.

"연평도 포격, 여야 몸싸움 장면 … WSJ '올해의 사진,'" 『조선일보』 2010년 12월 2일.

"지지율, 안철수>박근혜>문재인 … 야권, 누구로 단일화해도 이겨." 『중앙선데이』 2012년 9월 23일.

Adair-Toteff, Christopher. 2002. "Max Weber's Mysticism." *European Journal of Sociology* 43:3. 339-353.

_______. 2010. "Max Weber's Notion of Asceticism." *Journal of Classical Sociology* 10:2. 109-122.

Bakhtin, M. M. 1998. 서지사항 미기재. 김근식 옮김. 『도스또예프스끼 詩學; 도스또예프스끼 창작의 제문제』 서울: 정음사.

Borgeaud, Charles. 1894. *The Rise of Modern Democracy in Old and New England.* New York: Charles & Scribner's Sons.

Brinkley, A. 2004. *The Unfinished Nation.* New York: MaGraw-Hill Co., 황혜성 외 옮김. 2005. 『있는 그대로의 미국사: 다양한 시작 – 식민지 시기부터 남북전쟁까지』 제1권. 서울: 휴머니스트.

Collins, Randall. 1986. *Weberian Sociological Theory.* Cambridge: Cambridge University Press.

Eidsmoe, John. 1987. *Christianity and the Constitution: The Faith of Our Founding Fathers.* Grand Rapids, Michigan: Baker Books.

Firth, C. H. 1894. "Preface." In *The Rise of Modern Democracy in Old and New England,* authored by Charles Borgeaud, v-xiv. New York: Charles & Scribner's Sons.

Gorsevski, Ellen W. 1998. "The Physical Side of Linguistic Violence." *Peace Review* 10:4. 513-516.

Habermas, Jürgen. 1962. 1990. *Strukturwandel der Öffentlichkeit: Undersuchungen zu einen Kategorie der bügerlichen Gesellschaft.* Frankfurt am Main: Suhrkamp Verlag, 1962, 1990. 한승완 옮김. 2001 『공론장의 구조변동: 부르주아 사회의 한 범주에 관한 연구』. 서울: 나남출판.

Hanke, Edith. 1999. "Max Weber, Leo Tolstoy and the Mountain of Truth." In *Max Weber and the Culture of Anarchy*, ed. Sam Whimster, 144-161. London: Macmillan Press.

Hosmer, A. M. James K. 1884. *Samuel Adams: The Man of the Town-Meeting*. Baltimore: N. Murray, Publication Agent, John Hopkins University.

Jefferson, Thomas. 1808. *A Manual of Parliamentary Practice*. New York: Clark & Maynard Publishers.

Kalberg, Stephen. 1993. "Cultural Foundations of Modern Citizenship." In *Citizenship and Social Theory*. ed. Bryan S. Turner. 91-114. London: Sage Publications.

_______. "Max Weber's Analysis of the Unique American Civic Sphere." *Journal of Classical Sociology* 9:1 (2009), 117-141.

_______. 1988. "Tocqueville and Weber on the Sociological Origins of Citizenship: The Political Culture of American Democracy." In Max *Weber, Democracy, and Modernization*, ed. Ralph Schroeder, 93-112. London: Macmillan Press.

Latour, Bruno. 1993. *We Have Never Been Modern*, trans. Catherine Porter. Cambridge, Mass.: Harvard University Press.

Lindsay, A. D. 1951. "Foreword." In *Puritanism and Liberty: Being the Army Debates (1647-9) from the Clarke Manuscripts with Supplementary Documents*, selected and ed. with introduction by A. S. P. Woodhouse, 3. London: J. M. Dent and Sons Limited.

_______. 1929. *The Essentials of Democracy*. Philadelphia: University of Pennsylvania Press.

_______. 1962. *The Modern Democratic State*. New York: A Galaxy Book.

_______. 1934. *The Churches and Democracy*. London: The Epworth Press.

Madison, James. 1966. *Notes of Debates in the Federal Convention of 1787 Reported by James Madison*. New York: W. W. Norton & Company.

Miller, Perry. ed. 1956. *The American Puritans: Their Prose and Poetry.* New York: Anchor.

Ravitch, Diane and Viteritti, Joseph P. 2001. "Introduction." In *Making Good Citizens: Education and Civil Society*, ed. Ravitch and Viteritti, 1-14. New Haven: Yale University Press.

Robert III, Henry M. et al. 2011. *Robert's Rules of Order. Newly Revised.* 11th ed. Da Capo Press.

Robert, Henry M. 2000. *Robert's Rules of Order.* 한국회의법학회 옮김. 2001.『로버트 회의진행법』 서울: 한국회의법학회.

Scanlan, Charles Martin. 1911. *Rules of Order for Societies, Conventions, Church Councils, Corporations, Town Meetings, County Boards, City Councils, and Legislative Bodies.* Chicago, Ill.: T. H. Flood & Co..

Schudson, Michael. 1999. "Good Citizens and Bad History: Today's Political Ideas in Historical Perspective." Paper presented at conference on "The Transformation of Civic Life." Middle Tennessee State University, Murfreesboro and Nashville, Tennessee, November 12-13.

_______. 1994. "The 'Public Sphere' and Its Problems: Bring the State (Back) In." *Notre Dame Journal of Law, Ethics, and Public Policy.* 529-546.

_______. 1992. "Was There Ever a Public Sphere? If So, When? Reflections on the American Case." In *Habermas and the Public Sphere.* ed. Crag Calhoun, 143-163. Cambridge, MA: The MIT Press.

_______. 1997. "Why Conversation is Not the Soul of Democracy." *Critical Studies in Mass Communication* 14. 297-309.

_______. 1998. *The Good Citizen: A History of American Civic Life.* New York: The Free Press.

Sung Ho Kim, 2004. *Max Weber's Politics of Civil Society.* Cambridge: Cambridge University Press.

_______. 2002. "Max Weber and Civil Society: An Introduction to Max Weber on Voluntary Associational Life (Vereinswesen)." *Max Weber Studies* 2:2. 186-198.

Tocqueville, Alexis de. 1990. *Democracy in America*, Vol. I. New York: Vintage Books.

Turner, Charles. 1999. "Weber and Dostoyevsky on Church, Sect and Democracy." In *Max Weber and the Culture of Anarchy*, ed. Sam Whimster, 162-75. London: Macmillan Press.

Wagner, Edward. 1963. "Modernization Process in Korea: Some Historical Considerations." *Koreana Quarterly* 5:3. 30-36. 에드워드 와그너. 2007. "한국의 근대화 과정에 대한 역사적 고찰." 『조선왕조의 성취와 귀속』. 이훈상·손숙경 옮김, 396-405. 서울: 일조각,

Weber, Max. 1985. "'Churches' and 'Sects' in North America: An Ecclesiastical Sociological Sketch." trans. C. Loader. *Sociological Theory*. 3:1. 1-13.

_______. 1920. "Die Protestantische Ethik und der Geist des Kapitalismus." In *Gesammelte Aufsätze zur Religionssoziologie*. 1-236. Bd. 1. Tübingen: J. C. B. Mohr, 김덕영 옮김. 2010. 『프로테스탄티즘의 윤리와 자본주의 정신』. 서울: 도서출판 길. 2010.

_______. 1968. "Sects, Church and Democracy." In *Economy and Society: An Outline of Interpretive Sociology*. eds. Guenther Roth and Claus Wittich, 1204-1211. New York: Bedminster Press.

_______. 1946. "The Protestant Sects and the Spirit of Capitalism." In *From Max Weber: Essays in Sociology*. trans. and eds. H. H. Gerth and Wright Mills, 302-459. New York: Oxford University Press.

_______. 2002. "Voluntary Associational Life (Vereinswesen)." trans. Sung Ho Kim. *Max Weber Studies* 2:2. 199-209.

_______. 1968. *Economy and Society: An Outline of Interpretive Sociology*, eds.

Guenther Roth and Claus Wittich. New York: Bedminster Press.

_______. 1951. *The Religion of China: Confucianism and Taoism.* trans. and ed. Hans H. Gerth. New York: The Free Press.

Woodhouse, A. S. P. 1951. "Introduction." In *Puritanism and Liberty: Being the Army Debates (1647-9) from the Clarke Manuscripts with Supplementary Documents.* ed. Woodhouse. 11-100. London: J. M. Dent and Sons Limited.

_______. ed. 1951. *Puritanism and Liberty: Being the Army Debates (1647-9) from the (1647-9) from the Clarke Manuscripts with Supplementary Documents.* London: J. M. Dent and Sons Limited.

"A Citizen's Guide To Vermont Town Meeting"
http://www.sec.state.vt.us/townmeeting/citizens_guide.html.

"Citizen's Guide to Town Meetings, the Commonwealth of Massachusetts"
http://www.sec.state.ma.us/cis/cistwn/twnidx.htm

저자 약력

김홍우

서울대학교 정치학 학사·석사

미국 조지아 대학 정치학 박사

공군사관학교 교관

경희대학교 교수

서울대학교 교수

미국 프린스톤 대학 객원교수

미국 노틀담 대학 객원교수

서울대학교 명예교수

한국 동양정치사상학회 회장

경희대학교 인류사회재건연구원 명예원장

대한민국 학술원 위원

박승관

서울대학교 언론정보학과 및 대학원을 졸업하고 스탠퍼드 대학교에서 언론정보학 박사학위를 받았다. 현재 서울대학교 사회과학대학 언론정보학과 교수로 재직 중이다. 저서로는 『드러난 얼굴과 보이지 않는 손: 한국 사회의 커뮤니케이션 구조』, 『언론권력과 의제동학』(공저)이 있다.

이병택

서울대학교 정치학과를 졸업하고 럿거스대학에서 정치학 박사학위를 받았다. 현재 서울대학교 정치외교학과 BK연구원으로 있다. 주요 논문으로는

"흄의 법사상", "정파의 대립과 법치", "고대 아테네의 발전과 공동성(the common)의 변천-『아테네 헌정』을 중심으로" 등이 있다.

장명학

서울대학교 철학과와 동 대학원 정치학과를 졸업했다. 독일 베를린자유대학교에서 정치학 박사학위를 취득하고 현재 경희대학교 NGO국제연구소 연구교수로 재직하고 있다. 학문적 관심분야는 서양정치사상, 공화주의와 민주주의 그리고 시민사회와 NGO 등이며 한국정치평론학회 편집이사로 활동하고 있다. 주요 논문으로는 "헤겔의 권력개념", "하버마스의 공론장 이론과 토의민주주의", "지구화시대 한국의 공화민주주의", "해방정국과 민주공화주의의 분열", "제국과 영방의 긴장 속의 신성로마제국 정부" 등이 있다.

김지영

서울대학교 불어불문학과를 졸업하고 부산대학교에서 영문과 석, 박사학위를 받았다. 부산대학교와 가톨릭대학교 연구교수였으며 현재 부산대학교 강사로 재직 중이다. 소수문화연구회를 창립하였으며 "이미지의 실재성: 『시네마1: 운동-이미지』를 중심으로", "라캉주의 영화비평에서의 봉합이론의 재고찰" 등 들뢰즈와 라캉에 대한 논문을 다수 발표하였다.

이진로

서울대학교 신문학과(현 언론정보학과)를 졸업하고 동 대학원에서 석사학위를 취득한 후 경희대 신문방송학과에서 박사학위를 취득하였다. 현재 영산대 신문방송학과 교수로 재직 중이며, 미디어공공성포럼 운영위원장, 한국소통학회 부회장, 전국대학신문주간교수협의회장, 한국방송학회 기획이사. 지역방송연구회장, 매체자본연구회장 등을 역임하였다. 대표 저작으로는 『정보사회 입문』, 『커뮤니케이션구조의 정치경제학』, 『정보사회의 이데올로기』, '미디어 지형의 변화와 민주적 소통' 등이 있다.

김동규

서울대학교 정치학과를 졸업(학사·석사)하고, 외무고등고시 합격 후 외무부/외교통상부에서 근무하였다. 영국 케임브리지대학교 국제관계학과에서 일본 메이지시대 정치사상 연구로 석사과정을 마친 후, 현재는 동 대학교 동아시아학과에서 일본 다이쇼시대의 정치사상으로 박사학위 논문을 작성 중이다. 주요 논문으로는 'Leo Strauss의 Carl Schmitt 비판', 'Subjectivity and Democratic Peace: Meiji Family Law Controversy and Japanese Imperialism'이 있고, 주요 역서로는 『공화주의』(공역)가 있다.

한수경

동국대학교 독문학과 졸업. 독일 마인츠대학 신문방송학, 정치학 및 법학(학)석사 후 동대학 신문방송학 박사학위를 취득했다. 현재 마이그린뉴스(myGREENnews.com) 발행인이며, <미디어스>에서 <한수경의 미디어의 세계, 세계의 미디어> 칼럼으로 활동 중이며, 인천대학교 강사로 있다. 저서 및 논문으로 『Pressejournalismus in Korea』, 『Globalisierung und Regionalisierung der Medien in Asien?』, "세계화(지구화)이론의 모순", "뉴미디어시대의 정치혁명과 그 의미" 등이 있다.

이기라

경희대학교 정치외교학과를 졸업하고 동대학 평화복지대학원에서 정치사상 전공으로 정치학 석사학위를 받았다. 이후 프랑스 파리 소르본 대학에서 "자발적 복종의 문제와 정치권력의 메커니즘"이라는 주제를 연구하여 정치사회학 박사학위를 취득했다. 현재 경희대학교 후마니타스 칼리지에서 인문학과 시민교육을 담당하고 있으며, 교육관련 시민단체 학벌없는 사회에서 활동하면서 최근 대안미디어로 부상한 팟캐스트 라디오 '학벌세탁소'를 운영하고 있다. 저서는 『공존의 기술 : 프랑스 공화주의의 이면』, 역서는 프레드 블록, 『지구적 근대, 그 위기의 기원』이 있다.

정성원

고려대학교 정치외교학과 졸업 및 동 대학원 정치학 석사학위를 취득한 후, The Graduate Center, City University of New York, 정치학 박사과정 수료하였다. Hunter College와 College of Staten Island 강사. 논문으로는 "The Unbearable Banality of Being Apolitical: Power and Politics in International Relations" (정치와 평론 8집, 2011년), 평론으로 "한국 정치담론의 영웅신화적 세계관과 그 시대착오적 촌스러움" (정치와 평론 9집, 2011) 등이 있다.

김재홍

서울대학교 정치학과에서 학사, 석사, 박사. 미국 하버드대 니만펠로십 수료. 동아일보 기자, 논설위원. 오마이뉴스 논설주간. 관훈언론상 수상. 한국신문방송편집인협회 남북교류위원장. 경기대 정치전문대학원장. 한국정치평론학회 회장. 대통령자문 정책기획위원. 통일부 국방부 중앙인사위원회 국정홍보처 정책자문위원. 제17대 국회의원(비례대표), 국회 문화관광위 간사 겸 법안심사소위원장, 국회 정치커뮤니케이션연구회 대표의원. 이강년선생기념사업회 이사장. 주요저서와 논문으로는 『한국정치와 현대정치사상』, 『한국정당과 정치지도자론』, 『군부와 권력』, 『군1: 정치장교와 폭탄주』, 『군2 : 핵 개발 극비작전』, 『박정희의 유산』, 『우리시대의 정치와 언론』, 『박정희의 후예들』, 『박정희 유전자』 "한국의 좌우익 이념과 해방 후 정당활동에 관한 연구" 등이 있다.

이현휘

고려대학교 산업공학과를 졸업하고 동교 정치학과 대학원에서 석사 및 박사 학위를 받았다. 현재 경희대 NGO 국제연구소 연구교수로 재직 중이다. 주요 역서 및 논문으로 『이데올로기와 미국 외교』(공역), 『파멸의 묵시록: 과학적 패러다임과 일상의 사유양식』, "소명으로서의 전쟁: 미국 대외정책 정신과 신의 눈물," "미국 대외정책의 관습과 21세기 미중관계의 전망," "화이트헤드와 근대 세계관의 철학적 성찰" 등이 있다.

한국 민주주의와 언론자유 그리고 그 위기

발행일 1쇄 2013년 4월 20일
지은이 (사)한국정치평론학회 편　**펴낸이** 여국동

펴낸곳 도서출판 인간사랑
출판등록 1983. 1. 26. 제일-3호
주소 경기도 고양시 일산동구 백석동 1178-1번지 2층
전화 031)901-8144(대표) | 977-3073(영업부) | 031)907-2003(편집부)
팩스 031)905-5815
전자우편 igsr@naver.com
블로그 http://blog.naver.com/igsr
인쇄 인성인쇄　**출력** 현대미디어　**종이** 세원지업사

값 25,000원
ISBN 978-89-7418-307-3 93300